H.-P. Furche

Roberto Monge

DAS GROSSE BUCH DER PÄPSTE

Von Petrus bis Benedikt XVI.

Kösel

Übersetzung aus dem Italienischen:
Christiane Landgrebe, Berlin

Die Originalausgabe erschien unter dem Titel »Duemila anni di papi«

Der Text wurde für die deutsche Ausgabe redaktionell bearbeitet.

Die Abbildungen stammen aus dem *Album dei Papi* von Joseph Hergenröther, Barcelona (La Aurora) 1885.
Die Zeichnungen der letzten neun Päpste von Pius X. bis Benedikt XVI. sind von Davide Le Grazie.

2007

Umschlag: Kaselow Design, München
Satz: Kösel, Krugzell
Druck und Bindung: Kösel, Krugzell
Printed in Germany
ISBN 978-3-466-36760-3

Gedruckt auf umweltfreundlich hergestelltem Bilderdruckpapier (säurefrei und chlorfrei gebleicht)

www.koesel.de

Wenn die Geschichte die guten Werke guter Menschen festhält,
fühlt sich der aufmerksame Leser ermutigt, das Gute nachzuahmen.
Hält sie das Böse fest, das Böse verübt haben,
fühlt sich der gläubige Zuhörer oder Leser ermutigt,
zu meiden, was sündhaft und verderbt ist,
und sich an das zu halten, von dem er weiß, dass es
Gott wohlgefällig ist und von ihm anerkannt wird.

Beda Venerabilis
(Theologe und Geschichtsschreiber, um 673–735)

Für Mari, Robi, Fabio

Vorwort

Beim Herumstöbern in einer Bibliothek fiel mein Blick, wohl wegen der ungewöhnlichen Größe des Bandes, auf das *Album dei Papi*, ein Werk über die Päpste aus dem Jahr 1885. Autor ist der Würzburger Kardinal Joseph Hergenröther (1824–1890), ausgezeichneter Kenner Roms und Leiter des Vatikanischen Archivs. 1883 hatte er von Papst Leo XIII. den Auftrag bekommen, das Archiv zu ordnen und es der Öffentlichkeit zugänglich zu machen, damit jeder, der sich bilden wollte, die Möglichkeit dazu erhielt. Der Kardinal dankte dem Papst mit der Herausgabe des *Album dei Papi* in einer französisch-spanischen Ausgabe, die 1885 im Verlag Aurora in Barcelona erschienen ist.

Schon lange gilt mein persönliches Interesse der Kirchengeschichte, mit der ich mich immer wieder intensiv beschäftigt habe. Sofort begann es mich zu reizen, mich eingehender mit dem Leben der Päpste zu befassen. Angeregt durch das Buch von Hergenröther und ermutigt von meinem Verleger, machte ich mich an die Arbeit.

Die Lektüre des voluminösen Bandes von Joseph Hergenröther verlangt Sinn für einen etwas antiquierten Stil. Sein Verfasser ist den dargestellten Personen und dem Schicksal der Kirche innerlich verbunden. Die Päpste sind für ihn positive Gestalten, die zum Wohl der Menschheit gewirkt haben. Es geht ihm nicht um eine kritische Aufarbeitung der Quellen, sondern um die Darstellung einer langen Tradition, der er sich verpflichtet weiß. Es ist ein Buch, das bilden, erziehen, erbaulich sein soll.

Hergenröthers Text liegt dem vorliegenden Buch zugrunde. Er ist allerdings auf neueren Stand gebracht und durch verschiedene Quellen ergänzt worden. Ziel dieser Arbeit ist es, in streng chronologischer Ordnung kurze, auf das Wesentliche konzentrierte Biografien der Päpste zu bieten. Ich habe es bewusst vermieden, im Text Päpste und Gegenpäpste zu vermischen und stelle Letztere am Ende des Buches kurz dar. Ob ihre Klassifizierung als Päpste oder Gegenpäpste kanonisch legitim ist, erörtere ich nicht.

Außerdem habe ich darauf verzichtet, an Ort und Stelle ständig darauf hinzuweisen, dass manche Informationen, besonders die über die Päpste der ersten Jahrhunderte, nicht immer zuverlässig sind. Die Zusammenstellung folgte auch bei notwendigerweise fragwürdigen und nicht gesicherten Darstellungen dem, was die Tradition weiß und uns überliefert hat. Im Anhang werden die Gegenpäpste kurz vorgestellt, dazu finden sich ein Glossar mit einer Erläuterung der wichtigsten Irrlehren und ein chronologisches Verzeichnis der Päpste.

Dem Text sind Abbildungen der Päpste beigefügt, wertvolle Schwarz-Weiß-Radierungen des 19. Jahrhunderts, die den Band bereichern sollen und dem Papst-Album von

Hergenröther entnommen sind. Die letzten Päpste von Pius X. bis Benedikt XVI. wurden von Davide Le Grazie gezeichnet.

Voltaire, der strenge und kluge Aufklärer, sagte, wenn die Kirche im Lauf der Jahrhunderte trotz des Verhaltens ihrer Kleriker nicht zusammengebrochen sei, dann müsse sie etwas Göttliches haben. Wenn man die Geschichte der Päpste und der Kirche betrachtet, kann man dieser Meinung zustimmen. Man muss jedoch hinzufügen, dass die Kirche sich gerade dank der Führung und des Einsatzes der Kleriker hat entwickeln können, und dazu gehören selbstverständlich auch die Päpste.

Die Kirche hat im Lauf der Zeiten mehr als 260 Päpste erlebt, die immer stark mit dem Lauf der Geschichte verbunden waren. Einerseits sind sie Opfer und Leidtragende der Geschichte, andererseits haben sie selbst aktiv Geschichte gestaltet. Dieser Prozess, der mit seinen dunklen Seiten Kopfschütteln und Verwunderung hervorrufen kann, hat doch auch immer wieder seine hellen, klaren, ja leuchtenden Seiten. Man könnte meinen, das Dunkel habe die Aufgabe, den Sieg des Glaubens strahlender erscheinen zu lassen.

Die Päpste sind Menschen aus Fleisch und Blut, bei denen es neben häufigen Verfehlungen auch Hervorragendes gab. In ihrer Geschichte wechseln Schwäche und Tugend, Verrat und Reue, Begrenztheit und Heiligkeit einander ab. Aus der Sicht der Papstbiografien ist die Kirche eine Gemeinschaft, deren Entwicklung ihre Höhen und Tiefen hat, in der es jedoch auch immer wieder das Bestreben zur Reinigung und Läuterung gibt. Trotz ihrer Verfehlungen und irdischen Begrenztheit geht die Kirche ihren Weg der Nachfolge Christi.

In den 2000 Jahren ihrer Geschichte sehen wir das Martyrium der Päpste der ersten Jahrhunderte, die ihrem Glauben treu blieben, die ruhigeren Zeiten, die mit Kaiser Konstantin begannen und eine kontinuierliche Entwicklung ermöglichten, danach die Verwandlung des Papstes in eine geistliche und politische Führungsfigur zur Zeit der Barbareneinfälle, die Auseinandersetzung zwischen dem Stellvertreter Christi und dem Kaiser um die Vorherrschaft, das humanistische und mäzenatische Papsttum der Renaissance, die Spannungen, die das Erdbeben der Reformation und die katholischen Reformen hervorriefen, die Auseinandersetzung mit der Aufklärung im 18. Jahrhundert.

Mit dem Verlust der weltlichen Macht bekräftigte die Kirche ihre geistliche Autorität und die weltumspannende Ausrichtung des Vatikans; das Papsttum wurde zur moralischen und religiösen Instanz, die in der Lage ist, den Menschen von heute eine Orientierung zu geben. Die nicht wegzudenkende Präsenz der Kirche in den europäischen Ländern und in unserer Zeit auch in der ganzen Welt lässt es bedauerlich erscheinen, dass die europäischen Politiker nicht der Aufforderung des Papstes gefolgt sind, in der Präambel der europäischen Verfassung zumindest einen Hinweis auf ihre christlichen Wurzeln zu geben und damit die herausragende Bedeutung und die entscheidende Rolle, die das Christentum bei der Entwicklung der europäischen Staaten gespielt hat, anzuerkennen.

Roberto Monge

geb. Betsaida, Ende des 1. Jahrhunderts v. Chr.; gest. Rom 67 n. Chr.

Petrus ?–67

Der erste der von Jesus berufenen Jünger stammt aus Betsaida in Galiläa. Er ist der Sohn des Jonas und der Bruder des Apostels Andreas. Er heißt Simon, aber Jesus gibt ihm den Namen Kephas, lateinisch Petrus, der »Fels«, weil er das Fundament der Kirche werden soll. Von Beruf ist er Fischer und muss verheiratet gewesen sein, denn das Markusevangelium erzählt von der Heilung seiner Schwiegermutter. Doch Jesus will ihn, so berichtet es das Neue Testament, zum »Menschenfischer« machen, mit der Macht »zu binden und zu lösen«, und übergibt ihm »die Schlüssel zum Reich des Himmels«. Als Jesus ihn so zum Oberhaupt der zwölf Apostel macht, sagt er zu ihm: »Du bist Petrus und auf diesen Fels will ich meine Kirche bauen, und auch die Pforten der Hölle sollen sie nicht überwältigen.« Auf diesen Worten beruht die Lehre vom Vorrang des Petrus vor den anderen Aposteln. In den Evangelien steht aber auch, dass Jesus zu ihm sagt: »Wahrlich, ich sage dir, in dieser Nacht, ehe der Hahn krähen wird, wirst du mich dreimal verleugnen.« Petrus antwortet ihm darauf, er würde lieber mit ihm sterben als ihn zu verleugnen. Als Jesus dann im Garten Getsemani von Judas verraten und von dem durch die Hohenpriester aufgehetzten Pöbel festgenommen wird, zieht Petrus sein Schwert, um ihn zu verteidigen, und verwundet dabei einen Knecht des Hohenpriesters. Später bezichtigt man ihn, zum Kreis des Jesus von Nazaret zu gehören, doch Petrus schwört, er kenne »diesen Menschen« nicht. Als daraufhin der Hahn kräht und er sich an die Worte Jesu erinnert, weint er bitterlich.

Nach der Auferstehung ist er der erste Jünger, der das leere Grab betritt, und Christus beauftragt ihn in einer Erscheinung ausdrücklich, »seine Schafe zu weiden«. Nach der Apostelgeschichte des Evangelisten Lukas ist er der unbestrittene Führer der jungen Kirche. Er leitet die Wahl des Matthias als Nachfolger des Judas und hält, als am Pfingsttag der Heilige Geist über die Jünger kommt und alle vom Geist Gottes erfüllt werden, eine beeindruckende Rede. Petrus predigt mit großer Eloquenz in Jerusalem; er heilt viele Menschen und lässt sich auch durch Verfolgungen nicht abhalten, das Wort Gottes zu verkünden und den Geist Gottes zu spenden.

Im Jahr 48/49 n. Chr. kommt es zum sog. Apostelkonzil: Die grundsätzliche Frage, ob Heiden bei ihrer Bekehrung auch die jüdischen Gebote übernehmen und sich beschneiden lassen müssen, wird von Petrus eindeutig mit Nein entschieden. Damit wird der Weg für eine Missionierung über die Grenzen des Judentums hinaus geebnet. Petrus selbst hat als Missionar in heidnischen Gebieten, etwa in der griechischen Hafenstadt Korinth, in der syrischen Stadt Antiochia und in Kleinasien gewirkt. Die letzten Jahre seines Lebens verbringt er in Rom, wo er während der Christenverfolgung unter Kaiser Nero zwischen 64 und 67 den Tod findet, indem man ihn mit dem Kopf nach unten kreuzigt.

Immer schon galt die Petruskirche als der Ort, an dem Petrus begraben worden ist, und Grabungen in den Jahren 1940–1949 haben tatsächlich bestätigt, dass sich hier das Petrusgrab befindet. Das Hochfest der Apostel Petrus und Paulus feiert die Kirche am 29. Juni.

Die christliche Botschaft

Die zentrale Botschaft der Predigt des Petrus, die ihrerseits die Verkündigung Jesu Christi aufgreift, liegt in der alles umwälzenden Aufforderung zur Umkehr, das heißt in einer völligen Umkehrung all dessen, was die persönlichen Wertvorstellungen jedes Menschen wie auch das Zusammenleben mit den anderen angeht. So erklärt Jesus in den Seligpreisungen der Bergpredigt, dass all diejenigen selig seien, die in den Augen der Welt unglücklich, untauglich oder gescheitert sind.

Hl. Petrus ? – 67

geb. Volterra ?; gest. Rom 76

Linus 67–76

Der zweite Papst, der laut Überlieferung Petrus nachfolgt, stammt aus Volterra in der Toskana. In der Jugend zeichnet sich Linus durch seinen hohen moralischen Anspruch, Keuschheit und einen ausgeprägten Sinn für das priesterliche Amt aus. Er ist von großer Gelehrsamkeit und Weisheit, Entsagungskraft und Frömmigkeit. 67 übernimmt er die ihm von Petrus hinterlassenen Aufgaben und führt die christliche Gemeinde neun Jahre lang mit Energie, mit einem vom Evangelium beflügelten Eifer und einer heiligen Ergebenheit.

Mit der Zerstörung des jüdischen Tempels in Jerusalem im Jahr 70 durch Kaiser Titus bricht eine Zeit der Verfolgung an. 135 wird Jerusalem dem Erdboden gleichgemacht, Juden dürfen nicht mehr in Palästina wohnen. So beginnt die Zeit der Diaspora, d.h. die Geschichte der Zerstreuung des jüdischen Volkes über die Welt. Der hl. Linus unterstützt eine große Zahl Juden, die nach Rom gebracht werden und dort den Triumphbogen des Titus errichten müssen.

Linus verdanken wir die Ernennung der ersten fünfzehn Bischöfe, deren Aufgabe es ist, die Sakramente zu spenden und sich um die christlichen Gemeinschaften zu kümmern. Er führt auch für die Frauen die Pflicht ein, während der Gottesdienste den Kopf zu bedecken.

Während seines Pontifikats erleiden die Evangelisten Markus und Lukas den Märtyrertod. Auch Linus selbst stirbt der Überlieferung nach als Märtyrer und wird neben Petrus bestattet. Sein Fest wird von der Kirche am 23. September gefeiert.

WISSENSWERTES

Das Martyrium

Die ursprüngliche Bedeutung des griechischen Wortes *martyrion* ist »Zeugnis, Zeugenaussage«. Mit diesem Wort beginnen die Prozessakten des hl. Justinus, der im 2. Jahrhundert im Zuge der Verfolgungen durch Kaiser Marc Aurel zum Märtyrer wurde.

Der Begriff »Martyrium« bezeichnet das Bekenntnis des christlichen Glaubens bis in den Tod hinein.

In der frühen Kirche gehört das Martyrium zur christlichen Realität, es ist kein seltenes oder plötzliches Ereignis: Christen sind sich vielmehr der Tatsache bewusst, dass es zum Glauben gehört, die Passion Christi auch am eigenen Leib zu erfahren.

Hl. Linus 67–76

geb. Athen, 1. Jahrhundert n. Chr.; gest. Rom 88

Anaklet 76–88

Hinter den beiden Namen Kletus und Anaklet, die sich beide in älteren Verzeichnissen finden, steht in Wirklichkeit nur ein Papst und damit der direkte Nachfolger des Linus. Kletus ist nämlich nichts weiter als eine Abkürzung von Anaklet (griechisch korrekt eigentlich Anencletos; der Name bedeutet »untadelig«).

Anaklet stammt aus Athen. Nachdem er dort eine Predigt des Petrus gehört hat, bekennt er sich zum Christentum und folgt dem Apostel nach Rom, wo er zunächst Diakon und dann Priester wird.

Als sich Petrus zur Verkündigung des Evangeliums nach Kleinasien aufmacht, überträgt er ihm die Leitung der Kirche, gemeinsam mit Linus, Anaklets Vorgänger, und Clemens, seinem Nachfolger.

Anaklet wird nach dem hl. Linus im Jahr 76 Papst und übt sein hohes Amt bis 88 aus. Ihm wird die Einrichtung der Pilgerwege zugeschrieben, die in Rom zwischen den verschiedenen Kirchen verlaufen, »Stationen« genannt. Für die Weihe und Lebensführung von Priestern und Bischöfen erlässt er bestimmte Vorschriften und verwandelt sein eigenes Haus in eine Kirche, die in Rione del Monti nahe den Philippsthermen liegt. 79 erlebt er den schrecklichen Vesuvausbruch, der Herculaneum, Stabia und Pompeji vernichtet.

Anaklet zeichnet sich durch Weisheit und eine bewundernswerte Frömmigkeit aus. Mit tiefem Schmerz erlebt er die blutrünstige Verfolgung der Christen durch Domitian. Die Kirche ehrt das Gedächtnis dieses Heiligen am 13. Juli, seinem Todestag.

Der Papst

Nach katholischer Lehre ist der Papst der Nachfolger des Petrus, das Oberhaupt der Kirche und ihr oberster Lehrer, und er übt dieses Amt allein oder mit den Bischöfen auf den Konzilien aus. Er ist unfehlbar, wenn er *ex cathedra* die wesentlichen Wahrheiten des Glaubens verkündet. Nach dem Kirchenrecht ist er »höchstes Organ der Rechtsprechung« und besitzt zugleich die gesetzgebende, die exekutive und administrative Gewalt.

WISSENSWERTES

Hl. Anaklet (Kletus) 76–88

geb. Rom, 1. Jahrhundert n. Chr.; gest. 97

Clemens 88–97

Clemens ist ein frommer Mann, ein friedfertiger, aber entschlossener Verteidiger des Glaubens. Er wird in Rom geboren, nahe dem Ort auf dem Hügel Caelius, wo später die Kirche San Giovanni in Laterano, die Lateranbasilika, errichtet wird. Er stammt aus einer Patrizierfamilie, und manche Autoren sagen ihm eine Verwandtschaft mit Kaiser Domitian nach. Er war ein Schüler des Paulus und übernimmt die Leitung der Kirche im Jahr 88.

Die berühmte Kirche San Clemente wird in Rom an der Stelle erbaut, an der das Vaterhaus dieses Papstes stand. Sie hat die besondere Form früherer Kirchen: ein Porticus mit vier Granitsäulen vor dem Eingang der Kirche, der zum Kirchplatz führt, umgeben von anderen Portici und von sechzehn Granitsäulen verziert, sechs auf jeder Seite und vier vor der Tür, die sich in die dreischiffige und auf vierzehn Marmorsäulen ruhende Kirche öffnet.

Im Jahr 93 erleiden die Christen eine zweite Verfolgung, diesmal durch Kaiser Domitian, Clemens selbst aber wird verschont. Vier Jahre später, unter Trajan, wird auch er zum Märtyrer. Es heißt, dass der Kaiser ihn verhaften und mit dem Befehl auf ein Schiff bringen ließ, ihn aufs hohe Meer zu fahren und dort, nachdem man ihm einen Anker am Hals befestigt hatte, ins Wasser zu werfen, damit seine Anhänger seinen Leib nicht finden und damit sein Gedächtnis nicht wahren konnten. Sein Tod lässt sich auf das Jahr 97 datieren.

Papst Clemens weiht laut Überlieferung fünfzehn Bischöfe, zehn Priester und elf Diakone. Er gilt als Autor des sog. Ersten Clemensbriefes, eines Briefes an die Korinther, das erste Beispiel eines brüderlichen und doch zugleich gebieterischen Briefes der römischen Kirche, in dem zu Streitigkeiten einer anderen Ortsgemeinde Stellung genommen und damit der Primat des Bischofs von Rom unterstrichen wird. Sein Festtag ist der 23. November.

HINTERGRUND

Verbreitung des Christentums

Im Mittelmeerraum verbreitet sich das Christentum so schnell, dass manche christlichen Schriftsteller darin ein deutliches Zeichen der Vorsehung sehen. Ganz sicher begünstigt die Tatsache, dass die Länder, die am Mittelmeer liegen, eine ähnliche Kultur besitzen und Latein und Griechisch die gebräuchlichen Sprachen sind, die Ausbreitung des christlichen Glaubens. Eine wichtige Rolle spielen aber auch die Erwartungen, die in der Luft liegen, die Unzufriedenheit mit der Sinnleere der offiziellen Religion und der betont soziale Charakter der neuen Religion, die zum ersten Mal in der Welt predigt, dass die Menschen Brüder sind.

Hl. Clemens 88–97

Evaristus 97–105

Evaristus wird etwa im Jahr 60 in Betlehem in Palästina geboren. Sein Vater bringt ihn nach Griechenland und erzieht ihn nach den Grundsätzen seiner eigenen Religion. Schon als Jugendlicher zeigt Evaristus großes Interesse an Literatur und Ethik. Er erhält eine sorgfältige Erziehung, Zeit und Ort seiner Konversion zum christlichen Glauben sind allerdings unbekannt. Unklar ist auch, warum er nach Rom geht. Dort wird er im Jahr 97 zum Papst gewählt.

Evaristus, so sagt es die Tradition, ordnet an, dass Eheschließungen nach apostolischer Ordnung vollzogen werden sollen, öffentlich und mit priesterlichem Segen. Er erweitert die Riten für die Weihe von Kirchen, richtet Ämter für die Gemeinden ein, die er von den jeweils ältesten Priestern führen lässt (später »Kardinäle« genannt, was so viel wie Dreh- und Angelpunkt der Kirchenordnung bedeutet), und er ernennt fünf Bischöfe, außerdem siebzehn Priester und zwei Diakone, die die Aufgabe haben, die Bischöfe zu unterstützen.

Sein Eifer und seine Entsagung sind groß, seine Demut und sein Beispiel an Tugend bewundernswert, und so zieht er den Zorn der Herrschenden auf sich. Unter der Regierung Kaiser Trajans wird er wegen seiner Rolle als Oberhaupt der Christen zum Tode verurteilt und erleidet im Jahr 105 den Märtyrertod.

Papst Evaristus führt die Kirche mehr als acht Jahre lang und ist der Legende nach neben Petrus bestattet. Sein Festtag ist der 26. Oktober.

WISSENSWERTES

Die Kardinäle der römischen Kirche

Die Kardinäle der römischen Kirche bilden ein besonderes Kollegium, das die Aufgabe hat, den römischen Oberhirten zu wählen; außerdem assistieren sie allein oder als Gruppe dem Papst. Das Kardinalskollegium besteht aus drei Gruppierungen: aus den Kardinalbischöfen, die die sieben um Rom liegenden Bistümer innehaben, den orientalischen Patriarchen, die auch zum Kollegium zählen, sowie den Kardinalpriestern und den Kardinaldiakonen, denen je eine römische Kirche als Diakonie oder Titelkirche zugewiesen wird. Der Kardinaldekan hat die Diözese von Ostia inne.

Hl. Evaristus 97–105

geb. Rom ?; gest. Rom 115

Alexander I. 105–115

Alexander wird in Rom geboren und erhält den Namen seines Vaters, eines Bürgers der Stadt. Im Jahr 105 wird er Nachfolger von Evaristus und ist somit der sechste Papst.
Alexander ist erst dreißig Jahre alt, als er Oberhaupt der Kirche wird, und er zeichnet sich trotz seines noch jugendlichen Alters durch Fleiß und Erfahrung aus.
Die Zeit seines Pontifikats gehört zu den schwierigsten, die die Kirche erlebt hat. Zum einen dauern die Christenverfolgungen an, zum anderen finden Irrlehrer ihre Freiräume. In dieser prekären Lage übt Alexander sein Apostelamt unbeirrt aus, und dank einer bewundernswerten Eloquenz und seiner Überzeugungskraft bekehrt er viele angesehene Persönlichkeiten des Römischen Reiches, zahlreiche Senatoren und nicht wenige Adelige zum Christentum. Spektakulär ist die Bekehrung des römischen Präfekten Hermetus und seiner gesamten Familie.
Während seines Pontifikats weiht Alexander sechs Bischöfe und mehrere Priester. Er führt den Gebrauch von Weihwasser ein und schreibt vor, für die Hostien ungesäuertes Brot zu verwenden.
Kaiser Aurelian, der den wachsenden Erfolg des christlichen Glaubens beobachtet, lässt den Papst einsperren und mit ausgesuchter Grausamkeit misshandeln. Seine Peiniger strecken ihn auf der Folterbank, zerreißen ihm das Fleisch mit Zangen und verbrennen ihn mit glühenden Eisen. Aber selbst solche Qualen können ihn weder entmutigen noch seinen Glaubenseifer lähmen. Am Ende töten ihn seine Peiniger auf der heutigen Via Nomentana. Zehn Jahre stand er als Papst der Kirche vor, im Jahr 115 kehrt auch die Seele dieses Märtyrers zu Gott zurück. Er wird in der Kirche Santa Sabina beigesetzt. Sein Gedenktag ist der 3. Mai.

HINTERGRUND

Das Christentum und die staatliche Gewalt

Von Anfang an sind die Beziehungen zwischen dem Christentum und dem Römischen Reich, zwischen der sich entwickelnden neuen und der alten heidnischen Gesellschaft problematisch. Christen sind im Grunde keine Rebellen, aber sie verweigern den Gehorsam, wenn die Gesetze des Staates mit ihrem Glauben unvereinbar sind. Die Zusammenstöße, die staatlicherseits oft in Verfolgungen ausarten, haben vor allem mit Fragen des Kults zu tun. Die Christen weigern sich nämlich prinzipiell, den Kaiser anzubeten und Weihrauch auf seinem Altar zu verbrennen. Sie halten das für Götzendienst, und eine solche Weigerung kann der Staat nicht tolerieren.

Hl. Alexander I. 105–115

geb. Rom ?; gest. Rom 125

Sixtus I. 115–125

Sixtus stammt aus Rom und ist Bischof, bevor er 115 Nachfolger von Alexander wird. Eine seiner ersten Amtshandlungen ist der Beschluss, dass nur Priester das Recht haben sollen, heilige Gegenstände wie Kelch und Patene zu berühren. Dies erhöht sowohl die Würde wie auch das Geheimnis des Sakraments der Eucharistie.

Im Hinblick auf die Struktur der Kirchenordnung legt er fest, dass ein Bischof, bevor er den Bischofssitz übernehmen kann, dem Volk einen Brief des Papstes vorlegen muss, der die Einheit des Glaubens und die gegenseitige Liebe zwischen dem Oberhaupt der Kirche und den Söhnen Jesu Christi bekräftigt.

Sixtus führt auch den Gesang des *Sanctus* in die Messe ein. Im Jahr 125 erleidet er wie seine Vorgänger das Martyrium mit beispielloser christlicher Ergebenheit.

Nach der Überlieferung wird er neben Petrus beigesetzt, andere Untersuchungen besagen, dass seine Überreste in der Kathedrale von Alatri beerdigt wurden. Sein Gedenktag wird am 3. April begangen.

Anschuldigungen gegen das Christentum

Die erste Christenverfolgung wird 64 von Kaiser Nero veranlasst, der auf diese Weise davon ablenken will, dass er Rom in Brand gesteckt hat. Nach dem römischen Geschichtsschreiber Tacitus sind die Christen der »Abschaum der Menschheit«, ein lächerlicher Vorwurf, der aber beim Volk auf Widerhall stößt. Es wird auch die Ansicht verbreitet, die Christen beteten einen Gott mit Eselskopf an, wie eine Zeichnung auf dem Palatin bezeugt. Als das Römische Reich an Stabilität verliert, werden die Christen der Gottlosigkeit und der Majestätsbeleidigung gegenüber dem Kaiser bezichtigt. Man entzieht ihnen das Versammlungsrecht, da sie als umstürzlerisch gelten.

HINTERGRUND

Hl. Sixtus I. 115–125

geb. Kalabrien ?; gest. Rom 136

Telesphorus 125–136

Über seine Herkunft ist man sich nicht einig: Manche Autoren meinen, er stamme aus Griechenland, andere, dass er in Kalabrien geboren wurde. Andere Quellen besagen, dass er in die Fußstapfen seines Vaters trat und als Einsiedler lebte, bevor er nach Rom kam.

Im Jahr 125 wird er Papst und neben anderen Errungenschaften seines Pontifikats schreibt man ihm die Einführung der Fastenzeit mit Fasten und Buße in den Wochen vor Ostern zu, ebenso den Gesang des *Gloria in excelsis Deo*, das er vermutlich selbst geschrieben hat, in der Christmette und die Anweisung, Priester sollten in der Weihnachtsnacht drei Messen zelebrieren, eine davon um Mitternacht.

136 wird er zum Märtyrer, nachdem er elf Jahre lang das Oberhaupt der Kirche gewesen ist.

Irenäus von Lyon beschreibt sein Martyrium unter Kaiser Hadrian als eines der heldenhaftesten. Seine Überreste sind im heutigen Vatikan nahe beim Grab des hl. Petrus beigesetzt. Man gedenkt seiner am 5. Januar.

HINTERGRUND

Eine Meinung über die Christen

Plinius der Jüngere schreibt: »Die Christen pflegten sich an einem bestimmten Tag vor Sonnenaufgang zu versammeln. Sie sangen Christus als ihrem Gott im Wechsel Lob und verpflichteten sich mit einem Eid *(sacramentum)* – nicht etwa zu einem Verbrechen, sondern dazu, keinen Diebstahl, Raub oder Ehebruch zu begehen, Versprechen zu halten und anvertrautes Gut nicht zu unterschlagen. Danach war es Brauch, wieder auseinanderzugehen und später wieder zusammenzukommen, um gemeinsam zu essen, aber es war eine gewöhnliche, einfache Mahlzeit.«

Plinius der Jüngere, Briefe 96, 112 n. Chr.

Hl. Telesphorus 125–136

geb. Athen ?; gest. Rom 140

Hyginus 136–140

Der Grieche Hyginus wird in Athen geboren und beweist schon als Jugendlicher seinen hervorragenden Charakter und seine geistigen und moralischen Qualitäten. 136 wird er vom Volk und den Priestern zum Papst gewählt. Ihm schreibt man die Einteilung der kirchlichen Hierarchie in drei Stufen zu: die Priester, den höheren und den niederen Klerus.

Während seines Pontifikats hat die Kirche grausame staatliche Verfolgungen zu erdulden und muss außerdem den Herausforderungen der Irrlehren standhalten, die die Reinheit des Glaubens zu gefährden drohen.

Hyginus, Philosoph und energischer Verfechter des christlichen Glaubens, zeichnet sich im Kampf gegen die Gnostiker Cerdon und Valentinos aus, die die Gültigkeit des Alten Testaments leugnen.

Er weiht sieben Bischöfe, fünfzehn Priester und zehn Diakone für ihren Dienst in verschiedenen Kirchen Roms. Und er führt, so heißt es, das Patenamt bei der Kindertaufe ein, damit Paten als Helfer und Vorbild im christlichen Glauben dienen.

Der brennende Eifer bei allem, was er tut, vor allem bei der Verbreitung der Glaubenslehre, führen ihn 140 nach einem Pontifikat von drei Jahren und elf Monaten ins Martyrium.

Hyginus soll im Vatikan, nahe beim Grab des Petrus, bestattet worden sein. Sein Gedenktag ist der 11. Januar.

WISSENSWERTES

Der Klerus

Das Wort stammt vom griechischen Wort *kleros,* Los, und bedeutet so viel wie der »auserwählte Teil einer Gemeinschaft«. Zu Beginn des Christentums können alle Christen so bezeichnet werden, da sie als das erwählte Volk gelten, doch schon im 3. Jahrhundert wird der Begriff Klerus ausschließlich für jene verwendet, die dem Gottesdienst vorstehen. Nach dem hl. Hieronymus werden die Kleriker so genannt, weil sie Teil einer göttlichen Wahl sind. Augustinus bringt den Begriff mit der Tatsache in Verbindung, dass der Apostel Matthias durch das Los gewählt worden ist. Zum Klerus gehören alle, die entsprechende Weihen erhalten haben; sie sind verantwortlich für die innere Ordnung und Leitung der Kirche.

Hl. Hyginus 136–140

geb. Aquileia ?; gest. Rom 155

Pius I. 140–155

Er wird in Aquileia im heutigen Friaul geboren. Im Jahr 140 wird er zum Papst gewählt. Dem Beispiel seiner Vorgänger folgend, verurteilte er die Irrlehren des Valentinos, des Marcion und des Cerdon, die in Rom ihre Ansichten verbreiteten.

Während seines Pontifikats lebt und wirkt auch der Kirchenlehrer und Philosoph Justin, der der Kirche wertvolle Dienste erweist und später unter Marc Aurel enthauptet wird; daher bis heute sein Beiname »Justin der Märtyrer«. Dieser große Glaubensapostel und Anwalt der Christen hat eine Verteidigung (»Apologie«) des Christentums geschrieben, die wegen ihrer Eloquenz und ihrer Argumentationskraft bemerkenswert ist. Justin beschreibt den christlichen Glauben und redet von Gott als dem Schöpfer der Welt, von seinem Sohn Jesus Christus, der unter Pontius Pilatus gekreuzigt wurde, und dem Heiligen Geist, der durch die Propheten gesprochen hat. Er schildert außerdem in aller Ausführlichkeit, was in den christlichen Versammlungen geschieht.

Papst Pius wird das Dekret zugeschrieben, wonach Ostern am Sonntag nach dem Märzvollmond gefeiert werden soll, damit es nicht mit dem jüdischen Passahfest zusammenfällt, das im Osten am Tag des Vollmonds gefeiert wird. Außerdem soll er einen energischen Kampf gegen die Vernachlässigung der Sitten geführt und ein Baptisterium im Haus der hl. Praxedis (am Ort der heutigen Kirche Santa Prassede) eingerichtet haben.

Im Jahr 155 stirbt er den Märtyrertod, nachdem er die Kirche fünfzehn Jahre lang geleitet hat, eine für die damalige Zeit lange Periode. Er wird in der Nähe des Petrusgrabes beigesetzt. Sein Festtag ist der 11. Juli.

WISSENSWERTES

Das jüdische Passahfest

Das Passahfest ist einer der wichtigsten jüdischen Feiertage. Es geht als altes Frühlingsfest wahrscheinlich auf die Zeit des Nomadentums zurück: Dabei wurde ein Lamm geopfert, um für die anstehenden Wanderungen von Menschen und Tieren Segen zu erbitten.

Das Fest erinnert an den Auszug der Israeliten aus Ägypten und wird als Fest der Befreiung Israels aus der Knechtschaft gefeiert. Der Name Passah bedeutet »vorüberschreiten, verschonen«: Im Alten Testament wird erzählt, wie Gott die Israeliten verschonte, als er als letzte der zehn Plagen die erstgeborenen Kinder der Ägypter töten ließ.

Hl. Pius I. 140–155

Anicetus 155–166

HINTERGRUND

Die Krise der heidnischen Religion

Der griechisch-römische Polytheismus, aus christlicher Sicht später Heidentum genannt, geht im 2. und 3. Jahrhundert seinem Ende entgegen. Jeder gute Bürger übt zwar seine Pflicht im Tempel aus und verehrt die Götter, von denen die Bewahrung des Staates und das Glück des Kaisers und Roms abhängen. Dabei fehlt den meisten jedoch jeder mystische Bezug, jeglicher innere, persönlich überzeugte Glaube. Da aber die Seele des Menschen von Natur aus religiös ist, was sich in dem Bedürfnis ausdrückt, an Höheres zu glauben, finden neue Formen der Religion (Mysterienkulte, endzeitlich und esoterisch geprägte Religionen), die häufig miteinander vermischt und immer wieder neu kombiniert werden, großes Echo.

Anicetus wird in Syrien im heutigen Homs geboren und kommt als Mitarbeiter des hl. Justin des Märtyrers im Kampf gegen die Häretiker nach Rom. Er besitzt ungewöhnliche geistige und moralische Fähigkeiten. Er ist entscheidungsfreudig, liebenswürdig im Umgang mit Menschen und hochgebildet. Er hat die Gabe, sanft und überzeugend zu reden, und er verzaubert die Zuhörer. Diese besonderen Eigenschaften Anicets befähigen ihn auch, das Schicksal der Kirche in äußerst schwierigen Zeiten zu lenken. Er widmet seine ganze Kraft der Verbreitung des Glaubens und dem Kampf gegen Irrlehren. So muss er beispielsweise gegen die Häresie der Montanisten kämpfen, die als prophetische Bewegung behaupten, neue göttliche Offenbarungen empfangen zu haben.
Trotz der gegensätzlichen Meinung des Bischofs Polycarp von Smyrna und mancher Bischöfe im Osten, die ihrer eigenen Tradition folgen wollen, besteht er darauf, dass Ostern am Sonntag nach dem Märzvollmond gefeiert wird. Bei den Auseinandersetzungen, die er mit ihnen darüber führt, beweist er Umsicht und Klugheit, aber auch Friedensliebe und einen Sinn für die Einheit der Kirche.
Seine Nächstenliebe ist groß, und er hilft Bedürftigen ohne Unterlass bis zu seinem Tod im Jahr 166 nach einem über elfjährigen Pontifikat.
Im römischen Märtyrerverzeichnis wird das Fest des hl. Anicetus auf den 17. April festgelegt.

Hl. Anicetus 155–166

geb. Fundis ?; gest. Rom 174

Soter 166–174

WISSENSWERTES

Der Papst

Zur päpstlichen Gerichtsbarkeit gehören die Bereiche des Glaubens, der Sitten und der Disziplin in der Kirche. Seine Rechtsprechung bezieht alle einzelnen Kirchen ein, die gesamte Hierarchie und ihre Gläubigen.

Soter ist Römer; er wird gegen Ende des 1. oder am Anfang des 2. Jahrhunderts in Fundis in Kampanien geboren, in einer Zeit allgemeiner religiöser Begeisterung. Er wird bald wegen seines ausgeprägten Sinns für Nächstenliebe bekannt und gewinnt so auch die Sympathie des Klerus. Was seine Popularität fördert, sind eine bewundernswerte Tugend und hohe Bildung, die er während seiner Zeit in Rom unter Beweis stellt. Er wird wie ein Heiliger verehrt und seine Worte werden wie die Sprüche eines Orakels befolgt.

Durch seine Wahl ins höchste Amt der Kirche im Jahr 166 kommen seine geistigen Fähigkeiten und seine Begeisterung für die christlichen Lehren, die seine Vorgänger verkündet haben, noch deutlicher zum Ausdruck. Denn er muss gegen verschiedene Häresien kämpfen: die Montanisten, die Nikolaiten, die Adamiten, die Gnostiker …

Soter erhebt die Ehe zum Sakrament und legt fest, dass sie von einem Priester gesegnet werden muss.

Unter seinem Pontifikat verbessern sich die Bedingungen, die die Staatsgewalt den Christen einräumt. Sie werden nicht allein schon wegen ihrer Religion verfolgt, sondern nur noch verurteilt, wenn sie gegen die Ordnung des Staates verstoßen.

Den Chroniken zufolge wird dieser Erfolg des Papstes durch ein berühmtes Wunder begünstigt, das einer römischen Legion widefährt, die deshalb den Namen *Fulminata*, die »Donnerlegion«, erhält. Unter Führung des Kaisers Marc Aurel besiegt die schon dem Verdursten nahe Legion die germanischen Feinde, nachdem auf das Gebet christlicher Soldaten hin ein heftiges Gewitter losbricht.

Soter regiert die Kirche etwa acht Jahre lang. Sergius II. lässt später die sterblichen Überreste Soters aus der Calixtus-Katakombe in eine dem Silvester und Martin geweihte Kirche überführen; schließlich werden seine Gebeine in die Kirche San Sisto (St. Sixtus) an der Via Appia gebracht. Er gilt auch als Märtyrer und einige seiner Reliquien werden in Toledo verehrt. Sein Fest wird am 22. April begangen.

Hl. Soter 166–174

geb. Nikopolis ?; gest. Rom 189

Eleutherus 174–189

Als Bischof von Rom trägt Eleutherus Würde und Bürde des Papstamtes zur großen Freude aller Christen, weil er wegen seiner Bildung sehr geschätzt, wegen seiner Tugend sehr bewundert wird und wegen seiner Charakterfestigkeit, die mit außergewöhnlicher Milde gepaart ist, in hohem Ansehen steht. Er stammt aus Nikopolis in Epirus und war Schüler von Papst Anicetus und später Diakon bei ihm.

Während seines Pontifikats verbreiten die Christen das Evangelium fast im ganzen Römischen Reich. Die alten Chronisten erwähnen, dass Eleutherus – auf Bitten des dortigen Königs Lucius – Fugatius und Damianus zur Mission nach England schickt. Beide zeichnen sich durch Frömmigkeit und Bildung aus, und ihre Missionsarbeit zeitigt beachtliche Erfolge.

Papst Eleutherus geht energisch gegen Irrlehren vor: die Valentinianer, die Marcioniten, die Sabellianer, die Montanisten und manche andere, die sich durch die Friedensperiode, die das Christentum zu dieser Zeit genießt, ermutigt fühlen und Verwirrung unter den Gläubigen stiften.

Nachdem Eleutherus die Kirche über fünfzehn eher ruhige Jahre geleitet hat, stirbt er im Jahr 189. Sein Fest wird nach dem Märtyrerverzeichnis am 26. Mai begangen.

WISSENSWERTES

Die Tiara

Die Tiara ist eine hohe, feste Kopfbedeckung von ovaler Form und besteht zur Zeit Bonifatius' VIII. zunächst aus zwei und seit 1314 aus drei übereinandergesetzten Kronen, die die dreifache Macht des Papstes symbolisieren: Vater der Könige, Lenker der Welt, Stellvertreter Christi. Aus diesem Grund wird die Tiara auch *Triregnum* genannt.

Auf der Tiara befindet sich ein kleiner Globus aus Gold mit einem Kreuz an der höchsten Stelle. Früher trug sie der Papst bei feierlichen Anlässen, aber seit dem Pontifikat Pauls VI. ist sie durch die Mitra ersetzt worden.

Hl. Eleutherus 174–189

geb. Afrika ?; gest. Rom 199

Viktor I. 189–199

Viktor stammt aus Afrika. Sein Pontifikat fällt in eine für die Christen vergleichsweise friedliche Zeit. Dank der Unterstützung von Marcia, der Geliebten des Kaisers Commodus, erreicht Viktor nicht nur, dass Verfolgungen ausbleiben, es werden sogar Christen befreit, die in den Minen von Sardinien Zwangsarbeit leisten müssen.

So kann er sich Fragen der Kirchenführung zuwenden. Er greift vor allem in den Streit um Ostern ein. Die Christen in Kleinasien behaupten, Ostern müsse wie das jüdische Passahfest am 14. Nisan gefeiert werden, ganz gleich, auf welchen Wochentag es fällt, die Römer hingegen bestehen darauf, dass Ostern immer am Sonntag danach gefeiert werden solle. In Rom, aber auch in anderen Glaubenszentren werden deshalb eigens Synoden abgehalten, in denen sich die Mehrheit der römischen Praxis anschließt. Die unterlegene Minderheit wehrt sich allerdings dagegen, dass Viktor ihnen den Ausschluss aus der Kirche androht. Erst das ökumenische Konzil von Nicäa wird über hundert Jahre später das Problem endgültig lösen.

Viktors Vorgehen gegen Häretiker ist energisch. So verurteilt und exkommuniziert er unter anderem Theodotus von Byzanz, den Führer einer Gruppe von sogenannten Adoptianern, die die Lehre vertreten, dass Jesus nicht von Anfang an der Sohn Gottes war, sondern ein gewöhnlicher Mensch, den Gott erst bei der Taufe als seinen Sohn angenommen hat. In gleicher Weise verdammt Viktor I. auch diejenigen, die behaupten, der Leib Christi sei nicht menschlich. Außerdem exkommuniziert er Praxeas, der die Trinität leugnet und predigt, der Vater, und nicht der Sohn, habe am Kreuz gelitten.

Viktor I. gestattet, dass beim Fehlen von Weihwasser für die Taufe auch einfaches Wasser genommen werden darf. Er schreibt einige Werke über verschiedene Fragen der Religion, die vom hl. Hieronymus erwähnt werden, unter anderem auch deshalb, weil hier zum ersten Mal statt der griechischen Sprache die lateinische Sprache verwendet worden ist, um religiöse Fragen zu erläutern.

Neun Jahre lang regiert Viktor die Kirche. Er stirbt im Jahre 199, seine Gebeine sind nach einer alten Überlieferung neben denen des hl. Petrus bestattet. Sein Gedenktag ist der 28. Juli.

WISSENSWERTES

Die Osterfrage

Eine heftige Streitfrage zwischen dem Abendland und dem Osten war, ob Ostern an irgendeinem Wochentag, wie bei den Juden üblich, oder am Sonntag gefeiert werden soll. 325 wird auf dem Konzil von Nicäa festgelegt, dass Ostern am Sonntag nach dem ersten Vollmond im Frühjahr zu feiern sei. Wegen der Differenzen von Mond- und Sonnenjahr ist die mathematische Berechnung des Datums extrem schwierig.

Hl. Viktor I. 189–199

geb. Rom ?; gest. Rom 217

Zephyrinus 199–217

HINTERGRUND

Die Schöpfung

»Gott hat die Welt mit seinem Wort, seinem Verstand und seiner Macht geschaffen. Auch die Philosophen räumen ein, dass der Schöpfer der *logos* ist, das heißt das Wort und die Vernunft … Dieses Wort ging von Gott aus und wurde gezeugt, als es von ihm ausging; deshalb heißt es Gottes Sohn, deshalb, weil Gott mit ihm eins und von derselben Substanz ist. Auch Gott ist Geist. Wenn ein Strahl der Sonne leuchtet, ist er ein Teil der ganzen Sonne. Aber die Sonne ist in dem Strahl, weil er ein Strahl der Sonne ist. Die Substanz ist nicht getrennt, sondern breitet sich aus. So kommt aus dem Geist Geist und Gott von Gott wie das Licht vom Licht …«
Tertullian, Apologeticum (Verteidigung des Christentums), Kapitel 21

Zephyrinus wird in Rom als Sohn eines gewissen Habundius geboren und auf den Stuhl Petri gewählt, der durch den Tod Viktors I. vakant geworden ist. Sein Pontifikat zeichnet sich durch einige Ereignisse aus, an die zu erinnern lohnt. Er setzt energisch den Kampf seines Vorgängers gegen die Häretiker fort. In verschiedenen Fragen legt er genauere Regelungen vor: Priester, die beim Bischof wohnen, sollen ihn bei den Gottesdiensten durch ihre Gegenwart unterstützen. Jugendliche ab vierzehn Jahren können am Osterfest zur Kommunion gehen. Kelch und Patene sollen lieber aus Glas denn aus Holz sein.

Während seines Pontifikats tritt Tertullian (in Karthago um 150 geboren; gestorben nach 220), ein berühmter Anwalt in reifem Alter, zum Christentum über. Er verfasst zahlreiche Schriften zur Verteidigung des christlichen Glaubens, darunter das berühmte *Apologeticum*, die »Verteidigung des Christentums«. Dieses Werk gilt als eine der schönsten lateinischen Schriften und ist ein wertvolles Zeugnis der frühen Christenheit. Das *Apologeticum* ist eine geschickte Verteidigung gegen die Vorwürfe, die den Christen gemacht werden, etwa die Missachtung der Staatsreligion und Verrat.

Zephyrinus regiert die Kirche achtzehn Jahre lang, während derer er sich um die Wahrung der Reinheit des Glaubens und die Disziplin des Klerus bemüht. Er verteidigt die Unauflösbarkeit der Ehe.

Während seines Pontifikats erleidet die Kirche die unerbittliche Verfolgung durch Septimius Severus, durch die Irenäus, der Bischof von Lyon, und die Heiligen Perpetua und Felicitas umkommen. Die Verfolgungen sind durch die Behauptung ausgelöst worden, die Christen lehnten den Militärdienst ab und ihre Religion gefährde die Sicherheit des Staates.

Papst Zephyrinus stirbt 217. Auch er wird Opfer der Verfolgungen des Septimius, seine Gebeine werden in einer eigenen Grabstätte nahe der Calixtus-Katakombe an der Via Appia beigesetzt. Sein Festtag ist der 26. August.

Hl. Zephyrinus 199 – 217

geb. Rom ?; gest. Rom 222

Calixtus I. 217–222

Calixtus, der in Rom geboren wird, ist nach einigen Quellen ein freigelassener Sklave, nach anderen stammt er aus der adeligen Familie der Domitier. Am 2. August 217 wird er auf den Stuhl Petri erhoben und regiert die Kirche fünf Jahre lang.

Die ältesten päpstlichen Schriften, Grundlage der Register der römischen Kirche, und verschiedene andere Dokumente bescheinigen Calixtus die strenge Einhaltung des vierfachen Fastens (Tage des Fastens und des Gebets zu Beginn der vier Jahreszeiten).

Er wünscht, dass die Priester, bevor sie die Weihe erhalten, ein Keuschheitsgelübde ablegen, damit sie keine Ehe schließen können. Er verbietet die Heirat zwischen Verwandten bis zum siebten Grad, ein Verbot, das später bis zum vierten Grad beschränkt wird, und erkennt die Ehe zwischen Sklaven und freien Frauen an.

Unter der Regierung dieses Papstes beginnen die Christen, die die Toleranz der politischen Machthaber nutzen, Kirchen zu bauen. Was aber den Namen von Calixtus berühmt macht, ist der Friedhof an der Via Appia. Bereits als Diakon war Calixtus mit der Verwaltung der nach ihm benannten Calixtus-Katakombe, einer christlichen Friedhofsanlage, betraut und lässt sie noch weiter ausbauen. Auf dem riesigen, kilometerlangen unterirdischen Areal werden im Laufe der Zeit zahlreiche Märtyrer – die Rede ist von 170 000 (allerdings galten später alle in den Katakomben Bestatteten als Märtyrer) – und 46 Päpste bestattet.

Calixtus ist auch der Bau der ersten Maria geweihten Kirche zu verdanken, Santa Maria in Trastevere.

Die Legende von seinem Martyrium (manche behaupten allerdings, er sei während eines Aufstands gestorben) ist einer Erwähnung wert: Der Kaiser Heliogabal lässt ihn gefangen nehmen und täglich geißeln, dann, nachdem er ihn eine Woche lang ohne Nahrung in eine Zelle gesperrt hat, lässt er ihn in den Palast führen und aus dem Fenster werfen. Danach befiehlt er, ihn mit am Hals befestigtem Ballast in einen Brunnen zu werfen, der mit Steinen zugedeckt wird.

Sein Todestag wird auf den 14. Oktober 222 datiert, sein Leichnam wird in Trastevere an der Via Aurelia beigesetzt. Tatsächlich hat man sein Grab 1960 auf dem Friedhof San Calepodio an der Via Aurelia gefunden. Die Kirche feiert diesen Heiligen am 14. Oktober.

WISSENSWERTES

Die Katakomben

Das Wort *catacomba* stammt aus dem Griechischen und bedeutet: Höhle. So nannten die Römer einen Ort entlang der Via Appia, wo Tuffsteinhöhlen lagen. Hier wurden die Katakomben des Calixtus gegraben und im 9. Jahrhundert wurde dieser Begriff auf alle unterirdischen Friedhöfe ausgeweitet. Die christlichen Katakomben wurden im 2. Jahrhundert begonnen und bis zum 5. Jahrhundert fortgeführt. Sie bestanden aus kilometerlangen unterirdischen Stollen, die auch zu Krypten und Grabkammern ausgeweitet wurden. Während der Verfolgungen dienten die Katakomben als Zuflucht zur Feier der Messe und wurden dann auch Heiligtümer für Märtyrer, Kultort und Pilgerstätte für alle Christen.

Hl. Calixtus I. 217–222

geb. Rom ?; gest. Rom 230

Urban I. 222–230

Urban I. ist Sohn einer adeligen römischen Familie und wird 222 zum Nachfolger von Calixtus I. gewählt. Er ist von liebenswürdigem Charakter, redegewandt und voll Überzeugungskraft. Zu diesen Gaben kommen sein vorbildliches Leben und sein apostolisches Sendungsbewusstsein hinzu. Er bekehrt viele Menschen aus der römischen Adelsschicht, darunter die hl. Cäcilia und ihren Ehemann Valerian.

Von Urban heißt es, er sei der Erste gewesen, der für die Messe heilige Gefäße aus Silber benutzt und deren Gebrauch vorgeschrieben habe, weil Gott, der Schöpfer der Welt, im Gottesdienst mit dem Kostbarsten, was die Menschen besitzen, gepriesen werden solle.

Papst Urban will, dass die Getauften die Firmung nur aus der Hand von Bischöfen erhalten sollen, und ordnet an, den Bischofssitz ein wenig zu erhöhen.

Durch seinen Einsatz für das Evangelium und seinen Eifer bei dessen Verkündigung zieht er den Hass des Präfekten Almenius auf sich, der Urban ins Gefängnis werfen, ihn töten und wilden Tieren zum Fraß vorwerfen lässt.

Die Römerin Julia Mamea, die Mutter des Kaisers, und ihre Tochter Lucina sammeln seine Überreste auf und lassen sie auf dem Friedhof an der Via Appia begraben. Tatsächlich hat man sein Grab später dort in der Calixtus-Katakombe gefunden.

Urbans Martyrium fand, so will es die Überlieferung, am 25. Mai 230 statt und die Kirche feiert sein Fest an diesem Tag.

Die Firmung

Das Ritual der Firmung ist sehr alt und scheint vom Handauflegen durch die Apostel abgeleitet, das auf die Taufe folgte. Vom 4. Jahrhundert an bildet sich zwischen Osten und Abendland ein Unterschied heraus. In der Kirche des Ostens wird die Firmung gemeinsam mit der Taufe vollzogen und beide Sakramente werden vom selben Priester gespendet. In der Kirche des Abendlandes sind die Bischöfe als direkte Nachfolger der Apostel mit der Aufgabe der Firmung betraut und das Ritual wird von der Taufe getrennt.

Hl. Urban I. 222–230

geb. Rom ?; gest. Sardinien 235

Pontianus 230–235

Pontianus wird in Rom als Sohn eines gewissen Calpurnius geboren und am 21. Juli 230 zum Papst gewählt. Manche Autoren schreiben ihm die Einführung des Psalmengesangs während der Gottesdienste zu. Er legt fest, dass während der Messe das *Confiteor* gebetet und die Formel *Dominus vobiscum* verwendet wird.

Nach fünfjährigem Pontifikat wird Pontianus Opfer der im Jahre 235 von Kaiser Maximinus Trax beschlossenen Christenverfolgung. Dieser macht die Christen für alles Unglück des Staates verantwortlich: verlorene Schlachten, Seuchen, Trockenheit, Erdbeben und alle möglichen Katastrophen.

Maximinus befiehlt, nur die umzubringen, die von Christus predigen oder die Kirche regieren, in der Annahme, dass die Gläubigen ohne ihre Priester und Bischöfe ihren Glauben verleugnen und die christliche Religion aufgeben würden.

Papst Pontianus muss für seinen Glauben leiden. Er wird nach Sardinien verschleppt, berüchtigt als »Insel des Todes«. Hier fristet er ein hartes Leben und stirbt 235 den Märtyrertod. Da er sicher annehmen musste, dass er hier umkommen wird, dankt er vor seiner Verschiffung am 28. September 235 ab, wohl um der Kirche die Wahl eines Nachfolgers zu ermöglichen. Das ist zugleich das erste bekannte exakte Datum der Papstgeschichte, alle früheren beruhen auf Annahmen.

Der Gedenktag, ursprünglich sein Todestag am 19. November, wird jetzt – gemeinsam mit dem hl. Hippolyt – am 13. August gefeiert. Papst Fabian lässt seinen Leichnam 236 oder 237 nach Rom bringen und in der Calixtus-Katakombe beisetzen. 1909 konnte man dort auch Bruchstücke einer Grabplatte mit seinem Namen finden. Heute werden die sterblichen Überreste von Pontianus in der Kirche Santa Prassede (St. Praxedis) aufbewahrt.

Titel der Päpste

Der Papst trägt die Titel Bischof von Rom, Stellvertreter Jesu Christi, Nachfolger des Fürsten der Apostel, Höchster Pontifex der Gesamtkirche, Patriarch des Abendlandes, Primas von Italien, Erzbischof und Metropolit der Kirchenprovinz Rom, Souverän des Staates der Vatikanstadt, Diener der Diener Gottes. Der griechische Ehrentitel *páppa*, lateinisch *papa* – Vater, bürgerte sich im 4. und 5. Jahrhundert ein und blieb schließlich ganz dem Papst vorbehalten.

WISSENSWERTES

Hl. Pontianus 230–235

geb. Griechenland ?; gest. Rom 236

Anterus 235–236

Anterus stammt aus Griechenland. Seine Wahl ins höchste Amt der Kirche findet am 21. November 235 statt. Er hat den Heiligen Stuhl nur wenige Wochen inne, aber in dieser kurzen Zeit legt er, so schreibt es ihm die Tradition zu, die Grundlagen für die Sammlung der Dokumente über die ersten Märtyrer und der offiziellen Kirchenakten.
Schon am 3. Januar 236, so heißt es, erleidet er das Martyrium durch Maximinus Trax, dessen Verfolgung der Kirche drei Jahre dauert, bis zum Tod dieses Tyrannen, dessen Herrschaft besonders grausam ist. Maximinus ordnet an, die Kirchen anzuzünden und die Christen, die ihrem Glauben nicht abschwören, umzubringen. In dieser Zeit hat sich das Christentum bereits stark gefestigt, wie Tertullian beschreibt: »Unsere Brüder treffen sich überall: auf den Feldern, in den Festungen, in den verborgensten Winkeln, in den Heeren, den Gerichten, den Palästen der Mächtigen, nur nicht in den Götzentempeln, und wenn alle getötet würden, hätte der Kaiser um sich nur eine riesige Leere.«
Anterus wird in der Calixtus-Katakombe an der Via Appia bestattet.
Später werden seine sterblichen Überreste in die Kirche San Silvestro (St. Silvester) überführt. Sein Fest wird am 3. Januar gefeiert, am Jahrestag seines Todes.

Der Diakon

In der ersten Zeit der Kirche ist der Diakon ein unmittelbar dem Bischof zugeordneter enger Mitarbeiter, der ihn vor allem bei Verwaltungs- und organisatorischen Aufgaben unterstützt. Als sich die hierarchische Struktur der Kirche endgültig herausgebildet hat, werden die Diakone den Priestern und Bischöfen untergeordnet. Sie assistieren jetzt vor allem bei liturgischen Aufgaben des Gottesdienstes, teilen die Kommunion aus, lesen aus der Heiligen Schrift, predigen und taufen.

WISSENSWERTES

Hl. Anterus 235–236

geb. Rom ?; gest. Rom 250

Fabian 236–250

Fabian wird in Rom auf dem Caelius-Hügel geboren. Schon in seiner Jugend beweist er seine Nächstenliebe und Frömmigkeit und kümmert sich um die Bestattung von Märtyrern der heidnischen Tyrannei. In der Calixtus-Katakombe lässt er Pontianus und danach auch Anterus bestatten, dessen Nachfolger er kurze Zeit später wird: Am 10. Januar 236 wird er zum Papst gewählt.

Dieser Papst entsendet zahlreiche Priester in die Mission, um den Glauben zu verbreiten und allen Völkern die Hilfe und Fürsorge der Kirche anzubieten.

Auf ihn geht die Aufteilung der Stadt Rom in sieben Bezirke zurück, wie sie auch zu Zeiten Caesars üblich war. An der Spitze jedes Bezirks steht ein Diakon, der die Aufgabe hat, die Krankenhäuser, Hospize und Kirchen dieses Bereichs zu verwalten. Diese Aufteilung hat zur Folge, dass sich die sieben Priester oder Diakone, denen dieses Amt auf Lebenszeit verliehen wird (sie werden »incardinati« genannt), von den übrigen Priestern unterscheiden und zu wichtigen Figuren des römischen Klerus werden. Sie bilden das Presbyterium oder den Bischofsrat.

Kaiser Decius, der siebte Tyrann nach Nero, erlässt 249 grausame Edikte gegen die Christen und verurteilt viele Gläubige zum Martyrium. Wegen der Heftigkeit der Verfolgungen verlassen viele Christen Rom. Andere schwören dem Glauben ab.

Fabian gehört zu den ersten Opfern und erleidet den Märtyrertod. Am 20. Januar 250 wird er, nachdem er vierzehn Jahre die Kirche geführt hat, enthauptet.

Viele kirchliche Schriftsteller bestätigen, dass Fabian ein bemerkenswerter Mann gewesen sein muss, und berichten von seinem ruhmreichen Tod, vor allem der hl. Hieronymus in seinem Buch »De viris illustribus« über bedeutende Gestalten der Kirchengeschichte (392–393). Bestattet wird Fabian in der Calixtus-Katakombe, wo man 1854 eine Grabplatte mit seinem Namen entdeckte. Die sterblichen Überreste werden später in die Kirche San Sebastiano überführt. Die Kirche ehrt das Gedächtnis des Heiligen am 20. Januar, dem Jahrestag seines Martyriums.

Verfolgungen (1)

Zunächst finden die Christenverfolgungen besonders im Osten und in Afrika statt, wo sich das Christentum stark ausgebreitet hat. Danach treffen sie Rom, wo sie unter Kaiser Decius 249–250 mit neuer Gewalt wieder aufbrechen und die christlichen Gemeinden erschüttern. Viele Christen (sog. *lapsi*, »Gefallene«) geben ihren Glauben auf. Doch es gibt auch eine große Zahl Christen, die ungeachtet aller Drohungen und trotz Folter ihren Glauben nicht verleugnen, sondern sich zu ihm bekennen und bereit sind, dafür zu sterben (sog. *confessores* und *martyres*).

HINTERGRUND

Hl. Fabian 236–250

geb. Rom ?; gest. Rom 253

Cornelius 251–253

Cornelius wird in Rom geboren und 251 erst vierzehn Monate nach dem Tod seines Vorgängers zum Papst gewählt, denn es ist eine gefährliche Zeit: Viele führende Geistliche befinden sich im Gefängnis, und wer auch immer eine so exponierte Stellung wie die des Papstes einnimmt, läuft Gefahr, sofort in den Blickwinkel der Feinde des Glaubens zu geraten, die alles tun werden, um ihn in jeder Weise zu verfolgen. Erst als im Frühjahr 251 mit dem Tod des Kaisers Decius die Verfolgungen nachlassen, wagt man die Wahl eines neuen Papstes.

Cornelius ist von der Bescheidenheit, die charaktervolle Menschen auszeichnet, und hat sich nie besonders um Ämter oder Privilegien bemüht. So muss man ihn bedrängen, damit er den Stuhl Petri annimmt.

Während seines Pontifikats beruft er eine Synode von 60 Bischöfen nach Rom ein, die die Lehren des Novatian und seiner Anhänger veruteilt: Novatian vertritt energisch die Ansicht, dass man den vom Glauben Abgefallenen, die während der Verfolgungen aus Angst dem Glauben abgeschworen haben, die Wiederaufnahme in die Kirche verweigern müsse, auch wenn sie später um Verzeihung gebeten und Buße geübt haben.

Papst Cornelius fördert die Verbreitung des Glaubens. Er unterstützt und vertritt die Lehre des Bischofs von Karthago Cyprian, der eine gemäßigte Haltung in der Frage der vom Glauben Abgefallenen vertritt, und bemüht sich um die Einheit der Christen.

Doch die nächste Verfolgungswelle folgt rasch: Cornelius und die Christen werden beschuldigt, für eine Pest verantwortlich zu sein, die in vielen Teilen des Reiches zu Verwüstung und großem Leid geführt hat. Deshalb will Kaiser Trebonianus Gallus sie zwingen, den heidnischen Göttern Opfer zu bringen, um ihren Zorn zu besänftigen. Als die Christen sich weigern, setzt er eine erneute Verfolgung in Gang. Die Gewalt trübt die ruhige Gelassenheit des Papstes nicht, und er ist mit Demut und Hingabe bereit, nach Cetumcellae (heute Civitavecchia, der Hafen Roms) ins Exil zu gehen, nachdem er öffentlich seinen Glauben bekannt hat.

Cornelius stirbt 253 im Exil. Seine sterblichen Überreste werden von Civitavecchia in die Calixtus-Katakombe überführt, wo sein Grabmal noch erhalten ist, und danach in der Kirche Santa Maria in Trastevere beigesetzt. Die Kirche feiert ihn am 16. September.

HINTERGRUND

Die Christen und die Kaiser

»Wir beten für das Heil der Kaiser zum ewigen Gott, dem wahren Gott, dem lebendigen Gott, den auch die Kaiser selbst sich vor allen anderen Göttern gnädig wünschen. Sie wissen, wer ihnen die Macht gegeben hat, sie wissen – als Menschen –, wer ihnen auch ihr Leben gegeben hat. Sie spüren, dass es allein Gott ist, von dessen Macht sie abhängen und dem gegenüber sie den zweiten Rang einnehmen … Wir beten immer für alle Kaiser, für ein langes Leben, ein sicheres Land, eine gute Regierung, starke Heere, einen treuen Senat, ein rechtschaffenes Volk, eine Welt, in der Frieden herrscht, also das, was jeder Mensch und ein Kaiser sich wünscht.«

Tertullian, Apologeticum (Verteidigung des Christentums), Kapitel 29

Hl. Cornelius 251–253

geb. Rom ?; gest. Rom 254

Lucius I. 253–254

Er wird in Rom geboren, begleitet Papst Cornelius ins Exil und wird nach dessen Tod am 25. Juni 253 zum Papst gewählt. Lucius bekämpft hartnäckig die Laxheit der Sitten des römischen Klerus. Er ordnet an, dass nur der Kirchendiener werden kann, dessen Moral verbürgt ist, und verbietet das Zusammenleben von Menschen verschiedenen Geschlechts, außer im Falle enger Verwandtschaft. Auch Laien dürfen erst nach der Eheschließung mit Frauen zusammenleben.
Gleich nach seiner Wahl wird er von Kaiser Gallus verbannt, kann aber wenig später nach dessen Tod mit zahlreichen ebenfalls deportierten Christen wieder zurückkehren. Bischof Cyprian aus Karthago schreibt ihm aus diesem Anlass einen Brief, in dem er ihn beglückwünscht und auch die Vermutung äußert, dass er vielleicht nur zurückkehren kann, um eines Tages in Rom Märtyrer zu werden. Tatsächlich stirbt er schon wenige Monate später am 5. März 254, der Überlieferung nach als Märtyrer.
Er wird in der Calixtus-Katakombe an der Via Appia beigesetzt und später auf Wunsch Paschalis I. in die römische Kirche Santa Cecilia überführt.
Die Kirche hat den 4. März ausgewählt, um sein Gedächtnis zu ehren.

XP

Das Monogramm Christi besteht aus zwei Buchstaben des griechischen Alphabets, dem X (chi) und P (rho). Es sind die beiden ersten Buchstaben des griechischen Wortes *christós*, Christus. Wenn dieses Monogramm auf einem Grab stand, wusste man, dass es sich um einen Christen handelte.

WISSENSWERTES

Hl. Lucius I. 253–254

geb. Rom ?; gest. Rom 257

Stephan I. 254–257

Stephan wird Ende des 2. Jahrhunderts geboren und ist der Sohn eines schon zum Christentum übergetretenen römischen Adligen. Die Reinheit seiner Sitten, sein religiöser Eifer, seine Gelehrsamkeit und Weisheit erregen schon bald Bewunderung. Viele entdecken an ihm die für ein hohes kirchliches Amt notwendige Haltung und erforderlichen Eigenschaften.

Seine Vorgänger Cornelius und Lucius haben ihn protegiert. Schon in jungen Jahren wird er zum Erzdiakon geweiht und kann sich den Problemen der Kirche widmen: Dazu gehört die Fürsorge für die Armen ebenso wie Fragen der Verwaltung und eine enge Zusammenarbeit mit dem Papst, den er vertritt.

Als Lucius 254 stirbt, wird Stephan einstimmig zum Papst gewählt. Danach hat er Gelegenheit, seine Tugend und Weisheit unter Beweis zu stellen, besonders im Zusammenhang mit der Taufe von Häretikern, die beschlossen haben, wieder der römischen Kirche beizutreten. Die afrikanischen Bischöfe, allen voran Cyprian, der später Märtyrer wird, sind der Auffassung, dass das Sakrament der Taufe bei jemandem, der sich der Häresie schuldig gemacht hat und wieder in die Kirche eintreten will, an Gültigkeit verloren hat und eine neue Taufe vorgenommen werden muss. Der Papst hingegen richtet sich nach der Tradition und ist der Meinung, dass eine zweite Taufe nicht notwendig sei. Die von Stephan vertretene Ablehnung einer zweiten Taufe wird später in der Synode von Arles 314 vertreten und von dem ökumenischen Konzil in Nicäa 325 bestätigt.

Stephan ist, so sagt es die Legende, eines der ersten Opfer der heftigen Christenverfolgungen unter Kaiser Valerian: Am 2. August 257, während er die Messe zelebriert und die Christen ermahnt, ihren Glauben zu bekennen, wird er von römischen Soldaten überrascht und vor dem Altar enthauptet. Er wird in der Calixtus-Katakombe beigesetzt. Im Märtyrerverzeichnis wird das Fest des hl. Stephan auf den 2. August, den Jahrestag seines Martyriums, festgesetzt.

Die Taufe

Lange Zeit wurden nur Erwachsene getauft, die vorher zwei oder drei Jahre als Katechumenen (»Hörer der Lehre«) verbracht hatten. Zur Feier der Taufe gehörten besondere Riten. Ein wichtiger Teil war das Sprechen des Glaubensbekenntnisses. Dann folgte das Eintauchen in ein großes Becken, für das, wenn es möglich war, ein besonderes Bauwerk (Baptisterium) errichtet wurde. Der Ritus dauerte bis zu sieben Tage, nach denen die Neugetauften die weißen Tuniken ablegten, die sie bis zu diesem Moment getragen hatten, und zwar am Weißen Sonntag, der aus diesem Grund so heißt.

Hl. Stephan I. 254–257

geb. Athen ?; gest. Rom 258

Sixtus II. 257–258

Er stammt aus Athen und wird am 30. August 257 zum Papst gewählt. Er ist von großer Gelehrsamkeit und Tugend. Dieser Papst ordnet an, die Gebeine der Apostel Petrus und Paulus von ihrer bisherigen Ruhestätte in die Katakomben zu überführen, damit in einer Zeit, in der die Verfolgungen des Valerian wüten, die Apostel dort im Verborgenen besser verehrt werden können. Scheinbar sind die Verfolgungen durch die Zerrüttung der Staatsfinanzen ausgelöst worden. Die Christen werden aufgefordert, ihrem Glauben abzuschwören, sonst würden sie mit der Beschlagnahmung ihrer Güter und Enthauptung bestraft. Die Verfolgungen zielen vor allem gegen die Amtsträger der Kirche und drohen jedem den Tod an.

Auch Sixtus II. erleidet den Märtyrertod und gehört zu den meistverehrten Märtyrern der Kirche. Sixtus wird überrascht, als er in der Praetextatus-Katakombe Gottesdienst feiert, und dort zusammen mit vier Diakonen enthauptet. Das Drama spielte sich am 6. August 258 ab. Zwei weitere Diakone werden ebenfalls noch am gleichen Tag hingerichtet, der siebte, Laurentius, wenige Tage später.

In den Chroniken heißt es, dass der Diakon Laurentius, als er Sixtus begegnet, geweint und ihn gebeten habe, mit ihm für seinen Glauben sterben zu dürfen. Der Papst antwortet ihm freundlich und sagt ihm voraus, dass er innerhalb von drei Tagen auch die Märtyrerkrone erringen wird. Die Ereignisse bestätigten die Vorhersage. Laurentius erleidet den Märtyrertod am 10. August. Auf einem Rost, auf dem ihn die Schlächter festgebunden haben, wird er bei lebendigem Leibe verbrannt und beweist heldenhafte Tapferkeit während dieser furchtbaren Qual. Sein Martyrium wird in der ganzen Christenheit berühmt, und der Namenstag dieses Diakons am 10. August wird mit größerer Feierlichkeit begangen als der manches Apostels. Seine Verehrung ist bis heute groß: Dargestellt wird er meist mit einem Rost.

Sixtus hat die Kirche ein Jahr lang geführt, und aufgrund seines friedliebenden und großherzigen Charakters legte er manchen Streit in der Kirche bei und bewahrte so deren Einheit. Das Fest dieses Papstes wird am 6. August gefeiert, dem Jahrestag seines Martyriums.

HINTERGRUND

Verfolgungen (2)

Weil die Christen den Kaiserkult und die Anbetung der heidnischen Götter Roms verweigern, wird die neue Religion für illegal erklärt und verfolgt. Die Christen werden wegen Vaterlandsverrat, Hass gegen das Menschengeschlecht, Inzest, Kindesmord und Menschenfresserei angeklagt und gelten als Verursacher von Naturkatastrophen. Die christliche Religion wird von Tacitus als *exitialis* (unheilbringend) und *detestabilis* (hassenswert) gebrandmarkt, von Plinius als *prava et immodica* (niederträchtig und zügellos), von Sueton als *nova et malifica* (neu und schädlich). Erst mit dem Edikt des Kaisers Galerius von 311, bestätigt durch das sog. Toleranzedikt von Mailand 313 Konstantins des Großen wird den Christen Religionsfreiheit zugestanden.

Hl. Sixtus II. 257–258

Dionysius 259–268

Er stammt aus Kalabrien (nach anderen Quellen aus Griechenland) und ist während des Pontifikats von Stephan I. Priester der römischen Kirche. Am 22. Juli 259 wird er zum Papst gewählt, ein Jahr nach dem Martyrium des Sixtus. Der Heilige Stuhl war wegen der grausamen Christenverfolgungen durch Kaiser Valerian so lange vakant geblieben.

Dionysius zeichnet sich durch seine Tugend und apostolischen Eifer aus, Dionysius von Alexandria und Basilius der Große rühmen ihn.

Dionysius unterstützt die Bedürftigen, die Opfer der Verfolgungen Valerians geworden sind, und befreit die Christen, die in Kappadozien von Barbaren, die in die Provinzen des Römischen Reiches einfallen, gefangen wurden.

Er organisiert die römische Gemeinde neu, deren Einrichtungen sich wegen der Verfolgungen aufgelöst haben oder nur noch in Ansätzen existieren.

261 beruft Dionysius eine Synode nach Rom ein, die die Auffassungen der Sabellianer verurteilt, die die Dreifaltigkeit und die Unterscheidung der drei Seinsweisen Gottes – Vater, Sohn und Heiliger Geist – nicht anerkennen. Ebenso verurteilt sie alle, die behaupten, der Sohn sei geschaffen und nicht ebenso Gott wie der Vater.

Papst Dionysius stirbt am 26. Dezember 269 nach einem neuneinhalbjährigen Pontifikat. Er wird in der Papstkrypta der Calixtus-Katakombe bestattet. Die Kirche ehrt ihn als heiligen Bekenner am 30. Dezember.

Basilius der Große (330–379)

Basilius ist einer der großen Kirchenväter. Er ist Bischof von Caesarea in Kleinasien und stellt seine große Begabung als Gelehrter und Kirchenführer im Kampf gegen den Arianismus unter Beweis. Er erneuert das Mönchsleben und ordnet neben der Kontemplation Arbeit und Werke der Nächstenliebe an. Seine *Regulae* bilden die Grundlage des östlichen Mönchstums.

Hl. Dionysius 259–268

geb. Rom ?; gest. Rom 274

Felix I. 269–274

Er wird am 5. Januar 269 auf den Stuhl Petri erhoben. Der Geburtsort und das -datum dieses Papstes sind unbekannt, da es in den Schriften keine gesicherten Hinweise gibt. Aber manche Historiker sind der Meinung, er stamme aus Rom. Eine der Maßnahmen seines Pontifikats ist die Vorschrift, dass bis auf Ausnahmefälle kein Gottesdienst außerhalb der Kirchen stattfinden darf. Felix erlaubt die Feier der Messe am Grab von Märtyrern, aber nur wenn die Altäre, die ihre Reliquien enthalten, geweiht worden sind. Er veröffentlicht auch ein Dekret, nach dem Messen zur Ehre und zum Gedächtnis der Märtyrer zu feiern sind, wie es bereits praktiziert wird, ohne dass es besondere Anweisungen gegeben hätte.

Im Lauf seines Pontifikats bekämpft er ohne Unterlass die Lehren der häretischen Sabellianer. Er verurteilt auch Paul von Samosata, den Bischof von Antiochien und Statthalter der Königin Zenobia, einen der wichtigsten Vertreter des häretischen Monarchianismus: Die Auffassung, Jesus sei nur ein einfacher Mensch gewesen, wird von einer Synode verurteilt.

Während Felix I. Papst ist, haben die Christen in Italien und Gallien unter den Verfolgungen Aurelians zu leiden. Der Papst hält mit aller Kraft am Glauben an den Gekreuzigten fest, ermutigt die Gläubigen und fordert sie zum Martyrium auf. Als Beispiel verweist er auf den Heldenmut von Dionysius, des ersten Bischofs von Paris (einer der Vierzehn Nothelfer und Nationalheiliger Frankreichs), und seiner beiden Gefährten Rusticus und Eleutherius, die auf dem Montmartre (»Berg der Märtyrer«) zu Tode gepeinigt worden sind. Er wünscht sich, ihr Schicksal zu teilen. Aus diesem Grund erkennt ihm das Konzil zu Ephesus den Titel des Märtyrers zu, auch wenn er im Dezember 274 im Gefängnis eines natürlichen Todes stirbt.

Felix I. führt die Kirche fünf Jahre lang, und es heißt, sein Leichnam sei in einem Friedhof an der Via Aurelia vor den Toren Roms bestattet, wo Felix II. eine ihm geweihte Kirche errichten wird. Hier handelt es sich allerdings um eine Verwechslung mit einem römischen Märtyrer gleichen Namens. Felix I. wurde, wie viele seiner Vorgänger, in der Papstgruft der Calixtus-Katakombe beigesetzt, über sein Leben ist erstaunlich wenig bekannt, vieles ist unsicher. Sein Festtag ist der 30. Mai.

Der römische Kaiser Aurelian (214–275)

Aurelian wird in Pannonien in eine Familie einfacher Leute geboren und durchläuft sämtliche Ränge des römischen Heers. Der erfolgreiche Heerführer wird von seinen Soldaten zum Kaiser ernannt. Er entthront die ehrgeizige Königin Zenobia, die versucht hat, Ägypten und Kleinasien zu besetzen. Dabei zerstört er ihre prächtige Hauptstadt Palmyra. Er will die verschiedenen heidnischen Kulte versöhnen und bevorzugt selbst den syrischen Kult des Sonnengottes. Seit Kaiser Aurelian wird am 25. Dezember die Geburt des *Sol invictus*, des unbesiegten Sonnengottes, gefeiert, ein Termin, den später die Christen für das Weihnachtsfest übernehmen.

Hl. Felix I. 269–274

geb. Luni ?; gest. Rom 283

Eutychianus 275–283

Eutychianus folgt Felix I. am 4. Januar 275 auf den Stuhl Petri. Er wird in Luni in Etrurien geboren (einer Stadt an der Grenze zwischen Ligurien und der Toskana, die heute zerstört ist). Obwohl er die Kirche fast neun Jahre regiert, sind über sein Leben nur wenige Notizen erhalten.

Erst später zugeschrieben wurde ihm die Einführung der Gabenbereitung mit der Segnung von Brot und Wein während der Messe und die Anordnung, in bestimmten Situationen Bäume und Früchte zu segnen.

Auch heißt es von ihm, dass er beschlossen habe, die Märtyrer mit Purpur bedeckt zu bestatten, und persönlich dafür gesorgt habe, dass diese Ehre 340 Blutzeugen zuteil wurde.

Während seines Pontifikats breiten sich im Osten die Manichäer aus, deren Lehre auf zwei Prinzipien, das des Lichtes und das der Finsternis, beruht, die einander radikal gegenüberstehen. Ihr Gründer, der Perser Mani (216–277), war der Auffassung, dass der Mensch selbst eine Mischung von Licht und Finsternis sei: Der Körper des Menschen gehöre zum Bereich der Finsternis, er sei deshalb schlecht und stehe der Erlösung des Menschen, der Befreiung zum Bereich des Geistigen und des Lichts im Weg.

Nach dem *Liber Pontificalis* hat Eutychianus vierzehn Priester, fünf Diakone und neun Bischöfe ordiniert.

Mitunter wird berichtet, dass er als Märtyrer gestorben sei; im römischen Kalender allerdings steht, dass er in Rom eines natürlichen Todes starb, am 7. Dezember 283, dass er aber bereit gewesen sei, für seinen Glauben zu sterben. Er wird in der Papstgruft der Calixtus-Katakombe bestattet; wenig später wird sein Leichnam in seine Heimatstadt Luni überführt. Sein Festtag ist der 8. Dezember.

WISSENSWERTES

Liber pontificalis

So heißt eine Sammlung von Papstbiografien von Petrus bis Pius II. (1458–1464). Darin sind der Name, das Herkunftsland, die Dauer des Pontifikats und die wichtigsten Amtshandlungen dieser Päpste verzeichnet. Der historisch-dokumentarische Wert ist teilweise eher gering, weil die chronologischen Hinweise zumindest aus der frühen Zeit wenig gesichert und recht frei zusammengestellt sind. Die Informationen haben mehr legendenhaften Charakter. Eine wertvolle kritische Ausgabe des *Liber pontificalis* unternahm der Kirchenhistoriker Louis Duchesne, der mit »Les origines du culte chrétien« auch eine wichtige Arbeit über die Anfänge des Christentums schrieb.

Hl. Eutychianus 275–283

Cajus (Gaius)

geb. Salona ?; gest. Rom 296

Cajus 283–296

Der in Salona in Dalmatien geborene Cajus wird am 17. Dezember 283 zum Papst gewählt. Der Legende nach ist er ein Onkel der hl. Susanna, einer Jungfrau und Märtyrerin, und ein Neffe des Kaisers Diokletian.

Diokletian, seit 284 Kaiser, veranlasst ab der Jahrhundertwende eine der schwersten und blutigsten aller Christenverfolgungen, denn ihm ist die revolutionäre Wirkung dieser Religion bewusst. Er fürchtet, dass das Christentum das Fundament der römischen Gesellschaft erschüttern und die Macht des Staates unterhöhlen könnte.

Auf Cajus soll die von der Tradition übernommene Vorschrift zurückgehen, dass niemand zum Bischof geweiht werden darf, der nicht vorher die niederen Ränge der Kirche innegehabt hat.

Mit der Zeit seines Pontifikats verbindet sich die Legende vom Martyrium der thebäischen Legion. Auf Befehl des römischen Feldherrn Maximianus, seit 296 Mitkaiser Diokletians, werden große Teile einer aus der Thebäis in Nordägypten stammenden Legion am Fuß des Großen St. Bernhard im Wallis umgebracht. Diese Legion, aus über 6000 Soldaten bestehend, hatte den Winter in Jerusalem verbracht, wo Bischof Zambdas einige im Glauben bestärkt und andere bekehrt hat. Nachdem alle Legionäre Christen sind, lassen sie sich lieber töten, als die christliche Religion zu verleugnen und sich an der vom Kaiser veranlassten Christenverfolgung zu beteiligen.

Cajus führt die Kirche über zwölf Jahre lang. Er stirbt am 22. April 296 – dies ist auch sein Gedenktag – und wird in der Calixtus-Katakombe begraben.

WISSENSWERTES

Das Noviziat

Noviziat wird die Probe- und Einführungszeit zu Beginn des Eintritts in einen Orden genannt. Ziel ist, dass die Novizen sich ihrer Berufung bewusst werden und den Lebensstil des Ordens kennenlernen, Herz und Verstand festigen und ihre Absichten und Eignung prüfen (vgl. dazu das Kirchenrecht, Kanon 646). Das Noviziat, das normalerweise ein oder zwei Jahre dauert, geht bereits auf die Frühzeit religiösen christlichen Lebens zurück. Schon der heilige Mönchsvater Pachomius (um 287–347) und der hl. Benedikt sprachen in ihren Regeln davon, und 595 wies Gregor der Große nachdrücklich auf diese Probezeit für alle Mönche hin.

geb. Rom ?; gest. Rom 304

Marcellinus 296–304

Der in Rom geborene Marcellinus wird am 30. Juni 296 zum Papst gewählt. Während seines Pontifikats muss die Kirche heftigste Verfolgungen über sich ergehen lassen. In dem Augenblick, in dem das Gebäude des Heidentums, vom christlichen Glauben schon ganz durchsetzt, einzustürzen beginnt, bricht die schlimmste Christenverfolgung aus. 303 beschließt Diokletian, angestiftet von seinem Mitkaiser Galerius, die Vernichtung der Christen. In allen Provinzen werden die Heiligen Bücher verbrannt und die Kirchen zerstört. Männer, Frauen, Kinder und Greise fallen dem Gemetzel zum Opfer oder werden ins Exil geschickt, von öffentlichen Ämtern ausgeschlossen und ihrer Güter beraubt.

Der Kaiser hat beschlossen, die christliche Religion zu vernichten, und geht mit unerhörter Grausamkeit vor. Von den Donatisten wird später der Vorwurf laut, auch Papst Marcellinus sei schwach geworden und habe während der Verfolgungen den Götzen geopfert, um dem Tod zu entgehen.

Der hl. Augustinus dagegen streitet diese Anschuldigungen ab. Noch ehe die diokletianischen Verfolgungen ihren Höhepunkt erreichen, stirbt Marcellinus 304, er wird in der Priscilla-Katakombe bestattet. Später heißt es, er sei als Märtyrer gestorben. Nach dem Tod des Marcellinus bleibt der Stuhl Petri in den Wirren der blutigen Verfolgungen, die die Kirche zu ertragen hat, einige Jahre vakant.

Der römische Kaiser Diokletian (284–305)

Die gewaltigste Christenverfolgung findet unter Diokletian statt. Sein Versuch, das Reich zu retten, mündet in den Kampf zwischen dem heidnischen Staat und dem Christentum. 303 wird auf Betreiben seines Mitregenten Galerius ein Edikt erlassen, nach dem die Kirchen zerstört, Heilige Bücher verbrannt und christliche Beamte entlassen werden. Es folgen weitere Edikte mit immer schärferen Maßnahmen. Das Ergebnis aber ist so unbefriedigend, dass Galerius nach einer schweren Erkrankung 311 ein Toleranzedikt erlässt, das den Christen wieder erlaubt, ihre Religion auszuüben, unter der Bedingung, »dass sie in keiner Weise gegen die Ordnung handeln.«

Hl. Marcellinus 296 – 304

geb. Rom ?; gest. Rom 309

Marcellus I. 308–309

Marcellus, ein römischer Priester, gehört möglicherweise zur berühmten Familie der Savelli. Im Jahr 308 wird er zum Papst gewählt. Um nach den drastischen Verfolgungen die römische Kirche neu zu ordnen, teilt er die Stadt in 25 Gemeinden ein, die je einem Priester unterstehen.

Sein Eifer für die Sache des Evangeliums und seine harten Bußforderungen gegenüber jenen, die während der Verfolgungen vom Glauben abgefallen waren, führen zu Streit und Unruhe. Kaiser Maxentius lässt ihn daraufhin verhaften und verbannt ihn als Störenfried aus Rom. Schon wenig später stirbt er.

Spätere Legenden haben den Konflikt ausgeschmückt: Der Kaiser will den Papst zum Götzendienst verpflichten, und als dieser sich weigert, zwingt er ihn, um ihn zu demütigen, als Knecht in den kaiserlichen Ställen zu arbeiten. Neun Monate bleibt Marcellus bei den Pferden, bis er von Christen befreit und von Lucina, einer gläubigen Frau, aufgenommen wird, deren Haus man später in eine Kirche umwandelt. Diese Flucht erregt den Zorn des Maxentius, der Marcellus erneut peinigt und demütigt und schließlich töten lässt.

Marcellus wird in der Priscilla-Katakombe bestattet, und im 9. Jahrhundert werden seine Überreste in die nach ihm benannte Marcellus-Kirche überführt, errichtet an der Stelle, an der er den Märtyrertod erlitt. Sein Fest wird am 16. Januar begangen.

Der römische Kaiser Maxentius (305–312)

Nach Diokletians Abdankung im Jahr 305 usurpiert Maxentius in Rom die Kaiserwürde für Italien, Spanien und Afrika. Im Streit um die Vorherrschaft im Westen wird er 312 an der Milvischen Brücke von Konstantin besiegt; Maxentius ertrinkt im Tiber. Der Legende zufolge hat Konstantin vor der entscheidenden Begegnung am Himmel ein helles Kreuz mit der Aufschrift *in hoc signo vinces – in diesem Zeichen wirst du siegen* gesehen. Tatsächlich hat Konstantin das ungeheure Potenzial des Christentums erkannt, und seitdem will er sich die Unterstützung des christlichen Teils seiner Untertanen sichern.

Hl. Marcellus I. 308 – 309

geb. Griechenland ?; gest. Sizilien 310

Eusebius 309–310

WISSENSWERTES

Die Anachoreten

Ein Anachoret ist jemand, der allein an einem einsamen Ort lebt, fernab von den Menschen, und sich der Kontemplation und der Askese verschreibt. Dass Christen sich als Anachoreten zurückziehen, beginnt in Ägypten, bald auch in Syrien und Kleinasien im 3. Jahrhundert und stellt den Beginn des Mönchtums dar. Teilweise schlossen sich mehrere Anachoreten – ohne feste Bindung durch ein Versprechen oder eine feste Regel – einem aus ihrer Mitte an, der ihr geistlicher Vater und Vorbild war. So bildeten sie einen losen Anachoretenverband, der sich zum Gebet oder zu gemeinsamen Mahlzeiten traf. Das Leben der Anachoreten ist dem Gebet, der Handarbeit und der Lesung der Heiligen Schrift gewidmet.

Er wird in Griechenland als Sohn eines Arztes geboren und übt den Beruf des Vaters aus, bis er beginnt, sich mit dem christlichen Glauben zu beschäftigen. Er wird nach Rom geschickt, um dort über Probleme der Kirche zu diskutieren. Dort beweist er seine hohe Bildung, Frömmigkeit und rhetorische Begabung und gewinnt die Zuneigung aller Christen, die das Glück haben, ihm zu begegnen.

Während seines Aufenthalts in Rom kommt Papst Marcellus zu Tode. Dadurch richtet sich das Interesse aller auf den weisen Gesandten aus Griechenland, dem am 18. April einstimmig die Würde des Kirchenoberhauptes auf dem Stuhl Petri verliehen wird.

Nur wenige Monate ist er Papst. Seine ersten Amtshandlungen gelten der Wiederherstellung der Disziplin in der Kirche. Er führt die Kirchenbuße ein, d.h. die Vergebung für die sogenannten *lapsi*, Gefallene, die während der Verfolgung ihrem Glauben abgeschworen hatten und in den Schoß der Kirche zurückkehren wollen. Durch diese Maßnahme macht er sich viele Feinde und es kommt zu zahlreichen Auseinandersetzungen. Eusebius wird wie seine Vorgänger Opfer der Verfolgungen des Maxentius. Er wird nach Sizilien ins Exil geschickt, wo er bald stirbt. Seine sterblichen Überreste werden in die Calixtus-Katakombe überführt und später in die Kirche San Sebastiano fuori le Mura (St. Sebastian vor den Mauern). Sein Gedenktag ist der 17. August.

Hl. Eusebius 309–310

Miltiades (Melchiades)
geb. Afrika ?; gest. Rom 314

Miltiades 311–314

Nach manchen Berichten stammt er aus Afrika, andere sagen, er sei Spanier und in Madrid geboren, wieder andere, er sei Römer gewesen. Am 2. Juli 311 wird er zum Papst gewählt.

Seit dem Tod des Eusebius war der Stuhl Petri eine Weile vakant geblieben, aber allmählich zeichnet sich in der Kirche die Hoffnung auf ein ruhigeres Leben ab. Galerius verkündet 311 ein Toleranzedikt. Der endgültige Sieg der Christen über das Heidentum vollzieht sich mit Konstantin dem Großen, dem ersten christlichen Kaiser. Nachdem er seinen Rivalen Maxentius am 28. Oktober 312 an der Milvischen Brücke vor den Toren Roms besiegt hat, macht Konstantin das Christusmonogramm (s. S. 54) zu seinem Herrschaftszeichen und gewährt der Kirche viele Begünstigungen und zahlreiche Privilegien.

Die Bezeichnung Christ, bis dahin Gegenstand von Missachtung und Hass vonseiten der Römer, wird zum Ehrentitel. Die »Mailänder Konvention«, auf die sich Konstantin 313 mit seinem Mitregenten Licinius einigt, erlaubt den Christen die freie Ausübung ihres Glaubens, gibt ihnen die konfiszierten Güter zurück und ermöglicht die Heimkehr aus dem Exil. Wenige Generationen später wird das Christentum unter Theodosius dem Großen (379–395) zur Staatsreligion werden.

Konstantin schenkt der Kirche den Lateranpalast, das erste kirchliche Eigentum, das bis zum Mittelalter Sitz der Päpste bleibt. In diesen Palast beruft Papst Miltiades 313 eine Synode von 18 Bischöfen aus Italien und Gallien ein, um den sogenannten Donatistenstreit zu lösen: Der afrikanische Bischof Caecilianus wird von den Donatisten beschuldigt, dass er während der Verfolgungen nicht standhaft geblieben sei, weshalb sie ihn nicht als Bischof annehmen, sondern einen anderen Bischof gewählt haben. Miltiades gibt Caecilianus den Bischofssitz von Karthago zurück und missbilligt die Lehre der Donatisten, die die Wiedertaufe von Laien und die Neuweihe von Klerikern fordern, die sich unter Verfolgung des Glaubensabfalls schuldig gemacht hatten. Damit stellt er Gerechtigkeit, Klugheit und Sinn für Nächstenliebe unter Beweis.

Er stirbt am 10. Januar 314. Begraben wird er in der Calixtus-Katakombe; später werden seine sterblichen Überreste auf Anweisung Pauls I. in die römische Kirche San Silvestro in capite überführt. Der Namenstag des hl. Miltiades wird am 10. Dezember gefeiert.

HINTERGRUND

Konstantin und die Kirche

Konstantin gewährt den Christen gleiche Rechte wie den Anhängern anderer Kulte, ja er beginnt sogar, das Christentum persönlich vorzuziehen und öffentlich zu unterstützen. Diese radikale Wendung, die für viele Christen ein Zeichen der Vorsehung ist, hat auch ihre Nachteile: Die Kirche ist nicht mehr so frei wie zuvor, denn Konstantin hat ein großes Interesse daran, sich in religiöse und dogmatische Streitigkeiten der Kirche einzumischen, weil er mit Kirche und Christentum auch politische Absichten verbindet. Man denke nur an das erste allgemeine Konzil von Nicäa im Jahr 325: Es wird vom Kaiser einberufen, er ist an seiner Leitung beteiligt und bestätigt die Beschlüsse.

Hl. Miltiades 311 – 314

geb. Rom ?; gest. Rom 335

Silvester 314–335

Er ist Sohn des Rufinus und der hl. Justa und einer der von Papst Marcellinus ordinierten römischen Priester. Wegen seiner außerordentlichen Fähigkeiten und seiner glanzvollen Karriere genießt er so hohes Ansehen, dass er nach dem Tod des Miltiades am 31. Januar 314 zum Papst gewählt wird. Zu den wichtigsten Maßnahmen seiner frühen Amtszeit gehört die Vorschrift, dass der Priester den Kopf des Täuflings mit Öl salbt. Während seines Pontifikats werden die Kirchen mit Ornamenten und Kunstwerken bestückt, was es vorher dort nicht gab.

Silvester ist der erste Papst, der mit der Tiara dargestellt wird. Die seine wird später in Avignon getragen und kehrt nach Rom zurück, wo sie in der Kirche der Heiligen Silvester und Martin (heute: San Martino di Monti) ausgestellt wird.

Während seiner Amtszeit findet 325 in Nicäa nahe bei Nikomedia in Kleinasien (heute Iznik im Nordwesten der Türkei), wo sich der Hof Kaiser Konstantins befindet, das erste allgemeine Konzil statt, an dem die päpstlichen Legaten und 318 Bischöfe teilnehmen. Das Konzil, das in Abwesenheit des Papstes von dem berühmten Bischof von Cordoba, Ossius geleitet wird, verdammt die Häresie des Arius, der leugnet, dass Christus ebenso Gott ist wie der Vater. Bei dieser Gelegenheit entsteht das Credo, das feierliche Glaubensbekenntnis, das als »Glaubensbekenntnis von Nicäa« bis heute die Grundlage des christlichen Glaubens darstellt. Auch der Osterfeststreit wird eindeutig entschieden. Es wird endgültig die römische Praxis bestätigt, dass Ostern am Sonntag nach dem ersten Frühlingsvollmond gefeiert wird. Wenige Jahre zuvor, 321, hatte Konstantin bereits den Sonntag per Gesetz allgemein zum arbeitsfreien Tag erklärt.

Im Lauf seines langen Pontifikats, das fast 22 Jahre dauert, weiht Silvester 63 Bischöfe und zahlreiche Priester und Diakone. Er stirbt am 31. Dezember 335 und wird in der Priscilla-Katakombe an der Via Salaria begraben. Seine sterblichen Überreste werden auf Veranlassung Pauls I. im Jahr 762 in jene Kirche überführt, die laut Überlieferung auf dem Grundstück des Vaterhauses von Silvester steht, *San Silvestro in capite*. Später ranken sich zahlreiche Legenden um ihn, zum Beispiel, dass er Konstantin bekehrt und vom Aussatz geheilt habe. Sein Gedenktag ist der 31. Dezember.

Die Koinobiten

Das Wort stammt vom griechischen *koinós* (gemeinsam) und *bíos* (Leben) und bezeichnet jene Mönche, die ihr Leben – im Unterschied zu den Anachoreten (s. S. 72) – in Einheit mit Gott an einem »Ort gemeinsamen Lebens« (einem Koinobion, Kloster) verbringen. Das Klosterleben entsteht um 320 in Ägypten mit dem hl. Pachomios dem Älteren und ist die am meisten verbreitete Form des Mönchtums. Außer dem gemeinsamen Leben gehören dazu die Gegenwart eines Abtes als geistlicher Führer und eine Regel. Die bekanntesten Formen entstehen aus den Regeln des hl. Basilius des Großen im Osten und des hl. Benedikt von Nursia im Westen.

WISSENSWERTES

Hl. Silvester 314–335

geb. Rom ?; gest. Rom 336

Markus 336

Markus ist der Sohn eines gewissen Priscus und stammt aus Rom. Er wird wegen seiner großen Frömmigkeit berühmt und zieht auch die Aufmerksamkeit des Kaisers Konstantin auf sich, der ihn bereits 313 in einem Brief an Papst Miltiades erwähnt, wo es um die Regelung der Streitigkeiten zwischen Bischof Caecilianus von Karthago und den Donatisten geht. Am 18. Januar 336 wird er zum Papst gewählt. Er führt die Kirche nur neun Monate lang.

Man vermutet, dass unter seiner Regierung beschlossen wurde, dass die Papstweihe durch den Bischof von Ostia vorgenommen werden solle und dass diesem das *Pallium* verliehen wurde, ein Würdezeichen, das später alle Erzbischöfe tragen. Das *Pallium* ist eine Stola aus weißer Wolle, verziert mit vier schwarzen oder roten Kreuzen. Die Subdiakone weben es, so will es die Tradition, aus der Wolle von zwei Lämmern, die dem Papst jedes Jahr am Fest der hl. Agnes während des Gesangs des *Agnus Dei* geschenkt werden. Am Ende des Weihegottesdienstes wird das *Pallium* in St. Peter auf das Grabmal des Apostels Petrus gelegt.

Markus stirbt am 7. Oktober 336, kurz nach dem traurigen Ende des Arius, dessen Lehre auf dem Konzil zu Nicäa verdammt worden ist. Markus wird an der Via Ardeatina bestattet, auf dem Friedhof der hl. Balbina, später werden seine Überreste in die dem Evangelisten Markus geweihte Kirche San Marco Evangelista überführt, die er selbst hat errichten lassen. Sein Festtag ist der 7. Oktober.

WISSENSWERTES

Die Peterskirche

Sie ist die größte und wichtigste Kirche der Christenheit. Kaiser Konstantin lässt über dem Grabmal Petri eine Basilika bauen, wo sich schon eine Kapelle aus dem 2. Jahrhundert befand. Mit der Zeit verfiel die Kirche. 1506 beauftragt Papst Julius II. Bramante mit einem Neubau. Die größten Künstler der Zeit sind daran beteiligt. Die Kuppel stammt von Michelangelo, die Fassade von Carlo Maderna, die Kolonnade und der Hochaltar von Bernini. Der heutige Petersdom ist 187 m lang und enthält elf Kapellen, 45 Altäre und zahlreiche Meisterwerke von Künstlern wie Michelangelo, Pollaiuolo und Canova.

Hl. Markus 336

geb. Rom ?; gest. Rom 352

Julius I. 337–352

WISSENSWERTES

Das Weihnachtsfest

In der römischen Religion werden auch Festtage begangen, die an die Geburt mancher Gottheiten erinnern, so etwa die Geburt des *Sol invictus*, des unbesiegten Sonnengottes. Dessen Geburtstag wird seit Kaiser Aurelian am 25. Dezember gefeiert und ist ein wichtiges Sonnenwendfest, das vom Christentum als Geburtstag Christi übernommen und umgedeutet wird. Zur Auswahl des 25. Dezember trägt auch die Natursymbolik bei: Die Feier findet in den ersten Tagen statt, in denen das Licht nach der Wintersonnenwende zunimmt, womit zum Ausdruck gebracht wird, dass mit der Geburt Christi die »Sonne der Gerechtigkeit und der Wahrheit« die Dunkelheit zerstreut.

Der Römer Julius wird 337 in das Amt des Papstes gewählt, das nach Markus' Tod für vier Monate verwaist war. Zu Beginn seiner Amtszeit stirbt Kaiser Konstantin.

Es ist anzunehmen, dass Julius die Neuorganisation der päpstlichen Kanzlei und die Gründung einer päpstlichen Bibliothek zu verdanken sind, denn er beauftragt Mitarbeiter mit der Sammlung und Klassifizierung aller Akten und Dokumente, die dem Heiligen Stuhl gehören, Schenkungen inbegriffen.

Manche Historiker schreiben Julius die Entscheidung zu, das Weihnachtsfest auf den 25. Dezember zu legen: Das Fest ist sicher in Rom entstanden und wurde nachweislich bereits am 25. Dezember 336 gefeiert.

Die wichtigsten Eigenschaften dieses Papstes sind Gerechtigkeitsliebe und Frömmigkeit, auch Redegewandtheit, Klugheit und Begeisterung für das Evangelium. Nach Kräften bemüht er sich, das Einvernehmen zwischen den Christen im Osten, die unter dem Einfluss der Arianer stehen, und denen des Abendlandes wiederherzustellen.

Zu diesem Zweck wird ein allgemeines Konzil der Bischöfe von Ost und West nach Serdika (das heutige Sofia in Bulgarien) einberufen, nachdem eine römische Synode 341 gescheitert ist. Es nehmen daran an die 200 Bischöfe und die päpstlichen Legaten teil. Auf diesem Konzil wird bestätigt, was in Nicäa beschlossen worden ist, und überdies wird festgelegt, dass Entscheidungen von Bischöfen oder Synoden wie etwa die Absetzung von Bischöfen durch den Bischof von Rom bestätigt werden müssen, und dass die vom Papst geäußerten Meinungen in kirchlichen Fragen für die abendländische Kirche verbindlich sind.

Julius I. regiert die Kirche fünfzehn Jahre lang, in denen es ihm gelingt, die Autorität des apostolischen Stuhles zu festigen. Am 12. April 352 stirbt er. Er wird zunächst auf dem Friedhof von San Calepodio an der Via Aurelia bestattet, später werden seine sterblichen Überreste in die Kirche Santa Maria in Trastevere überführt, deren Bau er selbst veranlasst hat. Sein Gedenktag ist der 12. April.

Hl. Julius I. 337–352

geb. Rom ?; gest. Rom 366

Liberius 352–366

Er stammt aus der römischen Familie der Savelli und wird von Silvester hoch geschätzt, der ihm eine herausragende Stellung an einer der Hauptkirchen Roms gibt. Er wird gegen seinen Willen am 17. Mai 352 zum Papst gewählt. Auf ihn soll es zurückgehen, dass Hochzeiten während der Fastenzeit untersagt werden.

Sein Pontifikat ist überschattet durch die heftigen Auseinandersetzungen mit dem Arianismus und später durch den vehementen Versuch von Kaiser Julian Apostata, den heidnischen Kult wieder einzuführen.

Die arianischen Streitigkeiten führen dazu, dass Liberius 355 durch Kaiser Constantius II., Sohn Konstantins des Großen und gewillt, den Arianismus durchzusetzen, nach Beröa in Thrakien verbannt wird. Liberius hatte sich geweigert, den Anti-Arianer Athanasius von Alexandria zu exkommunizieren, dessen Rechtgläubigkeit freilich auf dem Konzil zu Serdika 342/43 festgestellt worden war. Der Kaiser lässt auch zu, dass während der Verbannung des Liberius in Rom der Gegenpapst Felix den Thron besteigt.

Im Exil unterzeichnet Papst Liberius, eingeschüchtert durch die Repressalien des Kaisers Constantius II. und der proarianischen Bischöfe, die Kompromissformel des Konzils zu Sirmium, in der das Credo von Nicäa abgelehnt wird, das besagt, dass Sohn und Vater gleichermaßen Gott sind.

Diese Entscheidung ruft große Aufregung hervor. Liberius darf daraufhin aber zumindest wieder nach Rom zurückkehren, unter der Bedingung, dass er das Pontifikat gemeinsam mit Felix ausübt. Das Volk bereitet Liberius jedoch einen begeisterten Empfang. Felix wird vertrieben. Als Constantius II. 361 stirbt, kann Liberius wieder zum Glaubensbekenntnis von Nicäa zurückkehren.

Die berühmte Basilika Santa Maria Maggiore, auch »Basilica Liberiana« genannt, geht auf Papst Liberius zurück: Der Legende nach erscheint Liberius im Traum die Jungfrau Maria und gibt ihm den Auftrag, an jener Stelle eine Kirche zu bauen, an der am nächsten Tag Schnee falle. Es ist der 5. August und tatsächlich fällt Schnee, in dem sogar schon der Grundriss der Kirche zu sehen ist.

Liberius stirbt am 24. September 366 und wird in der Priscilla-Katakombe an der Via Salaria begraben. Ursprünglich wurde seiner am 23. September gedacht, auf späteren Heiligenkalendern taucht sein Name allerdings nicht mehr auf.

Julian Apostata

Die Herrschaft Julians, der 361 nach Konstantins Tod Kaiser wird, dauert nur kurz (er stirbt 363), ist aber nicht ohne historische Bedeutung. In dieser Zeit unternimmt Julian, genannt »Apostata« (der Abtrünnige) einen letzten Vorstoß gegen die neue Religion, denn er hat dem Christentum abgeschworen und will dem Heidentum seine frühere Stellung als Staatsreligion zurückgeben. So werden die Christen vom Hof und aus staatlichen Ämtern entfernt, der Klerus verliert seine Privilegien, die Kirche muss hohe Steuern zahlen, christliche Lehrer dürfen keinen Unterricht mehr erteilen. Doch sein Unterfangen erweist sich als vergeblich, und der Legende zufolge sagt er bei seinem Tod: »Galiläer, du hast gesiegt.«

Hl. Liberius 352–366

geb. Spanien 304; gest. Rom 384

Damasus I. 366–384

Damasus, Redner und Dichter, stammt aus einer adeligen Familie in Katalanien. Sein Geburtsort ist nicht genau bekannt, manche sagen, er stamme aus Tarragona, andere, er komme aus Ampurdan.

Als er am 1. Oktober 366 zum Papst geweiht wird, ist er 62 Jahre alt. Doch es wird zugleich – eine Folge der Konflikte während der Amtszeit seines Vorgängers Liberius – ein Gegenpapst aufgestellt, ein gewisser Ursinus. Es kommt sogar zu bewaffneten Kämpfen und die Spannungen halten noch Jahre an.

Damasus' Pontifikat erlebt einen noch schwereren Angriff durch Häresien. Zum Arianismus, der auf die Nachsicht von Kaiser Valentian zählen kann, kommen die häretischen Lehren der Apollinaristen, der Novatianer, der Fontinianer, der Donatisten, der Priscillianer und anderer hinzu.

Doch schließlich erklärt Kaiser Theodosius der Große 380 das Christentum zur Staatsreligion. 381 beruft Theodosius im Einvernehmen mit dem Bischof von Konstantinopel, Gregor von Nazianz, das Konzil von Konstantinopel ein, an dem 150 Bischöfe teilnehmen. Hier wird das Glaubensbekenntnis von Nicäa bestätigt und durch Aussagen über den Heiligen Geist ergänzt. Die häretischen Lehren der Arianer, des Macedonius, des Aetius und des Eunomius werden verdammt, weil sie die Göttlichkeit des Heiligen Geistes leugnen. Auch wenn das Konzil die Vorrangstellung des Bischofs von Rom deutlich festhält, so wird doch dem Bischof von Konstantinopel ein ähnlicher Rang eingeräumt. Diese Entscheidung behagt dem Papst nicht, da er unschwer künftige Konflikte und mögliche Spaltungen vorhersehen kann.

Damasus I. erlässt zahlreiche dogmatische Dekrete, mit denen er nacheinander die häretischen Lehren verdammt und die Entscheidungen des Konzils von Konstantinopel bestätigt.

Er kümmert sich beispielhaft um die Erhaltung der Katakomben, hat Sinn für Kultur und Literatur und beschäftigt lange Zeit Hieronymus als Sekretär, um die Bibel ins Lateinische zu übersetzen und auf Anfragen von Bischöfen und örtlichen Kirchen zu antworten.

Damasus unternimmt jede Anstrengung, um die Versuche derer zu vereiteln, die den im Niedergang befindlichen Götzendienst wieder einführen wollen. Er hinterlässt verschiedene Schriften in Prosa und Versen, aber es sind nur wenige Briefe und vierzig Epigramme erhalten, die er in Grabsteine von Märtyrern meißeln lässt.

Nachdem er achtzehn Jahre die Kirche regiert hat, stirbt er im Ruf der Heiligkeit am 11. Dezember 384. Er wird in der Kirche begraben, die er an der Via Ardeatina hat bauen lassen, seine sterblichen Überreste werden später in die Kirche San Lorenzo in Damaso überführt. Sein Gedenktag ist der 11. Dezember.

Das Credo

»Ich glaube an Gott, den allmächtigen Vater, und an Jesus Christus, seinen eingeborenen Sohn, unseren Herrn, empfangen durch den Heiligen Geist, geboren von der Jungfrau Maria, gekreuzigt, gestorben und begraben unter Pontius Pilatus, am dritten Tage wieder auferstanden von den Toten, aufgefahren gen Himmel. Er sitzt zur Rechten des Vaters. Von dort wird er kommen, zu richten die Lebenden und die Toten. Ich glaube an den Heiligen Geist, die heilige Kirche, die Vergebung der Sünden und die Auferstehung des Fleisches.« Dies ist die alte römische Version des Apostolischen Glaubensbekenntnisses aus dem 4. Jahrhundert.

HINTERGRUND

Hl. Damasus I. 366–384

geb. Rom 324; gest. Rom 399

Siricius 384–399

Siricius, ein römischer Diakon, erhält Ende 384 die höchsten Würden der Kirche. Er ist ein Mann, der sich durch seinen Eifer für die Erhaltung der Disziplin in der Kirche und seine Entschlossenheit im Kampf gegen Irrlehren hervortut. Siricius bekräftigt den Vorrang der römischen Kirche vor den anderen und schreibt für Priester den Zölibat vor.

Auf eine Anfrage des Himerius, des Bischofs von Tarragona, schickt Siricius diesem die Regeln für die Taufe, die Priesterweihe und die Eheschließung und fordert ihn auf, die päpstlichen Vorschriften und Erlasse zu befolgen. Außer diesem Brief sind viele andere Schriften erhalten, in denen seine Strenge und päpstliche Autorität zu erkennen sind. Er ordnet die Veröffentlichung seiner Dekretalen in jeder Provinz an und fordert die Verantwortlichen auf, seine Anweisungen zu befolgen, weil sie sonst sofort bestraft oder abgesetzt würden. Er ist der erste Papst, der solche Dekretalen herausgibt, die im autoritativen Stil kaiserlicher Schreiben verfasst sind und wie Gesetze gelten.

Unter Papst Siricius findet das Blutbad von Thessaloniki statt, das Kaiser Theodosius zu verantworten hat: ein Racheakt, weil die Bevölkerung einen kaiserlichen Offizier ermordet hat. Dafür verlangt der hl. Ambrosius vom Kaiser öffentliche Kirchenbuße. Der Kaiser beugt sich. Erst nach neun Monaten darf er die Kirche wieder betreten.

Aufgrund des deutlicher als je zuvor formulierten apostolischen Anspruchs heißt es von Siricius, er sei der Erste, der sich »Papa«, Papst, nennen ließ. Die Anrede »Papa« (Vater), ein griechischer Ehrentitel für Äbte, Bischöfe und Patriarchen, bürgert sich im 4./5. Jahrhundert auch im Westen ein und bleibt dort dem Bischof von Rom vorbehalten. »Papa« wird dort auch gedeutet als Kurzform für *pater patrum* (»Vater der Väter«) oder *pater pastorum* (»Vater der Hirten«) oder auch des Satzes *Petri Apostoli potestatem accipiens* (»die Macht des Apostel Petrus habend«).

Siricius stirbt am 26. November 399, nachdem er die Kirche fünfzehn Jahre regiert hat. Er wird in der Priscilla-Katakombe in der Via Salaria beigesetzt. Sein Festtag ist der 26. November, allerdings erst seit 1748, nachdem Papst Benedikt XIV. seinen Namen in den Heiligenkalender hat aufnehmen lassen.

Hl. Ambrosius (334–397)

Ambrosius ist Bischof in Mailand und einer der vier großen Kirchenlehrer. Er stammt aus einer angesehenen römischen Familie, wird in Rom erzogen und beginnt eine Laufbahn in der kaiserlichen Verwaltung. Er wird Verwalter von Ligurien und Aemilien mit Sitz in Mailand. Als Auxentius, der Bischof von Mailand, stirbt, bestimmt das Volk Ambrosius zu seinem Nachfolger. Bald wird er – er ist zu diesem Zeitpunkt noch Katechumene, bereitet sich also noch auf das Christsein vor – getauft und geweiht (374). Ambrosius zeichnet sich im Kampf gegen die Arianer aus und hält die Lehre von der Dreieinigkeit Gottes aufrecht. Als berühmter Prediger beeinflusst er maßgeblich den Werdegang des hl. Augustinus.

Hl. Siricius 384–399

geb. Rom ?; gest. Rom 401

Anastasius I. 399–401

Er wird in Rom als Sohn einer angesehenen Familie geboren. 399 wird er Nachfolger des unmittelbar zuvor verstorbenen Siricius. Der große Heilige und Kirchenlehrer Hieronymus (um 347–420) beschreibt den Charakter dieses Papstes knapp und treffend: »Anastasius ist ein sittenstrenger Mann von größter Armut und von evangelischer Herzensgüte, ein entschlossener Verkünder des Glaubens.«

Anastasius regiert das Volk Gottes mit Klugheit und Weisheit und zugleich mit strenger kirchlicher Disziplin. So gelingt es ihm, in Rom die Konflikte zu vermeiden, die im Osten bestimmte missverständliche Lehren des Origenes hervorrufen, dessen Werke postum veröffentlicht wurden.

Origenes (um 185–253) war ein enorm produktiver christlicher Gelehrter und Schriftsteller. In Alexandria baut er die berühmte Schule *Didaskaleion* auf. Aufgrund eines Konflikts mit seinem Heimatbischof Demetrios – Origenes hatte sich ohne dessen Zustimmung in Cäsarea in Palästina zum Priester weihen lassen – geht er nach Cäsarea und gründet dort eine theologische Schule. Unter Kaiser Decius wird Origenes seines christlichen Glaubens wegen eingekerkert und gefoltert. Zwar wird er wieder freigelassen, stirbt aber bald darauf an den Folgen der Folter. Manche seiner Behauptungen (Unterordnung des Sohnes unter den Vater, Vermittlerfunktion des Sohnes zwischen Gott und der Welt, zeitliche Begrenzung der Höllenstrafe) werden 553 von der Synode von Konstantinopel verurteilt.

Im Bereich der Kirchenordnung schreibt Anastasius vor, dass Männer mit körperlichen Missbildungen nicht in religiöse Orden aufgenommen werden dürfen, ebenso wenig jene, die keinen beglaubigten Brief ihres Bischofs vorweisen können. Außerdem weist er die Priester an, bei der Verlesung des Evangeliums mit entblößtem und geneigtem Haupt zuzuhören.

Anastasius stirbt am 19. Dezember 401 und wird in den Portianus-Katakomben an der Via Portuense bestattet. Seine sterblichen Überreste werden mehrmals an verschiedene Orte überführt, eine Reliquie befindet sich in der Kirche Santa Prassede (St. Praxedis). Sein Gedenktag ist der 19. Dezember.

HINTERGRUND

Die Teilung des Römischen Reiches nach Theodosius

Wie zuvor Konstantin teilt auch Kaiser Theodosius I. das Reich, bevor er 395 stirbt, unter seine Söhne auf: Arkadius überlässt er die Osthälfte, dem jüngeren Honorius den Westen mit Mailand als Hauptstadt, das bald durch das sicherere, weil von Wasser umgebene Ravenna ersetzt wird. Tatsächlich ist die Teilung Ergebnis der unterschiedlichen Situation: Rom und der Westen werden Opfer der Barbareneinfälle, der Osten hat mit Konstantinopel sein natürliches Zentrum gefunden und ein starkes Zusammengehörigkeitsgefühl.
Ein weiteres Motiv für die Trennung ist die Rivalität zwischen den Bischofssitzen von Rom und Byzanz (Konstantinopel).

Hl. Anastasius I. 399–401

geb. Albano ?; gest. Rom 417

Innozenz I. 401–417

Er wird in Albano bei Rom geboren, vermutlich ist er der Sohn des Anastasius und wird dessen Diakon. Im Jahre 401 wird er als Nachfolger seines Vaters auf den Stuhl Petri gewählt. Während seines Pontifikats erleben Spanien und Gallien die Einfälle der Wandalen, Italien die der Westgoten unter Führung Alarichs. Die Westgoten belagern Rom und ziehen erst nach der Zahlung riesiger Summen ab. Innozenz reist zu Kaiser Honorius nach Ravenna, um ihn zu einem Friedensschluss mit den Goten zu drängen, doch er scheitert. Alarich belagert Rom erneut, nimmt die Stadt ein und lässt sie durch seine Soldaten plündern. Durch die Fürsprache des Papstes werden wenigstens einige Kirchen und wenige Menschenleben verschont.

Während seines Pontifikats, das über sechzehn Jahre dauert, wacht Innozenz unermüdlich über die gesamte Kirche und beweist seinen Eifer bei der Verteidigung des Glaubens und der Aufrechterhaltung der Disziplin. Nachdrücklich setzt er sich für Johannes Chrysostomus, den Bischof von Konstantinopel, ein, den man als Folge von Intrigen abgesetzt und verbannt hat. Vor allem Kaiserin Eudokia war daran beteiligt, weil Johannes Chrysostomus den Lebenswandel bei Hofe verurteilte. Der Einspruch von Papst Innozenz bleibt aber vergeblich: Chrysostomus stirbt 407 im Exil.

Innozenz erlässt verschiedene Dekretalen über die Disziplin in der Kirche und sendet apostolische Briefe nach Gallien, Spanien, Italien, Afrika und in die gesamte Christenheit, um die Irrlehren von Pelagius, Priscillian und den wieder auflebenden Donatismus zu verdammen.

Er lobt die Bischöfe, die ihm theologische Streitigkeiten zur Entscheidung vorgelegt haben, und bestätigt damit die Tradition, nach der die Bischöfe kontroverse Fragen durch den Nachfolger Petri entscheiden lassen müssen. So bringt Innozenz deutlich zum Ausdruck, dass der apostolische Sitz in Rom die höchste Autorität in Glaubensfragen ist.

Er setzt sich für die Verschönerung der Kirchen ein, lässt sie restaurieren und mit kostbaren Gold- und Silberarbeiten schmücken.

Hieronymus erklärt ihn zu einem würdigen Nachfolger des Anastasius, da er unmissverständlich seinen Sinn für Gerechtigkeit bewiesen habe.

Innozenz stirbt am 12. März 417 und wird wie sein Vater Anastasius auf dem Pontianus-Friedhof begrabten. Seine sterblichen Überreste werden später in die Kirche der Heiligen Silvester und Martin überführt. Sein Gedenktag ist der 28. Juli.

Alarich, König der Westgoten (376–410)

Mit Alarich und den Westgoten beginnen neue Barbareneinfälle in Italien. Der erste Einfall von 401 führt zur Zerstörung von Aquileia und zur zeitweisen Besetzung der Poebene. Dann greift Stilicho, der Feldherr des Honorius, ein und zwingt die Westgoten zum Rückzug nach Illyrien. Nach Stilichos Tod (408) kehrt Alarich nach Italien zurück und belagert Rom. Die Einnahme und Plünderung der Stadt im Jahr 410 bedeuten eine tiefe Erschütterung der römischen Welt. Nicht wenige glauben, der Fall Roms sei die Rache der heidnischen Götter. Augustinus verfasst unter dem Eindruck dieser Ereignisse sein Werk *De civitate Dei*, Der Gottesstaat.

Hl. Innozenz I. 401 – 417

geb. Kalabrien ?; gest. Rom 418

Zosimus 417–418

Am besten gesichert ist die Überlieferung, dass er aus Kalabrien stammt, andere sind der Meinung, er komme aus Griechenland. Innozenz I. weiht ihn zum Priester, am 18. März 417 wird er zum Papst gewählt. Nach seiner Wahl setzt er sich mit Eifer für die Priesterwürde ein und eine seiner ersten Amtshandlungen ist die Festlegung der Voraussetzungen, die man erfüllen muss, will man ein kirchliches Amt ausüben. Er schreibt vor, dass uneheliche Söhne und Sklaven nicht zu Priestern geweiht werden dürfen. Wer Priester werden will, sollte wenigstens dreißig Jahre alt sein.

Einigen Autoren zufolge hat Zosimus den Gebrauch des Manipels eingeführt, eines streifenförmigen Tuchs, das die Priester während der Messe am linken Arm tragen und das auch von Diakonen getragen werden darf, wenn sie am Altar dienen. Es wird dazu benutzt, die Hand zu verhüllen, wenn man liturgische Gefäße oder Bücher berührt und wird später zum Rangabzeichen höherer Geistlicher. Andere schreiben ihm die Einführung der Osterkerze zu.

Aus seiner Amtszeit, in der er auf dogmatischem Gebiet wegen der Häresie der Pelagianer schwierige Probleme zu bewältigen hat, sind noch Schriften erhalten, in denen Pelagius und dessen Schüler Caelestius verurteilt werden, nach langem Zögern und in einiger Ratlosigkeit verfasst. Gegen den Pelagianismus wird die Lehre über die Erbsünde formuliert und hervorgehoben, dass der Mensch zur Erlösung der Gnade Gottes bedarf. Zosimus legt in seiner Amtszeit insgesamt großen Wert auf seine Vorrangstellung als römischer Bischof.

Am 26. Dezember 418 stirbt er, diesen Tag widmet die Kirche später seinem Gedächtnis. Er wird in St. Laurentius vor den Mauern an der Via Tiburtina bestattet.

HINTERGRUND

Die Völkerwanderung

Den entscheidenden Schlag gegen das schwach gewordene Imperium führen die germanischen Völker, die von den Römern Barbaren genannt werden. Deren Einfälle sind ganz unterschiedlicher Natur und vollziehen sich in mehreren Phasen: Friedliches und zunehmendes Eindringen einzelner Familien; Ansiedeln von Gruppen durch die römischen Machthaber selbst; große Wanderungen, manchmal friedlich, manchmal kriegerisch; gewaltsamer Einbruch feindlich gesinnter Völkerstämme. So kommt es u. a. zum Einfall der Westgoten, der Wandalen, der Hunnen und später der Langobarden in Italien, der Wandalen in Spanien und Nordafrika, der Sachsen, Jüten und Angeln in Britannien.

Hl. Zosimus 417–418

geb. Rom ?; gest. Rom 422

Bonifatius I. 418–422

Nach einem vorbildlich frommen Leben wird am 28. Dezember 418 der schon betagte Bonifatius auf den Papstthron erhoben. Er muss sich sofort mit den Ansprüchen des gleichzeitig zum Papst gewählten ehrgeizigen Erzdiakons Eulalius auseinandersetzen. Kaiser Honorius beendet den Streit und fordert, auch durch seine Schwester Galla Placidia beeinflusst, dass Bonifatius das Amt behält und Eulalius abgesetzt wird.

Um zu vermeiden, dass es in Zukunft zu ähnlichen Situationen kommt, bittet Bonifatius den Kaiser um eine staatliche Verordnung: Eine Papstwahl soll nur dann gültig sein und von der Regierung anerkannt werden, so erklärt der Kaiser, wenn vorher die Hilfe Gottes angerufen wird und die Wahl einmütig ist. Andernfalls seien beide Kandidaten zu disqualifizieren. Dieser erste Versuch, die Papstwahl zu regeln, bleibt jedoch erfolglos, vielmehr schwächt dieses Ersuchen des Bonifatius an den Kaiser das Ansehen des Papsttums.

Auch dieser Papst muss wie seine Vorgänger Innozenz und Zosimus gegen die Häresie der Pelagianer kämpfen und betont dabei unermüdlich den Vorrang des Papstes. Dazu schreibt er folgenden Satz: »Es wurde noch nie hingenommen, dass Probleme, die bereits vom apostolischen Stuhl geregelt worden sind, erneut zur Diskussion gestellt werden.«

Während seines kurzen Pontifikats stirbt Hieronymus (um 347–420), eine der bedeutendsten Gestalten der gesamten Kirchengeschichte, der zum Heiligen und Kirchenlehrer erklärt wird. Hieronymus war unter anderem Sekretär von Papst Damasus I. und besorgte die lateinische Übersetzung der Bibel (Vulgata). Umfangreich ist sein literarisches Werk, von dem u.a. noch 117 Briefe erhalten sind, davon 19 an seinen Zeitgenossen, den hl. Augustinus.

Bonifatius stirbt am 4. September 422, an diesem Tag wird auch sein Fest begangen. Er wird auf dem Friedhof der hl. Felicitas an der Via Appia beigesetzt.

Galla Placidia (um 390–450)

Sie ist die Tochter Kaiser Theoderichs des Großen und heiratet in erster Ehe den Westgoten Athaulf, der sie als Geisel genommen hat. Nach Athaulfs Tod 415 kehrt sie zurück und wird mit dem späteren Kaiser Constantinus III. verheiratet. Aus dieser Verbindung geht Kaiser Valentinian III. hervor. Vor dessen Volljährigkeit übernimmt Galla Placidia die Regentschaft des Abendlandes und zeigt sich dabei herrschsüchtig und intrigant. In Ravenna wird zu ihren Ehren ein Mausoleum errichtet, ein hervorragendes Beispiel byzantinischer Architektur.

Hl. Bonifatius I. 418–422

geb. Campania ?; gest. Rom 432

Coelestin I. 422–432

Er ist einer der berühmtesten Männer auf dem Papstthron. Er wird von seinem Vater in Gottesfurcht erzogen, studiert mit Fleiß und besitzt ein großes abstraktes Denkvermögen. Er macht schnelle Fortschritte und gehört zu den gebildeten und vielversprechenden jungen Männern seiner Zeit. Er ist dem hl. Augustinus freundschaftlich verbunden. Nachdem er zum Bischof geweiht ist, zeigt er bei der Ausübung seines Amtes solchen Eifer, dass er zum Erzdiakon ernannt und am 10. September 422 in größter Einmütigkeit ohne Gegenstimmen zum Papst gewählt wird.

Nachdem Coelestin Papst geworden ist, bestätigt er alle Erwartungen, die die Kirche in seine besonderen Fähigkeiten und Begabungen gesetzt hat. Er engagiert sich besonders für die Einheit der Kirchen, verweist auf die Versöhnung im Namen der Nächstenliebe und unternimmt jede Anstrengung, um allem vorzubeugen, was eine Spaltung bewirken könnte. Er lebt in größter Einfachheit und Bußfertigkeit. Sein Vermögen verteilt er an die Armen, für die er ein echter Vater wird.

Sein Wunsch, dass sich das Christentum ausbreiten möge, regt ihn zur Förderung der Mission an. Coelestin schickt Missionare in alle Welt, um dort die Stimme des Evangeliums zu Gehör zu bringen und die Völker zu bekehren. Palladius wird als erster Bischof nach Irland geschickt, sein Nachfolger wird Patrick, der Apostel Irlands.

Gegen Irrlehren geht Coelestin mit großer Strenge vor. Wegen des theologischen Streits zwischen Nestorius von Konstantinopel und Kyrill von Alexandrien beruft er im Jahr 430 eine Synode nach Rom ein, die Kyrill recht gibt. Doch der Streit schwelt weiter, sodass auf Vorschlag Kaiser Theodosius' II., des Sohnes von Arkadius, ein Jahr später, 431, ein allgemeines Konzil nach Ephesus einberufen wird, an dem drei päpstliche Legaten und 300 Bischöfe teilnehmen. Auf diesem Konzil wird die Lehre von Nestorius und seinen Anhängern verurteilt, die der Meinung sind, Christus besitze zwei voneinander getrennte Naturen, eine menschliche und eine göttliche. Es wird dagegen ausdrücklich bestätigt, dass Maria, die Mutter Jesu, »Gottesgebärerin« oder »Mutter Gottes« genannt werden darf.

Wachsam behält Coelestin immer die Interessen der Kirche im Auge: Er hält sich durch seine Stellung als Papst für verpflichtet, über alle Vorgänge in der christlichen Welt unterrichtet zu werden, neue Richtungen, die der kirchlichen Lehre widersprechen, abzulehnen, Missbrauch zu beseitigen und für die Verbreitung guter Sitten zu sorgen. Mehrfach betont er das Recht des Papstes, als Nachfolger und lebender Stellvertreter Petri die väterliche Aufsicht über die ganze Kirche des Westens wie des Ostens zu führen.

Als weithin anerkannte Persönlichkeit stirbt er am 27. Juli 432 und wird in einem eigens für ihn errichteten Mausoleum auf dem Priscilla-Friedhof beigesetzt. Sein Festtag ist der 6. April.

Die Kultur der Germanen

Die Kultur der germanischen Völker und ihre soziale und politische Ordnung sind einfach. Der Kern der Gesellschaft ist die Familie, in der der Vater umfassende Macht hat, auch die über Leben und Tod. Die Frauen stehen unter dem Schutz des Familienoberhauptes und die Söhne werden, wenn sie volljährig sind, Krieger. Miteinander verwandte Familien bilden eine Sippe, mehrere Sippen bilden einen Gau, diese wiederum einen Stamm. Die freien Männer eines Gaus sind zum Heeresdienst verpflichtet und treffen sich regelmäßig, um Dinge von öffentlichem Belang zu besprechen und Gericht zu halten. Der Zusammenhalt wird auch durch die gemeinsame Religionsausübung verstärkt.

HINTERGRUND

Hl. Coelestin I. 422–432

geb. Rom ?; gest. Rom 440

Sixtus III. 432–440

Sixtus ist Priester in der römischen Kirche, als er am 26. April 432 die höchste kirchliche Würde erlangt. Er wird per Akklamation gewählt und dabei zwei Bischöfen aus dem Osten vorgezogen.

Er bestätigt die von seinem Vorgänger unterstützten Beschlüsse des allgemeinen Konzils von Ephesus und widmet sich weiterhin der Abwehr der häretischen Lehren von Pelagius und Nestorius. Zu Ehren Marias, für die das Konzil von Ephesus 431 die Anrede als »Gottesgebärerin« und »Mutter Gottes« bestätigt hat, lässt er anstelle der alten liberianischen Basilika die Kirche Santa Maria Maggiore errichten und reich mit Mosaiken ausstatten.

Er bemüht sich, die in Rom von den Westgoten verursachten Zerstörungen zu beseitigen und lässt Kirchen und heilige Orte wieder herrichten. Einige schriftliche Quellen bezeugen, dass er bei der vom Papst Damasus im 4. Jahrhundert errichteten Kirche San Sebastiano an der Via Appia das erste römische Kloster gegründet hat. Zur Lateranbasilika fügt er eine neue, achteckige Taufkapelle hinzu, die dortigen Inschriften und die Mosaiken der Basilika sind steinerne Dokumente des Siegs über Pelagianismus und Nestorianismus.

Sixtus III. regiert die Kirche acht Jahre lang und stirbt am 19. August 440. Er wird in den Katakomben bei der heutigen Kirche San Lorenzo fuori le Mura (St. Laurentius vor den Mauern) bestattet. Sein Fest wird später auf den 28. März gelegt.

Attila und die Hunnen

Im Jahr 452 erlebt Italien die Invasion der Hunnen unter Attila, die schreckliche Verwüstungen anrichtet. Seit Ammianus Marcellinus (römischer Geschichtsschreiber, 330–395) gehen furchteinflößende Beschreibungen von ihnen um: kleine, grobe Menschen, die ihr ganzes Leben auf kräftigen Steppenpferden verbringen, darauf sogar schlafen und sich von Fleisch ernähren, das sie unter den Sattel legen, damit es weich wird. Ihre Habseligkeiten führen sie auf großen Karren mit sich. Zu Pferd kämpfen sie wild und unaufhaltsam, als Fußtruppen sind sie weniger geeignet. Ihr Herrscher Attila schafft ein Großreich vom Kaukasus bis zum Rhein. Das Reich zerfällt rasch, als Attila 453 plötzlich stirbt.

Hl. Sixtus III. 432–440

geb. Rom ?; gest. Rom 461

Leo der Große 440–461

Manche sagen, er sei in Rom geboren, andere, in der Toskana in Volterra. Papst Zosimus ernennt ihn zum Erzdiakon von Rom. Als Sixtus III. stirbt, ist Leo gar nicht in Rom, aber er wird sofort einhellig als Nachfolger vorgeschlagen. Zu seinen besonderen Eigenschaften zählen Demut, Bescheidenheit, Frömmigkeit und das Fehlen jedes falschen Ehrgeizes. Er nimmt die Botschaft von seiner Wahl in das höchste Amt der Kirche mit demütiger Hingabe auf.

Nach seiner Rückkehr nach Rom, vierzig Tage nach seiner Wahl, wird er am 29. September 440 geweiht. Er stellt wegen seiner Autorität in Fragen des Glaubens und der Disziplin das Idealbild eines Papstes dar. Mehrfach bringt er die Überzeugung zum Ausdruck, dass die Autorität der Kirche, die Christus Petrus übertragen hat, an den Bischof von Rom als Nachfolger und Erben des Apostels übergeht und dass der Papst daher der erste aller Bischöfe ist.

Energisch geht er gegen die Häresie der Manichäer, der Priscillianer, der Pelagianer und der Eutychianer vor. Zu diesem Zweck entsendet er eigens päpstliche Legaten auf das von Kaiser Markian 451 einberufene allgemeine Konzil von Chalcedon, an dem außer den Repräsentanten des Papstes etwa 350 Bischöfe teilnehmen. Auf diesem Konzil werden Häresien verdammt, die Christus nur eine Natur zuerkennen, und Papst Leos Vorschläge akzeptiert, der damit seine unbedingte Autorität bestätigt sieht. Es wird berichtet, dass die bei den Sitzungen anwesenden Bischöfe riefen: »Verflucht sei, wer anders glaubt. Petrus hat durch Leos Mund gesprochen!«

Als der Hunnenkönig Attila, wegen seiner schrecklichen Verwüstungen die »Geißel Gottes« genannt, 452 Rom überfallen will, gelingt es Leo, ihn von dem Vorhaben abzubringen. Der Legende zufolge ist Attila von den Worten des großen Papstes tief beeindruckt und tritt voller Bewunderung den Rückzug an. Später, 455, kann Leo der Große die Eroberungswut des Wandalenkönigs Geiserich allerdings nicht besänftigen. Er erreicht durch sein Ansehen nur einen gewissen Schutz für des Leben der Bürger und dass die Stadt nicht in Brand gesteckt wird. Dennoch sind es Tage des Raubes und der Zerstörung, lediglich drei Kirchen werden nicht beschädigt: St. Peter, St. Johannes und St. Paul. Viele Römer wurden als Gefangene nach Afrika entführt.

Leo der Große entsendet als Erster päpstliche Nuntien, Apokrisiare genannt. Von nun an gibt es einen ständigen Stellvertreter des Papstes in Konstantinopel. Seine fast 100 überlieferten kraftvollen Predigten und seine 143 Pastoralbriefe zeichnen sich durch eine klare und prägnante Sprache aus, sie sind theologisch inhaltsreich und bringen ihm den Respekt der Mächtigen und die Bewunderung der gesamten Kirche ein.

Am 10. November 461 stirbt Leo der Große nach einer ereignisreichen Amtszeit von fast 21 Jahren. Er wird als erster Papst in St. Peter bestattet. Sein Festtag ist der 10. November (früher der 11. April, als Gedenktag der Überführung seiner Gebeine von der Vorhalle in das Innere der Petrusbasilika).

Geiserich, König der Wandalen (389–477)

429 führt Geiserich, der fähige Anführer der Wandalen, sein Volk – es sollen 80 000 Menschen gewesen sein – von Südspanien nach Nordafrika, wo er zunächst Hippo und später Karthago erobert und nun von Karthago aus regiert. Die Wandalen sind die einzigen der Völker aus der Zeit der Völkerwanderung, die sich eine Flotte bauen. 440 erobern sie Sardinien, Korsika und die Balearen. Ihre aufsehenerregendste Tat aber ist die Eroberung Roms im Jahr 455, die zweite Einnahme der Stadt nach Alarich. Zwei Wochen lang wird die Stadt furchtbar geplündert.

Hl. Leo der Große 440–461

geb. Cagliari ?; gest. Rom 468

Hilarus 461–468

Er stammt aus Cagliari in Sardinien. Leo der Große, der ihn fördert, macht ihn zum Erzdiakon und schickt ihn als einen seiner Legaten auf die als »Räubersynode« von Ephesus in die Geschichte eingegangene Versammlung (449), auf der er mit knapper Not mit dem Leben davonkommt und die wegen ihres unglücklichen Ausgangs der Korrektur durch das Konzil von Chalcedon bedurfte (451).

Am 19. November 461 wird Hilarus als Nachfolger Leos des Großen selbst Papst, unter Zustimmung von Volk und Klerus.

Zu seinen ersten Amtshandlungen gehört die Bestätigung der Beschlüsse der Konzilien von Nicäa, Ephesus und Chalcedon sowie des berühmten »Dogmatischen Briefes« von Papst Leo von 449, in dem dieser mit seltener Klarheit die Streitfragen über die Natur Jesu Christi darstellt und erörtert, die Irrlehren von Nestorius und Eutyches verdammt und die Lehre der katholischen Kirche erläutert.

Hilarus verlangt von den Bischöfen, jährlich regionale Versammlungen abzuhalten, damit die Beschlüsse des Konzils von Nicäa befolgt werden, das vorgeschlagen hatte, dass man mindestens alle zwei Jahre zusammenkommen solle.

Er fordert den Klerus zu einer gründlicheren geistlichen Vorbereitung auf ihr Amt auf und bestätigt das Verbot, wiederverheiratete Witwer und Männer ohne entsprechende Bildung zum Priesteramt zuzulassen.

Er bekämpft Häresien und verlangt von Kaiser Anthemius Prokopius die Zusage, keine Irrgläubigen mehr zu unterstützen, sondern sie aus Rom zu vertreiben.

Er lässt drei Kapellen an das Baptisterium der Lateranbasilika anbauen und macht den römischen Kirchen große Schenkungen, damit die Verwüstungen der Wandalen beseitigt werden können.

Am 29. Februar 468 stirbt er nach einer Regierungszeit von etwa sechs Jahren. Sein Festtag ist der 28. Februar. Er wird neben Papst Sixtus III. in den Katakomben bei San Lorenzo fuori le Mura (St. Laurentius vor den Mauern) beigesetzt.

Kurz vor Beginn seiner Amtszeit stirbt 459 Simeon der Säulensteher, so genannt, weil der fromme syrische Asket dreißig Jahre seines Lebens auf einer hohen Säule verbracht hat. Bald genießt er den Ruf hoher Heiligkeit und die Volksscharen pilgern zu ihm, um seine Worte zu hören und seine Wunder zu erleben.

Anthemius Prokopius (weströmischer Kaiser, 467–472)

Er ist Neffe jenes Anthemius, der von 405–414 Regent des Römischen Reichs war, als Theodosius II. noch minderjährig war. 467 schickt ihn der oströmische Kaiser Leo I. (457–474) als weströmischen Kaiser nach Italien, nachdem er die Ostgoten bekämpft und besiegt hat (466–467). Doch es bahnt sich bald ein Zerwürfnis zwischen Anthemius und seinem Schwiegersohn, dem suebischen Heermeister Ricimer, an. Schließlich belagert Ricimer mit einem Germanenheer Rom und erobert die Stadt. Dabei kommt 472 auch Anthemius zu Tode.

Hl. Hilarus 461 – 468

geb. Tivoli ?; gest. Rom 483

Simplicius 468–483

Er wird in Tivoli nahe bei Rom geboren. Am 3. März 468 wird Simplicius zum Papst gewählt. Ganz im Sinne seiner Vorgänger wehrt sich dieser Papst energisch gegen die Häretiker und wendet sich eindringlich immer wieder an Kaiser Zenon, in deren Bekämpfung nicht nachzulassen. Doch der oströmische Kaiser und Acacius, der Bischof von Konstantinopel, entwerfen, abweichend von den Formulierungen des Konzils von Chalcedon, ein eigenes Dokument, das sogenannte *Henotikon*. Dieses Edikt sucht im Konflikt zwischen den Befürwortern *einer* Natur Christi (Monophysiten) und denen von zwei Naturen Christi einen Kompromiss zu finden, befürwortet aber eigentlich die Lehre von nur einer Natur. Rom hätte dem sicher widersprochen, aber man ließ den am Ende seines Pontifikats schwer kranken Simplicius bewusst im Unklaren.

Während seines Pontifikats wird das weströmische Reich, einst das mächtigste aller Reiche, ausgelöscht. 476 wird Odoaker, ein Führer germanischer Söldnertruppen, vom Heer zum König Italiens ausgerufen, nachdem er Orest, einen Heerführer aus Pannonien ausgeschaltet hat. Der junge Romulus Augustulus, der letzte weströmische Kaiser, wird von ihm abgesetzt und ins Exil nach Kampanien geschickt. Dieses Datum wird in der Geschichtsschreibung häufig als Ende der Antike bzw. Anfang des Mittelalters bezeichnet.

482 ernennt Simplicius zum ersten Mal den Bischof von Sevilla zum apostolischen Vikar und Primas von Spanien. Dieses Amt beinhaltet ein personenbezogenes Sonderrecht, mit dem der Papst einem Bischof den Auftrag erteilt, über die Beachtung des kirchlichen Rechts zu wachen und die Verbindung mit Rom zu festigen.

In Rom widmet er erstmals ein öffentliches heidnisches Gebäude in eine christliche Kirche um, heute Sant'Andrea sull'Esquilino, und er errichtet auf dem Caelius-Hügel eine Kirche zu Ehren des hl. Stephanus, heute Santo Stefano Rotondo. Er stirbt am 10. März 483 nach einer fünfzehnjährigen Amtszeit und wird in der Vorhalle von St. Peter bestattet. Sein Festtag ist wie sein Todestag der 10. März.

Die letzten Jahre eines Imperiums

Als Valentinian III. 455 ermordet wird, folgen zwanzig Jahre der Anarchie und Unordnung, in denen das weströmische Reich zu zerfallen beginnt und nur noch aus Italien, Dalmatien und Sizilien besteht. Die folgenden acht Kaiser sterben alle eines gewaltsamen Todes. Der letzte von ihnen, Julius Nepos, erlebt einen Aufstand seines Heermeisters Orest, der ihn nach Dalmatien in die Flucht schlägt. Orest lässt seinen Sohn Romulus zum Kaiser ausrufen, der wegen seiner Jugend Augustulus, der kleine Augustus, genannt wird. Der Heerführer Odoaker wiederum greift Orest an, tötet ihn und setzt Romulus Augustulus 476 ab, der mit diesem berühmten Namen das traurige Schicksal hat, der letzte weströmische Kaiser zu sein.

Hl. Simplicius 468–483

Felix
geb. Rom ?; gest. Rom 492

Felix III. 483–492

Der Papst, der auf Simplicius folgt, ist als Felix III. bekannt, dabei müsste er eigentlich Felix II. heißen, da der zweite Papst, der diesen Namen trug, ein Gegenpapst war.
Felix gehört zur Familie Anicia, der mächtigsten und reichsten in Rom. Er ist Vorsteher der Kirche St. Nereus und Achilleus, als er am 13. März 483 die Papstwürde erlangt.
Nachdem er erklärt hat, dass er keine Nachsicht gegenüber jenen üben werde, die von den ewigen und unveränderlichen Prinzipien des Glaubens abgewichen sind, ist eine seiner ersten Amtshandlungen als Papst die Exkommunizierung des Acacius, des Patriarchen von Konstantinopel, maßgeblicher Verfasser des *Henotikon*, auch »Friedensedikt des Zenon« genannt, das 482 vom oströmischen Kaiser Zenon erlassen worden war. Die Verdammung des *Henotikon*, mit dem der Kaiser verschiedene Lager der Kirche versöhnen wollte, durch Felix III. führt zur ersten Spaltung der lateinischen Kirche im Westen und der griechischen Kirche im Osten, die 35 Jahre dauert (sog. Acacianisches Schisma; 484–519).
Felix kümmert sich nicht nur um die Kirche im Osten, sondern auch um die in Afrika. Er schreibt dem Kaiser und bittet ihn um Intervention beim Wandalenkönig Hunerich, damit dessen Gewalttaten gegen die afrikanische Kirche und deren Bischöfe unterbleiben. Doch erst der Tod Hunerichs 484 bringt ein Nachlassen von Verfolgung und Unterdrückung. Der Papst muss jetzt entscheiden, wie mit den vielen während der Verfolgungen vom Glauben Abgefallenen zu verfahren sei, und er verhängt strengste Strafen.
Dieser Papst ist der Erste, der den Kaiser in seinen Briefen mit »Sohn« anredet. Er regiert die Kirche neun Jahre lang und stirbt am 1. März 492. Der 1. März wird auch sein Gedenktag. Er ist einer der wenigen Päpste, die in San Paolo fuori le Mura (St. Paul vor den Mauern) begraben sind. Dort werden nur noch Johannes XIII. und Johannes XVIII. bestattet.

Acacius, Patriarch von Konstantinopel (472–489)

Acacius, 472 zum Patriarchen von Konstantinopel ernannt, nimmt für sich in Anspruch, mit dem Papst gleichrangig zu sein, und arbeitet mit Kaiser Zenon am *Henotikon*. Das Edikt soll den Konflikt zwischen den Monophysiten und jenen, die die Beschlüsse des Konzils von Chalcedon unterstützen, mit einer Kompromissformel beilegen. In Chalcedon war festgelegt worden, dass Christus zwei Naturen besitzt, die menschliche und die göttliche. Diese Initiative aber stellt keine der beiden Parteien zufrieden und wird von Felix III. 484 mit dem Bann belegt, was ein Schisma der Kirche von Rom und jener von Konstantinopel provoziert.

Hl. Felix III. 483–492

geb. Rom ?; gest. Rom 496

Gelasius I. 492–496

Gelasius wird in Rom geboren, seine Eltern stammen aus Afrika. Schon in jungen Jahren beginnt er mit dem Studium der Theologie. Nach seiner Priesterweihe wird er zu einem Vorbild an Tugend für den Klerus und wird auch vom Volk seiner heiligmäßigen Lebensführung wegen bewundert und verehrt. Offenbar ist Gelasius der Einzige, der die Fähigkeit besitzt, die Leere, die Felix' Tod in der Kirche hinterlassen hat, zu füllen. Deshalb wird er zum Papst gewählt. Am 2. März 492 findet seine Weihe statt, während Theoderich, der König der Ostgoten, Odoaker die Herrschaft Italiens entreißt.

Nach der Wahl bemüht sich der Papst sehr darum, den durch Kriege und die Schrecken der folgenden Hungersnot verwüsteten Kirchen zu helfen. Oft erinnert er den Klerus daran, dass ein Viertel der Einkünfte der Kirche für die Armen bestimmt ist, und empfiehlt den Bischöfen, bei der Verwaltung der Kirchengüter äußerst sparsam zu sein.

Er erhöht die Zahl der Priester in den Kirchen und veröffentlicht eine Reihe wichtiger Dekrete. Unmissverständlich macht er immer wieder die Vorrangstellung des apostolischen Stuhls deutlich, und er ist der erste Papst, der als »Stellvertreter Christi« angesprochen wird.

Das berühmte *Decretum Gelasianum* stammt nicht von Gelasius selbst, sondern wurde erst im 6. Jahrhundert unter seinem Namen zusammengestellt. Bekannt ist das Dekret v.a., weil es festlegt, welche Bücher zum biblischen Kanon gehören. Das *Sacramentarium Gelasianum* genannte römische Messbuch stammt ebenfalls aus späterer Zeit. Aber auch Gelasius selbst hat liturgische Texte verfasst.

Zum Problem der Beziehungen zwischen der Kirche und dem Römischen Reich schickt der Papst Kaiser Anastasios 494 einen Brief, in dem er ihm seine Vorstellungen darlegt: Die weltliche Macht komme dem Kaiser zu, die geistliche dem Papst. Doch beide müssten für das höchste Wohl der Seelen zusammenarbeiten, und die Macht des Papstes stehe über der des Kaisers.

Papst Gelasius hat der Nachwelt über hundert Briefe und sechs theologische Abhandlungen hinterlassen, in denen er sich mit verschiedenen kirchlichen Fragen beschäftigt.

Er stirbt am 21. November 496 nach einem über vierjährigen Pontifikat und wird in St. Peter beigesetzt. Sein Festtag ist der 21. November.

Theoderich, König der Ostgoten (454–526)

Theoderich der Große wächst am Hof von Konstantinopel auf. 488 beauftragt Kaiser Zenon ihn, in Italien gegen Odoaker vorzugehen, der den letzten weströmischen Kaiser Romulus Augustulus abgesetzt hat. Theoderich besiegt Odoaker und regiert nun selbst Italien; Hauptstadt bleibt Ravenna. Er bewundert die römische Kultur und umgibt sich mit lateinischen Geistesgrößen. Politisch sucht er Bündnisse mit den Westgoten, Burgundern und Wandalen, aber seine Vorherrschaft erhält durch die Expansionspolitik des fränkischen Herrschers Chlodwig (481/82–511) ein Gegengewicht. Theoderich geht später als Dietrich von Bern in die Sagenwelt ein.

Hl. Gelasius I. 492–496

geb. Rom ?; gest. Rom 498

Anastasius II. 496–498

Nach Gelasius' Tod übernimmt Anastasius II. am 24. November 496 den Stuhl Petri. Kurz nach seiner Weihe schreibt er einen Brief an den Frankenkönig Chlodwig, dessen Echtheit allerdings umstritten ist, um seiner großen Freude darüber Ausdruck zu geben, dass er zum Christentum übergetreten ist. Der Papst gratuliert ihm, dass er sich auf Drängen seiner Frau Clothilde vor vielen seiner Soldaten hat taufen lassen und ihnen damit ein so positives Beispiel gegeben hat.

In der Absicht, das sogenannte Acacianische Schisma wieder aufzuheben und eine Versöhnung zwischen Rom und Konstantinopel herbeizuführen, schreibt er auch an Kaiser Anastasios und bittet ihn, die Einheit der Kirche wiederherzustellen. Er erklärt, dass der frühere Patriarch von Konstantinopel, Acacius (gest. 489), in keiner offiziellen Liste mehr geführt werden dürfe, weil er von Papst Felix mit Bann belegt worden sei, dass aber die von ihm vorgenommenen Taufen gültig blieben, da die Sakramente durch einen unwürdigen Geistlichen nicht ihre Kraft verlören.

Papst Anastasius stirbt am 16. November 498 nach einem Pontifikat von zwei Jahren und wird in der Vorhalle von St. Peter beigesetzt.

Wegen seines Engagements für die Versöhnung mit der Ostkirche zählt ihn Joseph Hergenröther, der Leiter des Vatikanischen Archivs, später zu den Heiligen. Der Tradition zufolge gilt allerdings sein Versuch einer Annäherung an die monophysitischen Häretiker als Schwäche und Verrat. Anastasius setzt sogar den Diakon aus Thessaloniki, Photin, einen eifrigen Anhänger dieser Irrlehre, wieder in sein Amt ein. Anastasius II. ist deshalb so unpopulär, dass er selbst als Häretiker angesehen wird, und Jahrhunderte später bringt ihn Dante Alighieri in seiner Göttlichen Komödie sogar in der Hölle unter:

»Dort bargen wir, weil des Gestankes Qual
Zu groß war, den der Schlund entsandte,
Uns hinter eines hohen Grabes Mal,
An dessen Deckel ich die Schrift erkannte:
Ich berg in mir Papst Anastasius,
Den einst Photin vom rechten Wege wandte.«

Die Hölle, Elfter Gesang, 4–9

Chlodwig, der Frankenkönig (465–511)

Er wird um 482 Nachfolger seines Vaters Childerich I. Als Dank für seine Siege über die Alemannen wendet er sich dem römischen Katholizismus zu. An Weihnachten 497 oder 498 lässt er sich von Bischof Remigius von Reims taufen. Politisch lässt sich die Konvertierung mit der Unterstützung erklären, die er als einziger katholischer Fürst zwischen heidnischen und arianischen Herrschern von der Kirche erhält, denn die Mehrheit der unterworfenen Bevölkerung in Gallien ist katholisch. Er besiegt die Burgunder und die Westgoten, wird aber schließlich durch ein Eingreifen Theoderichs des Großen aufgehalten. Als er 511 stirbt, wird sein Reich unter seinen vier Söhnen aufgeteilt.

Anastasius II. 496–498

geb. Sardinien ?; gest. Rom 514

Symmachus 498–514

Er wird in Sardinien geboren, von Felix III. zum Diakon ernannt und am 22. November 498 zum Papst gewählt. Der Beginn seines Pontifikats wird durch die Ansprüche des Erzpriesters Laurentius beeinträchtigt, der von einer Minderheit zum Papst gewählt worden ist. Nach einigen Jahren und wiederholter Intervention Theoderichs des Großen gelingt es erst 506, Symmachus' Autorität endgültig durchzusetzen, und er gibt sich jegliche Mühe, seinem Amt Glanz zu verleihen.

Er lässt 499 ein Statut beschließen, nach dem weder neue Wahlen stattfinden noch über eine Nachfolge diskutiert werden kann, solange ein Papst am Leben ist. Es verbietet Laien, auch den Königen, ausdrücklich, bei Papstwahlen mitzuwirken; diese ist ausschließlich dem Klerus vorbehalten. Der Papst sollte aber einen Nachfolger designieren können. Durchgesetzt hat sich das Statut indessen nicht.

Symmachus führt das *Gloria in excelsis Deo* allgemein in die Bischofsmesse ein, also an allen Sonntagen und den Gedenktagen der Märtyrer, statt wie bis dahin üblich nur zu Weihnachten.

Seine Nächstenliebe ist ebenso groß wie seine Herzensgüte. Er befreit Sklaven in Ligurien, Mailand und anderen Provinzen. Er unterstützt zahlreiche afrikanische Bischöfe, die vom Wandalenkönig nach Sardinien verschleppt worden sind; mit Briefen voller Anteilnahme versteht er, sie in ihrem Exil zu trösten und ihren Kummer zu mildern.

Er widmet sich auch dem Bau und der prächtigen Ausstattung römischer Kirchen, besonders St. Peter.

Über fünfzehn Jahre führt er die Kirche und stirbt am 19. Juli 514. Der 19. Juli ist deshalb auch sein Festtag. Er wird wie sein Vorgänger in der Vorhalle von St. Peter beigesetzt.

Das Gloria

Das »Gloria in excelsis« ist ein altes, vielleicht das älteste Lied der Kirche. In den Kirchen des Abendlandes wird es sonntags zu Beginn der Messe gesungen, außer im Advent und in der Fastenzeit, und an allen hohen Festtagen und Märtyrerfesten. In den Kirchen des Ostens wird es heute noch während des Morgengebets gesungen. Es ist das Lied der Engel von Betlehem und preist die Ehre Gottes und die Göttlichkeit Jesu. Der biblische Text aus Lukas 2,14 wurde durch zwei Strophen und eine Christus-Litanei ergänzt.

Hl. Symmachus 498–514

geb. Frosinone ?; gest. Rom 523

Hormisdas 514–523

Hormisdas stammt aus Frosinone in Latium und wird am 20. Juli 514 zum Papst gewählt. Er ist von vorbildlicher Geduld, Bescheidenheit und Nächstenliebe. Unermüdlich wacht er über die Kirche, empfiehlt dem Klerus, die Tugenden, die ihre Stellung verlangt, unter Beweis zu stellen, und gibt Anweisungen für das Singen der Psalmen.

Seine erste Initiative ist der mehrfache Versuch, nach dem Acacianischen Schisma die West- mit der Ostkirche zu versöhnen. Nach dem Tod Kaiser Anastasios' und der Thronbesteigung von Justinus I. gelingt es dem Papst endlich, Anerkennung für die von ihm verfasste »Formel des Hormisdas« zu erhalten. Diese Formel wiederholt die Lehre des Konzils von Chalcedon von den »zwei Naturen Christi«, die Erklärung des Primats von Rom und die Verdammung des Acacius und seiner Nachfolger. Die »Formel des Hormisdas« wird 519 feierlich durch den Patriarchen von Konstantinopel und alle anwesenden Kleriker bestätigt.

Der Überlieferung nach soll der Frankenkönig Chlodwig Papst Hormisdas eine mit Edelsteinen geschmückte Krone als Geschenk geschickt und ihm versichert haben, dass er für immer zum katholischen Glauben stehen wird.

Hormisdas pflegt einen regen Briefwechsel mit den gallischen und spanischen Bischöfen, er gibt ihnen Richtlinien für die Bischofswahl und -weihe und die Disziplin des Klerus und fordert sie auf, jährlich mindestens eine Synode abzuhalten.

Dieser Papst hat zahlreiche Briefe hinterlassen, die in einer Sammlung kirchlicher Schriftstücke erhalten sind. Für die Verschönerung der römischen Kirchen wendet er große Summen auf, die von Gläubigen gespendet worden sind.

Er stirbt am 6. August 523 und wird in St. Peter begraben. Sein Festtag ist ebenfalls der 6. August.

Während seines Pontifikats gründet Benedikt von Nursia (um 480–547) den Benediktinerorden. Viele Mönche schließen sich Benedikt an und es entstehen mehrere Klöster. Benedikt zieht sich 529 nach Montecassino zurück, wo er die berühmte »Regel« erarbeitet, die vielen westlichen Klöstern als Vorbild dient. Aus diesem Orden wird eine große Zahl von Päpsten, Erzbischöfen, Bischöfen, Äbten und Heiligen hervorgehen.

WISSENSWERTES

Die Regel des hl. Benedikt

Das wesentliche Merkmal ist die Vorstellung vom Leben im Kloster nicht als Weltflucht, sondern als soziale Verpflichtung. Das Kloster wird von einem Abt geleitet, der dies mit Liebe, Strenge und Menschlichkeit tut. Die Mönche sind ihm zu absolutem Gehorsam verpflichtet und erhalten dafür die Möglichkeit eines sicheren, zurückgezogenen Lebens. Die Regel schreibt den Wechsel von Gebet und Arbeit vor: *ora et labora* ist das Motto der Gemeinschaft. Den Mönchen wird keine besondere Askese vorgeschrieben, aber die Befolgung der Gebote des Gehorsams, der Keuschheit, der Armut und der Ortsbeständigkeit.

Hl. Hormisdas 514–523

geb. Siena ?; gest. Ravenna 526

Johannes I. 523–526

Johannes wird in Siena in der Toskana geboren und ist Vorsteher der römischen Pfarrei St. Peter und Paul, als er am 13. August 523 auf den Papstthron erhoben wird.

Er wird vom König Italiens, dem Ostgoten Theoderich dem Großen, gezwungen, in den Osten zu reisen, um bei Kaiser Justinus durchzusetzen, dass die Arianer, deren Glauben auch Theoderich selbst angehört, nicht mehr bekämpft werden. Johannes stimmt der Mission zu, um eine neue Christenverfolgung zu vermeiden. Volk und Klerus von Konstantinopel empfangen ihn im April 526 mit einem großen Fest. Der Kaiser kniet vor dem Papst und verleiht seiner Freude Ausdruck, den Stellvertreter Christi in seinem Reich zu sehen, und wünscht, in diesem Jahr am Osterfest von ihm gekrönt zu werden statt vom Patriarchen, wie es sonst der Brauch ist. Johannes I. übernimmt die Zeremonie und setzt dem Kaiser während eines feierlichen Ostergottesdienstes die Krone aufs Haupt.

Justinus kleidet den Papst mit dem Purpur der Cäsaren und gestattet auch den Nachfolgern des Johannes, ihn zu tragen. Er ist der erste Kaiser, der dem Papst die Füße küsst, und begründet damit ein Ritual, das die besondere Verehrung und den Gehorsam gegenüber dem Papst von Seiten des Kaisers und der Bischöfe ausdrückt. Justinus schenkt dem Papst außerdem eine zwanzig Pfund schwere, mit Juwelen verzierte Goldpatene, einen goldenen Kelch von fünf Pfund, sieben Silbergefäße und goldbestickte Antependien. Diese Geschenke schickt der Papst sogleich an die Kirchen Roms.

In den anschließenden Verhandlungen zeigt sich der Kaiser entgegenkommend. Er ist willens, die Verfolgungen der Arianer einzustellen und beschlagnahmte Kirchen zurückzugeben. Aber die Hauptforderung Theoderichs, dass den zwangsweise bekehrten Arianern die Rückkehr zu ihrem Glauben gestattet werden soll, ist der Papst nicht bereit zu unterstützen und der Kaiser lehnt sie ab.

Bei seiner Rückkehr nach Italien erwartet den Papst nichts Gutes. Der ostgotische König Theoderich, höchst verärgert, dass der Papst sich geweigert hat, seinen Forderungen bezüglich der Arianer zu entsprechen, hält ihn in Ravenna fest. Hier stirbt der ohnehin schon hinfällige Johannes kurz darauf am 18. Mai 526.

Das Leid, das ihm der König zugefügt hat, bringt Johannes den Titel eines Heiligen der Kirche ein, dessen Festtag am 18. Mai begangen wird. Der Leichnam des Papstes wird nach Rom gebracht und am 27. Mai in St. Peter beigesetzt.

WISSENSWERTES

Das Birett

Das Birett ist eine viereckige Kopfbedeckung mit drei oder vier bogenförmigen Aufsätzen und einer Quaste in der Mitte, die Mitglieder des Klerus in verschiedenen Farben tragen, je nach Rang. Die Angehörigen des niederen Klerus tragen ein schwarzes Birett, die Bischöfe ein violettes, die Kardinäle ein rotes, das ihnen der Papst nach ihrer Wahl aufs Haupt setzt: »rot wie das Zeichen der Kardinalswürde, zum Zeichen, dass ihr bereit seid, stark zu sein bis zum Blutvergießen, zur Mehrung des christlichen Glaubens, für den Frieden und die Ruhe des Volkes Gottes und für die Freiheit und Ausbreitung der Heiligen Römischen Kirche«.

Hl. Johannes I. 523–526

Felix

geb. Benevent ?; gest. Rom 530

Felix IV. 526–530

Er stammt aus Benevent in Samnium und ist als Diakon Vorsteher der Kirche Santi Silvestro e Martino (St. Silvester und Martin), als er nach einigem Hin und Her am 12. Juli 526 zum Papst gewählt wird.

Felix wird von Gotenkönig Theoderich geschätzt, der seinen Einfluss geltend macht und nach den Auseinandersetzungen mit Papst Johannes I. einen den Goten freundlich gesinnten Papst auf dem Stuhl Petri sehen will. Der Klerus wählt ihn schließlich einstimmig, um ein Schisma und dessen schlimme Folgen zu vermeiden. Trotz des Einflusses, den der gotische König auf die Wahl des Papstes zu nehmen versucht, wird dieser immer noch nach der alten Weise bestimmt: durch Wahl des Klerus und mit Zustimmung des Volkes.

Theoderich stirbt nur sechs Wochen später, aber Felix unterhält auch gute Beziehungen zu seinem Enkel und Thronfolger Athalarich und dessen Mutter Amalaswintha, die für den Minderjährigen die Regentschaft übernimmt. Die königliche Gunst spiegelt sich in einem Erlass, der das Recht des Papstes hervorhebt, straf- oder zivilrechtlich angeklagte Geistliche selbst zu richten.

Mit Zustimmung Amalaswinthas wandelt Felix heidnische Tempel in christliche Kirchen um. Den Tempel, der auf dem Forum Romanum für Romulus und Remus errichtet worden war, weiht er den Heiligen Cosmas und Damian und lässt die Kirche mit herrlichen Mosaiken schmücken.

Caesarius, der Bischof von Arles, bittet den Papst um Rat und Anweisungen zur Eindämmung der Lehre der Semipelagianer, die sich in Gallien auszubreiten beginnt. Felix antwortet ihm ausführlich, weist auf wichtige Stellen im Werk des Augustinus über die Gnade und den freien Willen hin und beweist so seine Entschlossenheit, Irrlehren zu bekämpfen. Er stimmt außerdem der Praxis zu, Laien vor der Ordinierung einer Prüfung zu unterziehen.

Vielleicht, weil er seinen baldigen Tod spürt und neue Spannungen und mögliche Spaltungen bei der Wahl des neuen Papstes fürchtet, will Felix dem vorbeugen und selbst seinen Nachfolger benennen. Felix übergibt dem Auserwählten, dem Erzdiakon Bonifatius, im Beisein des Klerus sowie der Senatoren und Patrizier sein Pallium und lässt diese Wahl öffentlich verkünden.

Er stirbt am 22. September 530 und wird am 12. Oktober in St. Peter beigesetzt.

Er hat die Kirche über vier Jahre lang regiert, während er durch sein einfaches Leben und die Liebe zu den Armen ein leuchtendes Beispiel gab. Der römische Heiligenkalender würdigt ihn wegen seiner großen Hingabe an den christlichen Glauben. Sein Fest ist der 22. September.

Hl. Augustinus (354–430)

Er ist der Sohn eines heidnischen Patriziers und der Christin Monika. Er studiert in Karthago und hat mit noch nicht zwanzig Jahren einen Sohn, dessen Mutter er fünfzehn Jahre später verlässt. Er lehrt Rhetorik und kommt mit dem Manichäismus in Berührung. Später wird er in Mailand unter dem Einfluss des hl. Ambrosius Christ und lässt sich 387 taufen. 391 wird er zum Priester geweiht und 396 zum Bischof von Hippo in Nordafrika gewählt, wo er eine intensive seelsorgerische Tätigkeit entfaltet. Er gilt als einer der größten christlichen Theologen und hinterlässt ein umfangreiches Werk, das die kommenden Jahrhunderte maßgeblich prägt. Sein Festtag ist der 28. August.

Hl. Felix IV. 526–530

Bonifatius

geb. Rom ?; gest. Rom 532

Bonifatius II. 530–532

Bonifatius, in Rom als Sohn gotischer Eltern geboren und damit der erste Papst germanischer Herkunft, tritt sein Pontifikat unmittelbar nach dem Tod Felix' IV. am 22. September 530 an, weil Felix IV. ihn gegen das Herkommen noch auf dem Sterbelager zum Nachfolger bestimmt hatte. Eine Minderheit ist mit diesem Vorgehen jedoch nicht einverstanden und stellt den gewandten und mit dem Hof in Konstantinopel vertrauten Dioskur als Gegenpapst auf. Die dadurch entstandene Kirchenspaltung endet mit dem plötzlichen Tod Dioskurs schon 22 Tage später, sodass Bonifatius sein Amt nun unangefochten ausüben kann.

Um den Intrigen und Ansprüchen der gotischen Könige, die auch auf die Papstwahl Einfluss nehmen wollten, ein Ende zu machen, beruft der Papst 531 eine Synode nach Rom ein, auf der er den Diakon Vigilius zu seinem Nachfolger bestimmt, den Klerus das Dekret über diese Wahl unterschreiben und unter Eid billigen lässt. Doch damit wiederholt er nur den Fehler Felix' IV. Der Klerus und die römische Gemeinde sind nämlich nicht gewillt, diese Vorgehensweise, die nicht dem gängigen kirchlichen Recht entspricht, hinzunehmen. Bald folgt eine zweite Synode, bei der der Papst das Wahldekret widerruft und es in Gegenwart von Volk und Senat verbrennt. Damit kehrt wieder Friede ein.

In sein Pontifikat fällt die Bestätigung der Beschlüsse des 2. Konzils von Orange, das Caesarius, der Bischof von Arles, 529 abgehalten hat und mit dem endlich der Gnadenstreit und die Diskussion um die Irrlehre der Semipelagianer beendet werden, die die Kirche in Frankreich etliche Jahre beschäftigt haben.

Bonifatius tritt nachdrücklich für die Wahrung des Sonderstatus von Rom ein und pocht mit Erfolg beispielsweise auf die besonderen Mitspracherechte Roms in Illyrien.

Er zeichnet sich durch große Nächstenliebe aus und die Armen und Bedürftigen können sich auf seine Großzügigkeit verlassen. Während der Hungersnot in diesen Jahren findet das Volk Hilfe durch seine Fürsorge und seinen Einsatz.

Er stirbt nach zweijähriger Amtszeit am 17. Oktober 532 und wird in St. Peter beigesetzt.

Der Gotenkrieg

Kaiser Justinian der Große unternimmt die Rückeroberung des westlichen Teils des Reiches. Er zerstört 535 das Wandalenreich in Nordafrika und führt seine Heere dann nach Italien. Die Halbinsel wird von dem Gotenkönig Totila regiert, der auf die Dankbarkeit und Mitwirkung der Bauern rechnen kann, da er sie von der Sklaverei befreit hat. In Tadinae kommt es zur Schlacht, bei der Totila fällt. Sein Nachfolger wird Teja, der wenige Monate später 553 in den Laktarischen Bergen nahe dem Vesuv stirbt. Der große Gotenkrieg ist zu Ende. Italien ist verwüstet, das Land verwaist, die Bevölkerung leidet unter Hungersnöten und Seuchen.

Bonifatius II. 530–532

Mercurius
geb. Rom ?; gest. Rom 535

Johannes II. 532–535

Er wird in Rom geboren und stammt aus der Familie der Conti. Fast drei Monate lang wird nach dem Tod von Bonifatius II. um dessen Nachfolge gerungen. Schließlich fällt die Wahl auf den Vorsteher und Priester von San Clemente (St. Clemens). Am 31. Dezember 532 wird er zum Papst gewählt. Da er den heidnischen Namen Mercurius trägt, ändert er seinen Namen in Johannes und ist damit der erste Papst, der eine solche Änderung vornimmt.

Weil es bei der Wahl zu unwürdigen Vorgängen einschließlich Bestechungsversuchen gekommen war, bestätigt Gotenkönig Athalarich unmittelbar nach der Einsetzung des Papstes ein bereits 530 unter Bonifatius II. erlassenes Dekret des Senats gegen unerlaubte Methoden bei der Papstwahl: Das Dekret wird in Marmor gemeißelt und in St. Peter gut sichtbar angebracht.

Während seines Pontifikats lebt der Streit um den Satz »Einer aus der Dreifaltigkeit hat im Fleisch gelitten« wieder auf, den Kaiser Justinian I. unterstützt hatte, um eine Annäherung an die Monophysiten zu ermöglichen. Einige strenggläubige Mönche fechten diesen Satz an, der sich ihrer Meinung nach zu weit von der Konzilsformel von Chalcedon entfernt, und verlangen, dass der Papst eingreift. Zunächst versucht Johannes II., sie zu überzeugen, dass sie ihren Widerstand aufgeben. Als sie sich aber weigern, exkommuniziert er sie und erklärt schließlich zugleich, dass er den Satz gutheißt, da er den Ausdruck »im Fleisch« enthält und damit deutlich von der Menschwerdung Gottes spricht.

Glücklich über diese Entscheidung nimmt der oströmische Kaiser Justinian den Brief des Papstes in dieser Sache in sein Gesetzbuch auf und ebenso den vorherigen Brief des Kaisers an den Papst, in dem er ihn ehrerbietig um Hilfe gebeten und als »Haupt aller Kirchen« bezeichnet hat: Damit gesteht er eindeutig das letztgültige Urteil in allen Glaubensstreitigkeiten dem Heiligen Stuhl zu. Auf diese Weise kann der lange Streit um die richtige Interpretation des Glaubensbekenntnisses endlich beigelegt werden.

Johannes II. führt die Kirche über zwei Jahre lang. Er stirbt am 8. Mai 535 und wird in St. Peter bestattet.

Der Name des Papstes

Mercurius ist der erste Papst, der nach seiner Wahl den Namen ändert. Denn Mercurius ist auch der alte heidnische Name des Götterboten. Jahrhundertelang wählen die Päpste mit Vorliebe Namen, die schon einer ihrer Vorgänger getragen hat. Aber nichts verbietet einem Papst, sich einen anderen Namen auszusuchen. Dies geschieht beispielsweise 1978, als Albino Luciani den Namen Johannes Paul wählt und damit die Namen von zwei Vorgängern zusammenbringt, Johannes XXIII. und Paul VI. Hier gibt sich ein Papst zum ersten Mal einen Doppelnamen und die Ordinalzahl I wird zum ersten Mal seit mehr als tausend Jahren wieder gebraucht (der letzte Fall war der von Christophorus I. im Jahr 903).

WISSENSWERTES

Johannes II. 532–535

geb. Rom ?; gest. Konstantinopel 536

Agapet I. 535–536

Nach dem Tod Johannes' II. wird der Erzdiakon Agapet am 10. Mai 535 zum Papst gewählt. Er stammt aus aristokratischen Kreisen in Rom und ist außerordentlich gebildet. In der Nähe der Kirche San Giovanni e San Paolo (St. Johannes und Paul) auf dem Caelius-Hügel richtet er eine Bibliothek mit Werken der Kirchenväter ein und er plant sogar, in Rom eine christliche Universität zu gründen. Seine umfassende Bildung bringen ihm die Achtung und Verehrung von Klerus und Volk ein. Gegen jene, die die Lehren der Kirche angreifen, ist er streng und unnachgiebig und er nimmt die Pflichten sehr ernst, die mit der Würde des Oberhaupts der Kirche verbunden sind.

Auf Bitten des Gotenkönigs Theodahat reist er nach Konstantinopel, um Kaiser Justinian von seinen Kriegsplänen abzubringen. Außerdem will Agapet dort gegen den Einfluss von Irrlehrern vorgehen und sich gegen den Schutz verwahren, den Justinian ihnen gewährt. Die römische Kirche ist zu diesem Zeitpunkt so arm, dass Agapet für die Reise nach Konstantinopel Kirchengeräte aus St. Peter verpfänden muss. Am 2. Februar 536 erreicht der Papst sein Ziel in Begleitung von fünf Bischöfen und einigen Klerikern, aber es gelingt ihm nicht, den Kaiser von seinem Plan, Krieg gegen Italien zu führen, abzubringen. Der Kaiser ist fest entschlossen, den Westen zurückzuerobern und die Goten aus Italien zu vertreiben.

Auf kirchenpolitischem Gebiet allerdings erzielt Agapet einige Erfolge. Der Stuhl des Patriarchen von Konstantinopel ist von dem ehrgeizigen Anthimos I. besetzt, der dem Monophysitismus anhängt und sein Amt den Intrigen der Kaiserin Theodora verdankt. Der Kaiser versucht, von Theodora aufgehetzt, beim Papst mit Drohungen und Versprechungen durchzusetzen, dass er Anthimos anerkennt und die Kirchengemeinschaft mit ihm herstellt. Agapet aber bleibt unnachgiebig und erreicht, dass sich Anthimos einem öffentlichen Streitgespräch stellt, in dem der Papst Kaiser Justinian überzeugen kann, dass Anthimos aufgrund seiner Überzeugungen nicht tragbar ist. Anthimos wird seines Amtes als Patriarch enthoben und zusammen mit einigen Anhängern exkommuniziert. An seiner Stelle wird feierlich Menas zum Patriarchen ernannt, ein wegen seines Glaubens und seiner Tugend empfehlenswerter Mann.

Agapet stirbt überraschend am 22. April 536 in Konstantinopel nach einer Amtszeit von weniger als einem Jahr. Sein Leichnam wird nach Rom überführt und schließlich am 20. September 536 in St. Peter beigesetzt. Sein Festtag ist der 22. April.

Patriarch Anthimos I.

Anthimos ist ein Günstling der Kaiserin Theodora. Zunächst Bischof von Trapezunt, wird er mit Unterstützung Theodoras Patriarch von Konstantinopel (535). Insgeheim ist er Anhänger der Monophysiten, doch er wird durch Papst Agapet in einer öffentlichen Diskussion entlarvt und als Patriarch abgesetzt. Am 13. März 536 nimmt der Papst die feierliche Weihe seines Nachfolgers Menas vor, der erste Bischof des Ostens, der von einem Papst geweiht wird. Der Papst stirbt nur einen Monat später. Eine Synode in Konstantinopel im Mai und Juni 536 bestätigt die Absetzung und Exkommunikation des Anthimos noch einmal, der damit von der politischen und religiösen Bühne Konstantinopels verschwindet.

Hl. Agapet I. 535–536

Silverius 536–537

Er stammt aus Frosinone und ist Sohn von Papst Hormisdas. Er ist erst Subdiakon – was es zuvor in der Kirchengeschichte noch nie gegeben hat –, als er im Juni 536 das höchste Amt der Kirche antritt.

Nachdem Agapet I. während seiner Reise nach Konstantinopel gestorben ist, übt der Gotenkönig Theodahat deutlichen Druck auf den Klerus aus, um einen ihm genehmen Nachfolger zu bestimmen. Deshalb weigern sich anfangs manche, den neuen Papst anzuerkennen. Als Silverius dann geweiht ist, lenken seine Gegner um der Einheit der Kirche willen ein und erkennen ihn als legitimes Oberhaupt der Kirche an.

In dieser Zeit beginnt Belisar, der Feldherr des oströmischen Kaisers Justinian, nach der Rückeroberung der von den Wandalen beherrschten Gebiete in Nordafrika mit seinem Feldzug in Italien: Am 10. Dezember 536 zieht er in Rom ein, das die Goten fluchtartig verlassen.

Nach Belisars Erfolgen will Kaiserin Theodora Papst Silverius durch Vigilius ersetzen, der zunächst Diakon der römischen Kirche war und später lange Nuntius in Konstantinopel, wo er zum Vertrauten Theodoras aufsteigt. Mit seiner Hilfe will sie die Beschlüsse des Konzils von Chalcedon von 451 rückgängig machen. Belisar wird angewiesen, diesen Plan umzusetzen. Zuerst versucht er, Silverius zum Rücktritt zu bewegen. Als Silverius sich weigert, bezichtigt man ihn mittels gefälschter Briefe, sich in verräterischer Weise mit den Goten, die Rom belagern, verschworen zu haben, erklärt ihn für abgesetzt und verbannt ihn ins Exil nach Patara, einen Hafen in Lykien (im heutigen Südwest-Anatolien). Der römische Klerus wird gezwungen, den Diakon Vigilius zum Papst zu wählen.

Der Bischof von Patara ergreift offen für Papst Silverius Partei, bittet Kaiser Justinian um Hilfe und gibt ihm zu verstehen, wie sehr er die göttliche Gerechtigkeit zu fürchten habe, da er das Oberhaupt der Kirche auf so ungerechte Weise vom Thron gestoßen habe. Daraufhin darf Silverius zwar nach Rom zurückkehren, ist dort aber den Intrigen seiner Feinde ausgeliefert. Obwohl Justinian zugesichert hatte, dass die ganze Angelegenheit in einem fairen Prozess geklärt werden sollte, wird Silverius von seinem Rivalen Vigilius auf die Insel Ponza im Golf von Gaeta geschafft, wo er im November 537 offenbar unter Zwang abdankt. Wenig später, vermutlich am 2. Dezember, stirbt Silverius an Hunger und Entbehrung und wird auf der Insel beerdigt. Es wird von einer Reihe von Heilungen und Wundern an seiner Grabstätte berichtet. Man verehrt ihn als Märtyrer für den rechten Glauben; sein Festtag ist der 20. Juni.

Caesaropapismus

Mit diesem Wort, das sich aus Caesar – Kaiser und Papa – Papst zusammensetzt, wird eine Staatsform umschrieben, in der sich das Staatsoberhaupt aus politischem Interesse auch intensiv um religiöse Belange kümmert. Der Begriff wird vor allem für die Zeit des byzantinischen Reiches seit Konstantin dem Großen benutzt, wo die oströmischen Kaiser massiv in Kirchenbelange eingriffen und aus politischen Gründen bestimmte Glaubenssätze oder eine bestimmte Interpretation als verbindlich vorschrieben.

HINTERGRUND

Hl. Silverius 536–537

Vigilius 537–555

Er stammt aus einer vornehmen römischen Familie und war bereits von Bonifatius II. zu seinem Nachfolger bestimmt worden, was dieser aber aufgrund des heftigen Protests gegen eine solche Vorgehensweise wieder zurückziehen musste. Daraufhin wird Vigilius zum päpstlichen Nuntius in Konstantinopel ernannt. Weil er das Amt des Papstes anstrebt, scheut er weder vor Ämterkauf noch vor Verleumdungen zurück. In Kaiserin Theodora findet er eine mächtige Gönnerin, die ihn unterstützt und reich beschenkt. Im Gegenzug verspricht Vigilius, die Beschlüsse des Konzils von Chalcedon (451) zurückzunehmen und Anthimus wieder zum Patriarchen von Konstantinopel zu machen.

Als Vigilius tatsächlich zum Papst gewählt ist und der römische Klerus nach dem Tod seines Vorgängers Silverius, der unter Zwang abgedankt hat, diese Wahl allgemein anerkennt, ist er jedoch nicht willens, diese geheimen Zusicherungen einzuhalten. Er lässt Kaiserin Theodora wissen, dass er nicht die Absicht habe, den Ansprüchen der Feinde der katholischen Kirche nachzugeben, und dass er nicht bereit sei, bestimmte unkluge Versprechen zu halten oder die Exkommunizierung von Anthimus und seinen Anhängern rückgängig zu machen. Er stellt sich vielmehr auch öffentlich 540 in einem Schreiben an Kaiser Justinian auf dessen Seite und gegen die Bestrebungen Theodoras.

Mit Einverständnis Kaiser Justinians ernennt Vigilius den Bischof von Arles, Auxanius, zum päpstlichen Vikar für das Fränkische Reich und überträgt ihm auch gerichtliche Machtbefugnisse. Damit wird der Bischofssitz von Arles deutlich aufgewertet und bekommt auch politische Funktion. In Rom kümmert Vigilius sich intensiv um die Restaurierung der während der Belagerung der Stadt durch die Goten zerstörten Gebäude. Vor allem um die Wiederherstellung der Katakomben macht er sich verdient.

543 veröffentlicht Kaiser Justinian ein Edikt, in dem er die sog. *Drei Kapitel* verurteilt, d.h. die Schriften dreier Theologen aus der Zeit des Konzils von Chalcedon, die jetzt der Irrlehre des Nestorianismus bezichtigt werden, und fordert die Bischöfe und den Papst auf, das Gleiche zu tun. Der Papst hält diese Verurteilung für eine Verletzung seiner Autorität und bestätigt sie nicht. Auch viele Bischöfe halten das Edikt nicht für rechtmäßig und sehen darin die Lehre des Konzils von Chalcedon unterlaufen. Der Kaiser ordnet an, Vigilius gefangen zu nehmen und nach Konstantinopel zu bringen, wo er nach etlichem Hin und Her schließlich 553 ein allgemeines Konzil einberuft, um über die Verurteilung der *Drei Kapitel* zu beraten. Das Konzil, an dem der Papst nicht teilnimmt, zeigt sich dem Kaiser willfährig und schließlich widersteht auch der unter Hausarrest gestellte, kranke Papst nicht länger und bestätigt die Verurteilung der *Drei Kapitel*. Dafür wird er wieder auf freien Fuß gesetzt und erreicht die Veröffentlichung der *Pragmatischen Sanktion* (554), die der Kirche eine Reihe von Rechten und Privilegien zugesteht. Im Frühjahr 555 kann Papst Vigilius endlich Konstantinopel verlassen und nach Rom zurückkehren, doch am 7. Juni 555 stirbt er unterwegs in Syrakus an seinen Gallensteinen. Sein Leichnam wird nach Rom gebracht und in San Marcello (St. Marcellus) an der Via Salaria bestattet.

HINTERGRUND

Pragmatische Sanktion

Die Pragmatische Sanktion, die Vigilius 554 bei Kaiser Justinian nach seinem endgültigen Sieg über die Ostgoten erwirkt, hebt die Gesetze des letzten gotischen Königs auf, bestätigt aber frühere gotische Erlasse. Vor allem wird darin versucht, die Besitzverhältnisse wieder neu zu ordnen, indem den zahlreichen Flüchtlingen der Anspruch auf ihre früheren Besitzungen zugesichert wird. Papst und Bischöfen wird ausdrücklich mehr Einfluss auf Verwaltung und Rechtsprechung eingeräumt. Die Pragmatische Sanktion begünstigt deutlich die Oberschicht, allerdings wurden die Bestimmungen nie vollständig angewendet – dazu hatte sich die Situation in Italien zu grundlegend verändert.

Vigilius 537–555

geb. Rom ?; gest. Rom 561

Pelagius I. 556–561

Papst Agapet I. fördert ihn und nimmt ihn 536 mit auf seine Reise nach Konstantinopel. Nach Agapets plötzlichem Tod vertritt Pelagius ihn auf der dortigen Synode. Er bleibt in Konstantinopel, wird dort unter Papst Vigilius Nuntius und genießt das Vertrauen Kaiser Justinians. Während der Belagerung Roms durch die Goten im Jahr 546 hilft er als Stellvertreter des vom Kaiser festgehaltenen Papstes dem römischen Volk in der Hungersnot und es gelingt ihm, durch seine Bitten bei Gotenkönig Totila beim Fall der Stadt ein Gemetzel zu verhindern.

Während der Auseinandersetzung zwischen Vigilius und dem Kaiser unterstützt er die Haltung des Papstes und wird dafür wie dieser in Haft genommen. Dennoch ist er nach dem Tod des Vigilius der Wunschkandidat des Kaisers für das Papstamt. Der Kaiser setzt seinen Willen durch, aber die Aufnahme des Pelagius bei seiner Rückkehr nach Rom ist feindselig. Seine Weihe findet erst am 16. April 556, zehn Monate nach dem Tod seines Vorgängers, statt, weil kein Bischof sie vornehmen will. Es geht sogar das Gerücht, er sei für den Tod von Papst Vigilius verantwortlich. Pelagius legt deshalb einen feierlichen Eid ab, dass er unschuldig sei, und bekennt sich ausdrücklich zu den Lehren der vier großen, allgemeinen Konzilien einschließlich des Konzils von Chalcedon. So besänftigt er die Gemüter und widmet sich nun mit großer Tatkraft den anstehenden Aufgaben.

Nach den Verwüstungen der vorangegangenen Kriege versucht er, in Italien Recht und Ordnung wiederherzustellen. Er hilft der verarmten, hungernden Bevölkerung und kauft viele Kriegsgefangene frei. Er ordnet die Finanzen des Heiligen Stuhls neu, organisiert eine funktionierende Verwaltung und verbessert die Lebensbedingungen in den Klöstern.

Pelagius I. stirbt am 3. März 561, nachdem er die Kirche fünf Jahre regiert hat. Er wird in St. Peter begraben.

HINTERGRUND

Ravenna

Mit Justinians endgültigem Sieg über die Goten 553 wird das Kapitel der »Barbarenherrschaft« in Italien beendet und die Epoche des byzantinischen Reichs beginnt. In Ravenna, seit Ende des 5. Jahrhunderts Hauptstadt der Ostgotenkönige, sitzt jetzt der Exarch als kaiserlicher Statthalter, der in einer Person die Funktionen zweier hoher Beamter vereinigt, die des Präfekten (der sich um bürgerliche Belange kümmert) und die des Patricius, des Schutzherren von Italien (des Repräsentanten des byzantinischen Kaisers und Oberbefehlshabers der Armee). Über zwei Jahrhunderte lang bleibt Ravenna Sitz der kaiserlichen Verwaltung, der Stützpunkt der Flotte und wichtigster Umschlagplatz des Ost-West-Handels.

Pelagius I. 556–561

Catelinus

geb. Rom ?; gest. Rom 574

Johannes III. 561 – 574

Catelinus stammt aus einer römischen Adelsfamilie. Am 17. Juli 561 besteigt er den Papstthron, vier Monate nach dem Tod seines Vorgängers, da erst auf die kaiserliche Zustimmung zu seiner Wahl aus Konstantinopel gewartet werden muss. Catelinus nimmt den Namen Johannes III. an.

Während seines Pontifikats fallen 568 die Langobarden unter König Alboin in Italien ein. Die Langobarden kommen aus dem Donauraum (Pannonien) und gehören teils zur Sekte der Arianer, teils sind sie noch heidnisch. Binnen vier Jahren erobern sie die meisten Städte Nord- und Mittelitaliens außer Rom und Ravenna. Hauptstadt des Langobardenreiches wird Pavia. Als Alboin 572 ermordet wird, teilt sich eine Reihe von Herzögen die Herrschaft. Damit beginnt eine Zeit der Anarchie, die zehn Jahre dauert und in der viele Kirchen geplündert werden. Die Bevölkerung leidet unter den rauen Eroberern und das Kloster von Montecassino wird wie viele andere zerstört.

Die Invasion hilft auf der anderen Seite, die Spaltung zwischen Rom und einer Reihe von Kirchen des Westens zu beenden, die durch die Zustimmung von Papst Pelagius I. zur Verurteilung der *Drei Kapitel* durch Kaiser Justinian I. hervorgerufen worden war. Der neue Bischof von Mailand, Laurentius, reist eigens nach Rom, um dort die Glaubensgemeinschaft zu erneuern.

Zu den Errungenschaften dieses Pontifikats, das dreizehn Jahre dauert, gehört die Vollendung der Kirche Santi Filippo e Giacomo (St. Philipp und Jakob; heute Santi Apostoli), die Pelagius I. begonnen hat.

Johannes III. renoviert und vergrößert die Märtyrer-Friedhöfe und beschließt, dass die Kosten für Brot, Wein und Kerzen, die für die Feier der Messe gebraucht werden, von der Lateranbasilika bezahlt werden.

Er stirbt am 13. Juli 574 und wird in St. Peter begraben.

Die Invasion der Langobarden

Der germanische Volksstamm der Langobarden stammt aus Skandinavien und lässt sich dann an der unteren Elbe nieder. Ein Teil von ihnen gründet im 2. Jahrhundert in Pannonien (Ungarn) ein eigenes Reich. Ende des 5. Jahrhunderts ziehen sie nach Südosten weiter und stoßen 568 über Friaul nach Italien vor. Sie gelangen bis Pavia, das ihre Hauptstadt wird. Von der Poebene aus geht ihr Eroberungszug den Appenin entlang weiter. Die Küstenzonen vermeiden sie, da sie wenig von Seefahrt verstehen und die Byzantiner dort die Häfen und die Küsten verteidigen. Italien teilt sich nun auf in die langobardischen Herzogtümer und einige wenige verbliebene oströmische Herrschaftsgebiete.

EREIGNISSE

Johannes III. 561 – 574

geb. Rom ?; gest. Rom 579

Benedikt I. 575–579

Benedikt, Sohn eines gewissen Bonifatius, wird in Rom geboren. Nach seiner Wahl muss er fast elf Monate warten, bis die inzwischen üblich gewordene kaiserliche Bestätigung aus Konstantinopel eintrifft. Am 2. Juni 575 wird er endlich geweiht.

Man weiß wenig über das Leben dieses Papstes, dessen Pontifikat in die schwere Zeit der Verwüstung Italiens durch die Langobarden fällt. Ein Hilferuf an Kaiser Justinus II. hat wenig Erfolg. Italien zerfällt in zwei Teile. Im Norden sitzen die Langobarden, ein immer kleiner werdender Rest des Südens und einige Küstenstreifen sind noch in oströmischer Hand.

In jenen Jahren bricht im Frankenreich eine heftige Fehde zwischen den fränkischen Königinnen Fredegunde und Brunhilde aus, die später im Nibelungenlied ihren Niederschlag findet.

Benedikt I. kümmert sich intensiv um seelsorgliche Belange und bemüht sich nach Kräften, Hunger und Not der Bevölkerung zu lindern.

Er wird auf den Mönch Gregor, den späteren Papst, der Gregor der Große genannt werden wird, aufmerksam und holt ihn zur Unterstützung seiner Arbeit aus dem Kloster in die päpstliche Verwaltung.

Er stirbt am 30. Juli 579, während die Langobarden weiter in den Süden vordringen und Rom belagern. Er wird in St. Peter begraben.

Die Langobarden in Italien

Die Herrschaft der Langobarden dauert von 568 bis 774, aber aufgrund des Partikularismus der einzelnen Herzöge entsteht nie ein einheitliches Reich. König Alboin, der die Langobarden 568 nach Italien geführt hat, stirbt kurz nach der Niederlassung in Pavia, vermutlich wird er Opfer eines Racheakts seiner Gattin Rosamunde. Der langobardische Geschichtsschreiber Paulus Diaconus berichtet, dass sie aus dem Schädel ihres Vaters Cunimundus, des besiegten Gepidenkönigs, hatte trinken müssen. Nach einem Jahrzehnt der Anarchie wird 584 Authari König. Dies ist der eigentliche Beginn des langobardischen Königtums, bis Karl der Große 774 Pavia erobert und die langobardische Königswürde übernimmt.

EREIGNISSE

Benedikt I. 575–579

geb. Rom ?; gest. Rom 590

Pelagius II. 579–590

Authari, König der Lagobarden (584–590)

Um die Macht seines Königtums zu stärken, zwingt Authari die weitgehend selbstständigen langobardischen Herzöge, ihm Teile des besetzten Territoriums abzutreten, damit er ein eigenes Herrschaftsgebiet errichten kann. Hier setzt er Verwalter ein, mit der Aufgabe, in dem Gebiet eine einheitliche Administration zu schaffen und die Herzöge zu kontrollieren. Authari verhandelt auch mit den Franken und bemüht sich um eine Annäherung an Rom, um byzantinische Angriffe erfolgreich abzuwehren. Zu diesem Zweck nennt er sich Flavius und heiratet, obwohl er Arianer ist, die bayerische Herzogstochter und Katholikin Theudelinde. 590 wird er ermordet.

Er wird in Rom als Kind einer gotischen Familie geboren. Man kann ihn daher als zweiten deutschen oder besser germanischen Papst bezeichnen. Er wird im August 579, während die Langobarden Rom belagern, zum Papst geweiht. Wegen des Ernstes der Lage wartet man die obligatorische Zustimmung des Kaisers nicht ab, die erst Ende November eintrifft.

Der Exarch von Ravenna ist nicht in der Lage, den Plünderungen und Verwüstungen der Langobarden Herr zu werden. Da schickt Pelagius den Diakon Gregor, den späteren Papst Gregor den Großen, den er mit weitreichenden Vollmachten ausstattet, als Nuntius nach Konstantinopel, um die Hilfe des Kaisers zu erbitten. Kaiser Tiberius aber ist in einen Krieg gegen die Perser verwickelt und schickt nur wenige Truppen, die nichts ausrichten.

Deshalb schreibt Pelagius in der Absicht, die katholischen Frankenkönige um Hilfe zu bitten, einen eindringlichen Brief an den Bischof von Auxerre, in dem er von dem Unheil bringenden, zerstörerischen Vorgehen der Langobarden berichtet. Doch auch von dort erhält er keine Hilfe.

Pelagius wehrt sich gegen den Titel »ökumenischer Patriarch«, der sich für den Bischof von Konstantinopel eingebürgert hat, weil dies in seinen Augen die Vorrangstellung des Papstes unterläuft. Es kommt zu einer heftigen Kontroverse, die sich lange Zeit hinzieht.

Pelagius ist der erste Papst, der die Dokumente seiner Kanzlei in kaiserlichem Stil datieren lässt, wie dies Konstantin der Große 312 festgelegt hatte.

In Rom lässt er San Lorenzo fuori le Mura (St. Laurentius vor den Mauern) umbauen und das Presbyterium in St. Peter höherlegen.

Im Jahr 590 bricht als Folge einer heftigen Überschwemmung in Rom eine verheerende Seuche aus. Pelagius wird schon bald eines ihrer Opfer und stirbt am 2. Februar. Er wird in der Vorhalle von St. Peter bestattet.

Während seines Pontifikats stirbt im Alter von über 90 Jahren der berühmte Gelehrte Cassiodor, der unter dem Gotenkönig Theoderich wichtige Staatsämter und die Leitung der Kanzlei innehatte. Er ist um einen Ausgleich zwischen Römern und Goten bemüht und schreibt eine zwölfbändige Geschichte der Goten, die aber nur in Auszügen erhalten ist. Als die Macht der Goten zu schwinden beginnt, zieht er sich ab 540 aus der Politik zurück und gründet 555 das Kloster Vivarium in Kalabrien, das zu einem bedeutenden kulturellen Zentrum wird.

Pelagius II. 579–590

geb. Rom 540; gest. Rom 604

Gregor der Große 590–604

Gregor, der später zusammen mit Ambrosius, Augustinus und Hieronymus als Kirchenlehrer verehrt wird, wird 540 in Rom geboren. Er ist Sohn des Senators Gordianus. Aus der vornehmen Patrizierfamilie stammte bereits Papst Felix III. Gregor ist zunächst Stadtpräfekt von Rom und hat damit eines der höchsten Ämter der Stadt inne. Seine Erfahrungen in der Verwaltung helfen ihm später bei der Führung der Kirche.

Nach dem Tod seines Vaters erbt er ein großes Vermögen, das er für die Gründung von sechs Klöstern verwendet. Den Familiensitz auf dem Caelius-Hügel verwandelt er in das Kloster Sant' Andreas, wo er ein strenges mönchisches Leben führt, bis ihn Papst Benedikt I. zum Diakon ernennt und in die päpstliche Verwaltung holt. Pelagius II. schickt ihn als Nuntius nach Konstantinopel. Als Pelagius II. stirbt, wird Gregor gegen seinen Willen in seltener Einhelligkeit vom Klerus, vom Senat und vom Volk zum Papst erkoren. Man bestürmt ihn, die Wahl anzunehmen. Als auch die kaiserliche Zustimmung eintrifft, wird er am 3. September 590 geweiht. Er hilft der von der Pest heimgesuchten Stadt, unterstützt Bedürftige und versucht Rom vor der Bedrohung durch die Langobarden zu schützen. Als ihm klar wird, dass er vom Kaiser in Konstantinopel keine Unterstützung erwarten kann, beginnt er, eigenständig Politik zu betreiben, und die römische Kirche übernimmt so neben der religiösen und geistlichen auch die politische Herrschaft.

Gregor reformiert das Messbuch und unterstützt durch die Gründung einer Chorschule das Erlernen des nach ihm benannten Gregorianischen Gesangs. Er bewundert Benedikt von Nursia (480–550) und fördert das Mönchtum. Er lehnt es ab, Juden zur Konvertierung zum Christentum zu zwingen. Mit Demut und Bescheidenheit bezeichnet er sich in seinen Briefen als »Diener der Diener Gottes«, doch er ist zugleich überzeugt von der absoluten Vorrangstellung des Papstes und deshalb nicht bereit, den Titel »ökumenischer Patriarch« für den Bischof von Konstantinopel anzuerkennen. Von Gregor geht die Initiative zur Angelsachsenmission aus. Er schickt Augustinus, einen Benediktinermönch, nach England, der ab 597 im Königreich Kent missioniert und hier das erste Bistum mit römischem Ritus im angelsächsischen Bereich gründen kann. Zu Weihnachten 597, so heißt es, werden bereits mehr als zehntausend Angelsachsen getauft.

Gregor bekämpft in Spanien die Sekte der Arianer und setzt sich in Italien für Frieden mit den Langobarden ein. Dazu schreibt er viele Bücher und Briefe. Sein bekanntestes Werk sind die *Regula pastoralis*, wo er, ganz Seelsoger, der er ist, Regeln für die Ausübung des Priestertums beschreibt, die lange maßgeblich bleiben. Aus seinen Schriften geht hervor, welch große Qualitäten Gregor besitzt: Sein Tun geschieht zur Ehre Gottes. Er regiert die Kirche mit Klugheit, praktiziert Nächstenliebe gegenüber den Armen, verteidigt beständig die Gesetze Gottes und der Kirche, liebt die Wahrheit, bekämpft energisch Spaltungen und Irrlehren, ist ein aufmerksamer Seelsorger und von tiefer Demut. All das bringt ihm den Titel »der Große« ein. Er stirbt mit 64 Jahren am 12. März 604, nachdem er die Kirche dreizehn Jahre und sechs Monate regiert hat. Bestattet ist er in St. Peter. Sein Fest wird am 3. September gefeiert.

HINTERGRUND

Die Bekehrung der Langobarden

Agilulf, der Herzog von Turin, wird 590 zum Nachfolger des ermordeten langobardischen Königs Authari gewählt. Er heiratet dessen Witwe, die bayerische Herzogstocher Theudelinde, unter deren Einfluss er sich zum katholischen Glauben bekehrt und seinen Sohn Adaloald taufen lässt. Ein Teil des Volkes folgt seinem Beispiel. Dies ist von großer Bedeutung, da der Hass zwischen Langobarden und Römern dadurch abnimmt und ihr Zusammenleben einfacher wird. Obwohl Agilulf der katholischen Kirche jetzt Schutz gewährt, bleibt die Kirche misstrauisch, da viele langobardische Herzöge den Arianismus nicht ablegen, der ihnen als eine Art Staatsreligion gilt.

Hl. Gregor der Große 590–604

geb. Volterra ?; gest. Rom 605

Sabinian 604–606

Manche Autoren sagen, er sei in Volterra in der Toskana geboren, andere, in Bieda bei Viterbo. Er wird von Papst Gregor dem Großen zum Diakon ernannt und als Nuntius zu Kaiser Mauritius nach Konstantinopel entsandt. Er wird vermutlich bereits kurz nach dem Tod Gregors des Großen im März 604 zum Papst gewählt, aber erst am 13. September geweiht, als endlich die kaiserliche Bestätigung aus Konstantinopel eintrifft.

Wir besitzen nur wenige Informationen über sein Pontifikat, aber er scheint sich in vielem bewusst von seinem Vorgänger abzusetzen, der ihn aus Konstantinopel nach Rom zurückbeordert hatte, weil er seinen Widerstand gegen den Gebrauch des Titels »ökumenischer Patriarch« durch den dortigen Bischof Johannes IV. zu schwach fand.

Sabinian schreibt man die Einführung der Kirchenglocken zu, oder zumindest, dass das Volk durch Glockenläuten auf die Gebetsstunden hingewiesen und zu den Gottesdiensten gerufen wird. Dazu gibt es einen lateinischen Zweizeiler, der die Glocke selbst sprechen lässt:

Laudo Deum verum, plebem voco, congrego clerum,
defunctos ploro, pestem fugo, festa decoro.
Ich lobe den wahren Gott, rufe das Volk, versammle den Klerus,
beweine die Toten, vertreibe die Pest, verschönere die Feste.

In der Ostkirche wird der Gebrauch der Glocken später eingeführt. Im 9. Jahrhundert schickt ein Doge aus Venedig dem oströmischen Kaiser Michael ein Geschenk von zwölf Glocken, die in der Hagia Sofia aufgestellt werden. Die Griechen verwenden, um die Gläubigen zum Gottesdienst zu rufen, ein Schlagbrett, das Simandron, mit dem man Klopfzeichen geben kann, vergleichbar den Ratschen oder Klappern, die in den letzten Tagen der Karwoche die Glocken ersetzen.

In Zeiten der Hungersnot während der Herrschaft der Langobarden lässt Sabinian eine öffentliche Kornkammer einrichten, im Gegensatz zu seinem Vorgänger müssen die Leute aber für das Korn bezahlen, womit er sich äußerst unbeliebt macht.

Er stirbt am 22. Februar 606 und wird in St. Peter bestattet.

Die Glocken

Isidor von Sevilla leitet den Begriff »campana«, Glocke, vom lateinischen *campanum* ab, der Bronze, die in Kampanien hergestellt wird. Tatsächlich entsteht die Glocke bereits ein paar Jahrhunderte v. Chr. in China. Die ersten Dokumente, nach denen die Glocke zur Ankündigung von Gottesdiensten verwendet wird, stammen aus dem 6. Jahrhundert, und am Ende des folgenden Jahrhunderts gibt es ähnliche Hinweise auf Glocken in Italien, Gallien, Britannien und Spanien. Bald entwickelt sich die Sitte, die Glocken mit Inschriften zu versehen.

WISSENSWERTES

Sabinian 604–606

Bonifatius
geb. Rom ?; gest. Rom 607

Bonifatius III. 607

Nach dem Tod von Papst Sabinian bleibt der Stuhl Petri für ein Jahr vakant, bis am 19. Februar 607 Papst Bonifatius geweiht werden kann. Er ist zwar in Rom geboren, stammt aber aus einer griechischen Familie. Gregor der Große hatte ihn zum Diakon geweiht und 603 als Nuntius nach Konstantinopel geschickt. Oströmischer Kaiser ist inzwischen Phokas (602–610), der ein tyrannisches Regiment führt und durch einen blutigen Putsch an die Macht gelangt ist. Bonifatius indessen ist ein gewandter Diplomat und stellt bald gute Beziehungen zum neuen Kaiser her.

Das Pontifikat von Bonifatius III. dauert weniger als ein Jahr. Dennoch kann er in der kurzen Zeit ein wichtiges Anliegen zu einem glücklichen Abschluss bringen. Kaiser Phokas gesteht dem Papst in dem schon lang währenden Streit um die Stellung des Bischofs von Konstantinopel die Bezeichung als »Oberhaupt der Kirche« zu und erkennt damit an, dass der Stuhl des Apostels Petrus den Vorrang vor allen anderen Bischofssitzen hat.

Es ist nicht überraschend, dass die Wahl der Päpste oft auf einen Apostolischen Nuntius in Konstantinopel fällt. Diese Aufgabe erhalten nämlich nur Kleriker mit besonderen Verdiensten, die sich durch Klugheit und Untadeligkeit auszeichnen. Der römische Klerus bemüht sich zudem darum, dass der gewählte Papst vom Kaiser befürworet wird, der die Wahl bestätigen muss.

Bonifatius III. beruft eine Synode nach Rom ein, die die Papstwahl regelt und bei Strafe der Exkommunikation verbietet, sich vor einer Frist von drei Tagen nach dem Tod eines Papstes oder Bischofs mit der Wahl des Nachfolgers zu beschäftigen. Papst Gregor X. dehnt diesen Zeitraum später auf zehn Tage aus.

Bonifatius III. stirbt am 12. November 607. Er wird in St. Peter bestattet.

Der Apostolische Nuntius

Vom lat. Wort *nuntius* her ist es der, »der Nachrichten überbringt«. Er ist der Gesandte, der den Papst bei Kirchen oder den Staaten der Welt repräsentiert. Ihm obliegt es, die Verbindungen zwischen dem Apostolischen Stuhl und den verschiedenen Regierungen zu pflegen und aufrechtzuerhalten und sich mit Fragen der Beziehungen von Staat und Kirche zu beschäftigen.

WISSENSWERTES

Bonifatius III. 607

geb. Valeria ?; gest. Rom 615

Bonifatius IV. 608–615

Bonifatius wird in der römischen Provinz Valeria (heute L'Aquila) in den Abruzzen geboren. Sein Vater ist ein berühmter Arzt und auch sein Sohn macht eine glänzende Karriere. Er wird unter Gregor I. Diakon und päpstlicher Schatzkämmerer. Am 15. September 608 wird er auf den Stuhl Petri erhoben, zehn Monate nach dem Tod Bonifatius' III. Die lange Wartezeit ist bedingt durch das Ausbleiben der kaiserlichen Bestätigung der Wahl.

Sein Pontifikat fällt in eine Zeit der Hungersnöte, Pestseuchen, heftiger Naturkatastrophen und Überschwemmungen.

Bonifatius IV. will in die Fußstapfen Gregors des Großen treten. Er bemüht sich weiterhin um die Mission der Angelsachsen und empfängt den ersten Bischof von London, Mellitus (gest. 624), um sich mit ihm über den Stand der Dinge und die weitere Vorgehensweise zu beraten.

Er sorgt auch dafür, dass der Klerus angemessen ausgebildet wird und dass Mönche auch Priester werden können, die die Sakramente der Taufe und der Buße spenden.

Bonifatius IV. lässt das Pantheon in Rom, einen der Göttermutter Kybele und allen Göttern gewidmeten heidnischen Tempel, in eine der hl. Jungfrau und den Märtyrern geweihte christliche Kirche umwandeln. Es ist das erste Mal, dass eine solche Umwidmung eines heidnischen Tempels vorgenommen wird. Bei dieser Gelegenheit führt er das Fest »Allerheiligen« ein, das fortan in der ganzen katholischen Christenheit gilt.

Bonifatius IV. ist ein außerordentlich frommer Mann, der sein Haus nach seiner Wahl in ein Kloster umwandelt und Mönche und Ordenswesen nach Kräften unterstützt.

Er ist angeblich der erste Papst, der bei der Angabe des Datums auf die Geburt Christi Bezug nimmt, aber diese Zählweise wird erst viel später von seinen Nachfolgern übernommen.

Bonifatius IV. stirbt nach einem sechsjährigen Pontifikat am 8. Mai 615. Die Kirche feiert seinen Gedenktag am 25. dieses Monats, dem Tag der Beisetzung seiner Gebeine in St. Peter unter dem Altar des Apostels Thomas, die Paul V. 1605 veranlasst.

WISSENSWERTES

Allerheiligen

Dieses Fest, das an die Schar der von Christus Geretteten, die in Gottes Herrlichkeit eingegangen sind, erinnert, wird am 13. Mai 609 in Rom eingeführt, als Bonifatius IV. das restaurierte und in eine christliche Kirche umgewandelte Pantheon der Allerseligsten Jungfrau Maria und allen Märtyrern weiht und diesen Gedenktag mit einer großen Menge Gläubiger feiert. 835 verlegt Gregor IV. das Fest für die Westkirche auf den 1. November in Erinnerung an alle Heiligen. Im Osten ist ein solches Fest zu Ehren aller Märtyrer schon im 4. Jahrhundert bezeugt. Es gab dort unterschiedliche Termine (13. Mai, Freitag nach Ostern, Sonntag nach Pfingsten – letzterer ist der im Osten bis heute übliche Termin).

Hl. Bonifatius IV. 608 – 615

Deusdedit

geb. Rom ?; gest. Rom 618

Adeodatus I. 615–618

Der Name Deusdedit oder später Adeodatus bedeutet »von Gott gegeben«. Der Sohn eines Stadtdiakons wird am 19. Oktober 615 zum Papst gewählt und muss bereits im fortgeschrittenen Alters gewesen sein, da er bereits 40 Jahre Priester war. Über sein Pontifikat ist nicht sehr viel bekannt, seine Grabinschrift bezeichnet ihn als schlicht, fromm, weise und klug. Es sind Taten der Nächstenliebe, die ihn auszeichnen.

617 kommt es in Rom durch ein Erdbeben zu gefährlichen Seuchen wie Krätze und Lepra. Der Papst widmet sich den Leprakranken und es heißt von ihm, dass er heilende Kräfte besaß. In Legenden über ihn wird berichtet, dass er Kranke heilte, indem er ihre Wunden küsste, um sie zu ermutigen und ihnen jenen Geist Gottes zu übertragen, von dem er sich selbst durchdrungen fühlte.

Die wenigen Aufzeichnungen über diesen Papst berichten davon, dass er im Gegensatz zu seinen beiden Vorgängern, die die Orden sehr unterstützt hatten, für die Vergabe von Ämtern lieber wieder mehr auf weltliche Kleriker zurückgreift und zum ersten Mal seit dem Tod Gregors des Großen 604 wieder Priester weiht und sich auch sonst um die Gestaltung des geistlichen Lebens der Kleriker kümmert.

Er ist der erste Papst, der offizielle Dokumente mit der Bulle versieht, einem runden Bleisiegel, groß wie ein Geldstück. Auf der Vorderseite der Bulle sind die Köpfe der Apostel Petrus und Paulus zu sehen, auf der Rückseite der Name des jeweiligen Papstes.

Nach einer Amtszeit von knapp drei Jahren stirbt Adeodatus am 8. November 618 und wird im Vatikan bestattet. Er wird als Heiliger verehrt und die Kirche feiert das Fest dieses Papstes an seinem Todestag.

Den Chroniken zufolge hinterließ er allen Mitgliedern seines Klerus nach seinem Tod eine großzügige Abfindung – das erste Mal, dass wir von solchen Zuwendungen eines Papstes an den Klerus wissen, die unter den folgenden Päpsten zu einem üblichen Brauch wurden.

Christliche Symbolik

In der klassischen Ikonografie wird Christus oft in Symbolen dargestellt. In der Buchstabenfolge von IXTHYC *(ichthýs)*, dem griechischen Wort für Fisch, verbirgt sich eine Formel: *Iesoús Christós Theoú Hyiós Sotér* (Jesus Christus, Gottes Sohn, Retter). Der Fisch ist ein verbreitetes Christussymbol, ein Zeichen und eine Zusammenfassung des christlichen Glaubens. Die Taube mit einem Olivenzweig im Schnabel ist Symbol für die Seele im göttlichen Frieden. Alpha und Omega sind der erste und letzte Buchstabe des griechischen Alphabets und bedeuten, dass Christus Anfang und Ende aller Dinge ist. Der Anker ist das Symbol des Heils der Seele, die glücklich den Hafen der Ewigkeit erreicht hat.

WISSENSWERTES

Hl. Adeodatus I. 615–618

geb. Neapel ?; gest. Rom 625

Bonifatius V. 619–625

Der in Neapel geborene Bonifatius muss nach seiner Wahl zum Papst mehr als ein Jahr auf die kaiserliche Bestätigung aus Konstantinopel warten, bis er den Papstthron endgültig besteigen kann. Kaiser Herakleios ist durch Krieg mit den Persern beansprucht und er überträgt die Verantwortung für die Bestätigung der Papstwahl deshalb von nun an seinem Statthalter in Ravenna.

Seine Regierungszeit ist, wie die seines Vorgängers, geprägt von Aufständen und Unruhen, weil die kaiserlichen Statthalter in Ravenna immer wieder Versuche unternehmen, Italien von der byzantinischen Herrschaft loszureißen.

Das folgenreichste Ereignis dieser Zeit aber ist die »Flucht« Mohammeds von Mekka nach Medina im Juni 622: Die berühmte »Hedschra« markiert den Beginn der Zeitrechnung des Islams. Schon unter seinen unmittelbaren Nachfolgern, den ersten vier Kalifen (632–661), kommt es zu einer Eroberungswelle. Innerhalb kürzester Zeit werden früher christliche Gebiete muslimisch: Syrien mit Damaskus und auch Jerusalem, das Perserreich mit Mesopotamien und Aserbaidschan und schließlich Ägypten.

Bonifatius V. bekräftigt das Kirchenasyl und legt fest, dass es niemandem erlaubt ist, in eine Kirche einzudringen und jemanden gefangen zu nehmen, der dort Schutz gesucht hat.

Seine besondere Aufmerksamkeit richtet Bonifatius auf die gerade entstehende angelsächsische Kirche. An König Edwin, der als Herrscher über Yorkshire, Northumbrien und Lindsey der mächtigsten der angelsächsischen Könige ist und dessen Frau Ethelburga bereits Christin ist, schreibt er einige Briefe, um ihn vom Christentum zu überzeugen. Edwin lässt sich tatsächlich 627 taufen, Bonifatius V. war allerdings bereits anderthalb Jahre zuvor gestorben.

Wie seinem Vorgänger ist ihm die Förderung und die Stärkung der Rechte des weltlichen Klerus ein großes Anliegen. Nur Priester dürfen zum Beispiel Reliquien von Märtyrern überführen. Er gilt als »Vater der Armen« und hilft ihnen großzügig; er verteilt sogar sein persönliches Vermögen an sie.

Bonifatius stirbt am 22. Oktober 625 und wird in St. Peter bestattet.

Hedschra

Die »Flucht«, eigentlich eine Auswanderung Mohammeds von Mekka nach Medina im Jahr 622, Hedschra genannt, ist zugleich der Beginn der islamischen Zeitrechnung. In Medina gründet Mohammed die erste islamische Gemeinde. Nach jahrelangem Krieg kann er Mekka zurückgewinnen; bis zu seinem Tod 632 bringt er die gesamte Arabische Halbinsel unter seine Kontrolle und macht sie zum Kernland des Islams. Mohammed predigt als anerkannter religiöser wie politischer Führer die Idee *eines* islamischen Volkes, bei dem nicht mehr die Stammesbindungen zählen, sondern die neue Glaubensgemeinschaft.

WISSENSWERTES

Bonifatius V. 619–625

geb. Capua ?; gest. Rom 638

Honorius I. 625–638

Honorius wird in Capua geboren; er stammt aus der berühmten Aristokratenfamilie des kampanischen Konsuls Petronius. Der Ordensmann wird am 27. Oktober 625, wenige Tage nach dem Tod Bonifatius' V., zum Papst gewählt und erhält unmittelbar darauf auch die kaiserliche Anerkennung durch dessen Statthalter Isacius, der gerade in Rom weilt. Die Wahl dieses Papstes erhält durch die Zustimmung des Volkes, auf die er überall stößt, und durch die Wertschätzung des Kaisers ihre Bestätigung.

Honorius ist von tiefer Frömmigkeit und Bescheidenheit. Unermüdlich setzt er sich für die Verbreitung der christlichen Lehre ein und entsendet wie sein Lehrer und Vorbild, Gregor der Große, Missionare nach England. Den 627 zum christlichen Glauben übergetretenen König Edwin von Northumbrien beglückwünscht er und ermahnt ihn, an dem soeben angenommenen christlichen Glauben festzuhalten.

Im Bemühen, der Spaltung in der Kirchenprovinz Aquileja ein Ende zu setzen, die infolge des sog. Dreikapitelstreits unter Papst Vigilius entstanden war, erreicht er zumindest einen Fortschritt, indem es ihm gelingt, den schismatischen Patriarchen Fortunatus abzusetzen und durch den römischen Subdiakon Primogenius zu ersetzen.

Er ist ein ausgezeichneter Verwalter, der so klug wirtschaftet, dass er genug Geld zur Verfügung hat, um eine Reihe von Kirchen zu bauen, zu erneuern und prächtiger auszustatten. Seine wichtigste Leistung ist die Renovierung von St. Peter. Das Dach lässt er mit Bronze decken, die er mit Erlaubnis des Kaisers Herakleios vom Jupitertempel auf dem Kapitol entfernt hat, und den Altar des Apostels Petrus mit Silber beschlagen.

Aber er kümmert sich auch um öffentliche Verwaltungsaufgaben, etwa um die Restaurierung des Trajansaquädukts, mit dem das Wasser vom Braccianer See nach Rom geleitet wird, und stellt die Versorgung der Stadt mit Getreide sicher.

Sein Pontifikat wäre angesichts seiner hervorragenden Leistungen sicher ruhmreicher in die Geschichte eingegangen, hätte er sich nicht so unglücklich in den Streit um den sog. Monotheletismus verstrickt. Er stimmt einem Brief von Sergius I., dem Patriarch von Konstantinopel, in dieser Sache vorschnell zu, ohne sich eingehend mit den theologischen Konsequenzen auseinandergesetzt zu haben. Seine Position wird später auf dem 6. allgemeinen Konzil (3. Konzil von Konstantinopel) eindeutig als Irrlehre verurteilt. Dieser Fall wird später im 19. Jahrhundert während des Ersten Vatikanischen Konzils immer wieder von den Gegnern einer Festschreibung der Unfehlbarkeit des Papstes in die Waagschale geworfen.

Honorius regiert die Kirche 13 Jahre. Er stirbt am 12. Oktober 638 und wird in St. Peter begraben.

WISSENSWERTES

Die Kirchenväter

Kirchenväter werden die antiken christlichen Schriftsteller genannt. Ihre Zeit reicht im Westen bis zu Gregor dem Großen (gest. 604) oder Isidor von Sevilla (gest. 636), im Osten bis zu Johannes von Damaskus (gest. um 750). Für die ersten christlichen Jahrhunderte unterscheidet man noch einmal »Apostolische Väter« (also jene Generation kirchlicher Schriftsteller, die um die Wende des 1./2. Jahrhunderts unmittelbar auf die Apostel folgte, wie Papias von Hierapolis oder Ignatius von Antiochien) und »Apologeten« des 2. Jahrhunderts, deren Werke vor allem der Verteidigung des christlichen Glaubens gegen die Heiden gewidmet sind, so Justin der Märtyrer, dessen Schüler Tatian und andere.

Honorius I. 625 – 638

geb. Rom ?; gest. Rom 640

Severinus 640

Als Honorius I. stirbt, wird zwar schon Mitte Oktober 638 der gebürtige Römer Severinus zum Papst gewählt, aber bis zur Weihe vergehen mehr als eineinhalb Jahre. Dies geht auf die Weigerung des Kaisers Herakleios zurück, die Wahl des neuen Papstes anzuerkennen, wenn dieser nicht vorher einem Dekret, der sog. *Ekthesis,* zustimmt, das er 638 erlassen hat und in dem erklärt wird, man dürfe künftig nur noch davon sprechen, dass Jesus Christus, obwohl Mensch und Gott zugleich, nur *einen* Willen besitze (Monotheletismus).

Severinus aber will das Dokument nicht unterschreiben. Erst als die päpstlichen Gesandten in Konstantinopel versprechen, den Papst zur Unterschrift zu bewegen, erhalten sie die nötige Zustimmung, sodass Severinus am 28.Mail 640 geweiht werden kann (ohne dass er allerdings auf die kaiserliche Forderung eingegangen wäre).

Zwischenzeitlich ist es zu schweren Unruhen der stadtrömischen Truppen gekommen. Um an ihren ausstehenden Sold zu kommen, belagern sie Severinus und andere führende Kleriker drei Tage lang im Lateran und beschlagnahmen den Kirchenschatz. Möglicherweise sollte so auch Druck auf den Papst ausgeübt werden, damit er sich den Wünschen des Kaisers gefügiger zeigt. Als der kaiserliche Statthalter Isacius aus Ravenna eintrifft, verbannt er einen Teil des Klerus und teilt den Kirchenschatz unter seinen Beamten und den Soldaten auf. Auch Kaiser Herakleios bekommt einen Teil.

Der Papst ist zutiefst getroffen von diesem Akt des Vandalismus, er überlebt seine Weihe gerade um zwei Monate und stirbt am 2.August 640. Sein Leichnam wird in St. Peter beigesetzt.

Die Ekthesis

Dies ist ein 638 veröffentlichtes Dekret des Kaisers Herakleios, inspiriert vom Patriarchen Sergius I. von Konstantinopel und eigentlich dazu gedacht, die alten theologischen Streitigkeiten der christlichen Kirchen über das Verhältnis von göttlicher und menschlicher Natur Christi zu beenden. Es wurde festgelegt, dass nur von einem einzigen Willen Christi zu sprechen sei. In Rom erklärt man dies aber bald als Irrlehre, weshalb die Päpste Severinus und sein Nachfolger Johannes IV. die Zustimmung verweigern. Diese Irrlehre, Monotheletismus genannt, wurde später ausdrücklich von einem Konzil verurteilt (6. allgemeines Konzil in Konstantinopel, 680).

Severinus 640

Johannes
geb. Dalmatien ?; gest. Rom 642

Johannes IV. 640–642

Johannes wird in Dalmatien geboren und ist Erzdiakon von Rom, als er im August 640 zum Papst gewählt wird. Nach seiner Wahl, aber noch vor der notwendigen kaiserlichen Bestätigung, schickt er an die irischen Bischöfe und Äbte einen Brief, in dem er sie ermahnt, die Beschlüsse des Konzils von Nicäa hinsichtlich des Osterfesttermins zu beachten – ein Beispiel dafür, dass die iroschottische Kirche manche Besonderheiten pflegt.

Erst am 24. Dezember kann Johannes IV. endlich geweiht werden und ist damit auch offiziell Papst. Er beruft eine Synode ein, die den Monotheletismus als Irrlehre verurteilt und die *Ekthesis* des inzwischen verstorbenen Kaisers Herakleios verwirft (siehe S. 152), die auch sein Vorgänger bereits abgelehnt hat. Zugleich nimmt er Papst Honorius I. in Schutz und verteidigt seine Rechtgläubigkeit, indem er dessen einstige Zustimmung zum Monotheletismus als Missverständnis darstellt. Solche Angriffe gegen den Papst seien ungerecht und verleumderisch.

Johannes beendet die Debatten zwischen Priestern und Mönchen über die Verwaltung von Pfarreien und legt fest, dass zum Priester geweihte Mönche diejenigen Gemeinden versorgen können, zu deren Gerichtsbarkeit ihre Klöster gehören.

Um die Not in seinem Heimatland zu lindern, schickt er einige Abgesandte nach Dalmatien, um die dortige Bevölkerung zu unterstützen und christliche Landsleute, die in die Hände der Awaren und Slawen geraten sind, freizukaufen.

Papst Johannes IV. stirbt am 11. Oktober 642 nach einem knapp zweijährigen Pontifikat. Er wird in St. Peter bestattet.

WISSENSWERTES

Rothari, König der Langobarden (636–652)

Nachdem Rothari, der Herzog von Brescia, König der Langobarden geworden ist, vergrößert er das Reich, indem er Ligurien unter seine Herrschaft bringt. Zukunftsweisend ist die Verkündung eines berühmten Edikts, des »Edictus Rothari« von 643. Das Gesetz richtet sich zwar an die Langobarden, ist aber in lateinischer Sprache verfasst und lässt den Einfluss römischer Juristen und der Kirche deutlich erkennen. Mit dem Edikt soll das langobardische Volksrecht in eine staatliche Ordnung überführt werden. Das Wergeld, eine Entschädigung, die bei Totschlag gemäß dem Stand der Person festgesetzt wird, tritt an die Stelle der Fehde (Blutrache als Ehrenpflicht).

Johannes IV. 640 – 642

geb. Jerusalem ?; gest. Rom 649

Theodor I. 642–649

Er ist griechischer Abstammung und wird als Sohn eines Bischofs in Jerusalem geboren. Am 24. November 642 besteigt er den Stuhl Petri.

Dank Rothari, dem König der Langobarden, berühmt durch das 643 von ihm erlassene Edikt (siehe S. 154), erlebt Italien eine Zeit relativer politischer Ruhe. Die Situation der Kirche ist jedoch gefährdet, weil sich der Monotheletismusstreit weiter zuspitzt. Bald schon fragt Theodor bei Kaiser Konstans II. (641–668) an, warum denn das Edikt *Ekthesis*, das sein Vorgänger, Papst Johannes IV., ausdrücklich verworfen habe und das auch sein Urheber, Kaiser Herakleios, kurz vor seinem Tod als falsch erkannt habe, immer nocht nicht zurückgenommen sei. Außerdem schreibt Theodor an Paul II., den Patriarchen von Konstantinopel, mehrere Briefe und fordert ihn auf, sich vom Monotheletismus und dem Edikt *Ekthesis* zu distanzieren. Auch müsse geprüft werden, ob die Absetzung von Pyrrhus I. als Patriarch von Konstantinopel rechtmäßig gewesen sei. Pyrrhus schwört 645 dem Monotheletismus feierlich ab, weshalb er von Papst Theodor ehrenvoll in Rom empfangen wird. Theodor erkennt jetzt Pyrrhus als rechtmäßigen Patriarchen an. Pyrrhus aber, der vor allem – allerdings vergeblich – darauf hofft, durch diese Aktion auch tatsächlich wieder Patriarch zu werden, zieht seinen Widerruf 648 wieder zurück, worauf Theodor erbost eine Synode einberuft, die ihn exkommuniziert. Ebenso wird auch Patriarch Paul exkommuniziert, der sich zwischenzeitlich für *Ekthesis* ausgesprochen hatte.

Kaiser Konstans II. versucht sich in diesen Wirren dadurch zu helfen, dass er, von Patriarch Paul beraten, die *Ekthesis* für ungültig erklärt und ein neues Edikt erlässt, den *Typos*, der jedermann einschließlich Papst jegliche weitere Diskussion über den Monotheletismus verbietet, unter Androhung des Amtsverlustes, der Konfiskation der Güter, der Verbannung und auch körperlicher Strafen. Der päpstliche Nuntius widersetzt sich diesem gefährlichen Edikt, weil es auf unbotmäßige und wenig hilfreiche Weise allen den Mund verbietet, und wird prompt verbannt. Theodor selbst stirbt, ehe er offiziell zu diesem Edikt Stellung nehmen kann.

Auch um den Kirchenbau macht sich Theodor I. verdient. Er renoviert die Kirche an der Via Flaminia, wo der bis heute beliebte hl. Valentin verehrt wird (die Kirche selbst existiert nicht mehr). Die Gebeine der heiligen Märtyrer Primus und Felicianus lässt er in die dem hl. Stephanus, dem ersten Märtyrer, geweihte Kirche Santo Stefano Rotondo überführen und dort ein Mosaik ihnen zu Ehren anbringen.

Er stirbt am 13. Mai 649, nachdem er die Kirche sechseinhalb Jahre regiert hat, und wird in St. Peter begraben.

Der *Typos*

Das unter dem Namen »Typos« bekannte Edikt des oströmischen Kaisers Konstans II. (641–668) aus dem Jahr 648 verbietet, um die monotheletischen Streitigkeiten beizulegen, allen, auch dem Papst, sich weiterhin zu theologischen Fragen über den zweifachen oder einfachen Willen Christi zu äußern, und droht bei einem Brechen dieses Schweigegebots schwere Strafen an. Die Verbreitung dieses Edikts führt aber nur zu neuen Unruhen; die theologische Kontroverse lässt sich nicht durch ein kaiserliches Machtwort unterbinden. Der religiöse Friede wird erst wieder mit dem 6. allgemeinen Konzil von Konstantinopel (680–681) hergestellt, dessen Vorsitz Kaiser Konstantin IV. selbst übernimmt.

WISSENSWERTES

Theodor I. 642–649

geb. Todi ?; gest. Cherson 655

Martin I. 649–653

Martin wird in Todi in Umbrien geboren. Er ist unter Theodor I. eine Zeit lang Nuntius in Konstantinopel. 649 wird er auf den Stuhl Petri erhoben und am 5. Juli geweiht, ohne die Zustimmung des Kaisers einzuholen oder abzuwarten.

Sein Pontifikat zeichnet sich durch den entschlossenen Willen aus, das Problem des Monotheletismus anzugehen. Deshalb eröffnet er schon im Oktober 649 in der Lateranbasilika eine feierliche Synode, an der 105 Bischöfe teilnehmen. Dort wird das Glaubensbekenntnis noch einmal formuliert und das Edikt *Ekthesis* des Kaisers Herakleios ebenso verdammt wie das Edikt *Typos* des gegenwärtigen Kaisers Konstans II. Papst Martin lässt die Beschlüsse der Synode umgehend in der ganzen Kirche bekannt geben. Auch dem Kaiser schickt er die Akten und bittet höflich um Zustimmung.

Doch ein so gradliniges Leben in Tugend, Frömmigkeit und Nächstenliebe, aber zugleich entschlossen und unnachgiebig, scheint notwendigerweise zu Leid und Martyrium zu führen. Kaiser Konstans II., wegen der Verdammung seines Edikts empört, gibt Anweisung, Martin gefangen zu nehmen und nach Konstantinopel zu bringen. Der kaiserliche Statthalter Olympius wagt es jedoch nicht, diesen Befehl umzusetzen, weil er spürt, wie anerkannt der Papst in Rom ist und dass man dort hinter ihm steht. Olympius beginnt vielmehr, in Italien seine eigene Politik zu betreiben und sich vom Kaiser unabhängig zu machen. Als er 652 bei Kämpfen gegen die in Sizilien einbrechenden Araber umkommt, schickt der Kaiser den nächsten Statthalter, Theodor Kalliopa.

Der fackelt nicht lange. Der schwer gichtkranke Martin flüchtet zwar in die Lateranbasilika, aber die Truppen dringen in die Kirche ein. Martin wird gefangen genommen, für abgesetzt erklärt und im Juni 653 auf ein Schiff verfrachtet, das ihn nach Konstantinopel bringt. Dort wird er auf Anweisung des erzürnten Kaisers, der nicht bereit ist, ihn als rechtmäßigen Papst anzuerkennen, ins Gefängnis geworfen und nach dreimonatiger Haft am 19. Dezember vor Gericht gestellt. Die Anklage lautet auf Hochverrat, weil er den Aufstand des Olympius unterstützt habe; Martin wird zum Tod verurteilt. Über Glaubensfragen ist man erst gar nicht bereit, mit ihm zu sprechen.

Die Strafe wird auf die inständige Fürbitte des todkranken Patriarchen von Konstantinopel, Paul II., in Verbannung umgewandelt. Nach drei weiteren Monaten brutaler Kerkerhaft wird Martin im Frühjahr 654 nach Cherson auf der Krimhalbinsel am Schwarzen Meer gebracht, wo er am 16. September 655 an Hunger und Entbehrung stirbt.

Er wird zunächst dort begraben, später werden seine Gebeine nach Rom gebracht und in der Kirche der Heiligen Silvester und Martin (heute: San Martino ai Monti) beigesetzt. Sein Fest wird am 13. April (früher 12. November) gefeiert. Er ist der letzte unter den Päpsten, der als Märtyrer verehrt wird. Seine Briefe aus dem Exil sind ein beredtes Zeugnis, wie sehr er sich von aller Welt, insbesondere der römischen Kirche, im Stich gelassen fühlte, die ihm nicht einmal Lebensmittel schickte, aber sie zeigen ihn auch als fromm und unerschütterlich im Glauben.

HINTERGRUND

Italien unter der Langobardenherrschaft

Um 650 sind die Eroberungen der Langobarden im Wesentlichen abgeschlossen. Schwerpunkt ihres Siedlungsgebietes ist die Poebene, aber sie haben in fast ganz Italien Herzogtümer errichtet, nur Reste in Istrien und Venetien, die Südspitze Italiens und die Gebiete um Rom und Ravenna stehen noch unter byzantinischer Herrschaft. Nachdem die Langobarden, bis dahin arianisch, ab 600 allmählich zum Katholizismus übertreten, werden die Beziehungen zur angestammten romanischen Bevölkerung friedlicher. Die wirtschaftliche Lage allerdings ist schlecht, zumal die Langobarden als kriegerisches Volk wenig Augenmerk auf die Landwirtschaft legen. Kulturland liegt brach und die Poebene verwildert.

Hl. Martin I. 649–653

geb. Rom ?; gest. Rom 657

Eugen I. 654–657

Am 10. August 654, ein Jahr, nachdem Papst Martin I. gefangen genommen und nach Konstantinopel gebracht worden ist, ernennt der römische Klerus unter Druck und auch aus Angst, der Kaiser könnte seinerseits einen monotheletischen Papst bestimmen, Eugen, einen römischen Presbyter, zum Papst. Die Wahl Eugens, der als friedfertig und versöhnlich gilt, wird vom Kaiser rasch bestätigt. Sein Pontifikat wird allerdings in manchen Listen erst ab 655 gezählt, nachdem Martin I. in der Verbannung gestorben ist.

Die mittelalterliche Sammlung von Papstbiografien, *Liber pontificalis* genannt, lobt die Milde, Heiligkeit und Großzügigkeit Eugens gegenüber den Armen; man glaubte auch, Gott habe ihm die Fähigkeit verliehen, Wunder zu tun. Er ist ein gütiger und heiliger Mann, beweist großes theologisches Wissen und bemüht sich um die Wahrung des reinen Glaubens.

Petrus, der neue Patriarch von Konstantinopel (654–666), wieder ein Befürworter des Monotheletismus, aber um Versöhnung bemüht, schlägt in einem Brief Eugen eine Kompromissformel vor, der die päpstlichen Gesandten in Konstantinopel bereits zugestimmt haben. Eugen scheint um des Friedens willen ebenfalls bereit zuzustimmen, aber die römische Geistlichkeit lehnt den Vorschlag als unbrauchbar und theologisch unausgereift ab und drängt Eugen dazu, das Angebot zurückzuweisen.

Kaiser Konstans II., der auf der Seite seines Patriarchen steht und sich über das Verhalten des Papstes erregt, droht Eugen die gleiche Behandlung an wie zuvor Martin. Der Tod des Papstes verhindert die Ausführung dieses Plans. Eugen I. stirbt am 2. Juni 657 und wird in St. Peter begraben. In den christlichen Heiligenkalendern taucht sein Name ab dem 16. Jahrhundert auf, die offizielle Anerkennung erfolgt dreizehn Jahrhunderte nach seinem Tod durch Pius XII., der an der Viale delle Belle Arti in Rom eine St. Eugen-Kirche errichten lässt. Diese Kirche wird 1951 am Todestag des Heiligen feierlich geweiht. Sein Gedenktag wird auf den 2. Juni festgelegt.

WISSENSWERTES

Das Patriarchat

Im frühen Christentum bilden sich bald Bischofssitze heraus, denen ein höheres Ansehen zukommt, entweder wegen der politischen Bedeutung der Stadt oder ihres besonderen innerkirchlichen Einflusses. Die dortigen Bischöfe sind den übrigen Einzelbischöfen ihres Gebiets vorgeordnet. Die ersten Patriarchate waren die von Alexandria (Ägypten und Nordafrika), Antiochia (Syrien) und Rom. 381 wird der Titel des Patriarchen dem Bischof von Konstantinopel zuerkannt und 451 dem von Jerusalem (Palästina). Im Abendland entstehen später die Patriarchate in Venedig (1451), Lissabon (1716) und Aquileja (1751 wird der Sitz aufgehoben).

Hl. Eugen I. 654–657

geb. Segni ?; gest. Rom 672

Vitalian 657–672

Vitalian wird in Segni bei Rom geboren und am 30. Juli 657 zum Papst gewählt. Er bemüht sich sofort darum, mit Konstantinopel wieder ein gutes Einvernehmen herzustellen. Seine erste Amtshandlung besteht darin, Botschafter zu Kaiser Konstans II. mit einem versöhnlichen synodalen Brief zu entsenden, in dem er ihm seine Wahl mitteilt. Er hält darin zwar an der bisherigen römischen Auffassung im Monotheletenstreit fest, klammert aber zugleich die dogmatischen Differenzen bewusst aus, als würden diese gar nicht existieren. Die Botschafter werden freundlich empfangen und sie kehren mit einem prächtigen, mit Edelsteinen geschmückten Evangeliar als Geschenk für Vitalian zurück und mit der ausdrücklichen Bestätigung der Privilegien der römischen Kirche.

Als sich Kaiser Konstans II. mit dem Plan, die Langobarden aus Italien zu vertreiben, mit einer bewaffneten Flotte nach Italien aufmacht und im Juli 663 auch nach Rom kommt, empfängt ihn der Papst mit höchster Ehrerbietung und nimmt einige Geschenke des Kaisers an die Kirche in Empfang.

Doch das alles ist nur äußere Etikette, denn der Kaiser, dem es nicht gelungen ist, die Langobarden zu vertreiben, nimmt, als er Rom wieder verlässt, ohne zu zögern als Beute einiges an Kunstschätzen und wertvollem Kirchenschmuck mit, wie etwa die bronzenen Dachplatten des Pantheons. Es wird der letzte Besuch eines byzantinischen Kaisers in Rom gewesen sein. Auch die Macht des Papstes schmälert er, indem er 666 Ravenna zu einem von Rom unabhängigen Bischofssitz macht.

Zwei Jahre später, 668, wird der Kaiser in Syrakus ermordet. Der Papst unterstützt nach Kräften die Erhebung seines Sohnes Konstantin zu seinem Nachfolger, und zwar gegen den Willen des kaiserlichen Heeres, das schon den General Mezezius erkoren hat. Als Kaiser erweist Konstantin VI. (668–685) dem Papst dafür große Dankbarkeit, sodass die alten monotheletischen Streitigkeiten schließlich aus der Welt geschafft werden können. Zunächst aber ist Konstantin IV. noch ganz damit beschäftigt, die Bedrohung durch die Araber abzuwehren, was andererseits Vitalian eine ruhige Zeit verschafft, in der er sich innerkirchlichen Aufgaben widmen kann.

Er richtet sein Augenmerk besonders auf die Entwicklungen in der allmählich entstehenden angelsächsischen Kirche und ernennt Theodor von Tarsus zum Erzbischof von Canterbury. Es ist ihm wichtig, dass dort die liturgischen Gepflogenheiten, etwa der Osterfesttermin, nach römischem Brauch übernommen werden, nachdem sich in Irland manche Sondertraditionen entwickelt haben.

In Rom fördert Vitalian den Ausbau der von Gregor I. gegründeten Chorschule im Lateran; die Sänger dieser *Schola cantorum* nennen sich nach ihm *Vitaliani*.

Vitalian stirbt nach einem Pontifikat von über vierzehn Jahren am 27. Januar 672 und wird in St. Peter bestattet. Sein Festtag wird an seinem Todestag gefeiert.

HINTERGRUND

Geschichte der Langobarden

Nach König Rothari (gest. 652) gelangt 653 Aripert auf den Thron, der Herzog von Asti und Neffe von Theudelinde. Er ist Katholik, schafft den Arianismus als Staatsreligion ab und fördert die Ausbreitung des Katholizismus. 661 stirbt er und der Arianer Grimoald, der Herzog von Benevent, übernimmt die Herrschaft (662–671). Er wehrt sich erfolgreich gegen Angriffen der Franken und hält auch Kaiser Konstans II. stand. Nach dem Tod Grimoalds geben die Langobardenkönige den Arianismus bald endgültig auf und von 680 an herrscht endlich Kirchenfriede, was zugleich den ersten offiziellen Friedensschluss zwischen den Langobarden und dem byzantinischen Kaiser ermöglicht.

Hl. Vitalian 657–672

Adeodatus

geb. Rom ?; gest. Rom 676

Adeodatus II. 672–676

Adeodatus wird in Rom geboren und im Erasmuskloster auf dem Caelius-Hügel erzogen. Er wird Mönch dort und schließlich, schon betagt, am 11. April 672 zum Papst gewählt. Dem Erasmuskloster widmet er nach seiner Wahl besondere Aufmerksamkeit. Er lässt es umbauen und vergrößern und macht es zur Abtei. Über sein Pontifikat ist nur wenig bekannt.

Dem Kloster St. Martin von Tours, einem bedeutenden kulturellen Zentrum, in dem großartige Handschriften entstanden sind, bestätigt er seine Unabhängigkeit vom Erzbischof mit den damals in Franken üblichen Klauseln gemäß dem Formular des Markulf. Das Dekret gewährt den Mönchen die Freiheit, nach ihrer Regel zu leben. Durch dieses Privileg stehen die Mönche außerhalb der Rechtsprechung des Bischofs, was der Papst eigentlich ungern sieht, doch er gibt dem Drängen des Abts von Tours nach, als dieser in Rom weilt und erklärt, dass auch der Erzbischof ihm dieses Privileg eingeräumt habe und es von vielen anderen Bischöfen in Franken gebilligt werde.

Während seines Pontifikats reist Johannes, der erste Kantor von St. Peter, nach England und kümmert sich dort um die Gestaltung der Gottesdienste und die musikalische Ausbildung des Klerus.

Manche Historiker sind der Meinung, dass Adeodatus II. als erster Papst in seinen Briefen die Eingangsformel *Salutem et apostolicam benedictionem* (»Heil und apostolischer Segen«) verwendet.

Überliefert ist seine besondere Freundlichkeit und Sanftheit, sein Wohlwollen und seine Freigebigkeit zugunsten der Armen.

Er stirbt am 17. Juni 676 nach vierjährigem Pontifikat und wird in St. Peter bestattet.

HINTERGRUND

Zunehmende Bedeutung des Papsttums

Gegen Ende des 7. Jahrhunderts nimmt infolge der instabilen politischen Verhältnisse die staatliche Autorität in Italien immer mehr ab. Folglich werden die begüterten Familien immer selbstständiger, vererben ihre Ämter und bilden kleinere und größere Dynastien, an die sich die Bevölkerung um Schutz und Hilfe wendet. Diese Veränderung ist auch für die Bischöfe und Klöster von Bedeutung, vor allem aber für den Papst, der für das Gebiet um Rom als der eigentliche Landesherr gilt, sodass das Volk die Päpste Sergius I. (687–701) und Gregor II. (715–731) vor den Interventionen des oströmischen Kaisers zu schützen bereit ist.

Adeodatus II. 672 – 676

geb. Rom ?; gest. Rom 678

Donus 676–678

Er wird in Rom geboren und am 2. November 676 zum Papst gewählt. Er fördert den Ausbau von zwei bedeutenden kulturellen Zentren, Trier und Cambridge. Ebenso ist ihm der Kirchenbau ein Anliegen: In Rom lässt er das Atrium von St. Peter mit Marmor verkleiden und die Apostelkirche an der Straße nach Ostia restaurieren, und er erbaut eine der hl. Euphemia geweihte Kirche an der Via Appia.

Mit dem Erzbischof von Ravenna einigt er sich darauf, dass dessen Bischofssitz die ihm von Kaiser Konstans II. per Edikt 666 zugestandene Unabhängigkeit von Rom aufgibt und sich wieder am Heiligen Stuhl orientiert.

Während seiner Herrschaft schließt der oströmische Kaiser Konstantin IV. einen wichtigen Frieden mit den Arabern, die durch die vorausschauende Politik von Konstans II. bei ihrem Versuch, Konstantinopel zu erobern, gescheitert sind.

Außerdem bittet der Kaiser, der die Einheit zwischen der römischen Kirche und der Kirche des Ostens wiederherstellen will, den Papst, ein allgemeines Konzil einzuberufen, um das schon so lange schwelende Problem des Monotheletismus zu lösen. Seine Aufforderung erreicht Rom allerdings erst, als der Papst bereits tot ist.

Donus stirbt am 11. April 678 nach einem Pontifikat von anderthalb Jahren.

Er wird in St. Peter beigesetzt.

Konstantin IV. Pogonatos (668–685)

Pogonatos bedeutet »der Bärtige«. Er ist der Sohn Kaiser Konstans' II. und von 668 bis 685 byzantinischer Kaiser. Dass er nach der Ermordung seines Vaters in Syrakus den Thron besteigen kann, verdankt er wesentlich Papst Vitalian, weshalb er während seiner gesamten Regierungszeit die Anliegen der Päpste nach Kräften unterstützt und fördert.

Er widmet sich ganz der Verteidigung der kaiserlichen Territorien, hält den Vormarsch der Araber auf und verteidigt Konstantinopel erfolgreich (674–678). 680 lässt er das 3. Konzil von Konstantinopel einberufen, um die Einheit der griechischen und römischen Kirche zu fördern.

Donus 676–678

geb. Palermo ?; gest. Rom 681

Agatho 678–681

Agatho, in Sizilien geboren, ist Benediktinermönch im Kloster San Ermete (St. Hermes) in Palermo. Er sticht durch seine umfassende Bildung hervor und ebenso durch seinen sanftmütigen Charakter, seine Güte und Großzügigkeit. Er fungiert mehrere Jahre lang als Schatzmeister der römischen Kirche und erledigt diese Aufgabe mit größtem Geschick. So gilt er als würdig, Donus am 27. Juni 678 in seinem Amt zu folgen.

Sein Pontifikat ist allein schon deshalb bedeutsam, weil sich während dieser Zeit der byzantinische Kaiserhof endgültig vom Monotheletismus distanziert und damit ein langer und heftiger Streit zwischen Ost und West beigelegt werden kann.

Auf Anregung Kaiser Konstantins IV. wird das 6. allgemeine Konzil, das 3. in Konstantinopel (auch »Trullanum« genannt, wegen des Kuppelsaals, in dem die Versammlungen stattfinden; *trullo* = Kuppel) einberufen; es findet von 680–681 statt.

Das in Zusammenarbeit mit Papst Agatho vorbereitete und von seinen Legaten mitgestaltete Konzil tagt in achtzehn Sitzungen unter Leitung des Kaisers. Nach Verlesung des Briefes, den der Papst geschrieben hat, und der Erklärung: »Petrus hat durch den Mund Agathos gesprochen« verurteilen die anwesenden Konzilsväter alle vorherigen monotheletischen Bestrebungen. Gegen die Irrlehre der Monotheleten, die von nur *einem* Willen Christi sprechen, wird festgehalten, dass Christus zwei Willen hat, einen göttlichen und einen menschlichen. Alle 174 anwesenden Bischöfe, der Kaiser und die päpstlichen Legaten unterschreiben die gemeinsamen Glaubensdekrete und bitten Papst Agatho in einem Schreiben um Bestätigung. Doch Agatho ist noch während der Tagung in hohem Alter (angeblich wird er 107 Jahre alt) am 10. Januar 681 gestorben und wird in St. Peter begraben. Die Annahme der Beschlüsse bleibt damit seinem Nachfolger Leo II. vorbehalten.

Nach Anastasius verdient Agatho den Namen »Wundertäter« wegen der großen Zahl an Wundern, die er vollbracht hat. In Ost und West wird er als Heiliger verehrt. Sein Festtag ist (im Westen) der 10. Januar.

HINTERGRUND

Die allgemeinen Konzilien zu Konstantinopel

Vier allgemeine Konzilien werden in Konstantinopel abgehalten. Das erste (das zugleich das zweite allgemeine Konzil ist) versucht 381 die Unstimmigkeiten in der Kirche zu lösen, besonders die Frage nach dem Heiligen Geist, die nach dem Konzil zu Nicäa noch offengeblieben ist. Das zweite (das dritte allgemeine Konzil) findet 553 statt und spricht sich gegen die sog. *Drei Kapitel* aus, d. h. gegen die Schriften dreier Theologen, die man des Nestorianismus verdächtigt. Das dritte (das sechste allgemeine Konzil) verurteilt den Monotheletismus (680–681), und das vierte (das achte allgemeine Konzil) versucht, das sog. photianische Schisma zu beseitigen (869–870).

Hl. Agatho 678–681

geb. Reggio Calabria ?; gest. Rom 683

Leo II. 682–683

Leo ist der Sohn des berühmten Arztes Paulus Mancus, der in Piano di San Martino bei Reggio Calabria lebt. Der Sizilianer, vermutlich unmittelbar nach dem Tod Agathos im Januar 681 gewählt, kann den Stuhl Petri offiziell erst eineinhalb Jahre später, am 17. August 682, besteigen, da wie üblich die Zustimmung des Kaisers abgewartet werden muss, dieser jedoch die Bestätigung hinauszögert, weil er zunächst die Beendigung des gerade laufenden dritten Konzils von Konstantinopel abwarten und sicher sein will, dass der neue Papst die Beschlüsse dieses Konzils unterstützen wird.

So gehört es also zu den wichtigen Amtshandlungen seines Pontifikats, die Akten des sechsten ökumenischen Konzils, des dritten von Konstantinopel (680/681), zu bestätigen. Das ist ein durchaus heikles Unterfangen, weil das Konzil auch den früheren Papst Honorius I. verurteilt. Leo will den durch das Konzil wiedergewonnenen Frieden nach dem langen und quälenden Monotheletismusstreit nicht gefährden und verhält sich pragmatisch. Er lässt die Konzilsakten vom Griechischen ins Lateinische übersetzen und schickt sie zur Kenntnisnahme an die Bischöfe des Westens. Die Verurteilung des Honorius mildert er in seinem Begleitschreiben geschickt ab: Er unterstellt Honorius nicht, selbst eine Irrlehre vertreten zu haben, sondern nur, nicht energisch genug dagegen vorgegangen zu sein.

Die so wieder neu ermöglichte Zusammenarbeit zwischen Papst und Kaiser führt auch zu einer Wiederannäherung an die Kirche von Ravenna, der ein Dekret Konstans' II. 666 die Unabhängigkeit von Rom zugesichert hatte. Konstantin IV. widerruft das Dekret und es wird vereinbart, dass der Erzbischof von Ravenna vom Papst geweiht wird, dass er aber von den bei dieser Weihe üblichen Zahlungen befreit wird.

Papst Leo hat eine besondere Vorliebe für die Musik und kümmert sich eifrig um die Pflege des Gregorianischen Gesangs. Er soll den »Friedenskuss« in die Messe eingeführt haben sowie das Besprengen des Volkes mit Weihwasser.

Nach dem mittelalterlichen Papstbuch, dem *Liber pontificalis*, ist Leo ein redegewandter Mann gewesen, der sich intensiv dem Studium der Theologie und der griechischen Sprache widmete, und ein freigebiger Freund der Armen war.

Er stirbt am 3. Juli 683 und wird in St. Peter beigesetzt. Sein Festtag ist der 3. Juli.

WISSENSWERTES

Gregorianischer Gesang

Papst Gregor der Große (590–604) gilt als der Papst, der das Melodienrepertoire in einem *Antiphonar* zusammenstellte. Es wird ihm wahrscheinlich wegen seines hohen Ansehens zugeschrieben und weil er sich um eine Ordnung der römischen Liturgie bemühte, vielleicht sogar die später berühmte römische Kantorenschule gründete. Kirchenmusikalische Schriften hat er jedoch nicht hinterlassen. Als »Gregorianischer Gesang« werden die Melodien der römischen Liturgie erstmals in einem Brief Leos IV. Mitte des 9. Jahrhunderts bezeichnet; seit dem 10. Jahrhunderts ist diese Bezeichnung allgemein üblich.

Hl. Leo II. 682–683

geb. Rom ?; gest. Rom 685

Benedikt II. 684–685

Am 26. Juni 684, nach einer Wartezeit von elf Monaten, in der der Stuhl Petri bis zur offiziellen kaiserlichen Bestätigung der Wahl leer bleibt, folgt auf Papst Leo II. der Presbyter Benedikt aus der Familie Savelli. Er ist der Sohn eines gewissen Johannes, in dem manche Historiker Papst Johannes IV. sehen.

Eine Errungenschaft seines Pontifikats ist die Beschleunigung der erforderlichen kaiserlichen Zustimmung zur Papstwahl, die oft zu lange auf sich warten lässt, weil weite Wege zu überwinden sind und der Kaiser durch die verschiedenen Bedrohungen seines Reiches, vor allem durch die Araber, stark in Anspruch genommen ist. Konstantin IV. ist deshalb bereit, auf die Bitten Benedikts hin die Aufgabe der Bestätigung an den Exarchen von Ravenna, seinen Repräsentanten in Italien, zu übertragen.

Nach dem mittelalterlichen Papstbuch, dem *Liber pontificalis*, gewinnt dieser Papst wegen seiner Bescheidenheit und Gutherzigkeit die Sympathie aller Fürsten und Untertanen. Kaiser Konstantin IV. (668–685) schätzt ihn so sehr, dass er ihm Haarlocken seiner minderjährigen Söhne nach Rom schickt, als Zeichen der Patenschaft, die Rom für die beiden übernimmt.

Benedikt II. ist geduldig, sanft und wohltätig, ein guter Kenner der Heiligen Schriften und kirchlichen Gesänge. Er ist in der Liebe zur Armut erzogen und höchst bescheiden und sparsam. Gegenüber den Armen aber erweist er sich als großzügiger Geber.

Bei der Restaurierung der römischen Kirchen legt er Wert auf Pracht, er schmückt sie mit Porphyr und stattet sie reich mit Mosaiken, Silbergefäßen, Bildern und Vorhängen aus Seide und Brokat aus. Er lässt St. Peter und St. Lorenzo (St. Laurentius) in Lucina renovieren und das Pantheon kostbarer ausgestalten.

Er stirbt am 8. Mai 685 und wird in St. Peter begraben. Sein Festtag ist der 7. Mai.

WISSENSWERTES

Presbyter

In der frühen Kirche bezeichnet Presbyter (eigentlich »der Ältere«) jeden, der im Dienst der Kirche steht (Bischöfe, Priester und manchmal auch Laien). Sie haben die Leitung der christlichen Gemeinschaft inne und lenken die Aktivitäten der Kirche. Vom 3. Jahrhundert an ist die Bezeichnung Presbyter zunehmend mit dem heutigen Priester gleichzusetzen.

Hl. Benedikt II. 684 – 685

geb. Antiochia ?; gest. Rom 686

Johannes V. 685–686

Er stammt aus Antiochia, das zum oströmischen Reich gehört und an der heutigen türkisch-syrischen Grenze liegt. Als Diakon und einer der drei Delegierten des Papstes hat er am sechsten allgemeinen Konzil, dem dritten von Konstantinopel (680/681), mitgewirkt. Er ist Erzdiakon in Rom, als er am 23. Juli 685 zum Papst erhoben wird.
Er besitzt die notwendigen Qualitäten, um würdig in Frömmigkeit, Eifer und Weisheit die Aufgabe zu erfüllen, die ihm das Schicksal aufgetragen hat.
Johannes V. besteht erfolgreich darauf, selbst die Bischöfe Sardiniens zu ernennen, nachdem der sardinische Erzbischof Cagliari versucht hat, sich unabhängiger zu machen, und ohne Befragung Roms einen Bischof geweiht hat.
685 stirbt der byzantinische Kaiser Konstantin IV., für die Christenheit ein schwerer Verlust, weil es dem Herrscher gelungen war, den Vormarsch der Araber aufzuhalten, in der Kirche nach dem monotheletischen Streit wieder Frieden zu stiften und die Versöhnung der Kirchen von Rom und Konstantinopel herbeizuführen.
Ihm folgt sein Sohn Justinian II., der einen allmählich immer brutaler werdenden Regierungsstil pflegt und damit Papst Johannes V. und seinen Nachfolgern einige Probleme bereitet.
Während seines kurzen Pontifikats ist Johannes V. oft krank. Er stirbt schon am 2. August 686 und wird in St. Peter begraben.

WISSENSWERTES

Erzdiakon

Im 4. Jahrhundert ist der Erzdiakon der erste der Diakone an einer Bischofskirche und damit der Bevollmächtigte des Bischofs, was die Armenfürsorge und die Haus- und Hofverwaltung angeht. Er konnte den Bischof vertreten, war aber strikt weisungsgebunden. Vom 8. Jahrhundert an aber wird er eigenständiger Stellvertreter des Bischofs. Sein Einfluss wird im Mittelalter immer größer und in manchen Bereichen der Diözese verfügt er über eine eigene Gerichtsbarkeit, unabhängig von der des Bischofs. Seit dem 14. Jahrhundert nimmt sein Einfluss allmählich ab. Heute gibt es den Erzdiakon (Archidiakon) in der katholischen Kirche nur noch als Ehrentitel.

Johannes V. 685–686

geb. Thrakien ?; gest. Rom 687

Konon 686–687

Er ist Sohn eines Offiziers der Armee in Thrakien (einer Region auf der östlichen Balkaninsel, zu der heute Teile Bulgariens, Griechenlands und der Türkei gehören) und wird in Sizilien erzogen. Der inzwischen betagte Presbyter ist von eher schlichtem und einfachem Gemüt. Friedensliebe, Bildung und eine fromme Weltabgewandtheit zeichnen ihn aus.

Er ist ein Kompromisskandidat, als er am 21. Oktober 686 zum Papst gewählt wird, denn der Klerus wünscht sich eigentlich den Erzpriester Petrus zum Papst, die römische Miliz dagegen den Presbyter Theodor.

Es fehlt Konon indessen an Erfahrung bei der Führung eines öffentlichen Amtes. Er ist zu gutgläubig, und seine schwache Gesundheit erlaubt ihm oft nicht, selbst die normalen Amtsgeschäfte zu erfüllen. Das wird von verschiedenen Seiten ausgenutzt, führt zu Fehlentscheidungen und verstärkt unglücklich die Spannungen in der römischen Kirche, die bereits bei seiner Wahl bestanden haben.

Er stirbt am 21. September 687 nach einem Pontifikat von elf Monaten und wird in St. Peter bestattet.

Erzpriester

An Domkirchen war der Erzpriester der erste Stellvertreter des Bischofs in allen liturgischen Funktionen. Ab dem 6. Jahrhundert werden so auch Vorsteher wichtiger Kirchen genannt und schließlich der vorgeordnete Priester eines Sprengels (vergleichbar dem heutigen Dekan). Die Stellung des Erzpriesters im alten Sinn ist heute noch in den drei Hauptkirchen Roms lebendig, in St. Peter, in der Lateranbasilika und in Santa Maria Maggiore.

Konon 686–687

geb. Palermo ?; gest. Rom 701

Sergius I. 687–701

Er wird in Palermo geboren, seine Eltern stammen aus Syrien. Er studiert in Rom und beginnt nach einem brillanten Studium eine Laufbahn als Geistlicher. Bald wird er Kanonikus in der Lateranbasilika. Papst Leo II. ernennt ihn zum Titularpriester von Santa Susanna auf dem Quirinal. Beim Tod Papst Konons werden zunächst gleichzeitig der römische Presbyter Theodor und der Erzdiakon Pascalis gewählt. In dieser Pattsituation wird eine neue Wahl abgehalten, die auf Sergius fällt und vom rasch herbeigerufenen Stellvertreter des Kaisers in Ravenna bestätigt wird. Der Exarch von Ravenna lässt sich dafür allerdings von Sergius 100 Pfund Gold auszahlen - die Summe, die ihm eigentlich Pascalis als Bestechungsgeld versprochen hatte. Am 15. Dezember 687 wird Sergius Papst.

Während seines Pontifikats geben die Langobarden den arianischen Glauben endgültig auf. Mit einer Synode in Pavia (698/699) unter Langobardenkönig Cunincpert kommt es zur Versöhnung zwischen der römischen Kirche mit der von Aquileja, die sich nach dem sog. Dreikapitelstreit Mitte des 6. Jahrhunderts von Rom getrennt hatte.

Sergius weiß sein Amt klug zu führen und genießt große Unterstützung beim Volk. Kaiser Justinian II. hält im Jahr 692 ohne Hinzuziehung des Papstes in Konstantinopel das sog. zweite Trullanische Konzil ab (es wird auch *Quinisextum* genannt, weil es eine Fortsetzung und Ergänzung des 5. und 6. allgemeinen Konzils sein will). Dort werden ohne Rücksicht auf die Kirche des Westens römische Gepflogenheiten wie der Zölibat oder das samstägliche Fasten abgelehnt und verurteilt. Die abendländische kirchliche Gesetzgebung und die päpstlichen Dekretalen werden nicht berücksichtigt und den Patriarchen von Konstantinopel die gleichen Rechte zugebilligt wie dem Papst.

Da sich Sergius weigert, die Beschlüsse dieses Konzils zu bestätigen, befiehlt Kaiser Justinian II. dem Obersten der kaiserlichen Leibwache, ihn – wie man das früher schon mit manchen Päpsten, besonders Martin I., getan hatte – gefangen zu nehmen und nach Konstantinopel zu bringen. Dies gelingt jedoch nicht, weil sich das Volk in Rom und die kaiserlichen Truppen in Italien heftig dagegen wehren. Zum ersten Mal wird offensichtlich, dass die Macht des oströmischen Kaisers in Italien bereits gebrochen ist und welche Autorität die Päpste inzwischen haben. Diese Niederlage hat schwere Folgen für Kaiser Justinian II. Er verliert wegen seiner skrupellosen Besteuerungspolitik den Rückhalt in der Bevölkerung, wird durch einen Aufstand gestürzt, verstümmelt und auf die Krim verbannt.

Auf dem Gebiet der Liturgie führt Sergius an den Marienfesten Mariä Verkündung, Mariä Himmelfahrt und Mariä Geburt feierliche Prozessionen ein, wie sie bereits zu Mariä Lichtmess üblich waren, und kümmert sich um die Kirchenmusik: Auf ihn geht das *Agnus Dei* zurück, das gesungen wird, während der Zelebrant die Hostie bricht. Für Leo den Großen lässt er in St. Peter ein prunkvolles Grabmal errichten.

Er stirbt am 9. September 701, nachdem er die Kirche vierzehn Jahre lang regiert hat. Sein Gedenktag ist der 8. September.

WISSENSWERTES

Kardinal

Ursprünglich bezeichnet dieser Begriff einen Geistlichen, dem eine Aufgabe an einer anderen Kirche zugewiesen wurde als an der, für die er geweiht worden war. Er wird an dieser Kirche »inkardiniert«. Weil für solche Aufgaben normalerweise besonders fähige Geistliche ausgewählt werden, werden sie mit der Zeit auch zu wichtigen Beratern des Papstes. Vom 8. Jahrhundert an werden die Bischöfe der sieben Bistümer um Rom Kardinäle genannt, außerdem die Priester 25 ausgewählter römischer Titelkirchen und ab dem 9. Jahrhundert erhalten auch die römischen Diakone, die beim päpstlichen Gottesdienst assistieren, den Kardinalstitel. So entstehen drei Ordnungen: Kardinalbischöfe, Kardinalpriester und Kardinaldiakone.

Hl. Sergius I. 687–701

Johannes
geb. Griechenland ?; gest. Rom 705

Johannes VI. 701–705

Er ist von Geburt Grieche (wahrscheinlich aus Ephesus) und wird am 30. Oktober 701 zum Papst gewählt.

Als die Nachricht von seiner Wahl Konstantinopel erreicht, weist Tiberios III. Apsimaros, der an die Stelle des abgesetzten Justinian II. getreten ist, seinen Stellvertreter, den Exarchen Theophylakt an, vom neuen Papst die Zustimmung zum zweiten Trullanischen Konzil von 692 *(Quinisextum)* einzuholen, das in seinen Bestimmungen römischen Kirchengesetzen zuwiderläuft. Aber auch Johannes VI. kann sich wie sein Vorgänger auf die Unterstützung der italienischen Milizen verlassen, die ein Vorgehen gegen den Papst nicht dulden. Nur das Einschreiten des Papstes rettet Theophylakt das Leben. Wieder einmal fühlen sich die Römer mehr an den Papst gebunden als an den byzantinischen Kaiser.

Johannes VI. bemüht sich dennoch darum, es nicht zum offenen Bruch mit dem Kaiser kommen zu lassen, denn die politische Lage in Italien ist unsicher. Die Langobarden fallen unter Gisulf, den Herzog von Benevent, 702 plündernd und raubend in Kampanien ein. Mit Mühe kann der Papst sie zum Abzug bewegen und erreicht nur gegen hohe Geldzahlungen die Freilassung der Gefangenen.

Nach einer Regierungszeit von drei Jahren stirbt Johannes am 11. Januar 705 und wird in St. Peter bestattet.

Kaiser Tiberios III. (698–705)

Tiberios Apsimaros wird von seinen Truppen zum Kaiser ausgerufen, die sich gegen Kaiser Leontios aufgelehnt haben (der seinerseits 695 den Thron Justinians II. usurpiert hatte), weil er für eine schwere Niederlage in Afrika gegen die Araber verantwortlich ist. Tiberios reißt die Macht an sich, aber es gelingt ihm nicht, den Vormarsch der Araber in Afrika aufzuhalten, das nun für immer verloren ist. 705 kehrt der abgesetzte Kaiser Justinian II. mit einem Heer nach Konstantinopel zurück, übernimmt die Herrschaft wieder und verurteilt Tiberios III. zum Tode.

Johannes VI. 701 – 705

geb. Rossano ?; gest. Rom 707

Johannes VII. 705–707

Er wird in Rossano in Kalabrien geboren, seine Eltern sind Griechen, sein Vater ist hochrangiger byzantinischer Beamter. Johannes genießt in Rom einen guten Ruf wegen seiner Weisheit und exzellenten Bildung. Er ist Verwalter der kirchlichen Liegenschaften an der Via Appia. Santa Maria Nuova ist ihm als Titelkirche zugeordnet, als er am 1. März 705 zum Papst gewählt wird.

Die Beziehungen zum oströmischen Kaiser gestalten sich unter seinem Pontifikat nicht freundlicher: Kaiser Justinian II., dem es 705 gelingt, den Usurpator Tiberios III. wieder vom Thron zu stürzen, verlangt von ihm die Zustimmung zu den Beschlüssen des zweiten Trullanischen Konzils von 892 (auch *Quinisextum* genannt), die damals schon Papst Sergius I. verweigert hatte. Doch der Papst, der die Brutalität Justinians kennt, vermeidet jede Stellungnahme und schickt die ihm vorgelegten Konzilsbeschlüsse ohne weiteren Kommentar zurück. Weil man dies auch als Billigung auslegen kann, wird ihm später im mittelalterlichen Papstbuch *Liber pontificalis* Feigheit und Schwäche vorgeworfen.

Mit den Langobarden pflegt Papst Johannes VII. gute Beziehungen und es gelingt ihm, mit König Aripert II. (701–712) eine Friedenspolitik einzuleiten. Durch die verbesserten Beziehungen erhält der Papst einige Ländereien in den Ligurischen Alpen zurück, die sich König Rothari angeeignet hatte.

Johannes VII. regiert die Kirche zweieinhalb Jahre und zeichnet sich in dieser Zeit als eifriger Bauherr und Förderer der Künste aus. So lässt er auch das Kloster von Subiaco, einst von Benedikt von Nursia gegründet, restaurieren, das die Langobarden zerstört haben, und plant den Bau einer neuen Papstresidenz am Fuß des Palatins.

Er stirbt am 18. Oktober 707 und wird in St. Peter in der Marienkapelle beigesetzt, die er hat errichten lassen. Sein Mosaikporträt, eigentlich für die Marienkapelle entworfen, befindet sich heute in den Vatikanischen Grotten.

Kaiser Justinian II. (669–711)

Er wird 685 Nachfolger seines Vaters Konstantin IV. Pogonatos. Nach einem Jahrzehnt Tyrannei und Krieg gegen Slawen, Bulgaren und Araber wird er durch eine von Leontios und Tiberios Apsimaros gelenkte Verschwörung abgesetzt, an der Nase verstümmelt (daher sein Beinahme *Rhinometos* – Der mit der abgeschnittenen Nase) und auf die Krim verbannt. 705 kehrt er mit einem Heer aus Bulgaren und Slawen nach Konstantinopel zurück, ergreift Tiberios, tötet ihn und führt bis 711 eine Terrorherrschaft. Er stirbt bei dem vergeblichen Versuch, eine von Philippikos Bardanes angeführte Revolte niederzuschlagen. Philippikos Bardanes kann die Macht an sich reißen.

Johannes VII. 705 – 707

geb. Syrien ?; gest. Rom 708

Sisinnius 708

Er stammt aus Syrien, wächst aber in Rom auf, wo er Theologie studiert und durch seine Eloquenz und Bildung auffällt. Er durchläuft rasch verschiedene Stufen der kirchlichen Hierarchie und wird, vermutlich bereits im Oktober 708 zum Papst gewählt, am 15. Januar 708 geweiht, nachdem die kaiserliche Bestätigung Monate auf sich hat warten lassen.

Seine eigentliche Amtszeit dauert nur zwanzig Tage, dokumentiert ist als einzige Amtshandlung die Ernennung eines Bischofs für Korsika.

Sisinnius hat zwar vor, die Mauern Roms auszubessern und zu verstärken, um sich gegen Angriffe der Langobarden zu wehren, die eine ständige Gefahr für die Stadt sind, aber diese Pläne werden durch einen heftigen Gichtanfall des bereits Schwerkranken durchkreuzt, der am 4. Februar 708 zu seinem Tod führt. Er wird in St. Peter beigesetzt.

Langobardenkönige

Nach dem Tod Grimoalds (671) gelangt Perctarik wieder auf den Langobarden-Thron (661/671–688), und regiert ab 678 mit seinem Sohn Cunincpert gemeinsam. Perctarik ist Katholik und seine Regentschaft bringt endgültig die Abkehr der Langobarden vom Arianismus. Der letzte Arianerbischof der langobardischen Hauptstadt Pavia tritt zum Katholizismus über. Nach dem Tod Cunincperts (700) kommt es wieder zu Thronstreitigkeiten, Aripert II. setzt sich durch. Ihm folgt 712 Liutprand, unter dem das Langobardenreich fast seine größte Ausdehnung erreicht.

Sisinnius 708

geb. Syrien ?; gest. Rom 715

Konstantin I. 708–715

Er stammt aus Syrien und wird am 25. März 708 zum Papst gewählt. Er ist der siebte Papst griechisch-syrischer Herkunft in Folge. Er gehört einer reichen Familie an, die nach Rom geflohen ist, um ihren Besitz vor den Arabern in Sicherheit zu bringen, deren Macht sich immer mehr ausdehnt.

Konstantin ist ein guter Seelsorger und bemüht sich mit großer Sorgfalt, den Ruhm der Kirche zu mehren, in einer Zeit, in der die begüterten Schichten korrupt sind und oft nur ihren eigenen Vorteil im Sinn haben.

Es gelingt ihm, gute Beziehungen zum Kaiser des Ostens aufzubauen. Kaiser Justinian II. lädt den Papst nach Konstantinopel ein, um die Streitigkeiten in der Kirche über das zweite Trullanische Konzil, das er 692 hatte durchführen lassen, beizulegen. Konstantin folgt der Einladung und macht sich im Oktober 710 auf den Weg, bereit, sein Leben zu opfern, um die rechte Lehre der Kirche zu verteidigen.

Doch der Kaiser, der einst seine Vorgänger bedroht hatte, um die päpstliche Bestätigung der Konzilsbeschlüsse zu erhalten, empfängt ihn mit allen Ehren. Die Versöhnung zwischen dem politischen und dem religiösen Machthaber gelingt vollkommen und zur Zufriedenheit beider Seiten.

Am 24. Oktober 711 kehrt Konstantin nach einem Jahr Abwesenheit nach Rom zurück. Er findet eine durch Rizokopos, den kaiserlichen Stellvertreter in Ravenna, ausgeraubte Stadt vor, der die Abwesenheit des Papstes genutzt hat, um Rom mehrmals zu plündern und eine Reihe von Beamten hinzurichten. Kaiser Justinian II. wird nur wenige Tage nach der Abreise des Papstes aus Konstantinopel durch von dem Armenier Philippikos Bardanes gedungene Mörder umgebracht, der sich so an die Macht putscht. Das gerade eben erzielte neue Einvernehmen zwischen Papst und Kaiser ist damit schon wieder hinfällig. Philippikos Bardanes will mit Gewalt den Monotheletismus durchsetzen und verlangt vom Papst eine Verdammung des 6. allgemeinen Konzils von 680/681, auf dem der Monotheletismus als Irrlehre verurteilt worden war. Der Papst weigert sich energisch und versagt Philippikos Bardanes die Anerkennung als Kaiser.

Es kommt in Rom zu blutigen Straßenkämpfen, die der Papst dank seiner Autorität eindämmen kann. Ein völliges Zerwürfnis kann nur deshalb vermieden werden, weil der Usurpator bereits anderthalb Jahre später seinerseits gestürzt wird. Einer seiner Minister, Anastasius, wird nun Kaiser (713–715).

Der Papst erhält von Anastasius II. umgehend eine Versicherung seiner Rechtgläubigkeit einschließlich einer Anerkennung des 6. allgemeinen Konzils von Konstantinopel. So geht die römische Kirche gestärkt aus diesem Konflikt hervor.

Konstantin I. stirbt am 9. April 715 nach einem Pontifikat von sieben Jahren und wird in St. Peter bestattet.

Kaiser Philippikos Bardanes (711–713)

Er ist ein armenischer Beamter, den Kaiser Tiberios III. ins Exil geschickt hat. Nachdem ihn sein Heer auf der Krim zum Kaiser proklamiert hat, rebelliert er gegen den allgemein verhassten Kaiser Justinian II., marschiert gegen Konstantinopel, ermordet den Kaiser und dessen Sohn und übernimmt 711 den Thron. Er gerät in Konflikt mit dem Papst und verursacht starke Spannungen im Reich, weil er fanatischer Anhänger des Monotheletismus ist und diesen als Reichsreligion durchsetzen will. 713 wird er seinerseits gestürzt und geblendet.

Konstantin I. 708–715

geb. Rom 669; gest. Rom 731

Gregor II. 715–731

Gregor stammt aus einer wohlhabenden römischen Familie und wird 669 in Rom als Sohn eines gewissen Marcellus geboren. Er ist als Subdiakon zunächst als Schatzmeister, dann als Bibliothekar im Lateran tätig. Als Diakon nimmt er an wichtigen päpstlichen Delegationen nach Konstantinopel teil. Am 19. Mai 715 wird er zum Papst gewählt und beweist große Charakterstärke bei der Verteidigung der Rechte der Kirche.

Während seines Pontifikats nimmt die Germanenmission großen Aufschwung und das Christentum wird im fränkischen Reich durch den Angelsachsen Winfried Bonifatius verbreitet, den der fränkische Hausmeier Karl Martell auf die Empfehlungsbriefe des Papstes hin mit großer Ehrerbietung empfängt und dem er seine Unterstützung gewährt. Dank Bonifatius fasst die römische Kirche an vielen Orten des fränkischen Reichs Fuß.

Mit dem byzantinischen Kaiser gerät der Papst in Konflikt wegen des Edikts, das Leon III. 730 erlässt, das die Verehrung heiliger Bilder verbietet und deren Entfernung befiehlt (Bilderstreit). Gregor II. verdammt 730 die Bilderstürmer und fordert den Kaiser in deutlichen Briefen auf, sich nicht in religiöse Angelegenheiten einzumischen: »Jeder von uns möge in dem Beruf bleiben, zu welchem er von Gott berufen wurde.«

Der Kaiser droht zwar mit Waffengewalt, aber schon längst ist er nicht mehr Herr über Italien. Jenseits der Grenzen Roms haben die Langobarden das Sagen. So erhält der Papst, obwohl er gegenüber dem Kaiser loyal bleibt, unverhofft Hilfe von den Langobardenherzögen, die den Vormarsch der kaiserlichen Truppen stoppen. Den langobardischen König Liutprand kann der Papst zu Beginn seines Pontifikats zur Rückgabe einiger päpstlicher Güter bewegen; später schenkt Liutprand sogar »den seligen Aposteln Petrus und Paulus« die Stadt Sutri (728), die erste Zelle des späteren Kirchenstaats. So beginnt die weltliche Macht der Päpste.

Um in Italien die klösterliche Disziplin wiederherzustellen, lässt Gregor das Kloster von Montecassino wieder aufbauen, das die Langobarden 140 Jahre zuvor zerstört haben. Einst vom hl. Benedikt selbst gegründet, wird es ein Vorbild für klösterliches Leben nach seinen Regeln.

Gregor lässt Schäden an den römischen Stadtmauern ausbessern, damit die Stadt sich besser verteidigen kann, und an manchen Stellen des Tiber Deiche errichten, um Überschwemmungen zu verhindern, und er restauriert zahlreiche Kirchen.

Gregor II. regiert die Kirche fast sechzehn Jahre. Er stirbt am 11. Februar 731 und wird in St. Peter bestattet. Sein Fest wird an seinem Todestag begangen.

Der Bilderstreit

Der »Bilderstreit« sorgt über mehr als hundert Jahre für heftigste Unruhen im byzantinischen Reich. Konkreter Anlass ist ein Edikt Kaiser Leons III. aus dem Jahr 730: Um die Verehrung heiliger Bilder durch das Volk einzuschränken, verbietet er deren Gebrauch im Gottesdienst und befiehlt die Entfernung der Bilder. Der Papst weigert sich, dieses Edikt anzuerkennen. 787 findet ein Konzil in Nicäa statt, das die Bilderverehrung wieder gestattet. Der Konflikt wird nach etlichem Hin und Her und der Zerstörung vieler Bilder erst 843 endgültig beigelegt, als die bilderfreundlich gesinnte Kaiserin-Witwe Theodora, die für ihren Sohn Michael III. die Regentschaft führt, einer feierlichen Synode zustimmt und Bilder wieder zulässt.

Hl. Gregor II. 715 – 731

Gregor
geb. Syrien ?; gest. Rom 741

Gregor III. 731–741

Gregor wird in Syrien geboren, er ist ein gebildeter und fähiger Priester. Am 18. März 731 besteigt er den Papstthron, selten einmütig von Klerus wie Volk bereits unmittelbar nach der Bestattung eines Vorgängers im Februar zum Papst ausgerufen. Bis zur Weihe vergehen aber noch fünf Wochen, bis die Bestätigung des kaiserlichen Statthalters aus Ravenna eintrifft.

Er ist der letzte Papst, der überhaupt eine solche Bestätigung einholt, und sein Pontifikat dürfte eines der schwierigsten der ganzen Kirchengeschichte gewesen sein. Im Osten tobt der durch Kaiser Leon III. und sein bilderfeindliches Edikt von 730 ausgelöste Bilderstreit, der zu heftigen Fehden zwischen Kaiser und Papst führt, weil Gregor III. keinesfalls bereit ist, ein Verbot der Bilderverehrung auszusprechen. Vielmehr ruft er im November 731 in Rom eine Synode ein, die die Bilderstürmer verurteilt. Gregor fördert sogar ausdrücklich die prächtige Ausstattung der römischen Kirchen mit Bildern und entwickelt eine rege Restaurationstätigkeit. Erbost schickt der Kaiser seine Kriegsflotte nach Italien, doch widriges Wetter macht diese Pläne zunichte.

In Italien selbst setzt der Langobardenkönig Liutprand, der konsequent versucht, das ganze Land unter seine Herrschaft zu bringen, Rom immer mehr zu. Verzweifelt wendet Gregor III. sich 739 an den mächtigen fränkischen Hausmeier Karl Martell, doch vergeblich; die Franken sind nicht bereit, zum Schutz des Papstes gegen die Langobarden vorzugehen.

So bedrängt die Lage politisch ist, so erfolgreich ist andererseits die Missionierung: Im Auftrag des Papstes gelingt es Winfrid Bonifatius, Hessen und Thüringen zu christianisieren und vor allem in Bayern eine kirchliche Organisationsstruktur aufzubauen. In Salzburg, Regensburg, Freising und Passau entstehen Bistümer. Außerdem verstärkt Gregor III. die Beziehungen zur englischen Kirche und ernennt den Erzbischof Tatwine von Canterbury zu seinem Stellvertreter für ganz England.

Er stirbt am 28. November 741 und wird in St. Peter beigesetzt. Sein Todestag ist zugleich sein kirchlicher Gedenktag.

Liutprand (712–744)

Er ist einer der bemerkenswertesten und erfolgreichsten Langobardenherrscher. Unter ihm und später Aistulf (ab 749) erreicht das Langobardenreich in Italien seine größte Ausdehnung. Es gelingt ihm, sich die sehr eigenständig agierenden langobardischen Herzöge unterzuordnen. Er erlässt ein eigenes Gesetzbuch, die *Liutprandi Leges*, und festigt sein Reich so zu einem Staat. Aufgrund seines Machtstrebens wird er Rom unter den Päpsten Gregor II., Gregor III. und Zacharias gefährlich. Nur das hohe Ansehen der Päpste als Oberhaupt der Kirche lässt ihn zunächst Zugeständnisse machen. Mit den Bayern pflegt er gute Beziehungen und ist mit der bayerischen Prinzessin Guntrud verheiratet.

Hl. Gregor III. 731 – 741

Zacharias 741–752

Zacharias wird in Unteritalien geboren, ist aber griechischstämmig und damit der letzte Grieche überhaupt auf dem Stuhl Petri, auf den er am 3. Dezember 741 erhoben wird. Zacharias ist hochgebildet und hat großes politisches Geschick. Er unterstützt mit Wohlwollen und Weitsicht die christliche Missions- und Reformarbeit, die Bonifatius im fränkischen Reich leistet. Nachdem Bonifatius sich unter Gregor III. auf Bayern konzentriert hatte, entstehen nun weitere Bistümer in Hessen und Thüringen: in Buraburg bei Fritzlar, in Erfurt und Würzburg. Bald darauf folgt Eichstätt.

Der inneren Erneuerung der fränkischen Kirche dienen eine Reihe von Synoden, die in Zusammenarbeit mit den fränkischen Herrschern Pippin und Karlmann abgehalten werden. Bonifatius ist dabei, in enger Abstimmung mit Rom, die treibende Kraft. Auf diese Weise wird eine gute Verbindung zwischen Rom und den Franken aufgebaut. So kommt es zu einem für die künftige Geschichte folgenreiches Ereignis: Pippin ist zwar nach dem Rückzug seines Bruders Karlmann faktisch Alleinherrscher im Frankenreich, Inhaber des formellen Königstitels sind aber die inzwischen völlig bedeutungslos gewordenen Merowinger. In dieser Situation lässt Pippin durch Bischof Burkhard von Würzburg und Abt Fulrad von Sankt Denis beim Papst die berühmte Frage stellen, ob es denn ein guter Zustand sei, dass die Könige im Frankenreich keine Macht hätten. Der Papst antwortet, dass es im Sinne einer gottgewollten Weltordnung sei, dass der den Königstitel führen solle, der auch die Macht habe. Damit ist für Pippin der Weg zum Königtum geebnet: Er wird im Herbst 751 zum König gewählt und feierlich gesalbt.

Zur gleichen Zeit wird die Lage in Italien für den Papst immer dramatischer. Zu Beginn seines Pontifikats gelingt Zacharias noch eine Annäherung an die Langobarden, deren Expansionsdrang zunimmt. Mit Liutprand und später dessen Nachfolger Ratchis handelt er eine zwanzigjährige Waffenruhe aus. Liutprand zieht sich sogar aus einigen besetzten Gebieten zurück. Doch als im Juli 749 sein Bruder Aistulf Langobardenkönig wird, beginnen neue Eroberungszüge: 751 erobert Aistulf mit Ravenna den Sitz des kaiserlichen Statthalters und wendet sich jetzt auch gegen Rom.

Während seines Pontifikats lässt Zacharias den Lateranpalast erneuern und bringt dort wieder die Papstresidenz unter, die Johannes VII. auf den Palatin verlegt hatte. Zu seinen Leistungen zählt auch, dass er Werke Papst Gregors des Großen ins Griechische übersetzt.

Nach einer Regierungszeit von über zehn Jahren, während Aistulf Rom bedroht, stirbt Zacharias am 14. März 752. Er wird am folgenden Tag in St. Peter bestattet, und an diesem Tag erinnert auch der Heiligenkalender an ihn.

Pippin der Jüngere (714–768)

Mit der 751 stattfindenden Krönung von Pippin dem Jüngeren – dem jüngeren Sohn Karl Martells, der 732 in Poitiers über die Araber gesiegt hat – nimmt eine neue Form des Königtums ihren Anfang: Denn Pippin, der den letzten merowingischen Schattenkönig ablöst, lässt sich nicht nur zum König wählen, sondern zugleich von den fränkischen Bischöfen zum König salben. Das bedeutet den Beginn des christlichen Königtums im Abendland, das seine Königswürde als von Gott gegeben, als Sakrament ansieht. Die Königswürde ist nicht nur ererbt, sondern wird durch die Weihe als göttliche Bestätigung zugesprochen.

Hl. Zacharias 741 – 752

geb. Rom ?; gest. Rom 757

Stephan II. 752–757

Im März 752, gleich nach dem Tod von Papst Zacharias, besteigt der römische Priester Stephan (II.) den Papstthron, doch drei Tage nach seiner Einsetzung erleidet er einen Schlaganfall und stirbt, noch bevor er geweiht ist.

Dieser Stephan wurde bis ins 16. Jahrhundert wegen der fehlenden Weihe nicht als Papst gezählt. Der Name Stephan II. gehört deshalb seinem Nachfolger. Dieser stammt aus der reichen römischen Adelsfamilie der Orsini und ist zusammen mit seinem jüngeren Bruder Paul, der später ebenfalls Papst wird, von Papst Zacharias zum Diakon geweiht worden.

Am 26. März wird er einhellig zum Papst gewählt. Die Bekanntgabe seiner Wahl ruft große Begeisterung hervor. Das Volk trägt ihn auf den Schultern bis zur Lateranbasilika. Daraus leitet sich später der Brauch ab, dass der Papst auf einem Sitz durch die Menge getragen wird.

In einer geschickten diplomatischen Aktion legt Stephan die Grundlage der weltlichen Macht der Päpste. Als kaum drei Monate nach seiner Wahl der Langobardenkönig Aistulf gegen Rom zieht, erreicht er zwar zunächst einen Waffenstillstand. Doch die Zusagen Aistulfs sind halbherzig. Bald verlang er die Anerkennung seiner Herrschaft durch hohe Tributzahlungen. Weil vom Kaiser in Konstantinopel keine wirksame Hilfe zu erwarten ist, wendet sich der Papst an den fränkischen König Pippin. Im Herbst 753 reist er sogar selbst an den fränkischen Hof – der erste Papst, der die Alpen überquert. Pippin sichert dem Papst alle nötige Unterstützung zu, Stephan wiederholt noch einmal die feierliche Salbung Pippins zum König und salbt auch Pippins Söhne Karl (der spätere Karl der Große) und Karlmann. Diese Weihe bekräftigt die Legitimität der Königswürde, das Bündnis zwischen dem Papsttum und den Franken und unterstreicht Pippins Aufgabe, die römische Kirche und das Erbe des hl. Petrus zu schützen.

Als Verhandlungen mit Aistulf scheitern, zieht Pippin nach Italien, besiegt Aistulf und zwingt ihn, dem Heiligen Stuhl Ravenna und weitere mittelitalienische Gebiete abzutreten. Mit dieser sog. »Pippinischen Schenkung« schlägt die Geburtsstunde des Kirchenstaates.

Um eine Rechtsgrundlage für diese Gebietsansprüche zu schaffen, war es vermutlich Papst Stephan, der die gefälschte Urkunde mit der sogenannten Konstantinischen Schenkung verfassen ließ: Demnach sei bereits Papst Silvester I. neben dem Primat der römischen Kirche die Herrschaft über Rom und die Westhälfte des Römischen Reiches von Konstantin dem Großen verliehen worden.

Stephan II. ist ein geschätzter Redner und verkündet das Wort Gottes mit Nachdruck und Elan. Er hilft den Bedürftigen, Witwen und Waisen. Zu diesem Zweck lässt er vier Hospitäler renovieren und ein neues erbauen.

Er stirbt am 26. April 757 auf dem Gipfel seiner Macht und wird in St. Peter beigesetzt.

Aistulf (749–756)

Nach Liutprands Tod (744) geht das Reich der Langobarden an Ratchis über, der 749 zur Abdankung gezwungen wird. Ihm folgt sein Bruder Aistulf, der das Ziel hat, sein Territorium in Italien zu vergrößern. Schnell erobert er Ravenna, schaltet den Herzog von Spoleto aus und macht sich Richtung Rom auf. Der Papst sieht keinen anderen Ausweg, als die Franken um Hilfe zu bitten. Den Friedensvertrag nach einem ersten erfolgreichen Kriegszug Pippins 754 erfüllt Aistulf nur teilweise und marschiert Ende 755 wieder gegen Rom. Pippin besiegt ihn 756 ein zweites Mal. Aistulf kapituliert und muss die eroberten Gebiete zurückgeben. Noch im selben Jahr stirbt er bei einem Jagdunglück.

Stephan II. 752–757

geb. Rom ?; gest. Rom 767

Paul I. 757–767

Pippinsche Schenkung

Nach zwei Feldzügen und dem endgültigen Sieg über den Langobardenkönig Aistulf im Jahr 756 lässt Pippin – wie er Ostern 754 Papst Stephan II. auf seiner Reise ins Frankenreich versprochen hatte – auf dem Grab des Apostels Petrus eine Urkunde niederlegen, in der er dem hl. Apostel, also dem Papst, die Schenkung einer Reihe von Gebieten bestätigt: den Exarchat von Ravenna, den Dukat von Rom und die Pentapolis, ein Gebiet um fünf Städte zwischen Ancona und Rimini. So entsteht der Kirchenstaat, das weltliche Herrschaftsgebiet der Päpste in Mittelitalien.

Paul, früh verwaister Nachkomme einer reichen römischen Adelsfamilie, ist der jüngere Bruder von Papst Stephan II. und wird nach dessen Tod am 29. Mai auf den päpstlichen Stuhl erhoben.

Sein Pontifikat ist der Aufgabe gewidmet, den gerade entstandenen Kirchenstaat zu festigen. Er erneuert das freundschaftliche Bündnis mit dem Frankenkönig Pippin, das sein Bruder geschlossen hatte. Dies ist auch notwendig, der neue Langobardenkönig Desiderius (754–774) bedroht ihn und hält sich nicht an frühere Abkommen.

Paul bittet Pippin immer wieder in drängenden Briefen um Hilfe, doch der Franke will nicht erneut militärisch eingreifen, bemüht sich aber um diplomatische Schritte, sodass sich die Lage durch Zugeständnisse auf beiden Seiten etwas beruhigt.

Im Osten ist noch keine Lösung im Streit um den Bilderkult in Sicht. Immer wieder schickt Paul Gesandte mit Briefen nach Konstantinopel zu Kaiser Konstantin V., um ihn von der Bilderstürmerei abzubringen, doch vergeblich. Der Kaiser verschärft vielmehr die Verfolgung der »Bilderfreunde«, besonders der Mönche, und versucht sogar, den Frankenkönig in dieser Sache ebenfalls auf seine Seite zu ziehen, was dieser zur Freude des Papstes aber ablehnt.

761 gründet Paul auf seinem Familiensitz in Rom ein Kloster und eine Kirche, die den Heiligen Stephan I. und Silvester I. geweiht wird. Hierher lässt er die Leichname der beiden überführen und stellt das Kloster griechischen Mönchen zur Verfügung, die wegen des Bildersturms geflohen sind.

Nach dem mittelalterlichen Papstbuch, dem *Liber pontificalis,* regiert Paul die Kirche zehn Jahre mit Weisheit und Klugheit und begegnet den Bedürftigen, Gefangenen und Kranken mit großer Hingabe. Die sterblichen Überreste zahlreicher Märtyrer lässt er von den Katakomben in römische Kirchen überführen. Insbesondere die Märtyrerin Petronilla, von den Franken als angebliche Tochter des Petrus besonders verehrt, lässt er in einer Kapelle von St. Peter beisetzen.

Am 28. Juni 767 stirbt er. Er wird zunächst in San Paolo fuori le Mura (St. Paul vor den Mauern) beigesetzt. Wenige Monate später werden seine sterblichen Überreste nach St. Peter überführt, in die Kapelle, die er neben dem Hauptaltar hat errichten lassen. Seine Verehrung als Heiliger entsteht erst im 15. Jahrhundert; sein Festtag ist der 28. Juni.

Hl. Paul I. 757 – 767

Stephan
geb. Syrakus ?; gest. Rom 772

Stephan III. 768–772

Stephan, geboren in Syrakus in Sizilien, aber in Rom aufgewachsen, ist Priester der Titelkirche Santa Cecilia und arbeitet in der päpstlichen Verwaltung im Lateran. Am 5. August 768 wird er zum Papst gewählt und am 7. August geweiht. Vorher hat es wegen der Unstimmigkeiten zwischen verschiedenen Gruppierungen einen nicht rechtmäßig gewählten Gegenpapst, einen Laien und Bruder des Herzogs Toto von Nepi namens Konstantin gegeben, der sich immerhin fast ein Jahr halten kann und erst im August 768 mit langobardischer Hilfe gestürzt wird.

Um die kirchliche Ordnung zweifelsfrei wiederherzustellen, hält Stephan im April 769 in Rom eine Synode ab, an der dreizehn fränkische Bischöfe und viele italienische Würdenträger teilnehmen. Sie diskutieren auch über den Bilderstreit und beschließen, entgegen der Auffassung der »Bilderstürmer« im Osten, dass Bilder, gemäß der Tradition, ebenso verehrt werden dürfen wie die Reliquien der Heiligen. Um gefährliche Spannungen zu vermeiden und Begehrlichkeiten auf das Papstamt zu unterbinden, die die weltliche Macht des Papstes jetzt mit sich bringt und wie sie sich vor der Wahl Stephans gezeigt haben, legen die Bischöfe außerdem fest, dass kein Laie Papst werden darf und dass man Kardinal sein muss, um auf den päpstlichen Stuhl zu gelangen. Diese Bestimmungen, wiewohl aus der Situation heraus verständlich, haben sich aber in der Folgezeit nicht durchsetzen können. Auch das heutige Kirchenrecht sieht den Kardinalsrang nicht als Voraussetzung, auch wenn faktisch seit Langem nur noch Kardinäle gewählt werden. Das Kirchenrecht selbst legt aber nur fest, dass es sich um einen getauften, unverheirateten Mann katholischen Glaubens handeln muss.

In der Zeit der Spannungen zwischen den verschiedenen Gruppierungen in Rom, zwischen den Franken und den Langobarden gelingt es Stephan nicht, eine einheitliche politische Linie zu verfolgen. So nähert er sich nach Gutdünken mal den einen, mal den anderen an. Doch er hat keine recht glückliche Hand dabei, weil der Langobardenkönig Desiderius dies auszunutzen weiß und der Papst in immer neue Abhängigkeiten gerät.

Das mittelalterliche Papstbuch *Liber pontificalis* charakterisiert Stephan als bestens bewandert in der Heiligen Schrift und als hervorragenden Kenner der kirchlichen Tradition.

Am 24. Januar 772 stirbt er nach einem Pontifikat von dreieinhalb Jahren und wird in St. Peter bestattet.

Der Kirchenstaat

Eine Zeit lang haben die Gebiete, die Pippin »den seligen Aposteln Petrus und Paulus« vermacht hat, keine echte Unabhängigkeit, weil Byzanz dies nicht anerkennt und formal noch die Oberhoheit hat, aber in der Praxis sind diese Territorien ganz unabhängig vom oströmischen Kaiser. Es bildet sich ein Staat mit bestimmten Besonderheiten, der mehr auf dem geistlichen Ansehen des Papstes als auf seiner Macht als Herrscher beruht und der unter dem Schutz des Frankenkönigs gemäß dem ihm verliehenen Titel des *Patricius Romanorum* (»Schutzherr der Römer«) steht.

HINTERGRUND

Stephan III. 768 – 772

geb. Rom ?; gest. Rom 795

Hadrian I. 772–795

Hadrian wird in Rom als Sohn der adeligen Familie der Colonna geboren. Unter seinem Vorgänger Stephan III. ist er als Diakon tätig. Am 1. Februar 772 wird er zum Papst gewählt. Hadrian gelingt es, die beiden Probleme zu bereinigen, die die Kirche in den letzten Jahren am meisten beschäftigt haben: die Beziehungen zu den Langobarden und der Bilderstreit.

Das wenig vertrauenswürdige Verhalten des Langobardenkönigs Desiderius, der schon Stephan III. arg in Bedrängnis gebracht hat, zwingt Hadrian, Karl, den König der Franken und seit 771 nach dem Tod seines Bruders Karlmann Alleinherrscher, um Hilfe zu bitten. Karl überquert die Alpen, besiegt die Langobarden bei Pavia und beendet 774 ihre Herrschaft, nachdem er Desiderius gefangen genommen hat.

Noch während der Belagerung Pavias trifft sich Karl der Große mit dem Papst in Rom und verspricht ihm, die von den Langobarden besetzten Gebiete zurückzugeben und fügt auch die Herzogtümer Spoleto und Benevent hinzu. Am 7. Juni zieht Karl siegreich in Ravenna ein. Seither trägt er auch offiziel den Titel *Patricius Romanorum*, den der Papst bereits seinem Vater verliehen hatte und auf den er zuvor offenbar aus Rücksicht auf das byzantinische Kaiserhaus verzichtet hatte. Damit gibt er zu erkennen, dass er sich nun wirklich als Schutzherr des Kirchenstaates fühlt; das oströmische Reich spielt politisch im Westen keine Rolle mehr.

Im Bilderstreit kann sich Hadrian mit der Kirche des Ostens endlich friedlich einigen, dank des Einsatzes von Kaiserin Irene, Regentin für ihren Sohn Konstantin VI., die 786 das 7. allgemeine Konzil nach Konstantinopel einberuft; wegen bilderstürmerischer Angriffe wird es erst im September 787 in Nicäa abgehalten. Außer zwei päpstlichen Delegierten nehmen an diesem Konzil, das die Verehrung von Bildern wieder zulässt und die »Bilderstürmer« verurteilt, 350 Bischöfe teil.

Hadrian nutzt den von Karl garantierten Frieden, um die Landwirtschaft wieder zu beleben, die unter der Langobardenherrschaft stark zurückgegangen war. Er setzt die Aquädukte wieder in Stand, verstärkt die Tiberdeiche und die Stadtmauern. Er unternimmt umfangreiche Bau- und Renovierungsarbeiten an den Kirchen der Stadt und lässt sie reich ausschmücken. Unter diesem Papst verändert sich die Stadt so sehr, dass man von einem Rom Hadrians sprechen kann. Während bislang immer noch kaiserliche Münzen geprägt wurden, beginnt Hadrian damit, selbst Münzen zu prägen und päpstliche Dokumente nach seinem eigenen Pontifikatsjahr, nicht mehr nach den Regierungsjahren der Kaiser, zu datieren.

Er stirbt tief betrauert am 25. Dezember 795, nachdem er die Kirche fast 24 Jahre regiert hat, und wird in St. Peter bestattet.

Desiderius (756–774)

Nach Aistulfs Tod wird Desiderius, der Herzog von Tuszien, König der Langobarden. Nach einer Zeit des Friedens mit den Franken (der auch durch die Hochzeit zwischen Karl dem Großen und einer Tochter des Desiderius gesichert wird) nützt der König der Langobarden die unklaren Verhältnisse in Italien aus und eignet sich immer mehr Gebiete an, auf die der Papst Anspruch erhebt. Papst Hadrian I. bittet Karl dringlich um Hilfe. Karl, der seine langobardische Ehefrau inzwischen verstoßen hat, zieht im Herbst 773 nach Italien und besiegt Desiderius nach einer längeren Belagerung Pavias endgültig. Damit ist die Herrschaft der Langobarden vorüber und Karl nimmt den Titel »König der Franken und Langobarden« an.

Hadrian I. 772–795

Leo
geb. Rom ?; gest. Rom 816

Leo III. 795–816

Leo, aus einer einfachen süditalienischen Familie stammend, wird in Rom geboren und verbringt seine Kindheit im Lateran, wo er erzogen wird. Er ist Kardinalpriester an der Titelkirche Santa Susanna, als er am 26. Dezember 795 zum Papst erhoben wird.
Zwar einmütig gewählt, kommt es dennoch bald darauf zu Spannungen zwischen den römischen Parteien, die so weit gehen, dass der Papst tätlich angegriffen und sein Rücktritt gefordert wird. Nach einer förmlichen Absetzung wird er in ein Kloster gesperrt. Doch er kann entkommen und flieht an den fränkischen Hof nach Paderborn. Karl der Große erkennt die Absetzung nicht an, sondern empfängt Leo mit höfischem Zeremoniell. Bald darauf trifft aber auch eine Abordnung der Verschwörer ein, die ihre Anklage gegen Leo vorbringen, die auf Meineid und Unzucht lautet. Karl, von seinem Hoftheologen Alkuin überzeugt, dass keine irdische Macht über den Apostolischen Stuhl richten kann, vertagt die Entscheidung und lässt Leo Ende 777 mit sicherem Geleit nach Rom zurückbringen, wo er vorläufig wieder eingesetzt wird. Ein Jahr später kommt Karl selbst nach Rom, um die Angelegenheit zu regeln.
In der Weihnachtsnacht des Jahres 800 krönt Leo Karl den Großen zum Kaiser, und das Volk ruft zur Bestätigung dreimal feierlich: »Karl, dem allerfrömmsten, von Gott gekrönten Augustus, dem großen und friedenbringenden Kaiser Leben und Sieg!«
Mit dieser Salbung entsteht wieder ein westliches Kaisertum und der Kaiser ist verpflichtet, Papst und Kirche zu schützen. Durch die Krönung eines westlichen Kaisers wird aber auch der Bruch mit Konstantinopel vollzogen.
Leo III. setzt sich für die Künste ein und lässt die Kirchen Roms reich ausschmücken. Im Lateran lässt er einen neuen Saal bauen, den zwei große Mosaike zieren, die sein Selbstverständnis zum Ausdruck bringen: Das eine zeigt Christus zusammen mit Papst Silvester I. und Konstantin dem Großen, das andere Petrus zusammen mit Papst Leo III. und Karl dem Großen.
Leo III. regiert die Kirche zwanzigeinhalb Jahre lang; er stirbt zwei Jahre nach Karl dem Großen am 12. Juni 816 und wird in St. Peter bestattet. Im 17. Jahrhundert wird er in den Heiligenkalender aufgenommen. Sein Festtag ist der 12. Juni.

Karl der Große (747–814)

Karl ist ein großer Kriegsherr. In 36 Jahren unternimmt er an die fünfzig Militärexpeditionen. Unter anderem verfolgt er das Ziel, den Glauben zu verbreiten. Er wird Herr über einen großen Teil Mittel- und Westeuropas, weshalb man ihn als Gründer Europas bezeichnen kann, als *Pater Europae*, wie ein Hofdichter es ausdrückt. Das fränkische Großreich entwickelt sich, zusammen mit dem Papsttum, zum bedeutendsten mittelalterlichen Machtfaktor. Ihm kommen drei wichtige Aufgaben zu: eine politisch-religiöse (das Überleben des weströmischen Imperiums und die Verteidigung des Glaubens), eine juristische (die Macht und die Rechte des Kaisers) und eine territoriale (die Wahrung der Grenzen).

Hl. Leo III. 795–816

Stephan
geb. Rom ?; gest. Rom 817

Stephan IV. 816–817

Stephan stammt aus einer adeligen römischen Familie, wird im Lateran erzogen und von Papst Leo III. zum Diakon ernannt. Am 22. Juni 816 wird er einstimmig zum Papst gewählt.

Es ist die erste Papstwahl, seit mit der Krönung Karls des Großen das karolingische Kaiserreich entstanden ist, und so hat sich die Rolle der Kaiser bei Wahl und Bestätigung des neuen Papstes noch nicht recht eingespielt (früher wurde immer die Bestätigung des oströmischen Kaisers eingeholt, ehe der Papst geweiht wurde). Eine Erlaubnis Ludwigs des Frommen, der seinem Vater Karl dem Großen nachgefolgt ist, holt man nicht ein, aber Stephan IV. verlangt vom Volk Roms, dem Kaiser Treue zu schwören, bittet Ludwig den Frommen um eine Einladung zu einem Antrittsbesuch und reist persönlich nach Reims, wo er in einer Festmesse Ludwig salbt und zum Kaiser krönt. Auch Irmengard, die Frau des Kaisers, wird gekrönt.

Für Ludwig bedeutet diese Kaiserkrönung durch den Papst sicher eine Stärkung seiner Herrschermacht, zugleich wird daran aber auch deutlich, was später von großer Bedeutung sein wird: Die Krönung durch den Papst gehört dazu, will der Kaiser seine Macht voll anerkannt sehen. Papst und Kaiser einigen sich darauf, dass der Kaiser keinen Einfluss auf die künftigen Papstwahlen nehmen darf und das Ergebnis daher erst nach der Weihe bekannt gegeben werden muss. Der Kaiser garantiert die Selbstständigkeit des Kirchenstaates.

Stephan regiert die Kirche nur wenig mehr als ein halbes Jahr. Schon am 24. Januar 817 stirbt er, drei Monate nach seiner Rückkehr aus Reims. Er wird in St. Peter begraben.

HINTERGRUND

Die karolingische Renaissance

Karl der Große besitzt Bildung, achtet kulturelle Errungenschaften und hält sie nicht nur für erforderlich, sondern auch für eine Zierde seines Reiches. Er umgibt sich mit bedeutenden Gelehrten seiner Zeit: Alkuin von York, dem Grammatiker Petrus von Pisa, dem Dichter Paulinus, dem Historiker der Langobarden, Paulus Diaconus. In seiner Kaiserpfalz entsteht die Hofschule, aus der Einhard, Karls Biograf, hervorgeht und die später von dem irischen Philosophen Johannes Scotus Eriugena geleitet wird. In dieser Schule wird Latein und Griechisch unterrichtet, es werden Abschriften klassischer Werke erstellt und eine eigene Schreibweise, die karolingische Minuskel, entwickelt.

Stephan IV. 816–817

geb. Rom ?; gest. Rom 824

Paschalis I. 817–824

Paschalis wird in Rom geboren, gehört zur Familie Massimo und ist Sohn des Bonosus. Vor seiner Wahl zum Papst, die am 24. Januar 817 angeblich gegen seinen Willen stattfindet, ist er Benediktinermönch und Abt des Klosters St. Stephan bei St. Peter.

Die Beziehungen dieses Papstes zum Frankenreich sind entspannt und freundschaftlich. Kaiser Ludwig der Fromme bestätigt in einem eigenen Statut, dem *Pactum Ludovicianum,* alle früheren Privilegien des Papstes, wie sie schon mit Stephan IV. ausgehandelt worden sind. Er verspricht, sich nicht in Angelegenheiten der Kirche einzumischen und freie Papstwahlen zu garantieren, und anerkennt die Besitzrechte des Papstes im Kirchenstaat.

An Ostern 823 salbt der Papst den Mitkaiser Lothar, den Sohn Ludwigs des Frommen, der die Regierung in Italien übernommen hat, in einem festlichen Akt zum Kaiser. Allerdings verläuft der Aufenthalt Lothars in Rom nicht ganz spannungsfrei, weil er dazu neigt, sich mehr in die Politik des Kirchenstaates einzumischen, als das *Pactum Ludovicianum* dies vorsieht. Nach seiner Abreise werden zwei frankenfreundliche hohe päpstliche Beamte umgebracht. Paschalis dementiert gegenüber dem Kaiser, etwas damit zu tun zu haben, und legt vor der Untersuchungskommission, die der Kaiser einsetzen lässt, einen Reinigungseid ab.

Die Spannungen mit dem oströmischen Kaiser halten an. Der Papst bittet den dortigen Kaiser Leon V. vergeblich, das Wiederaufleben der Bilderstürmerei einzudämmen. So bleibt ihm wenig anderes übrig, als den Mönchen, die vor den Verfolgungen im Osten fliehen, Gastfreundschaft zu gewähren und ihnen ein Kloster zur Verfügung zu stellen, das er gegründet hat und dem er regelmäßig Zahlungen zukommen lässt.

Paschalis bemüht sich um die Evangelisierung in Nordeuropa, vor allem in Dänemark und Schweden, Länder, wo die Christianisierung begonnen hat, und ernennt Erzbischof Ebo von Reims zum päpstlichen Legaten für den Norden.

Er lässt die Gebeine vieler Märtyrer aus den Katakomben umbetten und als Reliquien in die römischen Kirchen bringen. Dabei entdeckt er auch die Gebeine der hl. Cäcilia, die seither in Santa Cecilia in Trastevere ruhen. Diese Kirche und auch Santa Prassede (St. Praxedis) auf dem Esquilin lässt er ganz neu erbauen. Dort befinden sich auch Mosaiken mit Porträts dieses Papstes.

Nachdem er die Kirche sieben Jahre regiert hat, stirbt Papst Paschalis I., der lange Zeit wegen starker Gichtschmerzen bettlägerig war, am 11. Februar 824.

Sein Leichnam wird in einem Grabmal beigesetzt, das er selbst in der Kirche Santa Prassede (St. Praxedis), die vor seiner Wahl zum Papst seine Titelkirche war, hat errichten lassen. Im 16. Jahrhundert wird Paschalis in den Heiligenkalender aufgenommen; sein Festtag ist der 14. Mai.

Ludwig der Fromme (778–840)

Nach dem Tod seiner ältesten Söhne erhebt Karl der Große 813 in Aachen den jüngeren Ludwig zum Mitkaiser. Der wird wegen seiner Religiosität der Fromme genannt, aber auch wegen seiner Schwäche gegenüber dem Klerus, der an seinem Hof eine starke Stellung hat. Zur Erhaltung der Reichseinheit erhebt er seinen ältesten Sohn Lothar 817 zum Mitkaiser und Nachfolger. Die jüngeren Söhne sollen Lothars Oberhoheit folgen und erhalten kleinere Gebiete: Pippin Aquitanien mit der Spanischen Mark, Ludwig Bayern, das mit den südöstlichen Markgrafschaften den Großteil des späteren Österreich umfasst. Lothar erhält das wichtigste und größte Gebiet, das auch Italien einschließt.

Hl. Paschalis I. 817–824

geb. Rom ?; gest. Rom 827

Eugen II. 824–827

Eugen wird in Rom geboren und gehört der adeligen Familie der Savelli an. Er ist Erzpriester von Santa Sabina auf dem Aventin. Er wird wegen seiner Demut, Einfachheit, Weisheit und Freigebigkeit bewundert. Seine Wahl findet erst im Juni statt, weil nach dem Tod von Papst Paschalis I. in Rom ein monatelanger Kampf zwischen verschiedenen Parteien tobt.

Um der Unordnung ein Ende zu setzen, bittet der neu gewählte Papst Kaiser Lothar um Hilfe. Dieser legt als Grundlage der Beziehungen zwischen Kaiserreich und Papsttum die *Constitutio romana* vor, die in Zusammenarbeit mit Eugen II. erstellt und mit dessen Zustimmung am 11. November 824 erlassen wird. Dieses Rechtswerk sieht unter anderem eine Kontrollinstanz, bestehend aus je einem kaiserlichen und einem päpstlichen Vertreter, vor, die dem Kaiser jährlich berichten und bei Kontroversen schlichtend eingreifen sollen. Die traditionelle Papstwahl durch den Klerus und das Volk von Rom wird wieder eingeführt und der neue Papst muss vor seiner Weihe dem Kaiser seine Treue schwören. Alle Bürger des Kirchenstaates müssen ebenfalls den Kaiser Gehorsam versprechen. Die *Constitutio romana* stellt somit den Höhepunkt kaiserlicher Aufsicht über den Kirchenstaat dar.

Im Osten ist unterdessen der alte Streit um die Bilderverehrung wieder aufgeflammt. Eugen II. besteht ohne Wenn und Aber auf der Haltung des 2. Konzils von Nicäa von 787, wo die Bildverehrung ausdrücklich gestattet worden ist, und beugt sich hier auch nicht den Kompromisswünschen Kaiser Ludwigs des Frommen.

Im Jahr 826 beraumt Eugen II. im Lateran eine bedeutende Synode ein, an der 62 Bischöfe teilnehmen. Hier wird eine Reform kirchlicher Disziplin beschlossen, mit dem Ziel, die mangelnde Bildung der Priester zu verbessern. Dazu wird die Gründung von Schulen vorgeschlagen, in denen Literatur und die sog. Freien Künste *(artes liberales)* als Vorbereitung auf das eigentliche Studium der Theologie unterrichtet werden; außerdem sollen Klosterbauten neben den Kirchen errichtet werden, um ein geistliches Gemeinschaftsleben des Klerus zu ermöglichen.

Wie Paschalis I. fördert auch Papst Eugen II. die Evangelisierung Nordeuropas und Skandinaviens. Er unternimmt Maßnahmen zur besseren Versorgung Roms und wird »Vater der Armen« genannt, da er Bedürftige, Arme, Witwen, Waisen und alle, die Schutz und Hilfe brauchen, großzügig unterstützt.

Eugen II. stirbt am 27. August 827 und wird in St. Peter beigesetzt.

Lothar (785–855)

Kaiser Lothar, ältester Sohn Ludwigs des Frommen und von diesem 817 zum Mitkaiser bestimmt, begibt sich 822 nach Italien, wo er sich um die Regierungsgeschäfte kümmert und an Ostern 823 von Papst Paschalis I. in Rom noch einmal feierlich zum Kaiser gesalbt wird. Bis 825 ist Lothar in Italien, führt in dieser Zeit die karolingische Gesetzgebung ein und bindet das Land fest an das Reich. Aber auch Kulturpolitik ist ihm ein Anliegen: Er lässt – was für diese Zeit ungewöhnlich ist – neun Schulen eröffnen. Nach dem Tod Ludwigs des Frommen 840 hält er sich praktisch nur noch nördlich der Alpen auf und überträgt die Regentschaft in Italien seinen Sohn, Ludwig II.

Eugen II. 824–827

geb. Rom ?; gest. Rom 827

Valentin 827

Valentin, aus der römischen Oberschicht stammend, wird von Papst Paschalis I. in seiner kirchlichen Laufbahn gefördert. Er ist Erzdiakon in Rom und erfreut sich allgemeiner Wertschätzung.

Sein Pontifikat ist indessen so kurz, dass über Amtshandlungen nichts bekannt ist. Man weiß nur, dass er im August 827 von Klerus, Adel und Volk einhellig zum Papst gewählt wird. Dass das Volk ausdrücklich an der Wahl beteiligt ist, ist ein Indiz, dass die wenig zuvor von Kaiser Lothar verkündete Verfassung, die in Rom Ordnung garantieren sollte, auch befolgt wird. Valentin wird in der Lateranbasilika geweiht und hält sich dabei an das Ritual, nach dem ein neuer Papst nach seiner Einsetzung die Messe feiert und dann ein Bankett veranstaltet und Senat und Volk beschenkt. Auch legt er das dem Kaiser gegenüber übliche Treuegelöbnis ab.

Er stirbt im September 827 und wird in St. Peter bestattet.

Das mittelalterliche Papstbuch *Liber Pontificalis* gibt die Dauer seines Pontifikats mit vierzig Tagen an, der fränkische Geschichtsschreiber Einhard notiert »weniger als ein Monat«.

Familienzwist

829 beschließt Ludwig der Fromme eine Neuordnung des Reiches, um auch seinem nachgeborenen Sohn aus zweiter Ehe, Karl dem Kahlen, einen Teil des Reiches zu übertragen. Dies ruft die offene Rebellion der anderen drei Söhne Lothar, Pippin und Ludwig hervor, die mit Waffen gegen den Vater vorgehen, was sogar zweimal zu dessen vorübergehender Absetzung führt. Sie können sich untereinander jedoch nicht einigen. Als Pippin 838 stirbt und 840 Ludwig der Fromme, tun sich Ludwig und Karl der Kahle gegen Lothar, der die kaiserlichen Rechte beansprucht, zusammen. Erst 843 wird der Bruderkrieg beigelegt, das Reich geteilt. Lothar bleibt zwar Kaiser, hat aber keine Oberherrschaft über die anderen mehr.

EREIGNISSE

Valentin 827

geb. Rom ?; gest. Rom 844

Gregor IV. 827–844

Die Straßburger Eide

So heißt das berühmte Bündnis zwischen den Brüdern Karl dem Kahlen und Ludwig dem Deutschen, das die beiden 842 gegen ihren Bruder Lothar in Gegenwart ihrer Heere als Zeugen schließen. Karl spricht die Eidesformel in althochdeutscher Sprache, damit das Heer seines Bruders sie versteht, und Ludwig auf Altfranzösisch. Der Text der Eide, vom Geschichtsschreiber Nithard überliefert, stellt das älteste uns erhaltene Dokument der altfranzösischen Sprache dar.

Gregor gehört einer römischen Adelsfamilie an. Er wird von Benediktinern erzogen und tritt ins Kloster von Fossanova in Terracina ein. Als er Ende 827 zum Papst gewählt wird, ist er Kardinalpriester von San Marco (St. Markus). Er widersetzt sich der Wahl und wendet all seine Eloquenz und allen Einfluss auf, um ihr zu entgehen, doch man hält ihn für den Besten, um die Probleme der Zeit zu meistern: Im fränkischen Reich gibt es innere Auseinandersetzungen und von außen greifen die Araber an.

So muss der Papst sich mit dem Konflikt zwischen Kaiser Ludwig dem Frommen und seinen drei ehrgeizigen Söhnen beschäftigen. Das Eingreifen des Papstes zugunsten Lothars bringt nicht nur keinen Frieden, sondern verärgert den Großteil des fränkischen Klerus, der die Wahl Gregors IV. wenig gelungen findet. In der Hoffnung, vermitteln zu können, reist Gregor IV. ins Aufmarschgebiet der Heere. All seine Friedensbemühungen bleiben ergebnislos. Im Sommer 833 kommt es auf dem »Lügenfeld« zum Abfall der Truppe Kaiser Ludwigs des Frommen, der daraufhin kapituliert. Die Söhne setzen ihn ab und erzwingen ein »Sündenbekenntnis«: Das überspannt den Bogen und 834 wird Ludwig der Fromme wieder als Herrscher eingesetzt. Die Kämpfe gehen in wechselnden Konstellationen weiter. 840 stirbt Kaiser Ludwig. Erneute Vermittlungsversuche des Papstes fruchten nicht. Es bricht nochmal ein blutiger Bruderkrieg aus, bis es 843 im Vertrag von Verdun zur Reichsteilung kommt.

Um sich vor den Sarazenen zu schützen, die sich bei ihren Eroberungszügen ab 827 auch auf Sizilien festgesetzt haben und von dort aus nach Unteritalien vordringen und immer wieder Territorien des Papstes bedrängen, lässt Gregor IV. die Stadtmauer von Ostia, der Hafenstadt Roms, befestigen.

Aus Konstantinopel erhält der Papst die erfreuliche Nachricht, dass der oströmische Kaiser die heiligen Bilder in die Hagia Sophia zurückgebracht hat. Eine feierliche Synode beendet 843 endgültig den langen Streit im Osten um die Bilderverehrung. Dieses Ereignis, die Zulassung der Bilderverehrung, wird seither in der Ostkirche am ersten Sonntag der Fastenzeit als »Fest der Orthodoxie« gefeiert.

Zur Zeit Gregors IV. wird das Fest Allerheiligen am 1. November eingeführt, für das sich besonders der fränkische Hoftheologe Alkuin einsetzt. Gregor IV. lässt die Gebeine Gregors des Großen, der in einer kleinen Nische vor St. Peter bestattet war, ins Innere der Kirche bringen und ihm eine prächtige Kapelle errichten.

In Rom lässt er eine Wasserleitung bauen, die Häuser und Mühlen versorgt.

Gregor IV. regiert die Kirche sechzehn Jahre. Er stirbt am 25. Januar 844 und wird in St. Peter beigesetzt.

Gregor IV. 827–844

geb. Rom ?; gest. Rom 847

Sergius II. 844–847

Sergius stammt aus einer römischen Adelsfamilie. Er ist in der kirchlichen Hierarchie bis zum Erzpriester aufgestiegen und an der Titelkirche San Martino (St. Martin) tätig. Während das Volk nach dem Tod Gregors IV. im Januar 844 den Diakon Johannes zum Papst ausruft, wählt der Laienadel den greisen Sergius und lässt ihn in dieser unsicheren Lage gleich weihen. Dadurch wird allerdings die *Constitutio romana* von 824 verletzt, die die Zustimmung des Kaisers zur Papstwahl vorsieht.

Der fränkische Kaiser Lothar ist sichtlich erzürnt darüber, übergangen worden zu sein, und lässt seinen Sohn Ludwig, inzwischen Vizekönig von Italien, Richtung Rom marschieren und dabei den Kirchenstaat plündern.

Um die Beziehungen zu Lothar wieder zu bereinigen, krönt Sergius II. Ludwig zum König der Langobarden, leistet dem Kaiser einen Treueschwur und verspricht, dass künftig kein Papst geweiht wird, bevor nicht der Kaiser der Wahl zugestimmt hat.

Ein einschneidendes Ereignis während des Pontifikats von Sergius ist 846 der Einfall der Sarazenen in Rom. Sie plündern die beiden Kirchen St. Peter und St. Paul (die damals noch vor den Stadtmauern liegen), zerstören heilige Bilder, töten zahlreiche Römer und führen andere in die Sklaverei. Nach den Chroniken wird die Flotte der Sarazenen auf dem Rückweg von einem Sturm heimgesucht, worin die Römer die rächende Hand Gottes sehen.

Manche sehen in diesem Überfall aber auch ein Strafgericht Gottes wegen der unwürdigen Zustände in Rom: Papst Sergius, der ehrgeizige Baupläne hegt und die Lateranbasilika vergrößern und ein Aquädukt restaurieren lässt, scheut sich nicht, sich das notwendige Geld auf wenig korrekte Weise zu verschaffen, nämlich mit Hilfe von Simonie, also dem Verkauf von Ämtern.

Sergius stirbt am 27. Januar 847 und wird in St. Peter begraben.

Reichsteilung

843 beenden die drei Söhne Ludwigs des Frommen ihre Kriege und teilen sich das Reich gemäß dem Teilungsvertrag von Verdun untereinander auf. Lothar I. behält als Kaiser das zentrale Gebiet westlich des Rheins bis zur Maas und Schelde (»Lotharingien«), das gesamte Rhônegebiet (Burgund) sowie Nord- und Mittelitalien (sein Nachfolger wird dort sein Sohn Ludwig II.). Karl der Kahle erhält das westliche Drittel von den Pyrenäen bis zur Schelde, Ludwig der Deutsche das Gebiet östlich des Rheins und die spätere linksrheinische Pfalz, dazu den Alpenraum östlich der Grenzen Hochburgunds.

HINTERGRUND

Sergius II. 844–847

geb. Rom ?; gest. Rom 855

Leo IV. 847–855

Leos Familie – sein Vater heißt Radoald – ist vermutlich langobardischer Herkunft, er selbst aber ist gebürtiger Römer. Er wird Benediktinermönch und Gregor IV. ernennt ihn zum Kardinalpriester von Quattro Santi Coronati.
Noch am Todestag Sergius' II. wird er rasch einstimmig zum Papst gewählt, doch seine Weihe findet erst zweieinhalb Monate später, am 10. April 847, statt, aber ohne dass man den Kaiser um sein Einverständnis bittet, wie es eigentlich Vorschrift gewesen wäre. Der Kaiser lässt sich mit dem Hinweis auf die Sarazenengefahr beschwichtigen, die es erforderlich gemacht habe, durch die Weihe rasch für klare Verhältnisse zu sorgen, doch er lässt sich versprechen, dass er künftig vorab gefragt werden muss.
Man ist weithin noch zutiefst erschüttert über den Angriff der Sarazenen auf Rom und die Plünderung der heiligen Stätten. Deshalb lässt Leo die Stadt auf dem rechten Tiberufer mit Mauern umgeben, befestigt das Viertel um St. Peter, von Trastevere bis zur Engelsburg. So entsteht die »Stadt Leos«. Finanzieren kann er die aufwändigen Anlagen zu einem guten Teil aus Sammlungen, die Kaiser Lothar im fränkischen Reich durchführt, und manchen weiteren Spenden – so tief sitzt der Schock angesichts des Überfalls.
Um die Raubzüge der Sarazenen aufzuhalten, die bereits ein Jahr nach dem großen Überfall wieder mit einer Flotte an der Tibermündung auftauchen, schließt Leo ein Militärbündnis mit den Städten Neapel, Gaeta und Amalfi, das die Sarazenen in der Schlacht von Ostia 849 besiegt. Später hat Raffael dieses Ereignis eindrucksvoll in einigen Gemälden in den vatikanischen Gemächern dargestellt (»Stanzen des Raffael«).
Gegen Ende des Jahres 853 hält Leo eine Synode in Rom ab, die unter Teilnahme von 67 Bischöfen in St. Peter stattfindet. Darin werden die Reformbemühungen, die Eugen II. in Gang gesetzt hat, bekräftigt. Gegen kirchliche Amtsträger, die nicht in seinem Sinn handeln, geht Leo energisch vor: So kündigt er die Kirchengemeinschaft mit dem Kardinalpriester Anastasius Bibliothecarius (der später Gegenpapst wird) und wehrt sich gegen die Unabhängigkeitsbestrebungen des Erzbischofs von Ravenna.
853 soll er den kaum fünfjährigen Alfred, der sich in Rom aufhält, zum späteren König von England geweiht haben.
Er stirbt am 17. Juli 855 und wird in St. Peter bestattet; sein Todestag wird auch sein Gedenktag.

Arabischer Eroberungsdrang

Mohammed hat die Araber, die bisher in verschiedene Stämme zersplittert waren, im Glauben an den einen Gott geeint. Mit den ersten Kalifen, den Nachfolgern Mohammeds, wird ein großes Reich gegründet, das sich in wenigen Jahrzehnten bis in die Gebiete des heutigen Libyen und die iranische Hochebene erstreckt und dort die Byzantiner und Perser niederwirft. Das Gebiet weitet sich dann bis nach Marokko und Spanien aus (wo die Araber bis 1492 bleiben werden) und reicht schließlich bis nach Sizilien. 846 kommen die Sarazenen (wie das Mittelalter die Araber nennt) den Tiber hinauf bis Rom und plündern die großen Kirchen St. Paul und St. Peter.

Hl. Leo IV. 847–855

geb. Rom ?; gest. Rom 858

Benedikt III. 855–858

Nach einer Vakanz von anderthalb Monaten besteigt am 29. September 855 der Römer Benedikt III. den Papstthron. Er ist im Lateran erzogen worden und Kardinalpriester von San Callisto (St. Calixtus).

Ihm tritt als Gegenpapst Anastasius Bibliothecarius entgegen, dem es über seinen einflussreichen Onkel, Bischof Arenius von Orte, gelingt, kaiserliche Unterstützung zu bekommen. Doch in Rom weigert man sich, Anastasius als Papst zu akzeptieren, die zuständigen Bischöfe sind selbst unter Androhung von Strafen nicht bereit, ihn zu weihen. Nachdem der Widerspruch von Klerus und Volk so eindeutig ist, erklären sich die kaiserlichen Gesandten schließlich mit Benedikt einverstanden.

Benedikt lässt Milde walten, vergibt Anastasius und verordnet ihm Hausarrest im Kloster Santa Maria in Trastevere.

Während des Pontifikats von Benedikt III. weilen in Rom Etewulf, der König von Wessex, und dessen Sohn Alfred. Sie machen der römischen Kirche große Geschenke und verpflichten sich, jährlich einen bestimmten Betrag aus England zu schicken.

Im mittelalterlichen Papstbuch, dem *Liber Pontificalis,* wird Benedikt seines Amtes für würdig befunden, mehr wegen der Heiligkeit seiner Sitten als wegen seiner Weisheit. Er gibt viele Beispiele seiner Frömmigkeit und Nächstenliebe. Er widmet sich den Kranken und Bedürftigen und bemüht sich um die Reinheit des Evangeliums.

Am 7. April 858 stirbt Benedikt III. und wird in St. Peter beigesetzt.

Die Päpstin Johanna

Nach einer mittelalterlichen Legende – die keinen historischen Anhaltspunkt hat – folgt auf Leo IV. die Päpstin Johanna. Diese Frau soll als Mann verkleidet alle getäuscht und die Kirche unter dem Namen Johannes Angelicus regiert haben. Dies wurde erst entdeckt, als sie schwanger war und während einer Prozession das Kind gebar. Das Volk, wegen der Täuschung erzürnt, tötete die Frau und das Neugeborene. Zuerst wird diese Legende in der *Universalchronik von Metz* des Dominikaners Jean de Mailly (1259) erzählt, eine weitere Version findet sich in der *Chronik der Päpste und Kaiser* des Dominikaners Martin von Troppau (1260). Auch Boccaccio nahm die Legende wieder auf: *Von berühmten Frauen* (1362).

Benedikt III. 855–858

geb. Rom ?; gest. Rom 867

Nikolaus I. 858–867

Päpstliche Theokratie

Unter Theokratie (griech. »Gottesherrschaft«) versteht man eine Herrschaftsform, die sich von Gott her legitimiert und in der staatliche und religiöse Ordnung zusammengehören. In der christlichen Welt entwickelt sich im Mittelalter eine Theokratie-Idee, nach der dem Papst die umfassende Herrschaft über alle weltlichen Gewalten zusteht. Nach Nikolaus I. wird diese Auffassung später vor allem von Papst Innozenz III. (1198–1216) vertreten; demnach hat der Papst nicht nur das Recht auf geistliche, sondern auch auf weltliche Macht, bedingt durch seine besondere Position, in der er jedem Königtum überlegen ist.

HINTERGRUND

Nikolaus stammt aus der adeligen Familie der Conti und ist in Rom geboren. Sein Vater Theodorus lässt ihm die beste Erziehung jener Zeit zukommen. Schon früh kommt er an den päpstlichen Hof, gewinnt Einfluss und ist Ratgeber seines Vorgängers, Benedikt III. Er wird am 24. April 858 einstimmig zum Papst gewählt.

Sein Pontifikat nimmt bereits die mittelalterliche Lehre der päpstlichen Theokratie vorweg, mit der die Autorität der römischen Kirche endgültig besiegelt wird, wie sie später bei den Päpsten Gregor VII., Innozenz III. und Bonifatius VIII. deutlich zum Ausdruck kommt. Nikolaus beansprucht die Überlegenheit seiner Macht gegenüber jeglicher anderen und beruft sich dabei auf die *Pseudo-Dekretalien*, die angeblich von Isidor von Sevilla (gest. 626) stammen, eine Sammlung teils gefälschter kirchenrechtlicher Dokumente, die die Unantastbarkeit der Bischöfe gegenüber staatlicher Gewalt, aber auch ihre Vorrangstellung gegenüber Provinzialsynoden und Metropoliten belegen sollen: Anklagen gegen Bischöfe werden so erschwert, Hüter und Verteidiger der Bischöfe ist vor allem der Papst, niemand sonst. Er gibt sich als unabhängiger Herrscher mit weltlicher und geistlicher Macht und bekräftigt, dass der Papst seine Rechte direkt von Christus erhalten hat, Diener Gottes auf Erden ist und seine Autorität die Gottes ist. So obliegen ihm Rechtsprechung und Gesetzgebung. Er versteht sich selbst als höchste Instanz, der alle – einschließlich des Kaisers – unterworfen sind. Das zeigt sich auch deutlich beim Konflikt mit Lothar II., König des fränkischen Mittelreiches: Als eine Synode in Aachen 862 seiner Trennung von seiner Gemahlin Theutberga und der Heirat mit Waldrada zustimmt, verweigert Nikolaus die Anerkennung der Akten, setzt die zuständigen Erzbischöfe ab und fordert Lothar II. zum Gehorsam gegenüber Papst und Kirchenrecht auf. Selbst als daraufhin Kaiser Ludwig II. einschreitet und Rom mit seinem Heer bedroht, gibt er nicht nach. Lothar beugt sich schließlich.

Nikolaus nimmt entscheidenden Einfluss auf die Stärkung kirchlicher Macht, während das fränkische und byzantinische Reich an Bedeutung verlieren. Auch mit Byzanz kommt es zu einer Auseinandersetzung. Photios, von Kaiser Michael III. anstelle des abgesetzten Ignatius zum Patriarchen von Konstantinopel ernannt, wird von Papst Nikolaus nicht anerkannt und außerdem auf der Lateransynode von 863 verdammt. Daraufhin beruft Photios eine Synode der Ostkirche nach Konstantinopel ein (8. September 867), die den Papst absetzt und exkommuniziert. Diese Nachricht erreicht Nikolaus nicht mehr, aber die gegenseitigen Exkommunikationen, »Photianisches Schisma« genannt, verschärfen die Spannungen zwischen Ost und West.

Nikolaus, der manchmal auch der Große genannt wird, regiert die Kirche über neun Jahre. Er stirbt am 13. November 867 und wird in St. Peter begraben. Die Römer betrauern seinen Tod sehr; besonders die Armen verehren ihn, da er in einer Rede gesagt hat, er wünsche nicht, dass es in Rom einen Bedürftigen gebe, dem er nicht geholfen habe. Im Heiligenkalender wird er seit 1630 geführt. Festtag ist der 13. November.

Hl. Nikolaus I. 858–867

geb. Rom 791; gest. Rom 872

Hadrian II. 867–872

Hadrian stammt aus derselben römischen Adelsfamilie wie Stephan IV. und Sergius II. und wird am 14. Dezember 867 zum Papst gewählt. Vorher war er verheiratet und ist Vater einer Tochter. 842 wird er Priester und macht wegen seiner Frömmigkeit und Weisheit von sich reden. Schon nach dem Tod von Leo IV. und Benedikt III. hat man an ihn als Papst gedacht, er hat eine Wahl jedoch stets abgelehnt. Nachdem die verschiedenen Parteien sich nach dem Tod Nikolaus' I. nur schwer einigen können, ist er diesmal bereit, als Kompromisskandidat zur Verfügung zu stehen. Auch die Zustimmung Kaiser Ludwigs II. erfolgt rasch.

Hadrian II. wird mit 76 Jahren Papst und hat angesichts seines hohen Alters nicht mehr die Energie und Stärke, das Amt wie sein Vorgänger auszufüllen. Immerhin erhält er durch ein Konzil in Konstantinopel (869/70), zu der er seine päpstlichen Legaten schickt, die Bestätigung der Verdammung von Photios, dem Patriarchen von Konstantinopel, den Papst Nikolaus I. exkommuniziert hat. Es wird außerdem ausdrücklich festgehalten, dass weltliche Herrscher sich nicht in Bischofswahlen einzumischen haben. Unmittelbar im Anschluss an das Konzil beschließen die Vertreter der Patriarchate des Ostens, dass Bulgarien künftig hinsichtlich der kirchlichen Zugehörigkeit Konstantinopel und nicht Rom unterstellt werden soll. Die Proteste der päpstlichen Gesandten sind vergeblich; Bulgarien bleibt seither dem Osten zugeordnet.

Während seines Pontifikats fördert Hadrian die Heidenmission von Kyrill und Method auf slawischem Gebiet, indem er ihnen bei ihrem Aufenthalt in Rom 867/68 die Verwendung des Slawischen im Gottesdienst genehmigt.

An Pfingsten 872 krönt er Ludwig II. in St. Peter zum zweiten Mal zum Kaiser. Dies ist seine letzte bekannte Amtshandlung. Hadrian II. stirbt Ende des Jahres 872 (sein genaues Todesdatum ist nicht bekannt) und wird in St. Peter bestattet.

Kyrill (827–869) und Method (820–885)

863 werden die beiden Brüder von Michael III., dem Kaiser von Byzanz, nach Mähren geschickt, um die Slawen zu christianisieren. Kyrill entwickelt zu diesem Zweck das erste slawische Alphabet (das glagolitische; die nach ihm benannte kyrillische Schrift entsteht später) und übersetzt die Evangelien und liturgischen Texte. Um dem Papst über ihre Missionserfolge Bericht zu erstatten, reisen sie nach Rom, wo Kyrill am 14. Februar 869 stirbt. Method wird Erzbischof von Sirmium in Pannonien und setzt seine Missionsarbeit gegen alle Widerstände bis zu seinem Tod 885 fort. Der Gedenktag der beiden Missionare ist der 14. Februar.

Hadrian II. 867–872

geb. Rom ?; gest. Rom 882

Johannes VIII. 872–882

Johannes wird in Rom geboren, stammt jedoch von Langobarden ab. Als Erzdiakon ist er viele Jahre enger Mitarbeiter seines Vorgängers, Papst Nikolaus' I. Am 14. Dezember 872 wird er zum Papst gewählt und geweiht. Er ist ein tatkräftiger Papst, auf den eine Reihe von politischen Aufgabenstellungen warten.

875, als Kaiser Ludwig II. stirbt, votiert Johannes VIII. für Karl den Kahlen und krönt ihn zum Kaiser, dieser stirbt jedoch bereits Anfang Oktober 877. Wiederum hält er selbst Ausschau nach dem Kandidaten, der ihm unter den verschiedenen Karolingern am geeignetsten erscheint. Die Situation gestaltet sich schwierig. Als er von römischen Gruppierungen und Teilen des römischen Adels, die Karlmann, einen Sohn Ludwigs des Deutschen als Nachfolger Kaiser Ludwigs II. sehen wollen, angegriffen wird, flieht er nach Arles und dann nach Lyon.

Im Jahr 879 krönt er schließlich Karl den Dicken zum König des *Regnum Italicum* (Nord- und Mittelitalien) und 881 zum Kaiser. In den schwierigen Situationen seiner Amtszeit ist ihm der Kaiser jedoch keine Hilfe. Johannes muss auf die Piratenzüge der Sarazenen reagieren, die schon den Großteil Siziliens erobert und Verträge mit den kampanischen Stadtherren geschlossen haben. Da er sich nicht auf die Unterstützung der fränkischen Könige oder der kampanischen Seestädte (Gaeta, Neapel, Amalfi, Salerno) verlassen kann, sieht sich der Papst gezwungen, um Frieden zu bitten und einen hohen Tribut zu zahlen.

Er versucht eine Annäherung an Konstantinopel und befasst sich auch mit den Problemen der Kirche im Osten, die dadurch entstehen, dass Kaiser Basileios I. eine Rehabilitierung des Photios wünscht, den er wieder zum Patriarchen von Konstantinopel gemacht hat (878). Das Konzil von Konstantinopel (879/80) hebt unter Beteiligung päpstlicher Legaten das sog. »Photianische Schisma« zwischen Ost- und Westkirche auf und annulliert alle Beschlüsse der Synoden, die Photios zuvor verdammt haben.

Innerkirchlich gibt Johannes eine Reihe von Anweisungen hinsichtlich der Pflichten der Bischöfe und besteht auf der Unauflöslichkeit der Ehe. Gegen Bischöfe, mit deren Verhalten er nicht einverstanden ist, geht er energisch vor, auch um seine eigene Machtposition zu sichern. So lässt er Formosus, den Bischof von Porto bei Rom, absetzen und 878 ins Exil schicken. Später wird Formosus rehabilitiert werden; 891 wird er selbst Papst.

Johannes VIII. regiert die Kirche zehn Jahre lang. Er gilt als erster Papst, der durch Mord ums Leben kam. Es heißt, er sei vergiftet und dann erschlagen worden. Sein Todestag ist der 16. Dezember 882. Er wird in St. Peter bestattet.

Das Lehnswesen

Die staatliche Ordnung fußt zunehmend auf dem Lehnswesen (Feudalismus). Ein Lehen beruht auf einem Vertrag, der Lehnsherr und Lehnsempfänger bindet und in dem sie sich gegenseitig Vorteile und Hilfe garantieren. Der Lehnsvertrag gilt auf Lebenszeit. Als Lehen können Ländereien und Güter, aber auch Ämter, öffentliche Einkünfte usw. vergeben werden. Im Gegenzug leistet der Lehnsmann (Vasall) einen Dienst- und Treueeid, der bestimmte Verpflichtungen mit sich bringt, etwa die unbedingte Gefolgschaft und das Stellen von Soldaten in Kriegszeiten oder bestimmte Dienstleistungen und Zahlungen.

HINTERGRUND

Johannes VIII. 872–882

Marinus

geb. Gallese in Umbrien ?; gest. Rom 884

Marinus I. 882–884

Marinus wird in Gallese in Umbrien geboren. Er steht schon als Zwölfjähriger im Dienst der römischen Kirche und unterstützt seit 860 die päpstliche Politik bei wichtigen Aufgaben. Vor allem hat er mit der Auseinandersetzung um den Patriarchen Photios von Konstantinopel zu tun und ist einer der päpstlichen Gesandten auf der Synode von 869/70 in Konstantinopel, auf der Photios verurteilt wird. Schon unter Leo IV. ist er Subdiakon, unter Nikolaus I. Diakon. Er wird Erzbischof und Schatzmeister. Johannes VIII. weiht ihn zum Bischof von Caëre in Etrurien, dem heutigen Cerveteri, und setzt ihn weiterhin bei schwierigen Missionen ein.

Am 16. Dezember 882 wird er zum Papst gewählt. Dass er somit der erste Bischof ist, der zum Papst gewählt wird, ist insofern bemerkenswert, weil dies eigentlich gegen frühkirchliches Recht verstößt, nach dem die Versetzung eines Bischofs in eine andere Diözese untersagt ist. Es gibt deshalb immer wieder Spekulationen, ob Marinus möglicherweise zunächst von seinem Bischofsamt zurückgetreten ist, um seine Wahl zum Papst zu ermöglichen. Zu Streit kam es offenbar deshalb nicht.

Der Kaiser ist anscheinend nicht, wie es üblich gewesen wäre, unmittelbar um Zustimmung zur Wahl gebeten worden, aber Marinus trifft sich im Juni 883 bei Modena mit Karl III. und es scheint keine Einwände seinerseits gegeben zu haben.

Marinus hebt – vielleicht eine Folge dieses Treffens – den Beschluss seines Vorgängers wieder auf, der Bischof Formosus degradiert und verbannt hatte. Er setzt Formosus, der später selbst Papst wird, wieder in sein Bistum Porto bei Rom ein.

Er bestätigt hingegen die Exkommunizierung von Photios und macht sich damit Kaiser Basileios endgültig zum Feind; von diesem war er, als er vom Papst 869 nach Konstantinopel geschickt worden war, bereits ins Gefängnis geworfen worden.

Während seines Pontifikats stürmen und zerstören die Sarazenen das Kloster von Montecassino. Marinus hat gute Beziehungen zu Alfred dem Großen von England, der die Kirche und Kultur sehr fördert.

Marinus regiert die Kirche knapp anderthalb Jahre. Er stirbt wahrscheinlich Mitte Mai 884 und wird in St. Peter beigesetzt.

Photios (um 810–893/4)

Der oströmische Kaiser Michael III. setzt 858 Ignatius ab und überträgt das Amt des Patriarchen von Konstantinopel Photios, einem hochgebildeten Laien. Das erhält allerdings nicht die Zustimmung von Papst Nikolaus I., der auf einer römischen Synode 863 Photios absetzen lässt, welcher wiederum 867 den Papst für abgesetzt erklärt – der Beginn des sog. »Photianischen Schismas«. Nur zwei Monate später wird Photios vom neuen Kaiser Basileios I. abgesetzt. Später wird Photius rehabilitiert. Ab 878 ist er wieder Patriarch von Konstantinopel, 886 enthebt ihn der neue Kaiser Leon VI. wiederum des Amtes. Daraufhin zieht er sich in ein Kloster zurück, wo er 893/4 stirbt. Die Ostkirche verehrt ihn als Heiligen.

Marinus I. 882–884

geb. Rom ?; gest. Nonantola 885

Hadrian III. 884–885

Hadrian wird in Rom geboren und am 17. Mai 884 zum Papst gewählt. Er hat ebenso gute Beziehungen zum fränkischen Kaiser Karl dem Dicken wie zu Basileios I., dem oströmischen Kaiser. Dem oströmischen Patriarchen von Konstantinopel, Photios, sendet er wie üblich einen Brief mit der Anzeige seiner Wahl zum Papst, was zugleich auch dessen Anerkennung bedeutet und signalisiert, dass der alte Streit beigelegt ist.

Seine Energie und feste Hand versprechen ein glückliches Pontifikat, aber er stirbt am 8. Juli 885 in San Cesareo bei Modena, als er sich auf Bitten Karls des Dicken nach Franken aufmachen will, um am Reichstag zu Worms teilzunehmen. Der Papst sollte bei der Frage der Regelung der ostfränkischen Thronnachfolge helfen, denn Karl der Dicke hat außer seinem nichtehelichen Sohn Bernhard keinen männlichen Erben und benötigt die Anerkennung Bernhards als legitimen Spross.

Hadrians Leichnam wird im Kloster von Nonantola beigesetzt. Dort beginnt seine Verehrung als Heiliger zunächst örtlich begrenzt, wird aber 1891 schließlich offiziell bestätigt. Festtag ist der 8. Juli.

Karl der Dicke (839–888)

Nach dem Tod Karls des Kahlen geht der Kaisertitel 881 auf Karl den Dicken über, der bereits seit 879 König von Italien ist und seit 888 auch alleiniger König im ost- und westfränkischen Reich. Es scheint, als ließe sich wieder das gesamte Reich Karls des Großen auf ihn vereinen, aber dies ist nur eine Illusion. Als die Normannen Paris belagern, weiß sich der schwache und kranke Karl nicht anders zu helfen, als sich ihren Abzug mit Geld zu erkaufen. Die Fürsten des ostfränkischen Reiches, unter Führung von Karls Neffen Arnulf von Kärnten, setzen ihn 887 ab. Kein herausragender Herrscher trägt danach mehr die Kaiserkrone, bis Otto I. sie 962 übernimmt. So endet das Reich der Karolinger.

Hl. Hadrian III. 884–885

geb. Rom ?; gest. Rom 891

Stephan V. 885–891

Stephan, der aus einer römischen Adelsfamilie stammt, ist Kardinalpriester von Santi Quattro Coronati, als er im September 1885 einhellig von Klerus und Volk zum Papst gewählt wird. Es wird berichtet, dass er aus Bescheidenheit und Demut das Amt nicht gleich angenommen habe. Er soll sich, als er von seiner Wahl erfuhr, in seinem Haus verbarrikadiert haben, sodass die Kardinäle gezwungen waren, die Tür aufzubrechen, ihn herauszuholen und nach St. Peter zu bringen.

Kaiser Karl der Dicke ist von dieser Wahl gar nicht angetan und verstimmt, weil man ihn nicht zu Rate gezogen hat. Aber Stephan V. kann dessen Kanzler Liutward überzeugen, dass alles rechtens verlaufen ist.

Die Parteikämpfe in Rom wie auch die Sarazenenüberfälle machen Stephan V. zu schaffen, aber er wartet vergeblich auf die Hilfe Kaiser Karls als Schutzherr Italiens. Karl der Dicke kämpft zu sehr mit Schwierigkeiten im eigenen Reich. Im November 887 wird er von seinem Neffen Arnulf von Kärnten abgesetzt; das einstige Reich Karls des Großen zerbricht endgültig.

Im Jahr 891 krönt der Papst, der ständig nach einem Beschützer sucht, Wido von Spoleto, der schon seit 889 König von Nord- und Mittelitalien ist und sich im Kampf gegen die Sarazenen ausgezeichnet hat, als ersten Nicht-Karolinger zum Kaiser. Aus Dankbarkeit bestätigt Wido die Schenkungen der fränkischen Könige an die Kirche, aber in Wirklichkeit möchte er die Oberhoheit über den Kirchenstaat erlangen.

Schnell werden partikulare Bestrebungen deutlich, und die Schwäche der Zentralmacht begünstigt die Entstehung kleiner und größerer Fürstentümer, weltlicher und kirchlicher. Stephan unterhält deshalb gute Kontakte zu Konstantinopel, um wenigstens von dort Unterstützung bei der Verteidigung der Küste vor Übergriffen der Sarazenen zu bekommen.

Papst Stephan regiert die Kirche sechs Jahre. Er stirbt am 7. August 891 und wird in der Vorhalle von St. Peter beigesetzt.

HINTERGRUND

Die Herrschaft in Italien

Als Karl der Dicke, Kaiser und König von Italien, stirbt, geht die Monarchie in die Hände weniger Feudalherren über. Sie wählen Könige und setzen sie ab, je nach Belieben. Die wichtigsten Kronprätendenten sind Herzog Wido von Spoleto und Berengar, der Markgraf des Friaul. Berengar gelingt es, sich 888 zum König Italiens ausrufen zu lassen, aber sofort bricht ein Kampf zwischen den beiden aus. Wido besiegt Berengar und lässt sich von Papst Stephan V. im Februar 891 gemeinsam mit seiner ehrgeizigen Gattin Ageltrude zum Kaiser krönen.

Stephan V. 885–891

geb. Rom um 816; gest. Rom 896

Formosus 891–896

Er ist vermutlich in Rom geboren. 864 wird er Bischof des Bistums Porto bei Rom. Der ehrgeizige Formosus wird aufgrund seiner Begabungen für vielfältige päpstliche Aufgaben eingesetzt und ist als Legat im Westen wie im Osten unterwegs. Papst Johannes VIII. wittert in ihm offenbar einen Gegner und lässt ihn als Bischof absetzen, doch Papst Marinus I. rehabilitiert ihn. Dessen Nachfolger schätzen seine Mitarbeit wieder sehr.

Am 6. Oktober 891 wird er schließlich in fortgeschrittenem Alter selbst Papst. Formosus gilt als gebildet und intelligent, er ist ein profunder Kenner der heiligen Schriften.

In England und im Norden des Deutschen Reiches fördert er die Missionsarbeit, und er unterhält freundliche Beziehungen zum Osten.

In der schwierigen Zeit nach dem Ende der Herrschaft der Karolinger bittet Formosus, um sich der tyrannischen Herrschaft Widos von Spoleto und dessen Übergriffen zu erwehren, Arnulf von Kärnten um Hilfe und krönt ihn 896 zum Kaiser. Damit zieht er sich den Hass seiner Gegner zu, die in kriegerischer Absicht nach Rom marschieren, aber keine Rache mehr üben können, da Formosus am 4. April 896 stirbt.

Er wird in St. Peter beigesetzt, doch sein Leichnam findet dort nur für neun Monate Ruhe. Die Spoletaner schänden die Leiche des Papstes. Nach der kurzen Amtszeit Bonifatius' VI. lässt Stephan VI., ein Freund der Herzöge von Spoleto, denen er auch den Papstthron verdankt, auf deren Betreiben hin den Leichnam des Formosus exhumieren und hält ein makabres Gerichtsverfahren, die sog. Leichensynode, ab.

Stephan VI. spricht Formosus posthum schuldig (vorgeworfen wird ihm, dass die Papstwahl ungültig ist, weil er nach altem frühkirchlichen Recht als Bischof nicht in ein anderes Bistum wechseln darf – aber dies ist offenbar nur der Vorwand zur Rache). Die Leiche wird barbarisch verstümmelt und in den Tiber geworfen.

Formosus' sterbliche Überreste werden danach geborgen und in St. Peter beigesetzt. Nach dem Tod Stephans VI. wird Formosus 898 auf einer römischen Synode rehabilitiert.

Arnulf von Kärnten (um 850–899)

Da Papst Formosus die zunehmende Macht Widos von Spoleto fürchtet, verhält er sich wie die Päpste vor ihm: Er lädt den ostfränkischen König Arnulf von Kärnten, der Kaiser Karl den Dicken abgesetzt hat, nach Italien ein und bietet ihm, in der Hoffnung, von ihm Hilfe zu erhalten, die Kaiserkrone an. Der karolingische Fürst lässt sich im Februar 896 in Rom krönen, kehrt aber wegen Krankheit rasch ins Deutsche Reich zurück (wo er 899 stirbt) und überlässt Papst und Papsttum der Willkür der Fürsten von Spoleto. Sein Sohn, Ludwig das Kind, ist der letzte ostfränkische Karolinger.

Formosus 891–896

geb. Rom ?; gest. Rom 896

Bonifatius VI. 896

Bonifatius wird in Rom geboren, mitunter wird aber auch von einer Herkunft aus der Toskana berichtet. Er hat eine dunkle Vergangenheit; zweimal wird er als Diakon und als Priester wegen moralischer Verfehlungen abgesetzt. Seine Wahl wird durch einen Aufruhr des Volkes von Rom erzwungen. Vermutlich wird er Mitte April 896 gleich nach dem Tod von Papst Formosus auf den Stuhl Petri erhoben. Seine tumultuarische Wahl spiegelt das anarchische Klima wider, in das Italien nach dem Ende des karolingischen Reiches gefallen ist. Grund sind die inneren Kämpfe, in die sich die verschiedenen Fürsten verstricken, um sich die Krone zu sichern. Möglicherweise soll aber auch die Wahl dieses Papstes den abwesenden Kaiser Arnulf von Kärnten (896–899) herausfordern.
Diese schwierige Gemengelage führt dazu, dass Bonifatius, der unter schwerer Gicht leidet, als Papst eine nur fünfzehntägige Amtszeit hat, die unter dem Einfluss des Herzogs von Spoleto steht. Er stirbt Ende April 896 und wird in St. Peter beigesetzt.

Die Herzöge von Spoleto

Das Herzogtum von Spoleto entsteht in den ersten Jahren nach der Eroberung durch die Langobarden (571) und gerät nach dem Sieg über den letzten Langobardenkönig Desiderius in Abhängigkeit vom Papsttum und unter die Herrschaft der Franken. Als die Herzöge mit dem Ende des Karolingerreichs ihre Autonomie wiedererlangen, nehmen sie am Kampf um die Krone Italiens teil, und Wido lässt sich 891 nach seinem Sieg über Berengar von Papst Stephan V. zum Kaiser krönen. Im Jahr darauf lässt er seinen Sohn Lambert zum Mitkaiser ernennen. Durch den Tod Widos (894) und Lamberts (898) wird die Partei der Spoletiner in Rom geschwächt.

Bonifatius VI. 896

Stephan
geb. Rom ?; gest. Rom 897

Stephan VI. 896–897

Es gibt nur wenige Aufzeichnungen über Stephan. Man weiß, dass er von Geburt Römer und Sohn eines Presbyters ist, und dass er von Formosus zum Bischof von Anagni ernannt wird. Doch später wird er dessen unversöhnlicher Feind.
Am 22. Mai 896 wird er zum Papst gewählt und am 20. August geweiht. Seine Wahl war möglicherweise vom kaiserlichen Legaten beeinflusst.
Die Einflussnahme der Herzöge von Spoleto, die eigentlichen Herren Italiens zu dieser Zeit, macht eine ungestörte Amtsausübung unmöglich. Sie inszenieren 897 sogar einen makaberen Schauprozess, der als »Leichensynode« in die Kirchengeschichte eingeht: Der bereits verwesende Leichnam des Formosus wird exhumiert und in päpstliche Gewänder gehüllt; man setzt ihn auf einen Stuhl im Gerichtssaal. Der Prozess beginnt mit einer förmlichen Anklage wegen Meineids und wegen Verletzung der Vorschriften, die es einem Bischof verbieten, in eine andere Diözese zu wechseln. Drei Tage lang »verhören« ihn die Richter. Ein Diakon gibt anstelle des Toten auf die Anschuldigungen fiktiv Antwort. Es ergeht das Urteil: Er wird für schuldig befunden. Seine Amtshandlungen werden für nichtig erklärt, die von ihm geweihten Priester verlieren ihr Amt, sein Leichnam wird in den Tiber geworfen. Zuvor aber hackt man der Leiche noch die Finger der rechten Hand ab, mit denen Formosus geschworen und gesegnet hat.
Papst Stephan ist sich nicht zu schade dafür, den Vorsitz dieser unwürdigen Veranstaltung zu führen. Er selbst profitiert von der Annullierung aller Amtshandlungen des Formosus, weil damit auch seine einstige Ernennung zum Bischof von Anagni hinfällig wird. Wäre sie das nicht, könnte man ihm selbst das gleiche Vergehen wie Formosus vorwerfen, nämlich als jetziger Bischof von Rom seine ursprüngliche Diözese verlassen zu haben.
Solche Exzesse rufen den Zorn des Volkes hervor, das Formosus schätzt. Es kommt zu einem Aufstand, Stephan wird für abgesetzt erklärt und ins Gefängnis geworfen, wo man ihn im Juli oder August 897 erwürgt.
Stephans Leichnam wird in St. Peter beigesetzt.

Berengar I., König von Italien (888–924)

Berengar I., Enkel Ludwigs des Frommen, Markgraf von Friaul und 888 zum König der Langobarden gekrönt, versucht sich des ganzen Langobardenreichs zu bemächtigen, nachdem sowohl sein Widersacher Lambert von Spoleto als auch Kaiser Arnulf von Kärnten tot sind. Er wird allerdings ernsthaft von den Ungarn bedroht, die 899/900 in Italien einfallen, und diese Schwäche versuchen auch die Könige von Burgund auszunutzen. Nach einem glänzenden Sieg am Garigliano gegen die Sarazenen erlangt Berengar 915 die Kaiserkrone von Johannes X. 923 wird er von Rudolf II. von Burgund besiegt und im Jahr darauf ermordet.

Stephan VI. 896 – 897

geb. Civita Castellana ?; gest. Rom 897

Romanus 897

Romanus wird in Civita Castellana in der Provinz Viterbo (Latium) geboren, manchmal wird jedoch auch vermutet, er sei Engländer. Im August 897 wird er zum Papst gewählt. Es gibt weder über ihn noch über sein Pontifikat bemerkenswerte Aufzeichnungen.
Wir wissen, dass er als Anhänger des Formosus die Entscheidungen seines Vorgängers im Hinblick auf Papst Formosus rückgängig machte.
Er lebt in einer bewegten und schwierigen Zeit der Kämpfe zwischen den verschiedenen politischen Gruppierungen. Romanus hat den Stuhl Petri nur vier Monate inne; wir kennen das genaue Datum seines Todes (oder seiner Absetzung?) und auch seinen Begräbnisort nicht. Nach der revidierten Fassung des mittelalterlichen Papstbuches *Liber Pontificalis* sei er »zum Mönch gemacht«, das heißt, in einem Kloster unter Hausarrest gestellt worden. Das lässt auf eine Absetzung schließen.

Die neuen Invasionen

Zwischen der Mitte des 9. und des 10. Jahrhunderts erlebt die westliche Welt eine schwierige Zeit, die an die dramatischen Ereignisse der Völkerwanderung vier Jahrhunderte zuvor erinnert. Es gibt wieder gewaltsame Invasionen, die die politische Ordnung Europas verändern: Die Normannen im Norden, die Ungarn im Osten, die Sarazenen im Süden.

Romanus 897

geb. Rom ?; gest. Rom 897

Theodor II. 897

Über die Herkunft und Laufbahn Theodors ist nichts überliefert, außer dass er ein gebürtiger Römer ist. Er folgt auf Romanus, übt sein Papstamt aber nur zwanzig Tage aus.
Theodor II. ist ein diskreter, caritativ tätiger und friedliebender Mann. Er hält eine Synode ab, die alle Anordnungen und Beschlüsse der »Leichensynode« Stephans VI. aufhebt, Papst Formosus rehabilitiert, seinen Leichnam birgt und mit allen Ehren in seiner ursprünglichen Grabstätte in St. Peter beisetzt.
Theodor nimmt sich außerdem vor, die Weihe von Priestern zu bestätigen, die von Formosus vorgenommen und von Stephan VI. für ungültig erklärt worden sind.
Weder das genaue Datum seines Amtsantritts noch die Ursache für seinen frühen Tod im Dezember 897 ist bekannt.

HINTERGRUND

Die Normannen

Die germanischen Scharen, die von der Halbinsel Jütland und aus dem übrigen Skandinavien stammen, nennen sich Normannen (»Männer des Nordens«), Waräger oder Wikinger (»Männer der Fjorde«). Sie sind vorzügliche Seeleute und seit 850 nicht nur auf den Meeren des Nordens präsent. Angetrieben werden sie von Abenteuerlust, Überbevölkerung und dem Bedürfnis nach Lebensmitteln und Waren, die sie gegen ihre Felle und getrockneten Fische tauschen. Sie sind geschickt, schnell, unangreifbar, räuberisch und suchen nach neuem Land. Sie erreichen Island, Grönland, Russland, Labrador und das Mittelmeer.

Theodor II. 897

geb. Tivoli ?; gest. Rom 900

Johannes IX. 898–900

Johannes wird als Sohn einer Adelsfamilie in Tivoli geboren, die zu den Anhängern des Papstes Formosus gehört. Er wird Benediktinermönch und Kardinal. Im April 898 wird er zum Papst gewählt.

Johannes ist der Wunschkandidat Lamberts von Spoleto, der seit 891 König von Italien ist und den Papst Formosus am 30. April 892 auf Druck seines Vaters Wido von Spoleto zum Mitkaiser gekrönt hatte. Auch er bestätigt wie sein Vorgänger die Beschlüsse der letzten Synode und tritt für die Rehabilitation von Papst Formosus ein; doch er verhält sich auch gegenüber den von Stephan VI. geweihten Bischöfen und Priestern entgegenkommend. Ihre Ordinationen gelten jetzt als rechtmäßig.

Auf einer 898 nach Rom einberufenen Synode, an der 70 Bischöfe teilnehmen, werden die aberwitzigen Urteile der »Leichensynode« von 897 aufgehoben, und es wird, um Unordnung zu vermeiden, festgelegt, dass nach der Papstwahl durch Bischöfe und Klerus unter Mitwirkung von Senat und Volk bei der Weihe Delegierte des Kaisers anwesend sein sollen. Prozesse gegen Tote werden untersagt. Diese Beschlüsse werden auch auf der folgenden Synode von Ravenna bestätigt.

Um die bestehenden Spannungen zu mildern und die römischen Adeligen zu mehr Gehorsam zu zwingen, bestätigt Johannes die Krönung Lamberts von Spoleto zum Kaiser durch Formosus im Jahr 892, die Kaiserkrönung Arnulf von Kärntens von 896 wird dagegen für ungültig erklärt. Doch diesem Versuch einer Befriedung ist kein Erfolg beschieden, weil der junge Kaiser Lambert bereits kurz darauf bei einem Jagdunfall am 15. Oktober 898 ums Leben kommt.

Papst Johannes bekräftigt die Privilegien der Abtei von Montecassino, die der Ordensvater Benedikt von Nursia gegründet hat.

Johannes IX. regiert die Kirche zwei Jahre lang. Er stirbt in der ersten Jahreshälfte 900 und wird in St. Peter bestattet.

Ungarn, Magyaren

Sie sind ein kriegerisches Reitervolk. Ihre Vorfahren siedelten im Uralgebiet, später in der südlichen Ukraine. Unter Führung des legendären Arpad (845–907) ziehen die Ungarn auf den Ruf der Byzantiner hin nach Europa, um 894 gegen die Bulgaren unter Simeon dem Großen zu kämpfen, der Konstantinopel bedroht. Sie lassen sich seit 895 im Karpatenbecken und in Pannonien nieder und suchen Mittel- und Südeuropa ein halbes Jahrhundert lang mit ihren Plünderungszügen heim, bis sie 955 bei der Schlacht auf dem Lechfeld vernichtend geschlagen werden. Im Jahr 1001 wird Ungarn zum Königreich, als Großfürst Stephan, der sich gemeinsam mit seinem Vater hatte taufen lassen, von Rom Königstitel und Krone erhält.

HINTERGRUND

Johannes IX. 898–900

geb. Rom ?; gest. Rom 903

Benedikt IV. 900–903

Benedikt ist ein gebürtiger Römer und stammt aus der städtischen Oberschicht. Im Mai oder Juni 900 wird er zum Papst gewählt. Der historische Moment, in dem er die Kirche leiten soll, hätte wahrscheinlich eines entschlosseneren Charakters bedurft. Die Ungarn haben Norditalien überfallen und 899 Berengar, den König Italiens, besiegt. Die Sarazenen unternehmen Raubzüge im Süden, und Rom ist in der Gewalt von Gruppierungen, die von immer gierigeren und räuberischeren Familien angeführt werden.

Benedikt IV. sucht Hilfe bei Ludwig II. von Vienne (Provence); geblendet durch dessen Anfangserfolge, krönt er ihn 901 zum Kaiser. Doch ein Jahr später gewinnt Berengar militärisch über Ludwig die Oberhand; er besiegt Ludwig 902 und zwingt den neuen Kaiser, sich jenseits der Alpen zurückzuziehen. Ohne kaiserlichen Schutz verfällt Rom bald der Anarchie des Parteienkampfes und ist in der Hand von Theophylakt, einem römischen Adeligen, und seiner Familie. Unter dem Einfluss dieser Familie erlebt Rom eine der traurigsten und dunkelsten Zeiten seiner Geschichte.

Benedikt ist ein zurückhaltender Papst, der von dem Chronisten Flodoard von Reims (gest. 966) für seine Mildtätigkeit den Armen gegenüber gepriesen wird. Er stirbt im August 903, nachdem er die Kirche drei Jahre regiert hat.

Er wird in St. Peter begraben. Dass er von Anhängern Berengars ermordet wurde, lässt sich aus zeitgenössischen Quellen nicht belegen.

HINTERGRUND

Die Ungarn in Italien

»Unterdessen (im Jahr 900) machte das grausame heidnische Volk der Ungarn, das nach Italien gekommen war und alles durch Feuer und Raub verwüstet und viele Menschen umgebracht hatte, noch viele zu Sklaven. König Berengar schickte ihnen ein Heer von 10 000 Mann entgegen, aber nur wenige von ihnen kehrten zurück. (...) Diese Verfolgungen in Italien und Venetien dauerten ein Jahr. Dann stellte Berengar Geiseln zur Verfügung und machte Geschenke, und so verließen diese Ungarn Italien mit ihrer gesamten Beute.«

Johannes Diaconus von Venedig (gest. nach 1008), Geschichte Venedigs von den Anfängen bis 1008

Benedikt IV. 900–903

geb. Ardea ?; gest. Rom 904

Leo V. 903

Leo wird in der Nähe Roms geboren, vielleicht in Ardea (südlich von Rom), und ist Gemeindepfarrer von Priapi. Wie er es schafft, als Nichtangehöriger des römischen Klerus, zum Papst gewählt zu werden, ist für diese Zeit unerklärlich. Im Spätsommer 903 wird Leo auf den Stuhl Petri erhoben.

Der Historiker J. N. D. Kelly schreibt dazu: »Eine Legende, die erstmals im 11. Jahrhundert aufkam, setzt Leo V. mit Tutwal (Tual, Tugdual), dem Schutzpatron von Tréguier an der Nordküste der Bretagne gleich. Die Legende (…) berichtet, dass dieser Heilige, der in Wirklichkeit im 6. Jahrhundert lebte (…), sich Hoffnung auf eine Audienz beim Papst machte und Rom aufsuchte. Aber bei seiner Ankunft fand er den Apostolischen Stuhl leer und Klerus und Volk mit einer Papstwahl beschäftigt. Wunderbarerweise fiel die Wahl auf ihn, und als Papst nahm er den Namen Leo der Bretone (*Britigena*) an.«

Die Güte Leos V. grenzt an Schwäche; viele halten ihn für unfähig, dieses Amt auszufüllen, und manche nutzen vielleicht seine mangelnde Vertrautheit mit den Verhältnissen in Rom aus. Denn nach nur 30 Tagen kommt es zu einer »Palastrevolution«: Ein gewisser Kardinalpriester namens Christophorus lässt Leo ins Gefängnis sperren, enthebt ihn seines Amtes und erklärt sich selbst zum Papst.

Aber sein Pontifikat dauert nur wenige Monate. Meist wird Christophorus, der bereits Anfang 904 von Sergius III. selbst abgesetzt und eingekerkert wird, zu den Gegenpäpsten gerechnet. Es heißt, dass Sergius III. ihn zu Leo ins Gefängnis steckt und sie beide schließlich hinrichten lässt. Das Todesdatum dürfte irgendwann im Frühjahr 904 liegen.

Der Beisetzungsort Leos V. ist nicht genau bekannt; spätere Quellen geben die Lateranbasilika oder St. Peter an.

Die Sarazenen

Die muslimischen Araber, im Mittelalter eher bekannt und gefürchtet unter dem Namen »Sarazenen«, beherrschen das Mittelmeer und besetzen die Häfen Nordafrikas, die Insel Malta und Pantelleria, die Balearen und das südliche Spanien. Von ihren Stützpunkten aus brechen sie zu Expeditionen auf, plündern und verwüsten andere Länder. Eine ihrer großen Eroberungen ist die von Sizilien (mit Ausnahme von Taormina und Rocetta) 827 und 878. Auf der Insel bauen sie Zitrusfrüchte, Zuckerrohr, Dattelpalmen und Baumwolle an, und es entwickelt sich eine Seidenindustrie. Die Sarazenen besetzen auch apulische Häfen und gefährden den Adria-Handel.

HINTERGRUND

Leo V. 903

geb. Rom ?; gest. Rom 911

Sergius III. 904–911

Sergius, dem römischen Adel entstammend, hat in Rom die klassische kirchliche Laufbahn beschritten. Stephan V. ernennt ihn zum Diakon, Formosus zum Bischof von Caere (heute Cerveteri). Während der »Leichensynode« (897), als der Leichnam des Formosus geschändet wird, steht er auf der Seite der Gegner des Formosus. Nach dem Tod Theodors II. wird er im Dezember 897 zum Papst gewählt, aber die Partei der Formosus-Anhänger verdrängt ihn und inthronisiert stattdessen Johannes IX., der Sergius ins Exil schickt und exkommuniziert.

Sieben Jahre später kehrt er mit bewaffneter Hilfe durch Alberich von Spoleto und der Unterstützung von Teophylakt nach Rom zurück und erzwingt sich geradezu das Amt. Am 29. Januar 904 lässt er sich zum Papst ausrufen und weihen; seine beiden Vorgänger werden im Gefängnis ermordet.

Als Papst macht er die Beschlüsse der vorherigen Synoden von Rom und Ravenna, die Papst Johannes IX. herbeigeführt hatte, wieder rückgängig, bestätigt die Verdammung von Papst Formosus, erklärt die von ihm geweihten Kleriker wieder für abgesetzt und gibt ihnen ihre Ämter nur gegen die Zahlung von Geld zurück.

Sergius III. genießt in Rom die Förderung von Theophylakt, dem Finanzdirektor des Heiligen Stuhls und Kommandeurs der Miliz, sowie dessen Frau Theodora, mit deren Tochter Marozia er angeblich ein Liebesverhältnis unterhält. Immerhin geht selbst der renommierte französiche Historiker Louis Duchèsne (1843–1922) davon aus, dass diese Gerüchte eines gewissen Wahrheitsgehalts nicht entbehren. Es beginnt die »Pornokratie«, wie der bedeutende italienische Kardinal und Kirchenhistoriker Cesare Baronius (1538–1607) diese dunkle Epoche des Papsttums nennt.

Die Kluft zur Kirche des Ostens wird nicht geringer, als Sergius III. seine Zustimmung zur vierten Ehe des byzantinischen Kaisers Leon VI. erteilt. Der Patriarch von Konstantinopel hatte zuvor seine Zustimmung verweigert und wird daraufhin vom Kaiser abgesetzt. Streitigkeiten und Wirren sind die Folgen, die die Lebensdauer des Kaisers überdauern sollten.

Während Sergius' Pontifikat wird die Benediktinerabtei von Cluny gegründet, von der segensreiche Reformen ausgehen sollen. Sergius III. sorgt für die Wiederherstellung und prachtvolle Ausstattung der Lateranbasilika, die 897 unter Stephan VI. durch ein Erdbeben schwer beschädigt worden ist.

Sergius III. ist der erste Papst nach Hadrian I., der sein Konterfei auf Münzen prägen lässt. Er regiert die Kirche sieben Jahre lang und stirbt Ende August 911. Sein Grabstein in St. Peter trägt eine Inschrift, die seinen heldenhaften Kampf gegen die »Wölfe« ins Gedächtnis ruft, die bis zu seiner triumphalen Rückkehr sich seines Amtes bemächtigt haben.

Theophylakt (gest. um 924/925)

Theophylakt ist ein mächtiger römischer Patrizier, der die Titel eines Herzogs, Konsuls und Senators von Rom trägt. Er fungiert als *vestararius* (päpstlicher Finanzverwalter) und *magister militum* (Heermeister). Theophylakt ist mit dem berühmten Herzog Alberich von Spoleto verbündet (einem der mächtigsten italienischen Feudalherren, der Marozia, die Tochter Theophylakts heiraten wird), und hat in den ersten Jahrzehnten des 10. Jahrhunderts entscheidenden Einfluss auf das Schicksal Roms. Seiner Partei gelingt es, die Päpste Sergius III. und Johannes X. wählen zu lassen.

Sergius III. 904–911

geb. Rom ?; gest. Rom 913

Anastasius III. 911–913

Anastasius wird in Rom als Sohn des Lucian, eines Bürgers von vorbildlicher Lebensweise und Tugend, geboren. Er wird nach christlichen Grundsätzen erzogen und schlägt die kirchliche Laufbahn ein. 911 wird er Papst, vermutlich im September; das genaue Datum ist nicht bekannt.

Im Gegensatz zu seinem Vorgänger ist er ein Mann von großer Frömmigkeit und beispielhafter Heiligkeit. Nach dem Urteil des zeitgenössischen Chronisten Flodoard von Reims ist er ein »mild und untadelig«, aber – so muss man hinzufügen – in seiner Eigenständigkeit gebunden; zu groß ist der Einfluss der Familie des mächtigen Theophylakt und seiner Gattin Theodora.

Während seines Pontifikats tritt eine Normannengruppe unter ihrem Führer Rollo zum Christentum über. Sie haben sich inzwischen im nordwestlichen Frankreich auf einem Gebiet niedergelassen, das sich nach ihnen Normandie nennt und in der Geschichte der Kirche eine wichtige Rolle spielen wird.

Aus den zwei Amtsjahren des Anastasius sind keine besonderen Leistungen zu berichten. Er stirbt Mitte Oktober 913 – möglicherweise Opfer eines Giftanschlags. Er wird in St. Peter beigesetzt.

Theodora von Tusculum (gest. nach 916)

Die Aufzeichnungen über Theodora, die römische Gattin des Theophylakt (siehe S. 248), sind ungewiss und widersprüchlich. Einerseits soll sie eine vorbildliche Mutter und Ehefrau gewesen sein, andererseits anmaßend, ehrgeizig und intrigant wie ihre Tochter, die berühmte Marozia. Mit Sicherheit nahm sie aktiv am römischen Leben teil, wie ihr Titel *vestaratrix* (Hüterin) zeigt, und unterstützte energisch die politischen Machenschaften ihres Mannes.

Anastasius III. 911–913

geb. Monterotondo ?; gest. Rom 914

Lando 913–914

Lando wird in Monterotondo als Sohn eines Langobardenfürsten namens Taino aus dem sabinischen Gebiet (nordöstlich von Rom) geboren und ist Regularkanoniker, als er am 16. Oktober 913 zum Papst gewählt wird. Über seine Laufbahn oder die Umstände seiner Wahl ist nichts bekannt. Aller Wahrscheinlichkeit nach ist er der Kandidat, der von der mächtigen Sippe Theophylakts befürwortet wird. Die Regierungszeit von Lando währt nur kurz, kaum ein halbes Jahr, und es gibt, wie bei allen Päpsten dieser Zeit, die kaum eigenständig handeln können, wenig Bedeutsames zu berichten.

Er stirbt im Frühjahr 914, möglicherweise eines gewaltsamen Todes. Er wird in St. Peter bestattet.

WISSENSWERTES

Regularkanoniker

Regularkanoniker sind Priester, die die ideale Verwirklichung der christlichen Lebensordnung im Vollzug der sog. Augustinerregel, der ältesten des christlichen Abendlandes, sehen und sich zu deren Einhaltung zu Gemeinschaften zusammenschließen. Verfasser dieser Mönchsregel ist der Kirchenvater Aurelius Augustinus (gest. 430). Armut, Sorge für die Gemeinschaft und Gehorsam sind die Fundamente, auf denen das klösterliche Gemeinschaftsideal ruht. Das »Programm« des augustinischen Klosterlebens ist im Anfangssatz der Regel ausgedrückt: »Das erste Ziel eures gemeinschaftlichen Lebens ist, in Eintracht zusammenzuwohnen und ein Herz und eine Seele in Gott zu haben.«

Lando 913–914

geb. Imola ?; gest. Rom 929

Johannes X. 914–928

Johannes wird bei Imola in der Romagna geboren. Er wird Bischof von Bologna, ist neun Jahre Erzbischof von Ravenna und wird am 30.[?] April 914 vom römischen Adel, genauer durch den allgewaltigen Einfluss der mächtigen Senatorenfamilie des Theophylakt, zum Papst gewählt. Seine Wahl ist lange Zeit umstritten.

Johannes X. erweist sich als ein kraftvoller, umsichtiger Politiker. Er krönt Berengar I., den König Italiens, im Dezember 915 zum Kaiser; dieser bestätigt dafür die »Pippinische Schenkung«, die Stiftungen Karls des Großen und anderer Herrscher an die Kirche.

915 bringt er ein breites Bündnis zwischen König Berengar I., dem Kaiser des Ostens und italienischen Fürsten zustande gegen die Sarazenen, die durch Raub- und Eroberungszüge Mittelitalien immer wieder in Angst und Schrecken versetzen und Land verwüsten. Die Sarazenen werden entscheidend geschlagen und aus Italien vertrieben.

In Rom sorgt er für den Wiederaufbau des Laterans und fördert die *Schola cantorum*, die bedeutende päpstliche Musikschule. Er schlichtet viele Streitigkeiten bei Bischofsernennungen und stellt 927 die erste Papsturkunde für das aufstrebende Kloster Cluny aus.

Obwohl der Papst versucht, sich der Übermacht der Sippe des Theophylakt in Würde und Unabhängigkeit zu erwehren, gelingt es ihm nicht, die Misswirtschaft in der Stadt Rom, in der Korruption und Gewalt herrschen, zu beenden. Seine unabhängige Haltung fordert die intrigante »Senatrix« Marozia heraus, die Tochter des Theophylakt und Ehefrau des Markgrafen Guido von Tuscuscien. Gemeinsam organisieren sie einen Aufstand gegen Johannes X. und seinen Bruder Petrus. Ende 927 wird Petrus vor den Augen des Papstes im Lateran erschlagen. Im Mai 928 wird Johannes – angeblich auf Verlangen des Volkes – als Papst abgesetzt und in der Engelsburg gefangen gehalten. Mitte 929 stirbt er, vermutlich hat man ihn mit einem Kissen erstickt. Bestattet ist er in der Lateranbasilika.

Marozia (892 – um 937)

Sie ist die Tochter Theodoras der Älteren und des römischen Senators Theophylakt. Sie ist eine ehrgeizige und schöne Frau und wird Gattin Alberichs von Spoleto, dem sie vier Söhne zur Welt bringt: Alberich II. und Sergius, später Bischof von Nepi, Konstantin und Johannes. 926 heiratet sie Guido, den Markgrafen von Tuscien. Über Jahre dominiert sie die römische Politik. Die Päpste Leo VI., Stephan VII. und schließlich ihr eigener Sohn Johannes XI. sind gänzlich von ihr abhängig. Wenige Tage nach ihrer Heirat mit Hugo von Vienne (932) lässt ihr Sohn Alberich II., dem diese Verbindung ein Dorn im Auge ist, sie gefangen nehmen. Sie stirbt vermutlich im Kerker.

Johannes X. 914–928

Leo
geb. Rom ?; gest. Rom 928

Leo VI. 928

Leo stammt aus einer vornehmen römischen Familie und ist Kardinal der Titelkirche Santa Susanna. Er wird Ende Juni 928 auf ausdrücklichen Wunsch von Marozia, die inzwischen als *senatrix* (Senatorin) über Rom herrscht, Papst. Als er auf den Stuhl Petri gelangt, ist er schon ein alter Mann. Er ist ein »Übergangspapst«, bis Marozias Sohn Johannes zum Papst gewählt werden kann.
Während seines kurzen, nur wenige Monate zählenden Pontifikats versucht Leo VI., angesichts der schlimmen Verderbtheit der Sitten, Frieden zwischen den römischen Adelsfamilien zu stiften und Handel und Wirtschaft wieder neu zu beleben.
Leo regiert die Kirche mit Integrität und Maß und kümmert sich vor allem um innere Probleme der Kirche.
Er stirbt im Dezember 928, noch ehe sein unglücklicher Vorgänger im Gefängnis ermordet wird. Beigesetzt ist er in St. Peter.

Um die Jahrtausendwende

Seit der Mitte des 9. Jahrhunderts ist das karolingische Kaisertum geschwächt. Die Einheit des Reiches wird von innen heraus durch ständige Krisen zerstört und ist von außen immer neuen Bedrohungen (durch Normannen, Ungarn, Sarazenen) ausgesetzt. Auch die Kirche, erschüttert durch häufige Krisen und oft in der Gewalt von bestimmten Parteien, ist unerwartet schwach. Erst 962 wird wieder ein starker Kaiser gefunden, als Otto I. versucht, mit der Wiederbegründung des westlichen Kaisertums eine politisch-religiöse Restauration zu verwirklichen.

HINTERGRUND

Leo VI. 928

Stephan
geb. Rom ?; gest. Rom 931

Stephan VII. 929–931

Wie sein Vorgänger ist auch Stephan gebürtiger Römer. Wie Leo VI. verdankt auch er seine Erhebung zum Papst am 3. Februar 929 der machtvollen Unterstützung Marozias. Auch Stephan VII. ist also ein Übergangspapst, der nur gewählt wird, bis Marozias eigener Sohn Johannes Papst werden kann.

Stephan ist von gutem und friedlichem Charakter; er regiert die Kirche im Geist und in der Sanftmut des Evangeliums. Mangels schriftlicher Quellen ist über seine Amtszeit kaum etwas zu sagen. Bekannt ist: Er fördert die Entstehung und Entwicklung von Klöstern in Italien und Frankreich, denen er Privilegien zuerkennt.

Stephan VII. stirbt am 15. März 931 und wird in St. Peter beigesetzt.

Die mittelalterliche Ständeordnung

Die mittelalterliche Gesellschaft ist eine strikt hierarchisch gegliederte. Sie besteht nach den damaligen Modellvorstellungen aus drei Ständen mit ihren je eigenen Aufgaben, Rechten und Pflichten: dem Klerus, dem Adel und dem Volk mit Bauern, Handwerkern und Kaufleuten. Dieses Gesellschaftsmodell gilt als von Gott gegeben. Jeder hat darin seinen festen Platz.

HINTERGRUND

Stephan VII. 929–931

geb. Rom 905; gest. Rom 935

Johannes XI. 931–935

Johannes stammt aus Rom und gehört zur adeligen Familie der Grafen von Tusculum. Nach dem zeitgenössischen Chronisten Liutprand von Cremona (920–972) ist er der Spross einer illegitimen Verbindung von Marozia und Papst Sergius III.; andere sehen ihn als legitimen Sohn Marozias und Alberichs I. von Spoleto an. Er wird Anfang März 931 mit gerade 25 Jahren zum Papst gewählt, wohl unter dem Diktat der ehrgeizigen Mutter, die damit das Ziel verfolgt, als »Senatrix« und »Patricia« in Rom ihre eigene Macht und ihr Ansehen noch zu mehren.

Nach seiner Wahl auf den Papstthron umgibt sich Johannes, noch jung und unerfahren, aus Schwäche mit skrupellosen Leuten, darunter sein Bruder Fürst Alberich II., Marozias Sohn aus erster Ehe mit Herzog Alberich I. von Spoleto.

Alberich beschuldigt den Papst, seinen eigenen Bruder, ihn im Kampf gegen Hugo von Vienne, den König von Italien (926–948), nicht unterstützt zu haben. Als dritter Ehemann von Marozia ist Hugo sein Stiefvater. Die Römer mögen den »Ausländer« Hugo nicht; es gelingt Markgraf Alberich, ihn zu vertreiben und sich selbst zum Herrn und Senator von Rom zu ernennen, was er auch bis zu seinem Tod 954 unangefochten bleibt. Marozia und Papst Johannes wandern ins Gefängnis. Von nun an kontrolliert Alberich dessen Amtsführung. Dem zeitgenössischen Chronisten Flodoard von Reims zufolge darf der Papst, im Lateran unter Hausarrest stehend, nur noch kirchliche Funktionen ausüben, ein »macht- und würdeloser Spender von Sakramenten« sein.

Auf religiösem Gebiet unterstützt Johannes XI. Abt Odo von Cluny in Burgund bei seiner bedeutenden Ordensreform, die zum Vorbild für viele andere Klöster wird.

In den ersten Dezembertagen 935 stirbt Johannes XI. im Alter von kaum 30 Jahren. Er wird in der Lateranbasilika beigesetzt.

Alberich II. von Spoleto (vor 915–954)

Er ist Sohn Alberichs I. und Marozias und ein einflussreicher römischer Senator, der politisch das Geschick Roms lenkt. 932 zettelt er dort einen Aufstand an und ernennt sich selbst zum *»princeps ac senator«* aller Römer. Mit Unterstützung des Adels vertreibt er Hugo von Vienne, König von Italien und dritten Ehemann seiner Mutter Marozia, aus Rom und wirft auch sie ins Gefängnis. Kurz vor seinem Tod 954 zwingt Alberich den römischen Adel und Klerus zu versprechen, dass sein Sohn Oktavian nach dem Tod von Papst Agapet II. zum Papst gewählt wird; dieser wird einmal den Namen Johannes XII. tragen.

Johannes XI. 931 – 935

geb. Rom ?; gest. Rom 939

Leo VII. 936–939

Leo ist ein gebürtiger Römer. Als Benediktinermönch und Kardinalpriester wird er Anfang Januar 936 gegen seinen Willen zum Papst gewählt. Seine Wahl verdankt er Alberich II., der, nachdem er seine Mutter Marozia ausgeschaltet hat und Rom beherrscht, von 932 bis 954 die Politik der Kirche bestimmt und dem Papst ausschließlich die geistliche Macht überlässt.

Es gibt nur wenige Quellen über das Wirken dieses Papstes. Wir wissen, dass er Abt Odo von Cluny nach Rom kommen lässt, um den Frieden zwischen Alberich und Hugo von Vienne zu vermitteln und um für Disziplin in den Klöstern in der Umgebung Roms zu sorgen. In der Nähe von San Paolo fuori le Mura (St. Paul vor den Mauern) lässt er ein neues Kloster erbauen. Leo erneuert auch die Privilegien der Abtei von Subiaco, wo der Ordensgründer Benedikt von Nursia gelebt und als Mönch gewirkt hat. Aber auch andere Klöster werden mit Privilegien bedacht, so die Abtei Gorze in Lothringen, von der eine große asketische Reformbewegung ausgehen wird.

Papst Leo kümmert sich besonders auch um die Kirche in Deutschland. So ernennt er 937 Erzbischof Friedrich von Mainz zum Apostolischen Vikar für ganz Deutschland und überträgt ihm die Aufgabe, den hohen wie niederen Klerus zu reformieren. Er fordert ihn auch auf, Juden zu vertreiben, wenn sie sich der Taufe verweigern.

Leo stirbt im Juli 939. Der zeitgenössische Chronist Flodoard von Reims, der ihn 936 in Rom aufsucht und mit ihm speist, erhält einen guten Eindruck von seiner Wesensart, seiner Klugheit und Warmherzigkeit.

Leo wird in St. Peter bestattet.

Die Abtei von Cluny

Diese Benediktinerabtei wird 910 gegründet. Ihr Stifter, Herzog Wilhelm von Aquitanien, befreit das Kloster von den Fesseln der Feudalherren und unterstellt es direkt dem Papst. Das monastische Leben dieses Ordens nach der Regel Benedikts ist von der Feier der Liturgie, dem Stundengebet, geprägt wie auch von körperlicher Arbeit nach dem Prinzip *ora et labora* (bete und arbeite). Unter der Leitung von Abt Odo (927–942) festigt sich die Verbindung mit dem Papst und Cluny erhält höchste kirchliche Anerkennung.

HINTERGRUND

Leo VII. 936–939

geb. Rom ?; gest. Rom 942

Stephan VIII. 939–942

Stephan ist ein gebürtiger Römer. Seine Eltern schicken ihn nach Deutschland, wo er eine gründliche Erziehung erhält. Er ist ein ausgezeichneter Schüler und wird so bestens auf eine kirchliche Karriere vorbereitet. Am 14. Juli 939 wird er zum Papst gewählt.

Sein Pontifikat fällt in die Zeit, in der Markgraf Alberich II. von Spoleto als »Fürst und Senator« die Stadt Rom beherrscht. Auch Stephan muss seine Übergriffe ertragen und bleibt weitgehend abhängig von ihm.

Er darf keinerlei politische Maßnahmen ergreifen; ihm obliegt allein der kirchliche Bereich in der päpstlichen Amtführung. Dennoch schickt der Papst 942 mit Erfolg Bischof Damasus als päpstlichen Legaten ins Frankenreich, um dort den Streit zu schlichten zwischen König Ludwig IV. d'Outremer und dem westfränkischen Adel, der gegen den König rebelliert. Stephan sendet als ehrende Auszeichnung Erzbischof Hugo von Reims das *Pallium,* eine Geste, die ebenfalls dazu beiträgt, Ludwigs Gegner zu besänftigen.

In den letzten Monaten seines Lebens hat Stephan VIII. offenbar einen Aufstand gegen Alberich II. unterstützt, nach dessen Scheitern er ins Gefängnis kommt, brutal verstümmelt wird und schließlich an den Folgen im Oktober 942 stirbt. Er wird in St. Peter beigesetzt.

Ludwig IV. d'Outremer (921–954)

Er heißt »von Übersee« (d'Outremer), weil er aus England zurückgerufen wurde, wohin ihn seine Stiefmutter Edgiva nach der Gefangennahme seines Vaters, Karls des Einfältigen (879–929), gerettet hatte. 936 zum König von Frankreich gekrönt, sieht er sich bald einem Aufstand des westfränkischen Adels unter Führung des Frankenherzogs Hugo des Großen gegenüber, der sich zudem mit Otto I. dem Großen verbündet. Der 942 gefundene Ausgleich steht schon 945 wieder in Frage, als Ludwig durch die Normannen gefangen und an Hugo ausgeliefert wird, der sich die Freilassung mit der Übergabe wichtiger Gebiete bezahlen lässt.

Stephan VIII. 939–942

geb. Rom ?; gest. Rom 946

Marinus II. 942–946

Der oft irrtümlich als Martin III. angeführte Papst Marinus II. ist gebürtiger Römer. Wie seine beiden Amtsvorgänger verdankt auch er seine Wahl zum Papst am 30. Oktober 942 ausschließlich Alberich II. von Spoleto, dem mächtigen Fürsten von Rom. Demgemäß vermeidet er Konflikte mit Alberich und konzentriert seine Energien ganz auf kirchliche Dinge. Er bemüht sich besonders um die Disziplin in der Kirche, um den Wiederaufbau von Kirchen und die Hilfe für die Armen.

Marinus unterstützt die Erneuerung der Klöster, die als Zentren der Bildung und Kultur gelten, die Sitten erneuern sollen und den Kirchen als wichtige Stützpunkte zur Missionierung dienen. So ist es ebenso bedeutsam wie klug, dass er Erzbischof Friedrich von Mainz als päpstlichen Vikar in Deutschland bestätigt, mit dem Recht, Synoden abzuhalten und Missstände in Klerus und Mönchtum abzustellen.

Dieser Papst hat etwas von der Frömmigkeit und Friedensliebe, wie sie den Päpsten in der Frühzeit der Kirche zu eigen war.

Marinus regiert die Kirche etwa zweieinhalb Jahre. Sein genaues Sterbedatum ist ungewiss, wahrscheinlich Anfang Mai 946.

HINTERGRUND

Die Klöster

Zu Anfang sind entstehende Klöster dem Ortsbischof unterstellt, unter dessen Gerichtsbarkeit sie fallen. Später erhalten sie Privilegien von Päpsten und Kaisern, bis sie eine große ökonomische Eigenständigkeit erreicht haben. Im Mittelalter sind Klöster Zentren religiösen, sozialen und kulturellen Lebens. Die Abtei von Montecassino zum Beispiel, die Benedikt um 529 gegründet hatte, wird zu einem Vorbild für viele andere. Dieses »Musterkloster« bringt u.a. den Bauern der Umgebung bei, wie man systematisch Ackerbau und Viehzucht treibt, richtet Schulen und bedeutende Studienzentren ein, in denen Texte der Antike und der Kirchenväter bewahrt und ausgelegt werden.

Marinus II. 942–946

geb. Rom ?; gest. Rom 955

Agapet II. 946–955

Über seine Herkunft und seine Laufbahn ist nichts bekannt, außer dass er aus Rom stammt. Am 10. Mai 946 wird Agapet zum Papst gewählt, wenige Tage nach Marinus' Tod. Gewiss ist auch seine Wahl von Alberich II. von Spoleto, dem Alleinherrscher über Rom, beeinflusst, aber dessen Macht wird später geschwächt, und Agapet kann zeitweise ohne seine Einmischung frei seines Amtes walten.

Während des Pontifikats Agapets II. baut Otto I. seine Macht aus. Lothar II., Sohn Hugos von Vienne und seit 946 König von Italien, stirbt unerwartet 950, vielleicht von Berengar II. vergiftet. Dieser lässt sich samt Sohn in Pavia krönen und hält Lothars Witwe Adelheid in einer Burg am Gardasee gefangen. Berengar will Adelheid zwingen, seinen Sohn zu heiraten, um auf diese Weise die usurpierte Macht zu legitimieren. Adelheid aber weigert sich, bittet König Otto I. um Hilfe und bietet sich ihm als Braut an.

Im Herbst 951 zieht Otto nach Italien und heiratet in Pavia, der Hauptstadt des Königreichs, die Königswitwe Adelheid. Damit ist er nun auch König von Italien. Im folgenden Jahr beauftragt König Otto Berengar II., über Italien als sein Vasall zu herrschen.

Papst Agapet II. unterstützt Otto I. insoweit, als er den Prozess begünstigt, der 962 zur Wiederherstellung des Kaisertums und zum Wiedererstehen des Reiches führt. Die von Otto gewünschte Kaiserkrone muss er ihm jedoch zunächst verweigern, weil Alberich II. sich strikt dagegen verwahrt.

In Rom dauert der eiserne Griff des allmächtigen Alberichs II. von Spoleto an: Kurz vor seinem Tod lässt er Klerus und Adel, den Papst eingeschlossen, schwören, seinen unehelichen Sohn Oktavian als Nachfolger anzuerkennen und ihn nach Agapets Ableben zum Papst zu erheben – ein schwerer Verstoß gegen die kanonische Wahlordnung. Doch alle fügen sich.

Agapet II. billigt das Vorhaben König Ottos I., das von ihm 937 gegründete Kloster St. Moritz bei Magdeburg in den Sitz eines Erzbischofs mit Oberaufsicht über die Slawenmission zu verwandeln und autorisiert ihn, Bistümer zu gründen und Bistumsgrenzen nach eigenem Gutdünken festzulegen. Unter Agapets Pontifikat tritt Harald Blauzahn, der König von Dänemark, zum Christentum über.

Agapet II. stirbt im August 955 – wegen seiner Tugend verehrt, von vielen beweint wegen seiner Wohltätigkeit. Er wird hinter der Apsis der Lateranbasilika beigesetzt.

Otto I. der Große (912–973)

Als Sohn König Heinrichs I. (des Voglers) wird er 936 zu dessen Nachfolger gewählt. Geschickt regelt er das Verhältnis zwischen Königtum und den Stammesherzogtümern neu, indem er die Familienbande einbezieht. Die Bischöfe stellt er durch Übertragung von Reichsämtern in den Dienst des Reichs. 951 erlangt er durch Heirat die Königswürde von Italien. 955 besiegt er in der Schlacht auf dem Lechfeld die Ungarn und sichert die Ostgrenze gegen die Slawen. 962 wird er in Rom zum Kaiser gekrönt und bestätigt die karolingischen Schenkungen an die römische Kirche. Er gründet das Erzbistum Magdeburg und prägt entscheidend die Slawenmission.

Agapet II. 946–955

Oktavian von Spoleto

geb. Rom um 937; gest. Rom 964

Johannes XII. 955–964

Oktavian wird in Rom geboren und ist ein unehelicher Sohn des mächtigen Alberichs II. von Spoleto. Er wird mit kaum achtzehn Jahren am 16. Dezember 955 Papst. Seine Wahl ist ein eklatanter Verstoß gegen die bestehende Wahlordnung, da sie der Kirche von seinem Vater Alberich aufgezwungen wurde.

Oktavian nimmt den Namen Johannes XII. an. Die Entscheidung für diesen Namen hat vermutlich verwandtschaftliche Gründe: Johannes XI. war sein Onkel. Der junge Papst führt einen lasterhaften Lebenswandel; er genießt das luxuriöse Leben der römischen Oberschicht in vollen Zügen. An geistlichen Fragen ist er vollkommen desinteressiert und gibt sich nur seinem Vergnügen und der Korruption hin. Trotz seines Lotterlebens ergreift er jede Gelegenheit, die päpstliche Autorität zu behaupten.

Sein Versuch, den Kirchenstaat auf Capua und Benevent 958 auszudehnen, scheitert. Als Berengar II. als König Italiens (950–963) in Norditalien Teile des Kirchenstaates überfällt und plündert und 959 das Herzogtum Spoleto erobert, wird Papst Johannes sich der Bedrohung bewusst. Geschickt wendet er sich an König Otto I.; dieser nimmt auf seinem zweiten Italienzug (961–965) Berengar II. gefangen. Dafür krönt Johannes am 2. Februar 962 in Rom Otto I. und seine Gemahlin Adelheid zum Kaiser und zur Kaiserin. So ist das Heilige Römische Reich zum zweiten Mal wiedererrichtet.

Kaiser Otto erlässt seinerseits das berühmte *Privilegium Ottonianum*, mit dem er die Schenkungen Pippins und Karls des Großen an die Päpste anerkennt. Es erweitert Territorien der Kirche und verpflichtet den Kaiser zur Verteidigung ihrer Rechte und Besitzungen. Die Legitimierung einer Papstwahl macht es aber von der Zustimmung des Kaisers oder der kaiserlichen Gesandten abhängig, wie es in der Verfassung Kaiser Lothars von 824 vorgesehen ist.

Das Ottonische Reich beruht weniger auf dem Zusammenwirken der einzelnen Herzogtümer und Grafschaften als auf Männern der Kirche, den Äbten und Bischöfen, die neben ihren religiösen Pflichten auch weltliche Verwaltungsaufgaben wahrnehmen und ihre Sprengel politisch klug organisieren.

Kaum hat sich der Kaiser aus Rom entfernt, versucht Johannes XII., der nicht dessen Vorherrschaft akzeptieren will, sich gegen Adalbert, den Sohn Berengars II., und das Römische Reich aufzulehnen. Otto I. kehrt nach Rom zurück, beruft 963 eine Synode ein und setzt Papst Johannes ab. Er wird des Meineids, des Mordes, der Unzucht, Verschleuderung von Kirchengütern, Gotteslästerung und der Simonie beschuldigt. Sein Sekretär wird als Leo VIII. zum neuen Papst erhoben (s. Seite 555).

Als der Kaiser abgereist ist, wagt Johannes nochmals einen Umsturzversuch. Papst Leo VIII. wird abgesetzt und muss fliehen. Prompt aber kehrt der Kaiser mit seinem Heer zurück; da gibt Johannes endlich auf. In seinem Zufluchtsort in der Campagna trifft ihn im Mai 964 im jungen Mannesalter von 27 Jahren der Schlag.

Das »Privilegium Ottonianum«

Mit dem Erlass des Privilegiums zeigt Otto I. deutlich, was seine Absichten sind. Er garantiert dem Papst den Besitz der Schenkungen früherer Kaiser, festigt damit den Kirchenstaat und sichert dem Papst seinen Schutz zu. Zugleich jedoch verlangt er, dass gemäß Kaiser Lothars *Constitutio romana* von 824 die Römer die Zustimmung des Kaisers für den Wahlkandidaten erbitten müssen. Der Papst muss vor den Gesandten des Kaisers den Treueeid ablegen, erst dann darf er geweiht werden.

Johannes XII. 955–964

geb. Rom ?; gest. Hamburg 965

Benedikt V. 964

Benedikt gehört zur römischen Aristokratenfamilie der Conti. Als er als Kardinal am 19. Mai 964 nach dem plötzlichen Tod von Johannes XII. vom römischen Volk zum Papst gewählt wird, kollidiert seine Erwählung mit der von Papst Leo VIII., den Kaiser Otto I. auf einer Synode im November 963 für den abgesetzten Johannes XII. durchgesetzt hat. Leo war allerdings Laie und hat alle nötigen kirchlichen Weihen erst am Tag seiner Wahl auf den päpstlichen Stuhl erhalten. Aus diesem Grund wird er von manchen Historikern auch als Gegenpapst eingestuft (siehe S. 553). Den Ruf, nur eine Marionette des Kaisers zu sein, wird Leo nicht los. Im Februar 964 muss er vor der Volkswut nach Spoleto fliehen.

Die Römer schwören, dass sie Benedikt V. gegen den Kaiser schützen wollen, doch als Kaiser Otto I. mit seinen Truppen am 23. Juni 964 in Rom einmarschiert, liefern sie ihn ihm aus. Der Kaiser bezeichnet Benedikt V. als Gegenpapst, setzt ihn ab und degradiert ihn zum Diakon. Leo VIII. erhält sein Amt als Papst zurück.

Benedikt V. wird ins deutsche Exil gezwungen. Dort genießt er in Hamburg am Sitz des Erzbischofs Adaldag wegen seines heiligmäßigen Lebens hohes Ansehen. Er stirbt am 4. Juli 965 in Hamburg und wird in der dortigen Kathedrale beigesetzt. Kaiser Otto III. lässt die Gebeine Benedikts V. 988 nach Rom überführen, wo sie in St. Peter ihre letzte Ruhe finden.

Die ottonisch-salische Reichskirche

Gemäß karolingischer Tradition setzt Otto I. schon als König durch, bei der Wahl eines Bischofs (Abtes, Äbtissin in den Reichsklöstern) mitzuwirken und gegebenenfalls selbst zu entscheiden. Diesen Bistümern und Abteien lässt der König Hoheitsrechte (Regalien) zukommen, z. B. über Wälder, Märkte, Zölle. Dies ist auch politisch bedeutsam: Die Reichsbischöfe unterstützen ihren König im Allgemeinen, auch im Falle eines Krieges, da er sie in gewisser Weise an der Macht teilhaben lässt. Da Bischöfe und Äbte als höhere Kleriker ans Zölibat gebunden sind, können sie ihr Lehen (Amt, Land) nicht vererben; es steht dann dem Reich weiter zur Verfügung.

HINTERGRUND

Benedikt V. 964

Giovanni Crescenci
geb. Rom ?; gest. Rom 972

Johannes XIII. 965–972

Der gebürtige Römer gehört, so sagen es einige Quellen, der mächtigen Adelsfamilie der Crescentier an. Er wird am päpstlichen Hof erzogen und zum Bischof von Narni (Umbrien) ernannt. Nach dem Tod Leos XIII. Anfang März 965 entsteht eine mehr als halbjährige Sedisvakanz. Als Kompromisskandidat wird Johannes am 1. Oktober 965 zum Papst gewählt und geweiht. Seine Nominierung geht in erster Linie auf den Willen Kaiser Ottos I. zurück.

Die Abhängigkeit des Papstes vom deutschen Kaiser machen ihn in Verbindung mit seiner anmaßenden Herrschaft in der vom Parteienstreit zerrissenen Stadt verhasst. Im Dezember 965 wird Johannes nach einem Aufstand gezwungen, Rom zu verlassen und wird in die Campagna verbannt. Es gelingt ihm jedoch, Kontakt mit dem Kaiser aufzunehmen. Als Otto I. im November 966 auf Rom maschiert, zieht der Papst am 14. November wieder triumphal in die Stadt ein, die ihre Kühnheit bereut; denn alle an der Erhebung Beteiligten werden nach dem Eintreffen des Kaisers in Rom an Weihnachten grausam bestraft.

Der Papst arbeitet während des dritten Italienaufenthaltes Ottos des Großen 966–972 eng mit dem Kaiser zusammen – zum gegenseitigen Vorteil. Auf gemeinsamen Synoden in Rom und Ravenna wird u.a. die Rückgabe weiterer Gebiete an den Kirchenstaat geregelt.

Auf Wunsch Ottos I. wird 967 sein Sohn Otto II. vom Papst zum Mitkaiser gekrönt, ein Knabe von nur zwölf Jahren. Der Grund für diesen ungewöhnlichen Akt ist, dass der Kaiser unangefochten seine Nachfolge gesichert haben will. Otto II. übernimmt noch keine Regierungsaufgaben; er wird sorgfältig ausgebildet und auf die Thronfolge vorbereitet.

Im Zusammenhang mit dem Versuch, die Beziehungen zum oströmischen Kaiser zu erneuern, vollzieht der Papst 972 die kirchliche Trauung Ottos II. mit Prinzessin Theophanu, der Nichte des byzantinischen Königs Johannes I. Tzimiskes. Otto II. ist 17, sie 12 Jahre alt. Theophanu wird ebenfalls zur Kaiserin gekrönt.

Johannes XIII. fördert die Mission, die zur Bekehrung der Ungarn und Polen führt; auch schützt er das klösterliche Leben auf der Grundlage der Reformbestrebungen. 972 empfängt der Papst in Rom Oswald, den Erzbischof von York, um über die Neuorganisation des klösterlichen Lebens in England zu beraten.

Der Papst führt den Ritus ein, Glocken zu weihen, und er weiht selbst eine in der Lateranbasilika.

Johannes XIII. stirbt am 6. September 972 nach einem fast siebenjährigen Pontifikat. Er wird in der Basilika San Paolo fuori le Mura (St. Paul vor den Mauern) beigesetzt. Nach seinem Tod bleibt der Heilige Stuhl etwa drei Monate vakant.

Otto I. und das Papsttum

Die Beziehungen Ottos zu den Päpsten ähneln denen Karls des Großen zum Hl. Stuhl. Die Kontrolle des Kaisers über das Papsttum soll verhindern, dass der Papst Opfer stetiger Auseinandersetzungen zwischen den römischen Adelsparteiungen wird; es geht aber auch darum, dem Papsttum ein ihm gemäßes internationales Ansehen wiederzugeben, das auch dem Reich Glanz verleiht. Diesem Ziel dient auch die Einführung der Institution der Reichsbischöfe, die politische Macht mit der geistlichen verbinden und so die Idee einer untrennbaren Einheit eines christlichen Reichs verkörpern.

Johannes XIII. 965–972

geb. Rom ?; gest. Rom 974

Benedikt VI. 973–974

Über die Herkunft Benedikts ist nur bekannt, dass er gebürtiger Römer und Sohn eines gewissen Hildebrand ist. Als Kardinal der Titelkirche San Teodoro wird er von der kaiserlichen Partei unterstützt und wird, wahrscheinlich im September/Oktober 972, auf den Stuhl Petri erhoben, jedoch erst am 19. Januar 973, nach Zustimmung des Kaisers, geweiht.

Der Tod Kaiser Ottos I. am 7. Mai 973 und die Thronbesteigung seines Sohnes Ottos II. unterhöhlen verhängnisvoll die Stellung des Papstes in dem vom Parteienstreit zerrissenen Rom. Die starke Sippe der Crescentier unter Führung des Konsuls Crescentius I. führt die nationalistische Partei gegen Benedikt als Repräsentanten der Kaisertreuen an. Papst Benedikt wird in der Engelsburg gefangen gesetzt.

Seine Gegner wählen an seine Stelle den Diakon Franco, der sich Bonifatius VII. nennt, aber als Gegenpapst angesehen werden muss. Bonifatius VII. kann sich zunächst nur kurz im Amt halten, kehrt aber in den Wirren nach dem Tod Ottos II. wieder zurück. Er ist so verhasst, dass sein Leichnam nach seinem Tod 985 vom römischen Volk mit Füßen getreten und mit Lanzen durchbohrt wird (siehe S. 553).

Papst Benedikt VI. aber wird im Juli 974 im Kerker erdrosselt. Der Legende zufolge wird der Mord von Gegenpapst Bonifatius selbst begangen, zumindest wird er von ihm befohlen worden sein.

HINTERGRUND

Das »Heilige Römische Reich Deutscher Nation«

Das von Kaiser Otto I. 962 wieder ins Leben gerufene Kaisertum hat unter vielen Wandlungen bis 1806 Bestand. Otto I. selbst führt seit seiner Kaiserkrönung den Titel *Imperator Augustus*. Sein Sohn Otto II. nennt sich »Römischer Kaiser«, die salischen Nachfolger ohne Kaiserkrönung bezeichnen sich als »Römische Könige«. »Heilig« wird das Reich von den Zeitgenossen genannt, für die das Kaiser- und Königtum eine von Gott verliehene Würde ist. »Römisch« deutet die ideale Verbindung mit dem Römischen Reich der Antike an. Ein realer Anhaltspunkt ist die Herrschaft über Rom. Die Macht Ottos stützt sich mehr auf geistliche denn auf weltliche Würdenträger.

Benedikt VI. 973–974

278 | Benedikt, Graf von Tusculum

geb. Rom ?; gest. Rom 983

Benedikt VII. 974–983

Benedikt wird in Rom geboren, gehört zum Adelsgeschlecht der Grafen von Tusculum und ist ein Nachkomme Alberichs II. von Spoleto, des einstigen mächtigen Stadtherrn Roms (gest. 954). Als Bischof von Sutri wird er als Kompromisskandidat im Oktober 974 auf den päpstlichen Thron erhoben. Otto II. bestätigt seine Wahl.

Benedikt VII. regiert die Kirche in einer wegen der Spannungen zwischen der nationalgestimmten Adelspartei der Crescentier und den kaisertreuen Anhängern unruhigen Zeit. Er beruft eine Synode nach Rom ein, exkommuniziert den Diakon Franco, den Gegenpapst Bonifatius VII., und schickt ihn ins Exil.

Ein bedeutender Höhepunkt seines Pontifikats ist die Synode von Rom im Frühjahr 981, auf der er ein striktes Verbot der Simonie erlässt, also des Kaufs oder Verkaufs geistlicher Ämter – ein Dekret, das der ganzen Christenheit bekannt gegeben wird. Um die heiligen Weihen zu erhalten, darf kein Geld gezahlt noch jemals angenommen werden.

In Deutschland überträgt Benedikt VII. dem Bischof von Mainz die Vollmacht, die Könige zu krönen. Dietrich von Trier beauftragt er, Klöster zu reformieren. Auf Wunsch des Kaisers teilt er das große Bistum Merseburg in die drei Bistümer Halberstadt, Zeitz und Meißen und ernennt Bischof Giselher zum Erzbischof von Magdeburg. Die Wahl Thimars zum Bischof des 972/73 gegründeten Bistums Prag findet durch ihn seine Bestätigung.

Der tief religiöse Benedikt fördert das Mönchtum und die Reform der Klöster. Er unterstützt Kirchen und Klöster, besonders die von Subiaco, Montecassino und St. Vinzenz in Volturno und hat ein Herz für die Armen.

Obwohl Benedikt VII. Kaiser Otto II. als dem Schutzherrn der Kirche untertan ist, wertet sein überzeugendes Pontifikat das Papsttum wieder auf.

Der Papst stirbt am 10. Juli 983 nach einer Regierungszeit von achteinhalb Jahren. Er wird in der Kirche Santa Croce di Gerusalemme (Heilig Kreuz in Jerusalem) in Rom beigesetzt.

HINTERGRUND

Schulen im Hochmittelalter

Die wenigen Schulen vor dem Jahr 1000 sind meist für künftige Kleriker bestimmt, die später oft an den Herrschaftszentren als breit gebildete Sekretäre arbeiten. Solche Schulen gibt es auch vielfach an den großen Klöstern und werden seit der Zeit der Ottonen von den Herrschern gezielt gefördert. An den Bischofssitzen steigt ihre Zahl, viele Domschulen entstehen. Überall werden die *Septem artes liberales* (die sieben freien Künste) gelehrt: das *Trivium* mit Grammatik, Rhetorik und Dialektik und das *Quadrivium*, also Arithmetik, Geometrie, Musik und Astronomie. Dank der Arbeit der Mönche, die in dieser Zeit antike Texte abschreiben, sind viele antike Klassiker bis heute erhalten.

Benedikt VII. 974–983

Petrus Canepanova
geb. Pavia ?; gest. Rom 984

Johannes XIV. 983–984

Johannes wird in Pavia geboren, wird Bischof, Kanzler des Kaisers und Kardinal, bevor er im Dezember 983 auf den Stuhl Petri erhoben wird.

Mit bürgerlichem Namen heißt er Petrus Canepanova, ändert aber aus Ehrfurcht vor dem Apostelfürsten den Namen und nennt sich Johannes. Kein Papst hat je den Namen Petrus angenommen, obwohl der Name unter Christen weit verbreitet ist.

Kaiser Otto II. trägt Sorge dafür, dass ein Mann seines Vertrauens den päpstlichen Thron besteigt. Volk und Klerus scheinen bei dieser Wahl nicht mitgewirkt zu haben. Johannes bleibt auf die Unterstützung durch Otto II. angewiesen. Sein Pontifikat ist rasch beendet, als der Kaiser, an der Malaria erkrankt, am 7. Dezember 983 in Rom stirbt. Seine Gemahlin, Kaiserin Theophanu, eilt ins Deutsche Reich zurück, um die Thronfolge für ihren Sohn Otto III. zu sichern.

Auf diese Gelegenheit wartet die Adelsfamilie der Crescentier. Denn sie unterstützt den Diakon Franco, den Gegenpapst Bonifatius VII., ruft ihn im April 984 aus seinem Exil in Konstantinopel zurück und lässt ihn wieder den Stuhl Petri in Besitz nehmen.

Johannes XIV. aber wird in der Engelsburg eingekerkert und stirbt dort nach etwa vier Monaten, am 20. August 984, wahrscheinlich an Hunger. Seine letzte Ruhestätte findet er in St. Peter.

Der Gegenpapst Bonifatius stirbt 985, vielleicht durch Mord, und ist bei den Römern so verhasst, dass sein Leichnam mit Füßen getreten, mit Lanzen durchbohrt und in den Tiber geworfen wird.

Kaiser Otto II. (955–983)

Nach dem Tod Ottos I., des Großen, 973, folgt ihm sein Sohn Otto II., Mitkönig seit 961 und Mitkaiser ab 967, auf den Thron. Er ist gebildet, hochkultiviert und auf sein Amt gut vorbereitet, erreicht aber nicht die Größe seines Vaters. Seine erste Aufgabe ist es, die Ansprüche der deutschen Fürsten einzudämmen. Er zerschlägt die Verschwörung seines Vetters Heinrich des Zänkers, des Herzogs von Bayern und trennt 976 Kärnten, das ein eigenes Herzogtum wird, von Bayern. Als Otto nach Rom kommt, stellt er sich gegen die mächtige Adelsfamilie der Crescentier und ernennt nacheinander zwei Päpste. Sein Vorhaben, Sizilien von den Sarazenen zu befreien, wird durch seinen frühen Tod vereitelt.

Johannes XIV. 983–984

geb. Rom ?; gest. Rom 996

Johannes XV. 985–996

Er ist Römer von Geburt und als Kardinalpriester ein sehr gebildeter Mann. Er wird Mitte August 985 zum Papst gewählt – ein Jahr nach dem Tod seines Vorgängers und einen Monat nach dem des Gegenpapstes Bonifatius VII.

Sein Pontifikat, das bei seiner Wahl nicht vom Kaiserhof bestätigt wird, dauert für die damalige Zeit sehr lange und ist durch seine Freundschaft mit der Partei des Kaisers und der mächtigen Familie der Crescentier gesichert.

Während die Kaiserin Theophanu, die Witwe Ottos II., ins Deutsche Reich zurückkehrt und dort die Interessen ihres Sohnes Otto III. verfolgt, der 983 als Dreijähriger zum König erwählt wird, nutzt Johannes Crescentius, Oberhaupt des Crescentier-Clans, die Gelegenheit, um die politische Herrschaft in Rom und Teilen des »Kirchenstaates« unter dem Titel *Patricius Romanorum* an sich zu reißen. Es folgt eine Zeit relativer politischer und sozialer Ruhe.

Nach außen vermag Johannes XV. die päpstliche Autorität geltend zu machen. So gelingt es ihm, 991 zwischen König Aethelred II. von England und dem Herzog der Normandie, Richard I., zu vermitteln, um einen Krieg zu verhindern. Er unterhält diplomatischen Verkehr mit Russland. Während seines Pontifikats tritt Wladimir, der Herrscher des Reiches von Kiew, zum Christentum über. Dem folgen, teils gezwungenermaßen, die Oberschicht der Städte und Fürstensitze, langsam folgt auch die Landbevölkerung.

Am 29. Januar 993 spricht Johannes XV. nach einer gründlichen Prüfung seines Lebens und der von ihm bewirkten Wunder Bischof Ulrich von Augsburg heilig. Dies ist die erste feierlich von der Kirche vollzogene Heiligsprechung nach einem formellen Kanonisierungsverfahren.

Nach dem Tod der Kaiserin Theophanu (991) und des Johannes Crescentius (988) verschlechtert sich allerdings die Position des Papstes in Rom. Er ist nicht besonders beliebt – man wirft ihm Habgier vor. In seiner Bedrängnis ruft er schließlich den inzwischen mündigen Otto III. um Hilfe. Johannes stirbt jedoch vor dessen Eintreffen in Rom im März 996 und wird in St. Peter bestattet.

Wladimir I. der Heilige (um 963–1015)

Als 979/80 Fürst Wladimir von Nowgorod, 977 nach Schweden geflohen, mit einem Wikingerheer zurückkehrt, versichert er sich der Herrschaft von Nowgorod, Polotzk und Kiew und erweitert und festigt in den nächsten Jahren das Kiewer Reich. Das zentrale Ereignis seiner Herrschaft ist die Christianisierung. Er unterhält rege Beziehungen zu Konstantinopel. Anlässlich der Heirat mit der Schwester des oströmischen Kaisers, Anna Porphyrogeneta, lässt er sich 988 mitsamt seinem Hof taufen. So führt er in Russland den orthodoxen Glauben ein und bekräftigt die Zugehörigkeit der russischen Kirche zu Konstantinopel.

Johannes XV. 985–996

Bruno von Kärnten

geb. Deutschland 972; gest. Rom 999

Gregor V. 996–999

Mit weltlichem Namen heißt Gregor V. Bruno. Er ist Sohn Herzog Ottos von Kärnten und ein Urenkel Ottos des Großen. Am Hof seines Cousins, König Ottos III., ist er königlicher Kaplan, als er am 3. Mai 996 auf Vorschlag Ottos mit gerade einmal 24 Jahren zum Papst gewählt. Er ist der erste deutsche Papst und nimmt den Namen Gregor an, in Erinnerung an Gregor den Großen, sein Vorbild.

Seine erste Amtshandlung ist die Kaiserkrönung Ottos III. am 21. Mai 996 im jugendlichen Alter von knapp 16 Jahren.

Der Papst steht zwar unter kaiserlichem Schutz, doch als der Kaiser auf dem Weg zurück in seine Heimat ist, wird Gregor auf Veranlassung von Crescentius Nomentanus, der sich zum Konsul von Rom hat ernennen lassen, aus Rom vertrieben. Gregor flieht zuerst nach Spoleto, dann nach Pavia. Dort beruft Gregor eine Synode ein und exkommuniziert Crescentius Nomentanus. In Abwesenheit des Papstes erklärt dieser wiederum den päpstlichen Stuhl für vakant und ernennt den aus Kalabrien stammenden Griechen Johannes Philagathos, seit 988 Erzbischof von Piacenza, unter dem Namen Johannes XVI. zum (Gegen-)Papst. Gregor muss sich gedulden, bis Otto III. mit einem Heer nach Italien eilt.

Im Februar 998 nimmt Otto Rom ein. Der Aufrührer Crescentius Nomentanus wird enthauptet, sein Leib öffentlich zur Schau gestellt und verhöhnt. Der Kaiser setzt den auf der Flucht gefassten Gegenpapst ab, lässt ihn schrecklich verstümmeln und, rittlings auf einem Eselsrücken sitzend, in einem Spottumzug durch die Stadt führen. Im Mai tritt unter dem Vorsitz des legitimen Papstes ein Gericht zusammen, das den Gegenpapst förmlich verurteilt und für den Rest seines Lebens hinter Klostermauern verbannt.

Gregor arbeitet während seiner restlichen Amtszeit eng mit Otto III. zusammen. Er versucht in Einzelmaßnahmen kirchliche Strukturen zu erneuern, orientiert an der cluniazensischen Reform, und die Macht der Kirche zu zentralisieren.

Er stirbt am 18. Februar 999, noch jung an Jahren, an Malaria. Sein plötzlicher Tod lässt das Gerücht eines Giftmordes aufkommen.

Gregor V. wird in St. Peter beigesetzt, in der Nähe des Grabes von Kaiser Otto II. (übrigens der einzige im Petersdom bestattete Kaiser).

Die Familie der Crescentier

Die Crescentier spielen eine wichtige Rolle in der Politik des mittelalterlichen Roms. 973 setzt Crescentius I. den vom Kaiser geförderten Papst Benedikt VI. ab und ersetzt ihn durch den Gegenpapst Bonifatius VII. 985 nähert sich Crescentius Nomentanus dem Kaiser wieder an, akzeptiert dessen Nominierung von Papst Johannes XV. und wird zum »Römischen Patrizier« ernannt. Doch 997 ersetzt er den legitim gewählten, aber in Rom verhassten Papst Gregor V. durch den Erzbischof Johannes Philagathos als Gegenpapst unter dem Namen Johannes XVI.

Johannes II. Crescentius gelingt es, zwischen 1003 und 1012 nacheinander drei Päpste auf den Thron zu bringen (Johannes XVII., Johannes XVIII., und Sergius IV.)

Gregor V. 996–999

geb. Aurillac ?; gest. Rom 1003

Silvester II. 999–1003

Gerbert wird in Aurillac (Auvergne) geboren. Dort und in Vich (Katalonien) erhält er eine gründliche Schulbildung und zeigt eine vorzügliche Begabung. Auf Anraten des Abtes Odilo von Cluny beruft Otto III. Gerbert, seinen Freund und Berater und damals Erzbischof von Reims und Ravenna, zum Papst. Es ist der erste französische Papst. Er wird am 2. April 999 auf den Stuhl Petri erhoben und nimmt den Namen Silvester an.
Während seines Pontifikats geht das erste Jahrtausend zu Ende. Viele Christen erwarten ernsthaft das Ende der Welt und entschließen sich zum Fasten, tun Bußwerke, feiern Gottesdienste oder machen Pilgerfahrten »um ihrer Seele willen«.
Eine von Silvesters ersten Amtshandlungen ist die Klosterreform; er versucht aber auch, die Sitten des Klerus zu verbessern, dessen religiöses Leben wegen politischer und wirtschaftlicher Interessen im Niedergang begriffen ist. Das zunehmend weltliche Aufgabenfeld der Reichsbischöfe trägt zu diesem Niedergang bei, da dem Klerus damit mehr und mehr auch säkulare Funktionen zukommen.
Silvester II. widmet sich seiner Aufgabe als Oberhaupt der Kirche mit größter Aufmerksamkeit. Er bekämpft Simonie, also den Verkauf von Ämtern, den freizügigen Lebenswandel der Priester und drängt auf die Einberufung einer Synode, um über aktuelle Fragen der Kirche nachzudenken. Er exkommuniziert Arduin von Ivrea, den König von Italien (1002–1014/15), wegen seines ständigen blutigen Kampfes gegen die Kirche.
Stephan I. von Ungarn, der sein Land zum Christentum bekehrt hat, verleiht er den Titel eines Königs. Er bezieht Ungarn und Polen in die römische Kirche ein, wodurch sie dem Einfluss der Ostkirche entzogen werden. Mit Otto III. kümmert er sich um die Organisation der Ortskirchen, indem er Bischofssitze einrichtet.
Silvester ist hochgebildet und ein vorzüglicher Mathematiker und Astronom. Er gehört zu den gelehrtesten Männern seiner Zeit mit einem umfassenden Wissen in Musik, Naturwissenschaften und Literatur. Deshalb hat man ihm später sogar die Einführung der arabischen Ziffern zugeschrieben. Er verfasst Kommentare zu Aristoteles, Porphyrius und Boetius.
Im Februar 1001 erheben sich die Römer, unzufrieden mit der Fremdherschaft, gegen Papst Silvester und den Kaiser. Sie nötigen beide, die Stadt zu verlassen. Bevor Otto III. seine Macht wiederherstellen kann, stirbt er am 23. Januar 1002.
Silvester stirbt am 12. Mai 1003, ein gutes Jahr nach dem Tod Ottos III., der ihn hoch geschätzt und mit ihm die Hoffnung auf eine Erneuerung des Reiches geteilt hat.

Kaiser Otto III. (983–1002)

Auf Otto II. folgt Otto III. als dreijähriges Kind. Die Regentschaft führen seine Mutter Theophanu und seine Großmutter Adelheid. Als er mündig ist, zieht Otto nach Rom, in seine Lieblingsstadt, der er wieder die Stellung der Hauptstadt eines Großreichs geben möchte. Er dringt auf die Wahl Gregors V., des ersten deutschen Papstes, und Silvesters II., des ersten französischen Papstes. Auf den Spuren Karls des Großen hegt Otto III. die Idee einer Erneuerung des römischen Kaiserreichs. Doch die Realisierung seines Ideals erfüllt sich nicht. Eine Revolte in Rom zwingt ihn, nach Ravenna zu fliehen, wo er plötzlich mit nur 22 Jahren an Malaria stirbt.

Silvester II. 999–1003

Johannes Sicco

geb. Ripagnano ?; gest. Rom 2003

Johannes XVII. 1003

Es gibt in der offiziellen Reihe der Päpste keinen Johannes XVI., da der Papst dieses Namens der Gegenpapst Johannes Philagathos war und deshalb in der regulären Abfolge der Päpste nicht aufgeführt wird.

Johannes XVII. stammt aus Ripagnano in der Diözese von Fermo. Er gehört einer berühmten Familie, den Sicco, an, die mit den Crescentiern verwandt sind.

Johannes ist verheiratet und hat drei Söhne, bevor er in den Priesterstand tritt. Am 13. Juni wird er auf Betreiben des Johannes II. Crescentius, dem Sohn des Crescentius Nomentanus, der wegen seines Aufstandes in Rom auf Befehl des Kaisers Otto III. 998 enthauptet wurde, zum Papst gewählt, denn mit dem Tod Ottos III. haben die Crescentier in Rom wieder die Oberhand gewonnen.

Mit Papst Johannes XVII. beginnt die Reihe jener Päpste, deren Wahl für mindestens ein Jahrzehnt von den Crescentiern kontrolliert wird, ähnlich wie dies in den Zeiten des Theophylakt und seiner Familie in den ersten Jahrzehnten des 10. Jahrhunderts der Fall war.

Der Crescentier Johannes II. eignet sich den Titel des *Patricius* an und beherrscht die Stadt Rom, den Papst und den Kirchenstaat.

Vom Pontifikat Johannes' XVII. ist fast nichts überliefert; es währt so kurz, dass keine erwähnenswerten Ereignisse in den historischen Quellen zu finden sind. Johannes XVII., der erst am 16. Mai 1003 Papst geworden ist, stirbt am 6. November 1003 und wird in der Lateranbasilika beigesetzt.

Stephan I. von Ungarn (969–1038)

Er ist Sohn des Großfürsten Géza, der seit 972 die Missionierung Ungarns, teils gegen heftigen Widerstand, vorantreibt. Stephan wird jung getauft, vielleicht von Bischof Adelbert von Prag. Er heiratet 994/5 Gisela, die Schwester des späteren deutschen Kaisers Heinrich II. Papst Silvester II. sendet ihm mit Zustimmung Kaiser Ottos III. die Königskrone, und so wird Stephan an Weihnachten im Jahr 1000 zum ersten König von Ungarn gekrönt. In wenigen Jahren gelingt es ihm, sein Land zu konsolidieren und zu christianisieren. Er ist Nationalheiliger Ungarns, sein Gedenktag und Nationalfeiertag ist dort der 20. August.

Johannes XVII. 1003

Petrus Johannes Fasanus
geb. Rom ?; gest. Rom 1009

Johannes XVIII. 1003–1009

Wie sein Vorgänger verdankt auch Johannes XVIII. seine Erhebung zum Papst am 25. Dezember 1003 dem mächtigsten Mann im damaligen Rom, dem Patrizier Johannes II. Crescentius. Er nennt sich als Papst Johannes XVIII.; vielleicht ist er gebürtiger Römer und gehört dem Crescientier-Clan an. (Sein Name Fasanus dürfte ein Beiname sein.)

Obgleich dem römischen Stadtadel verpflichtet, gibt sich der Papst seinen kirchlichen Aufgaben mit großer Energie hin, vor allem denen in Deutschland und Frankreich.

Er stellt sich auf die Seite des Klosters von Fleury, greift wegen der Forderung einiger französischer Bischöfe nach Aufhebung der Privilegien dieser Abtei ein und droht allen mit Exkommunizierung, die sich nicht an seine Entscheidungen halten.

In Pavia krönt er 1004 Heinrich II. von Bayern zum König Italiens. Die lombardische Stadt wehrt sich gegen die Schikanen der deutschen Truppen, doch der König befiehlt, sie zu plündern und zu zerstören; der Papst unternimmt nichts, um dies zu verhindern.

1007 bestätigt er dem neuen deutschen König Heinrich II. die Errichtung Bambergs als Bischofssitz. Bamberg soll zu einem Stützpunkt für die Missionierung der slawischen Bevölkerung werden.

Während seines Pontifikats versucht Johannes, zu einem Einvernehmen mit der Ostkirche zu kommen in der Frage des petrinischen Amtes, doch vergeblich.

Er sucht ein engeres Verhältnis zu Polen aufzubauen und spricht 1004 feierlich fünf Märtyrer Polens heilig: Benedikt, Christianus, Johannes, Isaak und Matthäus.

Manche Historiker meinen, Johannes habe abgedankt und sich in das Kloster San Paolo fuori le Mura (St. Paul vor den Mauern) zurückgezogen, aber dies ist nicht sicher. Dort wird er aber offenbar bestattet, als er im Juni/Juli 1009 stirbt.

HINTERGRUND

Nach der Jahrtausendwende

Es gibt eine Legende, der zufolge das Jahr 1000 eine Welle der Angst vor dem drohenden Weltende hervorrief. Ganz sicher führte die Jahrtausendwende nicht zu einer Massenpanik, allein schon deshalb nicht, weil innerhalb der Christenheit sehr unterschiedliche Jahresanfänge und Jahreszählungen in Gebrauch waren. Die Intensivierung religiöser Praktiken und großzügige Schenkungen an die Kirche kamen dadurch zustande, dass während des 11. Jahrhunderts die Zahl der Menschen in den einzelnen Reichen und die Zahl der Klöster, Bistümer und Pfarreien wuchs und die Gesellschaft zunehmend von der Kirche bestimmt war. Die Lebensbedingungen veränderten sich, die Städte wurden anziehender.

Johannes XVIII. 1003–1009

Petrus

geb. Rom ?; gest. Rom 1012

Sergius IV. 1009–1012

Petrus, genannt *Os porci* oder *Bucca porca* (»Schweinemaul«) wird auf Drängen der Crescentier am 31. Juli 1009 auf den Stuhl Petri erhoben und nimmt den Namen Sergius an. Er ist wohltätig, ernsthaft um die Sitten in der Kirche bemüht und sorgt dafür, dass Bischöfe und Äbte politischen und wirtschaftlichen Fragen keinen Vorrang vor religiösen einräumen.

Während seines Pontifikats gründet Romuald (952–1027), ein Benediktinermönch und Abt von Sant'Apollinare in Classe, mehrere reformierte Klöster, darunter die Klöster von Vallombrosa und Camaldoli und einige Einsiedeleien. Daraus entwickeln sich die Kamaldulenser. Romualds strenges, am Ideal des alten ägyptischen Mönchslebens in Verbindung mit der Regel Benedikts orientiertes Leben übt großen Einfluss auf die Mitwelt aus, so auch auf Otto III.

Im Jahr 1010 versucht Sergius IV., ein Bündnis gegen die Sarazenen zu organisieren, auch als Rache für die Zerstörung der Grabeskirche in Jerusalem; doch der Aufruf an die italienischen Seerepubliken und an Frankreich, das seit der Zeit Karls des Großen das Heilige Grab schützt, bleibt erfolglos.

Sergius IV. stirbt am 15. Mai 1012, nur sechs Tage später auch sein mächtiger Protektor Johannes II. Crescentius. Der Tod der beiden geht einher mit politischen Wirren und Kämpfen rivalisierender Adelsgeschlechter um die Macht in Rom. Nach den Crescentiern haben in Zukunft die Tusculaner wieder das Sagen.

Der Papst wird in der Lateranbasilika begraben, wo die ihn rühmende Grabinschrift noch heute zu lesen ist.

Mönch sein

»Unsere Speise ist einfach, unsere Kleider rau, unser Getränk stammt aus dem Bach, und wir schlafen oft auf unserem Buch. Unter unseren müden Gliedern liegt nur eine harte Matte. Mitten im schönsten Schlaf müssen wir beim Glockenschlag aufstehen. (…) Für einen eigenen Willen ist kein Raum, es gibt keinen Augenblick der Muße oder Zerstreuung (…) Doch überall herrscht Frieden und Heiterkeit und eine wunderbare Freiheit weitab vom Getöse der Welt. Es herrscht eine solche Einheit und Eintracht unter den Brüdern, dass alles allen zu gehören scheint und alles einem jeden.«

Abt Aelred von Rievaulx (um 1100–1167), Speculum Caritatis 1, 17

HINTERGRUND

Sergius IV. 1009–1012

geb. Rom ?; gest. Rom 1024

Benedikt VIII. 1012–1024

Theophylakt stammt aus der römischen Familie der Grafen von Tusculum. Er ist Laie, als er zum Papst gewählt wird. Am 21. Mai 1012 wird er geweiht und nimmt den Namen Benedikt an. Ein gewisser Gregor, der Kandidat der Crescentier, ficht seine Wahl an, wird aber von Benedikts Truppen besiegt. Daraufhin eilt Gregor an den Königshof Heinrichs II.; der aber bestätigt die Gültigkeit der Wahl Benedikts.

Zum Dank bietet der Papst König Heinrich die Kaiserkrone an. Die feierliche Krönung zum Kaiser findet am 14. Februar 1014 statt. Bei dieser Gelegenheit versprechen Heinrich und seine Gattin Kunigunde, die Kirche zu verteidigen und zu schützen und den Papst und seinen Nachfolgern stets die Treue zu halten. Der Reichsapfel als Herrschaftszeichen der Kaiser wird übrigens erst unter Heinrich VI. Ende des 12. Jahrhunderts auch im Rahmen der Krönungszeremonie verwendet und gehört seither wie Krone, Zepter und Schwert zu den sog. Reichskleinodien oder Reichsinsignien, die sorgfältig aufbewahrt werden. Als Symbol ist der Reichsapfel aber deutlich älter. Schon Karl der Große wird mit einer Kugel in der Hand dargestellt; ein Kreuz oben auf der Kugel findet sich erstmals bei Konrad II., dem Sohn Heinrich II. Beim Reichsapfel handelt es sich um eine goldene Kugel mit zwei mit Edelsteinen verzierten Kreisen und darauf das Kreuz. Die Kugel repräsentiert die Welt, das Kreuz das Christentum und die Steine die Tugenden.

1016 besiegt Benedikt VIII. mit Hilfe der Republiken Pisa und Genua die Sarazenen, die an den Küsten des Tyrrhenischen Meers gelandet waren. Er unterstützt Aufstände in Süditalien gegen die byzantinische Herrschaft und holt dazu auch normannische Ritter zu Hilfe. Doch die Byzantiner besiegen die Aufständischen bei Cannae 1019 und dringen nun nach Norden vor.

Benedikt wendet sich an Heinrich um Hilfe. 1020 reist er nach Bamberg, um die dortige Stephanskirche zu weihen, und wird von Heinrich II. mit allen Ehren empfangen. Dieser will im Interesse der Kirche das *Privilegium Ottonianum* von Otto dem Großen erneuern und sagt dem Papst militärische Hilfe zu.

Auf einer Synode zu Ravenna wird das Mindestalter für die Übernahme kirchlicher Ämter festgelegt und jeglicher Ämterkauf (Simonie) verurteilt.

Auf einer Synode in Rom, an der auch der Kaiser teilnimmt, weist Benedikt auf die Notwendigkeit hin, die Simonie, die Veräußerung von Kirchengütern und das Konkubinat von Priestern zu bekämpfen. 1022 verwehrt er sich gegen die »Epidemie priesterlicher Unreinheit« und erlässt ein Dekret, das allen Klerikern bis zum Subdiakon hinunter die Ehe und das Konkubinat verbietet. Er unterstützt das Kloster von Montecassino.

Durch das Verdienst König Olafs von Norwegen wird 1017 das Land christianisiert. Dafür wird der König später heiliggesprochen.

Benedikt VIII., ganz und gar ein Mann der Tat, stirbt am 9. April 1024, nachdem er die Kirche fast zwölf Jahre regiert hat. Er wird in St. Peter beigesetzt.

Kaiser Heinrich II. (973–1024)

Als Sohn Heinrichs II. von Bayern ist er nächster männlicher Verwandter Kaiser Ottos III. Er wird 1002 in Mainz zum König gekrönt. Er muss sich in Italien und Deutschland mit schweren Unruhen auseinandersetzen. Im Osten kämpft er gegen Boleslaw I., den Herzog von Polen. In Italien besiegt er zweimal Arduin von Ivrea, seit 1002 König von Italien. So erhält Heinrich die Königskrone Italiens und schließlich 1014 die Kaiserkrone. Dreimal zieht er nach Italien, um gegen die Byzantiner zu kämpfen, jedoch ohne dauerhaften Erfolg. Heinrich kehrt bald nach Deutschland zurück. Er wird 1146 von Papst Eugen III. heiliggesprochen. Festtag von Heinrich und Kunigunde ist der 13. Juli.

Benedikt VIII. 1012–1024

Romanus, Graf von Tusculum

geb. Rom ?; gest. Rom 1032

Johannes XIX. 1024–1032

Romanus wird in Rom geboren und ist ein älterer Bruder Benedikts VIII. Er bekleidet das Amt eines römischen Konsuls, Herzogs und Senators, als er wenige Tage nach dem Tod seines Bruders auf den Stuhl Petri erhoben wird. Da er noch Laie ist, erhält er an einem einzigen Tag, am 19. April 1024, sämtliche kirchlichen Weihen. Er nimmt den Namen Johannes an.

Die Familie der Grafen von Tusculum sieht das Papsttum quasi als ihren Besitz an. Sie ist in Rom an die Stelle der einflussreichen und machtbewussten Familie der Crescentier getreten. Doch während die Crescentier die Päpste stark einschränkten und ihnen eine politische Machtausübung verwehrt haben, machen die tusculanischen Päpste selbst Politik. Johannes XIX., erfahren in der Ausübung weltlicher Macht, sichert die regionale Herrschaft der Päpste in Italien und sorgt für ein gutes Einvernehmen mit dem Königshaus der Salier.

Am 26. März 1027 krönt er in St. Peter König Konrad II., den Nachfolger Heinrichs II., in Gegenwart von König Rudolf III. von Burgund und Knut von Dänemark und England zum Kaiser.

Obwohl Konrad II. dem Papst loyale Unterstützung verspricht (ohne allerdings die Privilegien Ottos I. zu erneuern und das übliche Schutzversprechen für die Kirche abzugeben), stellt er doch die Interessen des Reiches über die der Kirche und setzt letztlich seinen eigenen Willen durch.

Johannes sucht ein besseres Verhältnis mit Konstantinopel herzustellen. Gegen die Absicht der Byzantiner, die den Titel des »Ökumenischen Patriarchen« auf die Ostkirche übertragen wissen wollen, bekräftigt der Papst aber das Primat der römischen Kirche.

Er lädt den Benediktinermönch Guido von Arezzo (997–1150) nach Rom ein, der als Erfinder des modernen Musiknotierungssystems (bei dem die Noten auf Linien und Zwischenräume gestellt werden) gilt, damit er seine »Notensprache« der päpstlichen Chorschule in Rom, der berühmten *Schola cantorum,* beibringt.

Enge Beziehungen unterhält Johannes zu Odilo von Cluny (994–1048), dem er die völlige Exemption des Reformklosters bestätigt.

1032 spricht er Romuald, den Gründer der Kamaldulenser, eines Zweigordens der Benediktiner mit eremitischen Elementen, selig; Papst Clemens VIII. (1592–1605) spricht Romuald heilig.

Johannes XIX. stirbt am 20. Oktober 1032 und wird in St. Peter bestattet.

Kaiser Konrad II. (um 990–1039)

Nachdem die Dynastie der sächsischen Ottonen (Liudolfinger) erloschen ist, geht die Krone 1024 auf die rheinfränkischen Salier über. Konrad II. wird mit Unterstützung der deutschen Bischöfe gewählt. Der Erzbischof von Mailand, Aribert von Intimiano, lädt ihn nach Italien ein und er wird 1026 in Mailand zum König von Italien gekrönt und 1027 zum Kaiser. Um die Sympathie der kleinen Lehnsleute angesichts der Einmischung der großen weltlichen Feudalherren zu gewinnen, erlässt Konrad 1037 die *Constitutio de feudis,* in der er festlegt, dass kein Lehnsherr sein Lehen verlieren kann, sondern dass es durch Vererbung weitergegeben werden darf.

Johannes XIX. 1024–1032

Theophylakt, Graf von Tusculum

geb. Rom ?; gest. Grottaferrata 1055/56

Benedikt IX. 1032–1048

Theophylakt ist Neffe der Päpste Benedikt VIII. und Johannes XIX. und Sohn des Oberhaupts der in Rom herrschenden Dynastie der Tusculaner Alberichs III. Trotz eines gewalttätigen und ausschweifenden Lebens wird er 1032 im jugendlichen Alter am 21. Oktober zum Papst erhoben. Er nimmt den Namen Benedikt an.

Dank seines guten Einvernehmens mit Kaiser Konrad II., mit dem er sich 1037 in Cremona und 1038 in Spello (Umbrien) trifft, sind die ersten Jahre seines Pontifikats ruhig, und Benedikt kann sich kirchlichen Aufgaben widmen. Er organisiert die Kirche, ernennt Bischöfe und hält Synoden ab.

Mit der Wahl König Heinrichs III. (1039–1056), der die Unabhängigkeit des Papstes nicht duldet, entstehen trotz zunächst freundschaftlicher Beziehungen Spannungen. Die Crescentier, Rivalen der Tusculaner, nutzen diese Missstimmigkeiten. Sie organisieren eine Adelsrevolte in Rom, die sich im September 1044 sowohl gegen den Papst, dem weiterhin liederlicher Lebenswandel vorgeworfen wird, als auch allgemein gegen die Vorherrschaft der Tusculaner richtet, vertreiben Benedikt und lassen am 10. Januar 1045 Johannes, den Bischof von Sabina, zum Papst wählen, der sich Silvester III. nennt. Im März greifen die Tusculaner ein, bringen Benedikt auf den Papstthron zurück und Silvester flieht nach Sabina zurück.

Nach wenigen Wochen soll Benedikt IX. sein Amt wegen der schwierigen Verhältnisse gegen Geld zugunsten von Graziano Pierleoni aufgegeben haben, der sich nach seiner Wahl zum Papst am 1. Mai 1045 Gregor VI. nennt.

Diese schismatische Situation wird unerträglich. Denn nun gibt es gleichzeitig drei Päpste, doch keiner von ihnen führt einen vorbildlichen Lebenswandel. Da greift Kaiser Heinrich III. ein, beruft während eines Zuges nach Italien eine Synode nach Sutri (1046) ein, an der zahlreiche Bischöfe teilnehmen, und setzt am 20. Dezember 1046 Silvester III. und Gregor VI. ab, der des Ämterkaufs beschuldigt wird. Nur vier Tage später in Rom setzt Heinrich aber auch Benedikt IX. ab und lässt Bischof Suidger von Bamberg zum Papst wählen, der sich Clemens II. nennt.

Als Clemens II. nach knapp acht Monaten Amtszeit am 9. Oktober 1045 plötzlich stirbt, wird Benedikt IX. von den Tusculanern wieder auf den Stuhl Petri gesetzt, bis am 16. Juli 1048 auf Geheiß des Kaisers Bischof Poppo von Brixen als Damasus II. inthronisiert wird. Benedikt IX. betrachtet sich indes weiter als legitimen Papst und intrigiert gegen Damasus wie auch gegen seinen Nachfolger Leo IX. Auf der Lateransynode im April 1049 wird er exkommuniziert.

Benedikt soll seine Verfehlungen bereut und dem drängenden Rat des Abtes Bartholomäus von Grottaferrata (bei Frascati) nachgegeben haben und verbringt seine letzten Lebensjahre im Kloster; in Grottaferrata ist er auch begraben.

WISSENSWERTES

Der Caroccio (»Fahnenwagen«)

Der Mailänder Bischof Aribert von Intimiano bildet anlässlich des Zusammenstoßes mit Konrad II. und den Lehnsherren eine Bürgermiliz und führt den Gebrauch des Caroccio ein: ein großer Wagen mit einer Plattform, der von Ochsen gezogen wird. Auf ihm befinden sich das Banner der Stadt und ein Altar. Auch für Trompeten, die den Takt für den Marsch angeben, ist Platz. Der Caroccio ist im Kampf Symbol wie auch Sammelpunkt. Er wird heftig verteidigt. Auch sein Verlust gilt als Schmach. Die Mailänder benutzen den Caroccio von nun an bei allen Kriegen. Der Caroccio spielt eine wichtige Rolle bei der Schlacht von Legano (1138), in der Kaiser Barbarossa besiegt wird.

Benedikt IX. 1032–1048

Johannes Gratianus
geb. Rom ?; gest. Köln 1047

Gregor VI. 1045–1046

Nachdem Benedikt IX. – nach Zahlung einer ordentlichen Geldsumme – sein Amt aufgegeben hat, besteigt der greise Gregor am 1. Mai 1045 den Papstthron. Er entstammt möglicherweise der wohlhabenden Bankiersfamilie der Pierleoni, ist der angesehene Erzpriester von San Giovanni a Porta Latina (St. Johannes an der Porta Latina) und persönlich untadelig, macht sich, wenn auch aus edlen Motiven, der Simonie schuldig, um das Papsttum »den Händen eines Verbrechers zu entreißen« (Ferdinand Gregorius).
Der Kirchenhistoriker Joseph Hergenröther (gest. 1890) zitiert dazu den Baron Enrione mit den Worten: »Dieser weise Befreier der Kirche, der nach der Abdankung Papst Benedikts IX. im Mai 1045 den Thron bestiegen hat, regierte unter dem Namen Gregor. Die Einkünfte der Kirche reichten kaum zum Leben. Er exkommunizierte die Diebe, doch die waren durch seine Kühnheit so gereizt, dass sie bewaffnet nach Rom zogen. Da versammelte der Papst Truppen und verjagte die Leute, die sich unrechtmäßig Kirchengüter angeeignet hatten. Er sicherte auch jene Straßen wieder, die die Pilger nicht mehr zu benutzen wagten, es sei denn, sie waren sehr viele.«
Gregor VI. ist demnach das erste päpstliche Heer zu verdanken, mit dem in Rom die Ordnung wiederhergestellt werden soll, um das Territorium zu schützen und die Straßen wieder zugänglich zu machen.
Der Mönch Gunther aber schreibt: »Heinrich, komm, um dein Urteil über diesen Papst zu sprechen, und tritt an die Stelle des allmächtigen Gottes und mach dieser dreifachen ehelichen Bindung ein Ende … Nicht einer dieser Schar lasterhafter Liebhaber darf mit der römischen Kirche die Ehe eingehen. Es muss vielmehr ein würdiger Papst ausgewählt werden, der mehr wert ist als tausend Päpste dieser Art.«
Die Verwirrung und Unmoral sind so groß, dass schließlich Kaiser Heinrich III. gemäß dem *Privilegium Ottonianum* interveniert, um die Ordnung wiederherzustellen. Er beruft ein Konzil nach Sutri ein, auf dem 1046 die Abdankung Gregors VI. veranlasst wird. Heinrich nimmt den abgesetzten Papst vorsichtshalber mit sich nach Deutschland. Gregor verbringt den Rest seines Lebens unter Aufsicht Bischof Hermanns in Köln, wo er Ende 1047 stirbt.

Simonie

Simonie ist ein kirchliches Delikt und bezeichnet den Erwerb eines geistlichen Gutes (Sakramente, Absolution, Weihen, Kirchenämter) oder einer weltlichen Sache, die mit einer geistlichen verbunden ist (Pfründe, geweihter Gegenstand, Reliquien) für Geld oder Geldeswert. Der Begriff leitet sich vom Namen des Samaritaners Simon Magus ab, der versucht hat, Petrus die Fähigkeit abzukaufen, die Gaben des heiligen Geistes weiterzugeben (Apostelgeschichte 8, 9–24).

WISSENSWERTES

Gregor VI. 1045–1046

Suidger Morsleben von Horneburg
geb. Sachsen ?; gest. Pesaro 1047

Clemens II. 1046–1047

Auf der Synode von Sutri vom 20. Dezember 1046 einigt man sich in Befolgung der Anweisungen König Heinrichs III. darauf, Suidger Morsleben von Horneburg zum Papst zu wählen. Dieser ist in Sachsen geboren, wird Kanonikus in Halberstadt und Bischof von Bamberg. Nach seiner Wahl nimmt Suidger den Namen Clemens an und wird Weihnachten 1046 geweiht. Am selben Tag vollzieht er an König Heinrich III. und seiner Gemahlin Agnes die Kaiserkrönung.

Hierbei wird nicht nur dem Beschluss Folge geleistet, nach dem die Papstwahl vom Kaiser bestätigt werden muss; Heinrich beansprucht sogar die Ernennung des Papstes. Dieses Privileg ist kirchenrechtlich zwar fragwürdig, hat aber den Vorteil, die Papstwahl von den rivalisierenden Machteinflüssen der mächtigen römischen Patrizierfamilien abzukoppeln und wieder würdige Persönlichkeiten auf den Papstthron zu bringen wie Clemens II., Leo IX. und Viktor II.

In Reformkreisen wird die Art, wie der deutsche Kaiser dem machtvollen römischen Stadtadel die Papstwahl aus der Hand nimmt, akzeptiert.

Das erklärte Ziel Clemens' ist eine Reform der verwahrlosten Kirchensitten.

Auf einer Synode in Rom vom 5. Januar 1047 verurteilt der Papst Konkubinat und Simonie; Simonisten zwingt er zu vierzigtägiger Buße. Er beschließt, solche Bischöfe zu exkommunizieren, die gegen Bezahlung Lehen vergeben.

Diese ersten Reformschritte sind gerade auf den Weg gebracht, als Clemens II. am 9. Oktober 1047 im Thomaskloster in Pesaro stirbt, wahrscheinlich an Malaria. (Gerüchte wollen wissen, er sei von seinem Vorgänger Benedikt IX. vergiftet worden; erwiesen ist inzwischen, dass er an Bleivergiftung starb, die aber von der Benützung von Bleigeschirr herrühren dürfte.)

Sein Leichnam wird in den Bamberger Dom gebracht, wie er es testamentarisch verfügt hatte.

Heinrich III. (1017–1056)

Er wird 1028 in Köln zum König gekrönt, in Rom 1046 zum Kaiser. Ihm gelingt es, Brochetislaw I. von Böhmen zu unterwerfen und den vertriebenen König von Ungarn, Peter Orseolo, als seinen Vasallen wieder einzusetzen. Böhmen bleibt Teil des Reiches, Ungarn kehrt zur angestammten Dynastie der Arpaden zurück. In Italien greift er beherzt ein und beendet das Schisma der drei Päpste. Er setzt Gregor VI., Silvester III. und Benedikt IX. ab und ersetzt sie durch Clemens II., der ihn zum Kaiser krönt und ihm den Titel *Patricius Romanorum* verleiht. Dieser Titel ermächtigt ihn, in die Wahl dreier weiterer Päpste einzugreifen, Damasus' II., Leos IX. und Viktors II.

Clemens II. 1046–1047

Poppo

geb. Bayern ?; gest. Palestrina bei Rom 1048

Damasus II. 1048

Damasus II. ist der dritte deutsche Papst, entstammt dem bayerischen Adel und heißt mit weltlichem Namen Poppo. Er wird 1039 Bischof von Brixen in Tirol. Auf Wunsch Kaiser Heinrichs III. wählt man ihn an Weihnachten 1047 zum Papst, doch er kann erst am 17. Juli 1048 feierlich geweiht werden.

Damasus kann den Stuhl Petri vorerst nicht besteigen, weil die Tusculaner ihn mit Benedikt IX. wiederbesetzt haben, der 1046 abgesetzt worden war.

Als Benedikt endgültig auf das Amt des Papstes verzichtet, empfangen die Römer den neuen Papst mit Dankbarkeit, aber Damasus bleibt nur 22 Tage im Amt.

Er stirbt am 9. August 1048 in Palestrina bei Rom, wahrscheinlich an Malaria.

Er wird in San Lorenzo fuori le Mura (St. Laurentius vor den Mauern) begraben. Der plötzliche Tod der letzten Päpste hinterlässt bei den Würdenträgern wie beim Volk einen tiefen Eindruck.

HINTERGRUND

Vergiftung

Seit der Antike wird an den Leichnamen der Päpste eine Untersuchung vorgenommen, um herauszufinden, ob sie bei Palastintrigen vergiftet worden sind. Es besteht die Möglichkeit, dass folgende Päpste in dieser Epoche vergiftet wurden: Gregor V. (999), Clemens II. (1047), Damasus II. (1048), Stephan IX. (1058), Viktor III. (1078) und einige andere. Bei einigen der Genannten ist es aber wahrscheinlicher, dass ihre »Vergiftung« nur ein Gerücht ist, das manchmal vielleicht auch gezielt ausgestreut worden sein mag. Auch im Fall des Todes von Albino Luciani (Papst Johannes Paul I., gest. 1978) hat man die Vermutung geäußert, dass er an einer Vergiftung gestorben sei.

Damasus II. 1048

Bruno Graf von Egisheim-Dagsburg
geb. Egisheim (Elsass) 1002; gest. Rom 1054

Leo IX. 1049–1054

Der historisch bedeutendste deutsche Papst stammt aus elsässischem Grafengeschlecht und ist mit dem Herrscherhaus der Salier verwandt. Als Kleriker hält er sich am Hof Kaiser Konrads II. auf und wird mit 24 Jahren Bischof von Toul. Ein Kirchenhistoriker beschreibt ihn so: »Auf dem Reichstag zu Worms, den der Kaiser (Heinrich III.) einberufen hat, wird Bruno, Bischof von Toul, einstimmig zum Papst erkoren, der zwar anwesend ist, aber nicht die geringste Ahnung hat, dass man ihn wählt. Der Bischof war 46 Jahre und hatte 22 Jahre sein Amt mit größter Würde ausgeübt.« Bruno versichert sich in Rom erst der Zustimmung des Klerus und des Volkes und nimmt nach dreitägigem Fasten und einer öffentlichen Beichte seiner Sünden im Pilgergewand das Amt an. Am 12. Februar 1049 besteigt er im Lateran den Papstthron und gibt sich den Namen Leo. Unter Leo IX. beginnt die etwa achtzigjährige Epoche des Reformpapsttums. Er umgibt sich mit gebildeten, vorzüglichen Beratern, die mit ihm die Kirche erneuern wollen, unter anderem Hildebrand von Soana (der spätere Gregor VII.) und Friedrich von Lüttich (später Stephan IX.). Unter den Reformbewegungen der damaligen Zeit stützt er die cluniazensische unter Abt Hugo von Cluny; den Reformen Erzbischofs Alinard von Lyon und des Kirchenlehrers Petrus Damianus steht er nahe.

Er beruft mehrere Synoden nach Rom ein, um die Moral der Kirche zu verbessern. So sagt er der Priesterehe, der Simonie und der Laieninvestitur den Kampf an. Diese Reformen sind unerlässlich und werden von den Mönchen in Cluny und Vallombrosa gefordert. Da Leo sich als Vertreter der universalen Kirche versteht, unternimmt er eine lange Reise durch Italien, Frankreich und Deutschland. Auf der Synode zu Vercelli 1050 exkommuniziert er Berengar von Tours, der die Realpräsenz Christi in der Eucharistie leugnet.

In den Beziehungen zur Ostkirche scheitern seine Bemühungen. Er verdammt den Patriarchen von Konstantinopel, Michael Kerullarios, der behauptet, die griechisch-byzantinische Kirche sei der römischen überlegen. Kerullarios verdammt die Bulle, die ihn exkommuniziert, und ihre Urheber. Daraus entsteht 1054 das sog. Morgenländische Schisma zwischen der griechischen und der römischen Kirche; diese Exkommunikation wird erst unter Paul VI. aufgehoben.

Im Kampf gegen die Normannen, die der Kirche und den Oströmern Territorien in Unteritalien 1053 weggenommen haben, wird Leo militärisch geschlagen und fast ein Jahr gefangengesetzt. Schon bald nach seiner Freilassung und Rückkehr nach Rom stirbt er am 19. April 1054, der auch sein kirchlicher Gedenktag im Heiligenkalender ist. Er wird in St. Peter bestattet, links neben dem heutigen Josefsaltar.

Die cluniazensische Reform

Die Kirche verspürt das Bedürfnis, ihren religiösen Geist im Sinne des Evangeliums zu erneuern, der durch Simonie, Priesterehe und die vielen weltlichen Aufgaben des Klerus stark beeinträchtigt wird. Die Reformbemühungen Leos IX. geben der Welt der Kirche neue Kraft. Noch einmal spielt die Abtei von Cluny eine zentrale Rolle bei der religiösen Erneuerung. Sie will der Benediktinerregel ihre ursprüngliche Reinheit und Strenge zurückgeben. Sie führt wichtige Neuerungen ein, indem sie das System des Klosterlebens verändert. Die Klöster sind nicht mehr autonom, sondern streng an eine übergeordnete Abtei gebunden.

Hl. Leo IX. 1049–1054

Gebhard von Dollnstein-Hirschberg

geb. Innsbruck 1018; gest. Arezzo 1057

Viktor II. 1055–1057

Gebhard entstammt einem schwäbischen Adelsgeschlecht und ist mit Kaiser Heinrich III. (1039–1056) weitläufig verwandt, dessen Kanzler und Ratgeber er einige Zeit ist. Seit 1042 bekleidet er das Bischofsamt in Eichstätt, das er nicht aufgibt, als er vom Kaiser geradezu genötigt wird, den Papstthron zu besteigen.

Trotz seiner Zurückhaltung wird Gebhard auf Bitten Hildebrands von Soana, Kardinaldiakon in Rom und späterer Gregor VII., nach monatelangem Zögern am 13. April 1055 inthronisiert. Er fordert die Zustimmung des Klerus und des römischen Volkes zu seiner Wahl und nimmt den Namen Viktor an.

Mit ihm beginnt für das Papsttum eine neue Ära voll Licht und Hoffnung.

Mit der wertvollen Hilfe Hildebrands setzt er die Reformenbestrebungen fort, in denen der Geist des Evangeliums neue Kraft gewinnt. Indem er mit Absetzung und Exkommunizierung droht, sucht er der Plage der Simonie, des Konkubinats und der Veräußerung von Kirchengütern Herr zu werden.

Politisch bittet er den Kaiser um militärische Unterstützung gegen die Normannen, was aber durch den Tod Heinrichs verhindert wird.

Viktor ist der letzte deutsche Reformpapst. Nach einer Synode stirbt er am 28. Juli 1057 plötzlich in Arezzo an Malaria. Gerüchte sprechen von Vergiftung. Seine deutschen Begleiter wollen den Leichnam in seiner Heimat bestatten, aber Bürger von Ravenna bringen ihn in ihren Besitz. So wird er in Santa Maria Rotonda in Ravenna beigesetzt, dem Mausoleum Theoderichs des Großen außerhalb der Stadtmauern.

Die Normannen in Italien

Für die Geschichte der Normannen spielt die Familie Hauteville eine besondere Rolle. Nach Tankred erhält sein Sohn Robert Guiskard die Herzogtümer Apulien und Kalabrien von Nikolaus II. als Lehen und wird Vasall des Kirchenstaats (1059). Allmählich vollenden die Normannen die Eroberung und Einigung Süditaliens, wodurch die langobardischen Herzogtümer verschwinden und die byzantinische Herrschaft endet. Roger von Hauteville erobert 1072 Palermo, die Hauptstadt des sarazenischen Emirats von Sizilien. Sein Sohn Roger II. erhält 1130 den Titel eines Königs von Sizilien. Damit beginnt in Süditalien eine neue Monarchie.

Viktor II. 1055–1057

Junius Friedrich

geb. Lothringen ?; gest. Florenz 1058

Stephan IX. 1057–1058

Friedrich ist Bruder des alten Kaisergegners Gottfried des Bärtigen, des Herzogs von Lothringen, und mit der französischen Königsfamilie verwandt. Er verdankt seinen Aufstieg Papst Leo IX., der ihn zum Kanzler der römischen Kirche bestellt und zum Abt des Klosters von Montecassino macht. Viktor II. ernennt ihn zum Kardinalpriester von San Crisogono (St. Chrysogonus).

Nach dem Tod Papst Viktors II. wird er zu dessen Nachfolger gewählt. Friedrich weigert sich, doch die allgemeine Zustimmung verpflichtet diesen demütigen Mönch, den päpstlichen Thron zu besteigen. Er wird am 2. August 1057, dem Tag des hl. Stephan, dessen Namen er annimmt, in der Lateranbasilika geweiht.

Er bemüht sich um die Zustimmung der weltlichen Macht zu seiner Wahl. Er erhält sie von der Reichsverweserin Agnes, die anstelle des minderjährigen Heinrich IV. regiert. Er möchte aber bei den Wahlen zu anderen kirchlichen Ämtern auf die Einmischung von Laien oder die Zustimmung des Kaisers verzichten.

In kurzer Zeit baut er eine effektive Kirchenverwaltung auf; er untersagt das Konkubinat und die Priesterehe und bemüht sich darum, der Sittenlosigkeit des Klerus Einhalt zu gebieten.

In Montecassino lässt er die Regel Benedikts erneuern, die ein Leben in monastischer Einfachheit vorschreibt. In Mailand kommt es während seines Pontifikats zu heftigen Auseinandersetzungen mit der Pataria, einer radikalreformerischen Bewegung, die auch mit Gewalt gegen verheiratete Priester vorgeht. Weil deren Anführer Ariald und Landulf auf einer Mailänder Synode, die in der Sache schlichten sollte, nicht erscheinen, belegt Stephan IX. sie mit dem Kirchenbann.

Während seiner Reformbemühungen genießt Stephan IX. die Freundschaft und den Rat berühmter Männer. Dazu gehören Hildebrand von Soana (später Gregor VII.), der Kirchenlehrer Petrus Damianus, Anselm von Baggio (später Papst Alexander II.) und Desiderius von Montecassino (der künftige Papst Viktor III.).

In Florenz wird er von heftigem Malariafieber heimgesucht, während er mit seinem Bruder Herzog Gottfried von Lothringen eine Strategie für einen Feldzug gegen die Normannen in Süditalien ausarbeitet.

Stephan IX. stirbt am 29. März 1058. Sein Leben endet in den Armen des hl. Abtes Hugo von Cluny. Dieser lässt ihn und die anwesenden Kardinäle schwören, bei der Wahl seines Nachfolgers die Rückkehr Hildebrands aus Deutschland abzuwarten.

Er wird in Florenz in S. Reparata (heute: Santa Maria del Fiore) begraben.

WISSENSWERTES

Die Kleriker

Kleriker sind dem Papst und ihrem Ortsbischof gegenüber zu Respekt und Gehorsam verpflichtet. Sie müssen jeden Tag das Stundengebet halten und sind in der römischen Kirche zum Zölibat verpflichtet, »der eine besondere Gabe Gottes ist, durch welche die geistlichen Amtsträger leichter mit ungeteiltem Herzen Christus anhängen und sich freier dem Dienst an Gott und den Menschen widmen können« (CIC, can. 277). Kleriker dürfen freiwillig keinen Militärdienst leisten und können nicht gezwungen werden, Dinge, die sie »in Ausübung ihres Amtes« erfahren haben, weiterzugeben. Überdies dürfen sie keine Ämter oder bestimmte Berufe ausüben (wie Notar, Anwalt oder Bürgermeister …).

Stephan IX. 1057–1058

Gerhard von Burgund

geb. Chevron um 1010; gest. Florenz 1061

Nikolaus II. 1059–1061

Gerhard stammt aus Chevron in Burgund und wird Bischof von Florenz. Am 28. Dezember 1058 wird er von den nach Siena geflüchteten Reformkardinälen zum Papst gewählt. Er erhält die Tiara im Januar 1059 und nimmt den Namen Nikolaus an.

In der Zwischenzeit haben die Markgrafen von Tuszien gegen den Willen Stephans IX. einen ihrer Vertrauten wählen lassen, Benedikt X., der aber von den Kardinälen nicht anerkannt und von Nikolaus II. auf einer Synode in Sutri abgesetzt wird, noch bevor er nach Rom gelangt.

Der neue Papst ist mit Desiderius von Montecassino (dem späteren Viktor III.) befreundet und wird von den Reformern Humbert von Silva Candida, Hildebrand von Soano und Petrus Damianus beeinflusst.

Nikolaus II. hebt in einem Dekret das *Privilegium Ottonianum* Kaiser Ottos I. von 962 auf, wonach der Papst vom römischen Klerus und Volk gewählt wird, aber erst nach der Ablegung eines Treueeids vor dem kaiserlichen Gesandten geweiht werden darf. Künftig sollen allein die Kardinäle den Papst wählen und Klerus und Volk das Ergebnis nur anzuerkennen haben. Dieses Dekret sieht eine hierarchische kirchliche Ordnung vor, frei von den Eingriffen weltlicher Macht, und wird 1059 auf einer römischen Lateransynode beschlossen.

Da die neuen Maßnahmen zu zahlreichen Protesten geführt haben, vor allem vonseiten des deutschen Kaisers, sucht Nikolaus nach neuen Verbündeten. Er nähert sich den Normannenführern Richard von Aversa und Robert Guiskard an und stiftet eine Allianz mit ihnen: Gegen Treueeid und die Verpflichtung zu militärischem Beistand überträgt Nikolaus II. ihnen die Herrschaft über Apulien, Kalabrien und Sizilien. Die Normannen sind damit Lehnsmänner und Vasallen des Papstes.

Nikolaus setzt den Kampf zur Verbesserung der Sitten des Klerus fort, den seine Vorgänger begonnen haben. Auf einer römischen Synode verurteilt er freizügigen Lebenswandel, Priesterehe und Konkubinat, Macht- und Geldgier der Kleriker und verbietet die Laieninvestitur: Geistliche dürfen ihre Ämter nicht aus der Hand von Laien empfangen. Er setzt sich mit der Simonie auseinander und sieht schwere Strafen für die sog. Nikolaisten vor, also Priester mit lockerem Lebenswandel, die nicht zölibatär leben.

Wegen des Streits um die Pataria, eine besonders in Mailand sehr starke Bewegung zur Reform der Kirche, die die Rückkehr zu evangelischer Reinheit fordert und nicht davor zurückschreckt, Kirchen und Wohnungen von Priestern zu verwüsten, weil sie im Konkubinat leben oder der Simonie verdächtig sind, schickt Nikolaus II. Petrus Damianus nach Mailand. Dem gelingt es unter Berufung auf die päpstliche Autorität, eine einvernehmliche Lösung zu finden, bei der sich alle schuldigen Kleriker – einschließlich Erzbischofs Wido und der gesamten Domgeistlichkeit – zur Kirchenbuße verpflichten. Damit ist wieder ein großer Reformschritt getan.

Nikolaus II. stirbt am 19. oder 26. Juli 1061 in Florenz und wird im Dom der Stadt begraben.

WISSENSWERTES

Papstwahl

Auf dem Laterankonzil von 1059 wird festgelegt, dass die Papstwahl nur durch in einem Konklave versammelte Kardinäle vollzogen werden darf. Möglich ist eine geheime Wahl auf Zetteln, die Delegation der Wahl an eine Gruppe von Kardinälen oder die Abstimmung per Handzeichen. Der Kaiser darf sich nach diesem päpstlichen Dekret nicht mehr in die Wahlen einmischen. Eine aktive Beteiligung von Klerus und Volk gibt es nicht mehr, ihnen bleibt die nachträgliche Zustimmung.

Nikolaus II. 1059–1061

Anselm von Baggio

geb. Baggio bei Mailand ?; gest. Rom 1073

Alexander II. 1061–1073

Das Papstwahldekret von Nikolaus II. findet nach seinem Tod rasch Anwendung. Ohne Konsultation des deutschen Kaiserhofs wird nur zwei Monate nach dem Tod des Papstes am 1. Oktober 1061 der Mailänder Anselm von Baggio, Bischof von Lucca, zum neuen Papst gewählt und inthronisiert. Er nimmt den Namen Alexander an.

Kaiser Heinrich IV. erkennt die neuen Regelungen zur Papstwahl des von Nikolaus II. einberufenen Laterankonzils von 1059 nicht an und betrachtet deshalb die Wahl Alexanders als illegitim. Er ernennt einen anderen Papst, Honorius II., den die Kirche auf einer Synode italienischer und deutscher Bischöfe in Mantua zum Gegenpapst erklärt.

Papst Alexander setzt das Kirchenreformprogramm fort. Er kämpft gegen Simonie und mangelnde Enthaltsamkeit des Klerus, stellt Regeln für die Wahl von Bischöfen auf und wehrt sich gegen jede Art von kirchlicher Amtsvergabe durch Laien.

Er schützt das Mönchtum und anerkennt den Orden der Kamaldulenser, der 1012 vom hl. Romuald gegründet worden ist.

Alexander II. schickt einen Brief an die französischen Bischöfe, in dem er die Gewalttätigkeit gegen Juden beklagt. Er verurteilt die Massaker, die in Frankreich stattgefunden haben, und fordert die Bischöfe auf, sich solcher Grausamkeit zu widersetzen. Mit der Gewährung des Ablasses für Ritter, die gegen die Muslime auf der Iberischen Halbinsel kämpfen (1063–1072), leistet Alexander einen entscheidenden Beitrag zur Entstehung des Kreuzzugsgedankens. Ebenso unterstützt der Papst Robert Guiskard und dessen Bruder Roger, die 1061 mit der Vertreibung der Sarazenen aus Sizilien beginnen.

Papst Alexander II. stellt sich auf die Seite von Wilhelm dem Eroberer, dem Herzog der Normandie, der die Kirchenreform befürwortet, und gegen den Sachsenkönig Harold. Wilhelm der Eroberer siegt in der Schlacht von Hastings 1066 und wird König von England.

Während seines Pontifikats unterstützen ihn in seinen Reformbemühungen Hildebrand von Soana, der einmal sein Nachfolger wird, und vor allem Petrus Damianus, der produktivste kirchliche Schriftsteller des 11. Jahrhunderts, der deshalb später zum Kirchenlehrer ernannt wird. Der strenge Asket und Eremit, den Stephan IX. gegen seinen Willen zum Kardinal und Bischof von Ostia ernannt hat, wird zur Seele der Kirchenreform.

Alexander II. stirbt am 21. April 1073, nachdem er die Kirche elfeinhalb Jahre lang regiert hat. Er wird in der Lateranbasilika beigesetzt.

Wilhelm I., der Eroberer, König von England (1027–1087)

Von seinem Vater hat er den Titel des Herzogs der Normandie geerbt. Er vergrößert sein Reich durch Heirat mit Mathilde, der Tochter des Grafen von Flandern. Er besiegt den König von Frankreich und schlägt die Angriffe der Grafen der Bretagne und von Anjou zurück. Als der englische König Eduard der Bekenner stirbt, fordert Wilhelm ein Versprechen ein, nach dem sein Sohn dessen Erbe wird, und entreißt Harold von Wessex die englische Krone, indem er ihn 1066 in der Schlacht von Hastings besiegt. Als 1072 auch Malcolm, der schottische König, ihm den Lehnseid schwört, kann sich Wilhelm als Herrscher fast der gesamten Insel betrachten.

Alexander II. 1061 – 1073

Hildebrand Aldobrandeschi
geb. bei Soana um 1025; gest. Salerno 1085

Gregor VII. 1073–1085

Hildebrand wird in Soana (heute Sovana) in der Toskana als Sohn eines Zimmermanns geboren. Er erhält im Lateran und im Marienkloster auf dem Aventin in Rom seine Erziehung und Ausbildung. Durch seine hohe Intelligenz und tiefe Gläubigkeit fällt er auf. Er weilt am französischen Hof und am Hof des Kaisers und lernt die Welt der Politik kennen. Leo IX. ernennt ihn zum Kardinal. Als hoch geschätzter Berater von vier Päpsten (Viktor II., Stephan IX., Nikolaus II. und Alexander II.) wird noch während der Beisetzungsfeierlichkeiten seines Vorgängers am 22. April 1073 vom Volk seine Wahl zum Papst gefordert. Er sträubt sich heftig, aber die Kardinäle folgen diesem Wunsch. Hildebrand gibt sich den Namen Gregor und wird schließlich am 30. Juni geweiht.

Er achtet auf die strenge Fortsetzung der eingeleiteten Kirchenreform. Auf den römischen Synoden von 1074 und 1075 bekräftigt er die Verurteilung der Priesterehe, der Simonie, des unehrenhaften Verhaltens der Priester sowie der Veräußerung von Kirchengütern an Laien. Er wehrt sich gegen die Einmischung weltlicher Macht in die Wahl des Papstes und die Ernennung von Bischöfen. 1075 beruft er eine Synode nach Rom ein, wo der berühmte *Dictatus papae* verlesen wird, in dem der göttliche Herrschaftsauftrag des Papstes niedergelegt ist: Der Papst versammelt in seiner Person die höchste königliche Macht, weil sie von Gott kommt, und ist deshalb dem Kaiser überlegen. Dies kommt für Kaiser Heinrich IV. einer Kriegserklärung gleich. Der Kaiser, der wie die Ottonen und sein Vater Heinrich III. Bischöfe auch ohne Zustimmung der Kirche auswählt und einsetzt, widersetzt sich vehement. So beginnt der Investiturstreit, der über vierzig Jahre dauert. Als Gregor droht, den Kaiser zu exkommunizieren, weil der sich in kirchliche Fragen eingemischt und Bischöfe nach seinem Gutdünken eingesetzt hat, beruft dieser ein Konzil in Worms ein (1076), das den Papst für abgesetzt erklärt. Daraufhin exkommuniziert Gregor den Kaiser und löst die Untertanen von den Fesseln ihres Treueschwurs. Da sieht sich Heinrich IV. von seinen Untertanen verlassen; es bleibt ihm nichts anderes übrig, als sich mit dem Papst zu versöhnen. 1077 wartet er drei Tage und Nächte vor den Toren der Burg von Canossa im einfachen Büßergewand, bis Gregor ihm verzeiht und ihm die Aufhebung der Exkommunikation und die Absolution gewährt. Als Gregor den Kaiser 1080 erneut bannt, lässt Heinrich IV. den Papst auf der Synode von Brixen (Juni 1080) absetzen, die den Erzbischof Wibert von Ravenna unter dem Namen Clemens III. zum Gegenpapst ernennt. Der krönt Heinrich IV. 1084 im eroberten Rom zum Kaiser. Papst Gregor flüchtet in die Engelsburg und bittet den Normannen Robert Guiskard, den Herzog von Apulien, um Hilfe. Dieser befreit ihn und bringt ihn zum besseren Schutz vor den wegen der Einnahme ihrer Stadt aufgebrachten Römern nach Salerno. Dort stirbt Gregor VII. am 25. Mai 1085 und wird dort auch bestattet. Er wird 1606 von Papst Paul V. heiliggesprochen. Die Kirche feiert sein Fest am 25. Mai.

Der Investiturstreit

Zwischen dem Papsttum und den Königen kommt es zu einer Auseinandersetzung um das Recht der Investitur (Einsetzung) der Bischöfe. Es war Brauch, dass der deutsche König die Bischöfe seines Herrschaftsbereiches durch Übergabe von Ring und Stab in ihr Amt einsetzte. Mit der Kirchenreform des 11. Jahrhunderts begann man diese Vergabe von Kirchenämtern als Missbrauch anzuprangern, und es kam zum Konflikt, wer die Bischöfe einsetzen darf und wie sich ihre weltliche und geistliche Macht zueinander verhalten. Seit dem Wormser Konkordat von 1122 gab es deshalb eine doppelte Einsetzung der Reichsbischöfe durch Kaiser und Papst.

Hl. Gregor VII. 1073–1085

Daufari Epifani

geb. Benevent um 1027; gest. Montecassino 1087

Viktor III. 1086–1087

Der adlige Daufari wird in Benevent geboren und ist mit der dortigen langobardischen Fürstenfamilie verwandt. In jungen Jahren tritt er in das Benediktinerkloster von Cava ein und nimmt den Mönchsnamen Desiderius an. Nikolaus II. ernennt ihn zum Kardinal von St. Cecilia und 1058 zum Abt des Klosters von Montecassino.

Erst am Pfingsttag, dem 24. Mai 1086, ein Jahr nach dem Tod Gregors VII., wird er auf den Papstthron erhoben. Die lange Vakanz geht auf die Opposition Kaiser Heinrichs IV. zurück, der »seinen« Papst Clemens III. durchsetzen will. Desiderius' Erziehung, mehr auf Mystik denn auf Machtausübung ausgerichtet, bringt ihn dazu, auf das Amt des Papstes zu verzichten. Erst nach einem Jahr können die Kardinäle ihn überzeugen, das Amt zu übernehmen. Am 9. Mai 1087 wird er geweiht und nimmt den Namen Viktor an, doch er regiert die Kirche nur für wenige Monate.

Auf einem Konzil in Benevent exkommuniziert er den Gegenpapst Clemens III. und erneuert das Verbot Gregors VII., sich von Laien kirchliche Ämter übertragen zu lassen. Außerdem bestätigt er die Dekrete gegen die Simonie (Ämterkauf) und verbietet, aus der Hand von Simonisten das Sakrament der Buße und der Eucharistie anzunehmen.

Viktor III. kann mit der Unterstützung Gräfin Mathildes von Tuszien und des Normannenfürsten Jordan von Capua rechnen. Da er aber die Feindseligkeit in Rom nicht erträgt, zieht er sich nach Montecassino zurück.

Am 16. September 1087 stirbt er in dieser Abtei und wird auch dort begraben. Unter Leo XIII. wird er 1881 seliggesprochen. Sein kirchlicher Gedenktag ist am 16. September.

Der Gang nach Canossa

Kaiser Heinrich IV. (1050–1106) ist von der Exkommunizierung durch den Papst tief getroffen, weil seine Anhänger ihm deshalb ihre Gefolgschaft aufkündigen. Er unternimmt einen klugen politischen Schritt, um das Problem zu regeln: Im Winter 1077 geht er im Büßerhemd nach Canossa zur Burg der Gräfin Mathilde, wo der Papst zu Besuch weilt, und bittet um Vergebung. Auf Bitten Mathildes und des Abts von Cluny nimmt der Papst die Exkommunizierung zurück, was dem Kaiser zugleich seine Macht wieder gibt. Vielleicht hat der Papst moralisch gesiegt, aber politisch bleibt der Kaiser trotz der Demütigung im Vorteil.

Sel. Viktor III. 1086–1087

Odo de Lagery

geb. Châtillon-sur-Marne 1035; gest. Rom 1099

Urban II. 1088–1099

Er stammt aus Châtillon-sur-Marne in der Nähe von Reims, ist Benediktinermönch und Schüler des hl. Bruno, des Gründers der Karthäuser, wird Kanoniker von Reims, dann Kardinal und Bischof von Ostia. Als päpstlicher Legat nach Deutschland geschickt, vertritt er die Positionen Gregors VII. gegen Kaiser Heinrich IV. und unterstützt die Exkommunikation des von Heinrich favorisierten Gegenpapstes Clemens III.

Er wird sechs Monate nach dem Tod Viktors III. im März 1088 zum Papst geweiht und nimmt den Namen Urban an.

Wie sein Vorgänger Gregor VII. setzt er während seines Pontifikats die Auseinandersetzung mit Kaiser Heinrich IV. fort und kann sich dafür auf die Unterstützung des Normannen Roger I., des Grafen von Sizilien und Bruders des inzwischen gestorbenen Robert Guiskard, verlassen.

Ergebnislos versucht er eine Annäherung an die Ostkirche.

In Spanien fördert er die Wiedereroberung der von den Mauren besetzten Territorien, mit Frankreich und England gelingt ihm nach und nach eine gegenseitige Annäherung.

Das von Gregor VII. begonnene Reformwerk der inneren kirchlichen Erneuerung will er fortsetzen. Er unterstützt die Klöster und Gründung neuer Vereinigungen, 1098 entsteht unter seiner Gutheißung der Zisterzienserorden. Auf dem Konzil zu Piacenza, das 1095 unter freiem Himmel abgehalten wird, weil es keine Kirchen gibt, die groß genug sind, um 200 Bischöfe und über 4000 Beobachter zu beherbergen, verurteilt er den Nikolaitismus und die Unmoral der Priester. Er ordnet an, während der Fastenzeit kein Fleisch zu essen und als Zeichen der Demut ein Aschenkreuz auf der Stirn zu tragen.

Während seines Pontifikats wird die römische Kurie weiter zentralisiert und die Finanzen des Kirchenstaates werden neu geordnet.

Berühmt wird das Konzil zu Clermont in Frankreich, das 1095 stattfindet, wo der Papst die Notwendigkeit bekräftigt, Jerusalem aus der Hand der ungläubigen Sarazenen zu befreien. Den Kreuzzugsteilnehmern verspricht er die Vergebung der Sünden. Der Aufruf zum Kreuzzug findet enormen Widerhall.

Der erste Kreuzzug, der sog. Kreuzzug des Volkes oder der Armen, den der leidenschaftliche Prediger Peter von Amiens anführt, geht im Oktober 1096 in Kleinasien unter, bevor das Heilige Land erreicht ist. Militärisch endet er unter dem Kommando des Ritters Gottfried von Bouillon am 15. Juli 1099 mit der Eroberung Jerusalems.

Urban II. erfährt nichts vom Sieg der Kreuzfahrer; denn er stirbt am 29. Juli 1099, bevor die Nachricht Rom erreicht.

Er wird im Vatikan begraben. 1887 wird er seliggesprochen; die Kirche begeht seinen Gedenktag am 29. Juli.

Der erste Kreuzzug

Zu Beginn des 11. Jahrhunderts erobern die Türken die heiligen Stätten, verfolgen die Christen und behindern Pilgerfahrten. 1095 ruft Papst Urban II. zum »heiligen Krieg« gegen die Ungläubigen auf. Der Appell des Papstes wird mit Begeisterung aufgenommen. Dem Ritterheer Südfrankreichs, das Raimund von St. Gilles, der Graf von Toulouse, anführt, schließen sich die Flamen und die Rheinländer des südlichen Lothringen unter Führung Gottfrieds von Bouillon an, Truppen aus Ile-de France und Flandern unter Führung Hugos von Vermandois, des Bruders des französischen Königs Philipp I., und schließlich die Normannen Süditaliens und Siziliens mit Bohemund von Tarent und seinem Neffen Tankred von Hauteville.

Sel. Urban II. 1088–1099

Rainer von Bieda
geb. Bieda ?; gest. Rom 1118

Paschalis II. 1099–1118

Er wird in Bieda di Galeata (bei Ravenna) geboren und lebt als Mönch und Abt im Kloster San Lorenzo fuori le Mura (St. Laurentius vor den Mauern). Von Gregor VII. wird er zum Kardinal von San Clemente ernannt, am 13. August 1099 gegen seinen Willen zum Papst gewählt und nimmt den Namen Paschalis an.

Sein Pontifikat beginnt mit der Nachricht von der Eroberung Jerusalems durch den ersten Kreuzzug. Doch der unter Gregor VII. ausgebrochene Investiturstreit bildet auch im Pontifikat Paschalis das zentrale Thema. Mit dem König von Frankreich, Philipp I., und mit Heinrich von England erzielt er Einigung, wie und von wem Bischöfe eingesetzt werden sollen (1107). Aber in den Beziehungen zum deutschen Kaiserhof stehen die Zeichen nach wie vor auf Konfrontation. Kaiser Heinrich IV. beharrt auf dem Recht, Bischöfe und Reichsäbte selber einzusetzen. Paschalis spricht daraufhin 1102 den Bann über ihn und unterstützt 1105 die Revolte des Kaisersohns Heinrich V. gegen seinen Vater.

Nachdem Heinrich IV. mehrere Male exkommuniziert war, ist er 1106 mit der Kirche versöhnt gestorben. Er hatte sich dem Papst stets widersetzt und ihm drei Gegenpäpste präsentiert: Theoderich, Albert und Silvester IV.

Auf der Synode von Benevent 1108 bestätigt der Papst die Dekrete gegen den deutschen Kaiser in Fragen der Investitur, aber Heinrich V. zieht mit seinem Heer nach Italien und nimmt den Papst gefangen. Nach fünfzig Tagen Haft gibt der Papst der Gewalt nach und räumt dem Kaiser das Recht ein, die Bischöfe in seinem Reich auszuwählen, vorausgesetzt, dass dabei keine Simonie im Spiel ist. Nach diesem Zugeständnis krönt er Heinrich V. in St. Peter am 13. April 1111 zum Kaiser.

Für die Reformkräfte der Kirche bedeutet die Kapitulation des Papstes einen schweren Rückschlag. Die letzten Jahre des Pontifikats Paschalis' II. werden durch Aufstände und Parteikämpfe in Rom verdüstert, die ihn zeitweilig zwingen, die Stadt zu verlassen und nach Albano, dann nach Montecassino, Benevento und Anagni zu fliehen. Nach seiner Rückkehr lebt er bis zu seinem Tod am 21. Januar 1118 in der Engelsburg. Er wird in der Lateranbasilika beigesetzt.

Paschalis II. hat die Entstehung des Templerordens und die Ausbreitung der Johanniter gefördert, welche die Aufgabe haben, die heiligen Stätten und die Pilger auf dem Weg ins Heilige Land zu schützen.

Heinrich V. (1081–1125)

Er ist der zweite Sohn von Heinrich IV. und Berta von Savoyen. Der vierte und letzte Herrscher aus dem Haus der Salier wird 1098 König. 1106 zwingt er seinen Vater zur Abdankung und erzwingt auf seinem Italienzug 1111 die Kaiserkrone. Er verteidigt die Vorrechte des Kaisers im Investiturstreit und schließt mit Paschalis II. eine Abmachung, nach der die Kirche dem Reich gegen den Verzicht auf die kaiserliche Investitur Ländereien und Lehen zurückgibt. Die Vereinbarung stößt aber auf den Widerstand der Bischöfe, die dadurch Einbußen erleiden. Der Streit bricht erneut aus. Heinrich V. wird exkommuniziert, und erst mit Calixtus II. kann im Konkordat von Worms 1122 eine Einigung erzielt werden.

Paschalis II. 1099–1118

Johannes von Gaeta
geb. Gaeta ?; gest. Cluny 1119

Gelasius II. 1118–1119

Johannes von Gaeta wird unter Abt Desiderius (später Viktor III.) Mönch in der Abtei Montecassino. Urban II. ernennt ihn zum Kardinal und Vorsteher der päpstlichen Kanzlei.

Er wird am 24. Januar 1118 von 52 Kardinälen zum Papst gewählt, die dem Druck der Anhänger der kaiserfreundlichen Partei standhalten müssen, die Cencius Frangipane, Oberhaupt einer römischen Adelsfamilie, anführt. Johannes nimmt nach seiner Wahl den Namen Gelasius an. Frangipane lässt ihn jedoch einsperren und misshandeln. Erst aufgrund des Einschreitens des römischen Volkes und des Stadtpräfekten wird er wieder freigelassen. Aus Furcht vor Kaiser Heinrich V., der nach Rom unterwegs ist, flieht Gelasius II. unter dem Schutz der Normannen in seine Geburtsstadt Gaeta. Hier wird er endlich am 10. März 1118 zum Papst geweiht.

Kaiser Heinrich V. stellt unterdessen in Rom einen Gegenpapst auf, Gregor VIII., mit weltlichem Namen Mauritius Bourdin, Erzbischof von Braga (Portugal). Dieser gewinnt nicht die Sympathie der Römer und erhält den Spitznamen Burdinus (Esel).

Auf einem Konzil zu Capua exkommuniziert Gelasius den Kaiser und Gregor VIII.

Nachdem Heinrich V. nach Deutschland zurückgekehrt ist, kann der Papst nach Rom gehen; doch er muss zum zweiten Mal fliehen, weil sich die Adeligen, angestachelt von Frangipane, gegen ihn auflehnen.

Daraufhin beschließt der Papst, den französischen König Ludwig VI. um Hilfe zu bitten. Zu Schiff gelangt er nach Südfrankreich. Doch erschöpft von diesen Widrigkeiten und Leiden stirbt Gelasius am 29. Januar 1119 in Cluny, wohin er sich schwer krank zurückgezogen hatte. Er wird auf dem Klostergelände begraben, nur in ein Mönchsgewand gekleidet.

Die Templer

Dieser kämpferische Orden entsteht um 1118 in Jerusalem infolge der Kreuzzüge. 1129 wird die Ordensregel vom Konzil von Troyes bestätigt. Die Templer sind an dem roten Kreuz auf dem weißen Mantel zu erkennen (für die adeligen Ritter; die anderen Ordensmitglieder tragen dunkle Mäntel). Ihre vornehmliche Aufgabe ist es, die heiligen Orte in Jerusalem und Palästina zu schützen. Durch viele Beitritte und umfangreiche Schenkungen erlebt der Orden rasch einen enormen Aufschwung. Als die Kreuzzüge zu Ende gehen, sind die Templer eine der reichsten Gemeinschaften der Christenheit, sehr zum Ärger König Philipps IV. von Frankreich, der bei Clemens V. 1312 die Aufhebung des Ordens durchsetzt.

HINTERGRUND

Gelasius II. 1118–1119

Guido von Burgund

geb. Frankreich ?; gest. Rom 1124

Calixtus II. 1119–1124

Guido, Sohn des Grafen von Burgund, ist mit den Herrscherhäusern Frankreichs, Englands und Spaniens verwandt. Zunächst ist er dreißig Jahre lang Erzbischof von Vienne (heute Diözese von Lyon). Die Kardinäle, die Gelasius II. auf seiner Flucht nach Frankreich begleitet haben, wählen Guido nach dem Tod Gelasius' II. zu seinem Nachfolger. Am 9. Februar 1119 wird er in Vienne geweiht; die übrigen Kardinäle und der Klerus von Rom stimmen brieflich zu.

Der neue Papst nimmt den Namen Calixtus II. an. Im Juni 1120 hält er triumphalen Einzug in Rom, wo er vom Volk bejubelt wird. Er festigt seine Stellung im Kirchenstaat durch Unterwerfung des Gegenpapstes Gregor VIII. im April 1121.

Calixtus widmet sich der Wiederherstellung des Friedens und der öffentlichen Ordnung. Er lässt die Schlösser der Frangipani und ihrer Anhänger zerstören und unterwirft diejenigen, die sich kirchliche Territorien angeeignet haben. So sichert er die Pilgerstraßen vor Raubüberfällen.

Bei der Beendigung des Investiturstreits spielt er eine entscheidende Rolle. Die geistliche Macht wird nicht nur von der weltlichen befreit, sondern diese wird ihr unterstellt. Das Wormser Konkordat vom 23. September 1122 zwischen Kaiser Heinrich V. und Papst Calixtus II. legt fest, dass die Bischöfe in Italien und Frankreich zuerst kirchlich geweiht und dann vom Feudalherrn eingesetzt werden. In Deutschland geht die Investitur der Bischofsweihe voraus.

Um die Versöhnung mit dem Kaiser zu bestätigen, beruft der Papst im März 1123 eine Lateransynode ein, an der 300 Bischöfe und 600 Äbte teilnehmen, die die Beschlüsse aus Worms bestätigen, Simonie und Priesterkonkubinat verbieten, den zweiten Kreuzzug auf den Weg bringen und dabei den Ablass für die Teilnehmer, den Urban II. angeboten hat, erneuern.

In seinem fast sechsjährigen Pontifikat beschränkt sich Calixtus nicht darauf, der Kirche und Italien Ruhe und Frieden zu bringen, sondern er stattet die wichtigsten Kirchen kostbar aus, verschönert öffentliche Gebäude in Rom und verbessert die Wasserversorgung der Hauptstadt.

Da er den hl. Apostel Jakob besonders verehrt, erhebt er Santiago de Compostela zum Erzbistum.

Er stirbt am 13. Dezember 1124 und wird in der Lateranbasilika bestattet.

Das Wormser Konkordat (1122)

Mit diesem Kompromiss wird der Investiturstreit zwischen Kaiser und Papst beendet. Festgelegt wird, dass
1. der Kaiser auf religiöse Ämter verzichtet;
2. der Papst zustimmt, dass in Deutschland Bischöfe im Beisein des Kaisers oder eines Abgeordneten gewählt werden (allerdings wird Simonie oder Gewalt verboten) und der Gewählte vor seiner Weihe vom Kaiser in seine Hoheitsrechte eingeweiht wird;
3. dass in Italien die Weihe der kaiserlichen Ernennung vorausgeht.

Die Bischöfe und Äbte bleiben kaiserliche Vasallen, sind aber keine Staatsbeamten. So gelingt es der Kirche, den Skandal der weltlichen Investitur zu beenden und der Priesterweihe die sakramentale Würde zurückzugeben.

Calixtus II. 1119–1124

geb. Fiagnano ?; gest. Rom 1130

Honorius II. 1124–1130

Lamberto Scannabecchi wird in Fiagnano, einem kleinen Dorf in der Nähe von Imola, als Sohn einer Bauernfamilie geboren. Er wird Erzdiakon in der Kathedrale von Bologna, regulärer Kanonikus im Lateran, Kardinal von St. Praxedis und Kardinalbischof in Ostia. Als Berater Calixtus' II. wird er an den Hof Heinrichs V. gesandt. Dadurch gelingt es ihm, den Investiturstreit beizulegen und das Wormser Konkordat 1122 wesentlich mitzugestalten.

Er wird am 21. Dezember 1124 zum Papst gewählt, auf Betreiben der Adelsfamilie der Frangipani, die den Kandidaten der Familie Pieroleoni, den Gegenpapst Coelestin II., ablehnt, der sich allerdings nach Bestechungszahlungen zurückzieht.

Lamberto wird am 28. Dezember unter dem Namen Honorius zum Papst geweiht. Er will die Politik seines Vorgängers fortsetzen und den Vorrang des Papsttums vor dem Kaisertum bekräftigen.

Als Heinrich V. ohne männliche Nachfolger und Ernennung eines Erben 1125 stirbt, stellt sich Honorius II. an die Seite des papsttreuen Grafen Lothar III. von Supplinburg und exkommuniziert den staufischen Gegenkönig Konrad III. Honorius krönt im September 1125 Lothar III. in Rom zum neuen Kaiser und unterhält gute Beziehungen zu ihm.

In Frankreich gelingt es ihm, den Streit zwischen König Ludwig VI. (1108–1137) und der Kirche zu schlichten. Auch gegenüber Heinrich I. von England betreibt er eine Politik der Mäßigung.

Mit dem Frieden von Benevent von 1128 muss Honorius II. dem Normannen Roger II., dem König von Sizilien, Kalabrien und Apulien abtreten.

Honorius bekämpft die häretische Armutsbewegung der Katharer. Er bestätigt 1126 den Prämonstratenserorden und 1128 den Orden der Tempelritter.

Während in Rom heftige Kämpfe zwischen den Adelsgeschlechtern der Frangipani und Pierleoni und ihren Anhängern um die Wahl des nächsten Papstes stattfinden, zieht er sich in das Kloster St. Andreas auf dem Monte Celio zurück (heute St. Gregor). Hier stirbt er schwer krank am 14. Februar 1130 nach fünfjährigem Pontifikat. Sein Leichnam wird in die Lateranbasilika überführt.

Roger II. (1095–1154)

Roger II. errichtet in Sizilien unter schwersten Kämpfen eine Monarchie, die in teils langwierigen Kriegen von den Normannen auf die Staufer, die Anjou, die Aragonesen, die Spanier, an Savoyen, Österreich und die Bourbonen übergeht und schließlich Teil des Königreichs Italien wird. Als König hat er eine starke Stellung; von ihm sind alle, auch die normannischen Feudalherren, abhängig. Da es keine feudalen Beziehungen zur Kirche gibt, genießt er große Autonomie. Er ist ein weiser und toleranter Herrscher von hoher Kultur (die Kathedralen von Palermo, Cefalù und Monreale entstehen unter seiner Regentschaft).

Honorius II. 1124–1130

Gregorio Papareschi
geb. Rom ?; gest. Rom 1143

Innozenz II. 1130–1143

Gregorio Papareschi stammt aus der adeligen römischen Familie Guidogni und ist Kanonikus der Lateranbasilika, als Urban II. ihn zum Kardinal von St. Angelo ernennt. Er wird am 15. Februar 1130 auf den Stuhl Petri erhoben und nimmt den Namen Innozenz II. an.

Bei seiner von der Adelsfamilie der Frangipani geförderten Ernennung wird Anaklet II., Kandidat der Pierleoni-Partei, als Gegenpapst ernannt. Anaklet wird von dem Normannenkönig Roger II. unterstützt und genießt die Sympathie großer Teile Italiens. Er wehrt sich gegen Innozenz und zwingt ihn, im Mai 1130 die Stadt zu verlassen.

Innozenz' Flucht bringt ihn über Pisa, Genua nach Cluny in Burgund, wo er mit allen Ehren empfangen wird. Von dort begibt er sich nach Clermont und Orléans, wo er den französischen König Ludwig den Dicken trifft. Danach besucht Innozenz Rouen, Chartres und Lüttich, wo er eine Synode einberuft, auf der er dem deutschen König Lothar III. die Kaiserkrone verspricht, vorausgesetzt, er schütze den Heiligen Stuhl und seinen Besitz.

Schließlich führt ihn seine Pilgerfahrt nach Clairvaux, wo die Mönche ihm im einfachen Mönchhabit begegnen. Wegen des Ansehens Bernhards von Clairvaux wird schließlich Innozenz II. vom französischen Episkopat und dem König freundlich empfangen. Sie sehen in Innozenz II. den legitimen Papst.

1131 begegnet der Papst König Lothar III., der ihn nach dem Versprechen des Innozenz, ihn zum Kaiser zu krönen, nach Rom begleitet. Nachdem die Könige von Frankreich, England und auch der deutsche Episkopat sich für Innozenz II. erklären, ist seine Stellung so weit gefestigt, dass er mit dem deutschen König nach Rom zurückkehren und ihn im Lateran krönen kann. Erst der Tod seines Rivalen 1138 erlaubt es Innozenz, sich endlich wieder den wahren Problemen der Kirche zu widmen. So beruft er im April 1139 das 2. Laterankonzil ein. Das Schisma wird damit endgültig beendet.

Auf Betreiben Bernhards von Clairvaux wird durch das Konzil von Sens im Juni 1140 die Lehre des Theologen und Philosophen Abaelard verurteilt. Gegen Ende seines Pontifikats kommt es in Rom zu Aufständen. Beeinflusst von den Ideen des Reformpredigers Arnold von Brescia (gest. 1155) tritt in Rom eine Bewegung auf, die dem Papst die weltliche Herrschaft streitig macht und eine Kommune mit einem unabhängigen Senat gründet.

In Rom lässt Innozenz die Kirche Santa Maria in Trastevere restaurieren und durch prächtige Mosaiken schmücken. Er stirbt am 24. September 1143 und wird in der Lateranbasilika bestattet.

Hl. Bernhard von Clairvaux (1090–1153)

Er gilt als zweiter Gründer des Zisterzienserordens. Mit zwanzig Jahren tritt er in die Abtei von Citeaux ein und gründet 1115 das Kloster in Clairvaux, dessen Abt er bis zu seinem Tod bleibt. Sein religiöses und politisches Engagement führt ihn durch ganz Europa. 1146 ruft er mit nachhaltiger Wirkung und großem Erfolg zum zweiten Kreuzzug auf. Bernhard begründet die Christusmystik und die Lehre vom Brautverhältnis der Seele zu Christus. Hierdurch wirkt er nachhaltig auf die deutsche Mystik. Er wird *doctor melifluus* genannt (honigfließender Lehrer). Im Jahr 1174 wird er heiliggesprochen; 1830 wird er zum Kirchenlehrer erhoben. Sein Festtag ist der 20. August.

Innozenz II. 1130–1143

Guido

geb. Città di Castello ?; gest. Rom 1144

Coelestin II. 1143–1144

Zwei Tage nach dem Tod Innozenz' II. wird Guido am 26. September 1143 einstimmig auf den Heiligen Stuhl erhoben und nimmt den Namen Coelestin an. Er stammt aus einer toskanischen Adelsfamilie, ist gelehrt und korrespondiert mit den führenden Köpfen seiner Zeit. Von Honorius II. wird er zum Kardinal von San Marco bestimmt und später als päpstlicher Legat nach Aachen geschickt.

Nach seiner Wahl zum Papst am 26. September 1143 gewinnt er Bernhard von Clairvaux als wertvollen Berater, muss aber das Denken seines geschätzten Lehrers, des Pariser Philosophen und Theologen Peter Abaelard verdammen. Bernhard von Clairvaux ermahnt ihn eindringlich, seine Sympathien für seinen alten Lehrer nicht mit Sympathien für dessen Lehre zu verwechseln – immerhin war Abaelard bereits 1140 durch ein Konzil verurteilt worden.

Unmittelbar vor dem kurzen Pontifikat Coelestins hat der Mönch Arnold von Brescia begonnen, heftige Angriffe gegen die Verweltlichung und Korruption in der Kirche zu formulieren. Er betont, Kleriker dürften keinen Besitz haben und keinerlei politische Macht ausüben. So ruft er die Kirche dazu auf, sich wieder an das Evangelium zu halten. Damit stellt Arnold auch die weltliche Macht der Päpste infrage.

So sehr Coelestin II. auch das Problem sieht, eine Lösung findet er nicht. Schließlich zieht er sich in ein Kloster zurück, um dort seine letzten Tage zu verbringen. Er stirbt am 8. März 1144 nach einer Amtszeit von nur fünf Monaten und wird in der Lateranbasilika beigesetzt.

Die römische »Kommune«

Als 1125 Heinrich V. stirbt, geht die Krone an Lothar III. von Supplinburg (1125–1137), dem Konrad von Staufen (1138–1152) folgt. Während der Herrschaft Konrads rufen die Römer, die sich im offenen Konflikt mit dem Papst befinden, nach dem Vorbild der alten römischen Republik eine »Kommune« aus. Es wird ein Senat aus 52 Bürgern gebildet, der vom Papst den Verzicht auf die weltliche Macht fordert. (Der Einfluss der Lehre des Arnold von Brescia ist unverkennbar.) Diese »Kommune« muss sich neben dem Papst und den starken Adelsfamilien behaupten, wobei das Volk kaum politischen und wirtschaftlichen Einfluss hat. Das Papsttum jedoch gerät stark in Bedrängnis.

Coelestin II. 1143–1144

Gherardo Caccianemici

geb. Bologna ?; gest. Rom 1145

Lucius II. 1144–1145

Von Calixtus II. 1123 zum Kardinalpriester der Kirche von Santa Croce in Gerusalemme (Heilig Kreuz in Jerusalem) eingesetzt, steigt der aus Bologna stammende Gherardo Caccianemici zu einem führenden Mitglied der Kurie auf und dient den Päpsten bei verschiedenen diplomatischen Missionen, vor allem bei Verhandlungen mit dem deutschen König Lothar III.

Am 12. März 1144 wird er zum Papst gewählt und am selben Tag mit dem Namen Lucius geweiht. Sein Pontifikat dauert kaum ein Jahr, doch es sind stürmische Zeiten. Während in Italien die freien Kommunen entstehen, entwickelt sich in Rom die Idee, in Opposition zur Macht des Papstes eine Art Republik zu errichten.

Die Römer nehmen die Predigten des Mönchs Arnold von Brescia begeistert auf, der behauptet, geistliche und weltliche Macht seien nicht miteinander vereinbar, man müsse die frühere Würde der Senatoren und Ritter wiederherstellen; ein Patrizier müsse vom Kapitol aus die Stadt beherrschen, und alle müssten ihm wie einem Fürsten zu Gehorsam verpflichtet sein.

Giordano Pierleoni, Bruder des Gegenpapstes Anaklet II., nutzt diese Situation, macht sich mit Unterstützung eines Senators zum Herrscher der Stadt und erklärt die weltliche Herrschaft des Papstes für beendet.

Lucius II. bittet König Roger II. von Sizilien vergeblich um Hilfe. So sammelt er selbst Truppen, bewaffnet sie und wagt einen Angriff auf das Kapitol, wo sich der neue Senat verschanzt hat. Die Straßenschlacht endet mit der Niederlage des Papstes. Sein Tod wenige Tage später, am 25. Februar 1145, soll nach dem Bericht des Chronisten Gottfried von Viterbo auf einen Stein zurückzuführen sein, von dem er im Steinhagel während des Kampfes getroffen wird.

Lucius II. wird in der Lateranbasilika beigesetzt.

HINTERGRUND

Die Stadtrepubliken

Seit dem 11. Jahrhundert wachsen Anzahl, Größe und Prestige städtischer Siedlungen. Fast alle haben einen Stadtherrn; in vielen Städten ist das ein Bischof, häufiger ein Adliger. Jeder Stadtherr soll seine Orte vor Übergriffen anderer Herren schützen, jedoch ziehen die Städte selbst immer mehr kommunale Verwaltungs- und Regierungsaufgaben an sich, auch die Verteidigung ihrer Stadt. Ungefähr seit Beginn des Investiturstreits ist diese »Emanzipation« der Städte so weit gediehen, dass sich verschiedene Formen des Widerstands gegen Bischöfe, Adlige und andere Stadtherren entwickeln. Es entstehen unabhängige Stadtrepubliken.

Lucius II. 1144–1145

Bernardo Paganelli

geb. Pisa ?; gest. Tivoli 1153

Eugen III. 1145–1153

Bernardo Paganelli stammt aus Montemagno di Pisa und ist Schüler des großen Bernhard von Clairvaux, dem er freundschaftlich verbunden bleibt. Er wird mit dem Ordensnamen Petrus Bernardus Zisterziensermönch in Clairvaux und später Abt des in der Nähe Roms gelegenen Klosters St. Anastasius.

Er wird am 15. Februar 1145 zum Papst gewählt und nimmt den Namen Eugen an. Er ist der erste Papst, der aus dem Zisterzienserorden stammt.

Als er sich nach St. Peter begibt, um sich weihen zu lassen, wird er vom Senat der Stadtrepublik vor die Wahl gestellt, auf seine weltliche Macht zu verzichten oder Rom zu verlassen. Die Stadt befindet sich im Aufruhr wegen der politischen und religiösen Umtriebe der Anhänger Arnolds von Brescia und der Interessen der Pierleoni. Die Paläste der Kardinäle werden geplündert und teilweise zerstört.

Eugen III. flieht mit seinem Gefolge nach Farfa (Sabinien), wo er am 4. März zum Papst geweiht wird, und residiert dann in Viterbo. Erst Weihnachten 1145 kann er in den Lateran einziehen. Doch schon im Frühjahr 1146 muss er ihn wieder verlassen. Den Großteil seines Pontifikats verbringt Eugen fern von Rom, in Frankreich und Deutschland.

In sein Pontifikat fällt der zweite Kreuzzug, der trotz der Teilnahme des französischen Königs Ludwig VII. und des deutschen Königs Konrad III. scheitert.

1148 beruft Eugen eine Synode nach Reims ein, die sich mit der Kirchenreform beschäftigt und die Irrlehren Gilberts de la Porrée über die Attribute Gottes verdammt. Weitere Synoden hält er in Paris, Trier und Cremona ab, in der Hoffnung, die Umtriebe der Häretiker zu beenden und die Gemüter zu beruhigen. Er fördert die mystische Bewegung der Hildegard von Bingen (1098–1179).

Im Vertrag von Konstanz einigt Eugen sich 1153 mit dem Römischen König (so nennen die salischen Herrscher sich nach ihrer Wahl durch die Fürsten) Friedrich I. Barbarossa, dem Nachfolger Konrads III., der den Anspruch erhoben hatte, bei kirchlichen Angelegenheiten und der Wahl von Bischöfen einzugreifen. Unter anderem verspricht Barbarossa, die aufständischen Römer zu unterwerfen, die Ehre und die Besitztümer der Kirche zu verteidigen. Eugen garantiert ihm dafür, ihn zum Kaiser zu krönen und das Ansehen des Reiches zu mehren.

Eugen III. kehrt nach Rom zurück und einigt sich mit den republikanischen Römern. Doch erneut ergreift er Partei gegen Arnold von Brescia und exkommuniziert ihn.

Papst Eugen verschönert die Ewige Stadt. Er beginnt mit den Arbeiten am vatikanischen Palast und lässt Santa Maria Maggiore restaurieren.

Er stirbt am 8. Juli 1153 in Tivoli vor den Toren Roms. In St. Peter wird er begraben, im rauen Büßergewand der Mönche, das er auch als Papst stets getragen hat.

Pius IX. spricht Eugen am 3. Oktober 1872 selig. Sein Festtag ist sein Sterbetag, der 8. Juli.

Friedrich I. Barbarossa (1125–1190)

Friedrich von Hohenstaufen, der Neffe Konrads I., besteigt 1152 den Thron. Er ist einer der größten Kaiser des Mittelalters und vertritt die Auffassung, dass die königlich-kaiserliche Macht unmittelbar von Gott stammt, ohne Vermittlung des Papstes. Sein Verhältnis zum Papst schwankt zwischen Ablehnung und Einvernehmen. Die Kommunen sind weiterhin um Autonomie bemüht; in Norditalien bilden sie die Lombardische Liga. Der Städtebund besiegt Barbarossa 1176 bei Legnano und erreicht schließlich im Frieden von Konstanz (1183) seine Anerkennung als neue politische Einheit mit klar umschriebenen Pflichten gegenüber dem Reich.

Sel. Eugen III. 1145–1153

Corrado

geb. Rom?; gest. Rom 1154

Anastasius IV. 1153–1154

Corrado della Suburra (Konrad, »aus dem verrufenen Viertel«) ist Römer, bürgerlicher Herkunft und Neffe Papst Honorius' II. Er ist Kanonikus des Augustinerordens in San Rufo di Velletri und wird zunächst Kardinalpriester von Santa Pudenziana, 1126 dann Kardinalbischof von Santa Sabina.

Am 9. Juli 1153 wird er auf den Papstthron erhoben und am 12. Juli geweiht. Er nimmt den Namen Anastasius an.

Wenige Tage nach seiner Wahl stirbt Bernhard von Clairvaux, der ein großes Reformwerk zur Wiederherstellung der kirchlichen Disziplin geleitet hat. Dieser weise und tugendhafte Mönch wird wie ein Kirchenvater verehrt.

Anastasius IV. ist schon in vorgerücktem Alter und hat als Vikar am Heiligen Stuhl reiche Erfahrung in der Leitung der Kurie gesammelt.

Während seines kurzen Pontifikats verbessert er die Beziehungen zu Kaiser Friedrich Barbarossa und zu den Römern, die ihm gestatten, im Lateran zu residieren.

Zu den Leistungen seines Pontifikats gehört die Einführung einer Kirchensteuer, des »Peterspfennigs«, in Norwegen und Schweden. 1154 überlässt er dem Johanniterorden, den Rittern von St. Johannes in Jerusalem, die Einkünfte und Spenden von Gläubigen, damit sie den Pilgern im Heiligen Land dafür Schutz und Fürsorge gewähren.

Anastasius kümmert sich um die Armen und hilft ihnen während Hungersnöten. Die Lateranbasilika, in der er begraben ist, hat er mit großzügigen Schenkungen bedacht.

Er stirbt am 3. Dezember 1154. Es wird berichtet, dass seine sterblichen Überreste im Porphyrsarkophag der hl. Helena im Lateran beigesetzt worden sind.

Die politische Bedeutung der Kreuzzüge

Aus politischer Sicht sind die Kreuzzüge der Gegenangriff des christlichen Abendlandes gegen die Besetzung der heiligen Stätten durch die Araber. Die Eroberungen der Araber im 7. Jahrhundert haben Besuche und Pilgerfahrten zu den heiligen Stätten prinzipiell nicht verhindert. Im 11. Jahrhundert jedoch besetzen die türkischen Seldschuken, ein kriegerischer Verbund aus Zentralasien, Mesopotamien und besiegen den oströmischen Kaiser, der Kleinasien, Syrien und Palästina verliert. Dies erschwert die Kontakte zwischen dem Abendland und dem Heiligen Land. Vor diesem Hintergrund entsteht die Idee der Kreuzzüge.

HINTERGRUND

Anastasius IV. 1153–1154

Nicholas Breakspear

geb. St. Alban/England um 1110; gest. Anagni (Latium) 1159

Hadrian IV. 1154–1159

Nicholas Breakspear wird in Abbot's Langley bei London geboren und stammt aus einer einfachen Familie. Er geht nach Frankreich zum Studium und erhält seine geistliche Ausbildung im Kloster der Regularkanoniker von St. Rufus bei Avignon, dessen Abt er 1137 wird. Eugen III. ernennt ihn 1149 zum Kardinalbischof von Albano. Anastasius IV. sendet ihn als Legaten nach Norwegen und Schweden, um dort die Kirche zu reorganisieren. Auf ihn geht die Zahlung des »Peterspfennig« zurück.

Gleich nach dem Tod Anastasius' IV. wird er am 4. Dezember 1154 zum Papst gewählt und nennt sich Hadrian. Er ist der erste und bislang einzige Brite auf dem Papstthron.

In den ersten Tagen seiner Amtszeit verlangt er die Vertreibung des exkommunizierten Mönches Arnold von Brescia, dessen Anhänger für große Unruhe sorgen, aus Rom und verhängt das Interdikt (Ausschluss von jedem Gottesdienst) über die Stadt, die eine zivile Regierung aufgestellt und einen vom Papst autonomen Senat gewählt hat. Zum ersten Mal wird eine so harte Maßnahme ergriffen. Daraufhin geben die Römer nach und bitten den Papst um Vergebung. Das Ziel des Papstes ist die Wiederherstellung der vollen monarchischen Herrschaft des Papsttums.

1155 unterwerfen sich Senat und Kommune dem Papst und vertreiben den Agitator Arnold, den Friedrich I. Barbarossa gefangen nimmt, um den Papst günstig zu stimmen. Arnold wird im Mai 1155 dem Henker übergeben und hingerichtet, sein Leichnam verbrannt und die Asche in den Tiber gestreut.

Die Beziehungen zu Barbarossa verlaufen wechselhaft. Nach der Kaiserkrönung in St. Peter am 18. Juni 1155 und der Erneuerung des Konstanzer Vertrags zielt Friedrich I. Barbarossa auf die Wiederherstellung des Reiches in seiner alten Größe, wie sie unter den Karolingern und Ottonen bestanden hatte. Da Hadrian IV. Barbarossa aber nicht vertraut, nähert er sich den Normannen an und schließt mit ihnen den Vertrag von Benevent (1156).

Die Dissonanzen zwischen Papst und Kaiser symbolisiert in vereinfachter Form die Geschichte vom Steigbügel: In Sutri ist Barbarossa nicht bereit, dem Papst den Steigbügel zu halten, als er vom Pferd steigt. Der Papst verweigert ihm den Versöhnungskuss. Die politischen Ansichten der beiden sind einfach nicht miteinander vereinbar. Hadrian IV. beansprucht die Oberhoheit des Papsttums über das Reich, der Kaiser aber will die politische Macht auch auf päpstlichem Territorium.

Hadrian IV. lässt in Rom neue Kirchen bauen und andere erneuern und verstärkt die Befestigungsanlagen. Während seines Pontifikats kommt die Bezeichnung des Papstes als »Stellvertreter Christi« in Gebrauch.

Hadrian stirbt am 1. September 1159 in Anagni und wird in St. Peter bestattet.

HINTERGRUND

Die Arnoldisten

Die Anhänger Arnolds von Brescia sind besonders in der Lombardei im 12. Jahrhundert aktiv. Sie sind der Meinung, dass Kleriker keinen Besitz haben dürfen, ebensowenig wie politische Autorität. Deshalb soll ihrer Meinung nach auch die politische Macht des Papstes abgeschafft werden. Arnold von Brescia wird 1139 wegen Konflikten mit seinem Bischof aus seiner Diözese verbannt. Er geht nach Frankreich, wo er 1140 von der Synode von Sens verurteilt wird. Er kehrt schließlich nach Rom zurück und gelobt Besserung, setzt sich aber bald wieder an die Spitze der revolutionären Bewegung. 1155 wird er hingerichtet. Nach der Verdammung durch Papst Lucius III. im Jahr 1184 verlieren die Anhänger Arnolds an Einfluss.

Hadrian IV. 1154–1159

Rolando Bandinelli

geb. Siena um 1100; gest. Cività Castellana (Latium) 1181

Alexander III. 1159–1181

Rolando Bandinelli wird um 1100 in Siena geboren. Er studiert in Bologna Jura und wird Rechtsprofessor an der Universität. Er wird 1153 Kanzler der Kirche und päpstlicher Legat beim König von Sizilien und beim Kaiser. Am 7. September 1159 wird er von der Kardinalsmehrheit, die die antikaiserliche Politik Hadrians IV. fortgesetzt sehen will, zum Nachfolger erhoben und nimmt den Namen Alexander an.

Er ist ein kultivierter, entschlossener und energischer Mann. Da er die Politik Barbarossas ablehnt, entzweit er sich mit der Partei der Deutschen, die ihm im Lauf seines Pontifikats vier Gegenpäpste präsentiert: Viktor IV., Paschalis III., Calixtus III. und Innozenz III.

Alexander III. zieht durch Europa und sucht nach neuen Verbündeten gegen die kaiserliche Übermacht. In Toulouse spricht sich 1160 unter Zustimmung Heinrichs II. von England und Ludwigs VII. von Frankreich die Mehrheit der Bischöfe und Äbte zu Alexanders Gunsten aus und erkennt seine Wahl als legitim an. Er verbündet sich mit Venezianern und Normannen und stellt sich an die Spitze des Städtebundes der Lombardischen Liga, die am 29. Mai den Kaiser in Legnano besiegt. Barbarossa sieht sich gezwungen, Alexander III. als legitimen Papst anzuerkennen, ihm die besetzten Territorien zurückzugeben und mit der Lombardischen Liga und Sizilien einen Waffenstillstand zu schließen.

Der Papst garantiert dem englischen König Heinrich II. den Besitz des Königreichs Irland; dafür verlangt er aber, dass die Mörder von Thomas Becket, dem Erzbischof von Canterbury, verurteilt werden und Heinrich dem päpstlichen Stuhl gegenüber Gehorsam schwört.

Alexander hält eine Synode in Tours ab, auf der die ketzerische Lehre der Albigenser, einer puritanischen Sekte, verdammt wird, ebenso werden Simonie und Wucher verurteilt.

1179 beruft der Papst das 11. allgemeine Konzil (3. Laterankonzil) ein, an dem 301 Bischöfe und zahlreiche Äbte teilnehmen. Das Konzil beschließt, dass der Papst ausschließlich von Kardinälen und mit einer Zweidrittelmehrheit gewählt werden muss. Wucher, wilde Ehe und Waffenhandel mit den Ungläubigen werden verdammt. Alexander III. ist der erste große Rechtsgelehrte auf dem Papstthron; viele seiner Entscheidungen werden in spätere Gesetzbücher des Kirchenrechts aufgenommen.

Kurze Zeit später wird Alexander von der republikanischen Kommune in Rom in die Flucht getrieben. Er verbringt seine beiden letzten Lebensjahre in verschiedenen Städten des Kirchenstaats.

Am 30. August 1181 stirbt er in Cività Castellana. Sein Leichnam wird nach Rom überführt und in der Lateranbasilika bestattet.

Hl. Thomas Becket (1118–1155)

Thomas Becket wird 1155 Kanzler seines Königs Heinrichs II. von England. Er unterstützt anfangs die auf Unabhängigkeit und Macht bedachte Politik seines Königs. Als Heinrich jedoch 1162 die Ernennung des ihm freundschaftlich verbundenen Becket zum Erzbischof von Canterbury durchsetzt, um mehr Einfluss auf die Kirche zu bekommen, führt dies rasch zum Konflikt. Becket tritt energisch für die Vorrechte und Freiheit der Kirche ein. Er flieht nach Frankreich und wird kurz nach seiner Rückkehr auf Veranlassung Heinrichs II. am 29. Dezember 1170 ermordet. Schon 1173 wird er von Alexander III. heiliggesprochen. Sein Gedenktag ist der 29. Dezember.

Alexander III. 1159–1181

Ubaldo Allucingoli

geb. Lucca um 1110; gest. Verona 1185

Lucius III. 1181–1185

Ubaldo Allucingoli wird in Lucca als Sohn einer adeligen Familie geboren. Er wird Zisterziensermönch und ist Schüler Bernhards von Clairvaux. Er wird Kardinalpresbyter von St. Praxedis und Kardinalbischof von Ostia und Velletri. Als apostolischer Nuntius in Frankreich, Sizilien und Deutschland erweist er sich als geschickter Unterhändler und Diplomat.

Am 1. September 1181 wird er in Velletri zum Papst gewählt und am 6. September empfängt er unter dem Namen Lucius III. die Weihe.

Kaum hat er den Papstthron bestiegen, muss er ihn aufgeben, da es in Rom durch Arnoldisten und Republikaner wieder zu Unruhen kommt. Er verlässt Rom, zieht an verschiedene Orte in Latium (Velletri, Anagni) und lebt dann in Verona.

Während seines Pontifikats wird am 25. Juni 1183 der Friede von Konstanz bestätigt, der den Krieg zwischen den Kommunen und dem Reich beendet.

1184 treffen sich Lucius III. und Friedrich Barbarossa in Verona, um offengebliebene Fragen im Streit zwischen Kirche und Reich zu regeln. Ferner beschließen sie gemeinsam, gegen die Irrlehren vorzugehen, die sich in Frankreich und Norditalien ausbreiten.

Da alle Versuche und Druckmittel scheitern, Albigenser und Waldenser zu bekehren, beschließt der Papst, sie zu verdammen und aus der Kirche auszuschließen, gemeinsam mit den Katharern, Patarern und Arnoldisten.

1184 erlässt Lucius das Dekret *Ad abolendam*, das die Richtlinien zur Bekämpfung von Irrlehren festlegt, nach denen die Kirche bei Ketzerprozessen die Häretiker befragen und eventuell verurteilen, während der Staat als weltlicher Arm das Urteil vollstrecken soll. Damit ist ein Grundstein der späteren Inquisition gelegt.

Lucius stirbt am 25. November 1185 und wird in der Kathedrale von Verona bestattet.

Der Friede von Konstanz (1183)

Dieser Friedensvertrag ist sozusagen die »Magna Charta« der Freiheit der Kommunen. Der Friede wird zwischen Barbarossa und 18 Städten der Lombardischen Liga geschlossen und ist einer der wichtigsten öffentlichen Akte des Mittelalters. Durch ihn werden die italienischen Stadtrepubliken Teil des Reichs und erhalten zugleich die gewünschte Autonomie. Sie wählen ihre Konsuln, erhalten Hoheitsrechte, dürfen ihre Städte befestigen und Bündnisse schließen.

Lucius III. 1181–1185

Uberto Crivelli

geb. Mailand ?; gest. Ferrara 1187

Urban III. 1185–1187

Uberto Crivelli wird in Mailand als Kind einer adeligen, gegen den Kaiser eingestellten Familie geboren. Er wird Bischof von Vercelli und Kardinalerzbischof in Mailand. Am 25. November 1185 wird er in Verona einstimmig zum Papst gewählt und nimmt den Namen Urban an. Da in Rom noch immer durch die Republikaner hervorgerufene Unruhen herrschen und Barbarossa mit der Besetzung der päpstlichen Territorien droht, verlegt Urban den Sitz des Papstes zunächst nach Verona, wo er die Kathedrale St. Zeno weiht.

Die Spannungen mit dem Kaiser nehmen zu, als Urban sich weigert, Heinrich VI. mit Konstanze von Hauteville, der Tochter des sizilianischen Königs Roger II., zu verheiraten. Die Vereinigung der beiden Erbteile könnte tatsächlich die Besitzungen des Papstes von Norden und Süden her in eine gefährliche Zange nehmen. Die Kurie ist in größter Sorge.

Dennoch wird die Hochzeit zwischen Heinrich VI. und Konstanze 1186 in St. Ambrosius in Mailand durch den Patriarchen von Aquileja vollzogen. Bei dieser Gelegenheit wird Heinrich VI. auch zum König von Italien gekrönt. Dafür wird der Patriarch von Urban III., der sich bereits geweigert hatte, Heinrich zum Mitkaiser zu krönen, suspendiert.

Die Auseinandersetzungen mit Kaiser Barbarossa werden härter. Der Streit um die Besetzung des Trierer Bischofstuhls führt zum endgültigen Bruch. Barbarossa lässt durch seinen Sohn Heinrich den Kirchenstaat besetzen und den päpstlichen Stuhl in Verona einschließen. Weil es dem Kaiser gelingt, auch die deutschen Bischöfe auf seine Seite zu ziehen, ist Urban III. schließlich zu Verhandlungen bereit. Inzwischen will man ihn in Verona nicht mehr haben, und so bricht er nach Ferrara auf. Dort stirbt er kurz nach seiner Ankunft am 19./20. Oktober 1187. Manche Chroniken berichten, er sei aus Bestürzung über die Nachricht der Eroberung Jerusalems durch Sultan Saladin an Herzversagen gestorben.

Er wird in der Kathedrale von Ferrara bestattet.

Heinrich VI. (1165–1197)

Friedrich Barbarossa verheiratet 1186 seinen Sohn Heinrich mit Konstanze von Hauteville, der normannischen Erbin des sizilianischen Throns. Dies ist ein genialer strategischer Akt, durch den das Gravitationszentrum des Reiches von Deutschland nach Italien verlegt wird. Nach Friedrichs Tod versucht Heinrich VI. das väterliche Ideal eines von der Kirche unabhängigen Universalreichs zu verwirklichen. Zunächst festigt er die Macht in Sizilien, indem er den Widerstand des Adels mit Härte unterdrückt. Dann geht er gegen den Papst vor und besetzt die Marken und das Herzogtum von Spoleto. Schließlich bereitet er eine Militäraktion gegen das oströmische Reich vor, doch er stirbt 1197 mit 37 Jahren.

Urban III. 1185–1187

Alberto di Morra

geb. Benevento ?; gest. Pisa 1187

Gregor VIII. 1187

Als Sohn einer adeligen Familie in Benevent geboren, wird Alberto di Morra Zisterziensermönch. Papst Hadrian IV. ernennt ihn zum Kardinalpriester von St. Hadrian und Kardinalpresbyter von St. Laurentius; Papst Alexander III. macht ihn 1178 zum Kanzler der römischen Kirche. Er überträgt ihm die diplomatische Mission, in England den durch die Ermordung Thomas Beckets entstandenen Bruch mit Rom zu beheben. Danach wird er päpstlicher Legat in Dalmatien und Portogallo.

Am 20. Oktober 1187 wird er unmittelbar nach dem Tod seines Vorgängers in Ferrara zum Papst gewählt und am 21. Oktober geweiht. Er nimmt den Namen Gregor an. Doch sein Pontifikat dauert nur 57 Tage.

Gregor versucht, die Kurie zu reformieren, und erklärt, Mitglieder des Klerus dürften keine Waffen tragen und sollten sich der Verkündigung und dem Almosengeben widmen.

Der Vorbereitung eines dritten Kreuzzugs ins Heilige Land widmet er große Aufmerksamkeit, nachdem die Schreckensnachrichten von der Niederlage des christlichen Heeres und von der Eroberung Jerusalems durch Sultan Saladin bekannt wird (2. Oktober 1187). Um das Unternehmen zu einem Erfolg zu bringen, ordnet er für die gesamte Christenheit ein strenges Fasten an, denn für ihn ist der Verlust des Heiligen Landes Zeichen eines Strafgerichtes Gottes für die Sünden der Christen. Bei dem Versuch, eine starke Armee aufzubauen, die Saladin besiegen könnte, bittet er Barbarossa und den französischen und englischen König um Unterstützung.

Er begibt sich nach Pisa, um Frieden zwischen der dortigen Republik und der von Genua zu stiften und sie zur Teilnahme am Kreuzzug aufzufordern. Bevor er seinen Plan verwirklichen kann, stirbt er am 17. Dezember 1187 an einem heftigen Fieber in Pisa. Er wird im Dom dieser Stadt beigesetzt.

Die Kreuzfahrer

Wer dem Ruf des Papstes folgt und zum heiligen Krieg ins Heilige Land aufbricht, wird Kreuzfahrer genannt. Die Kreuzfahrer genießen zahlreiche Privilegien. Der Papst garantiert ihnen die Vergebung begangener Sünden. Wenn die Mission erfüllt ist, sollen sie außerdem einen Ablass erhalten. Neben die religiösen Motive treten mit der Zeit andere: die Möglichkeit, sich durch Plünderungen und Beutezüge im Osten zu bereichern oder Spannungen und Unzufriedenheit im Heimatland zu entfliehen. Viele Adelige ohne Aussicht auf ein Erbe ziehen ins Heilige Land, um dort eine neue Existenzmöglichkeit zu finden.

HINTERGRUND

Gregor VIII. 1187

Paolo Scolari

geb. Rom ?; gest. Rom 1191

Clemens III. 1187–1191

Paolo Scolari ist gebürtiger Römer. Er ist Kardinal von Palestrina, als er am 19. Dezember 1187 in Pisa zum Papst gewählt wird. Er nimmt den Namen Clemens an. Kaum hat er den päpstlichen Thron bestiegen, gelingt es ihm, die Differenzen mit dem römischen Senat beizulegen. Die Römer erkennen seine Autorität an. Nach sechs Jahren Exil kehrt die Kurie nach Rom zurück und lässt sich im Lateran nieder.

Zunächst bereitet Clemens einen Kreuzzug vor. Er schickt Legaten nach Frankreich, Deutschland und England und gibt Anweisungen zur Aufrechterhaltung des Friedens in Ländern, deren Herrscher in den heiligen Krieg gezogen sind.

Am Dritten Kreuzzug 1189 nehmen Kaiser Friedrich Barbarossa, König Philipp August von Frankreich und Richard Löwenherz, der englische König, teil. Die Truppen unterscheiden sich an der Farbe des Kreuzes auf den Fahnen, das französische ist rot, das englische weiß, das deutsche grün. Zu diesen Kräften kommen noch die italienischen Republiken Genua, Pisa und Venedig hinzu; doch außer dem Besuch der heiligen Stätten ist der Kreuzzug ohne jeden Erfolg.

Für Friedrich I. Barbarossa endet er tragisch, denn er ertrinkt am 10. Juni 1190 im Fluss Salef in Kleinasien. Richard Löwenherz wird bei seiner Rückkehr in der Nähe von Wien von Herzog Leopold V. von Österreich – den er bei der Belagerung Akkons beleidigt hatte – gefangen genommen und Kaiser Heinrich VI. ausgeliefert. Erst gegen Zahlung einer gewaltigen Lösegeldsumme wird er wieder freigelassen.

Am 18. November 1189 stirbt in Sizilien der Normannenkönig Wilhelm II. mit nur 36 Jahren. Vor seinem Tod bestimmt Wilhelm, der keine männlichen Nachkommen hat, seine Tante Konstanze von Hauteville zu seiner Erbin und überlässt so das Königreich Sizilien den Schwaben. Der Papst widersetzt sich dieser Entscheidung. Er bestimmt einen anderen Thronfolger, Tankred, den Grafen von Lecce, einen unehelichen Sohn Herzog Rogers von Apulien, Enkel König Rogers II. von Sizilien (1105–1154).

Empört über diesen Affront des Papstes, marschiert Heinrich VI. gegen Rom, aber Clemens stirbt Ende März 1191, bevor dieser dort eintrifft. Er wird im Lateran beigesetzt.

HINTERGRUND

Die Seerepubliken

Diese italienischen Stadtstaaten erlebten im Mittelalter ihre Blütezeit. Amalfi ist die wichtigste Station für den Handel mit dem Osten. Hier wird zum ersten Mal in Europa ein Kompass benutzt und ein Seerechtscodex verfasst, die *Tabula de Amalpha*. Venedig kann sich eine blühende Monopolstellung im Seehandel aufbauen. Pisa und Genua beginnen mit der Wiedereroberung christlicher Territorien und fügen den Muslimen erste Niederlagen zu. 1284 kämpfen sie miteinander um den Besitz Sardiniens, und mit dem Sieg Genuas beginnt der Niedergang Pisas. Die Kreuzzüge begünstigen die Kontrolle der Stadtrepubliken über den Mittelmeerhandel.

Clemens III. 1187–1191

Giacinto Bobone Orsini

geb. Rom um 1105; gest. Rom 1198

Coelestin III. 1191–1198

Konstanze von Hauteville (1154–1198)

Die Tochter des normannischen Königs Roger II.von Sizilien wird als Ehefrau Heinrichs VI., des Sohnes von Kaiser Barbarossa, gemeinsam mit ihrem Mann 1191 zur Kaiserin gekrönt. Als Heinrich VI. nach Deutschland aufbricht, nehmen ihre Gegner, die ihr Neffe Manfred anführt, sie gefangen, aber durch Intervention Coelestins III. wird sie befreit. 1194 schenkt sie Heinrich VI., der zum König von Sizilien gekrönt wird, den Sohn Friedrich II., den sie vier Jahre später, kurz vor ihrem Tod, dem Schutz Innozenz' III. anbefiehlt.

Drei Tage nach Clemens' Tod im April 1191 wird Papst Coelestin gewählt und geweiht, der mit bürgerlichem Namen Giacinto Bobone heißt und der römischen Familie der Orsini angehört, aus der auch andere bedeutende Päpste hervorgehen.

Coelestin ist bereits 85 Jahre alt und war zwanzig Jahre lang Kardinal von Santa Maria. Als päpstlicher Legat meistert er schwierige diplomatische Aufgaben in Spanien, Deutschland und England.

Er krönt den Staufer Heinrich VI., den Sohn Barbarossas, zum Kaiser und versucht, ihn auf seine Seite zu bringen, was Clemens III. schon nicht gelungen war.

Heinrich VI. ist 1194 mit einem starken Heer nach Italien gezogen; denn nach Tankreds Tod beansprucht er sein Recht auf die Normannenherrschaft in Süditalien infolge seiner Hochzeit mit Konstanze, der letzten Erbin der Hauteville. So werden die päpstlichen Territorien von Norden und Süden durch die Staufer in die Zange genommen, aber Coelestin muss dies hinnehmen.

Der Papst versucht, den Kaiser zu einem neuen Kreuzzug zu bewegen. Heinrich VI. macht sich an der Spitze einer christlichen Flotte nach Sizilien auf, stirbt jedoch plötzlich und hinterlässt sein Erbe dem kleinen Sohn Friedrich II., für den seine Mutter Konstanze die Regentschaft übernimmt.

Die Annullierung der Ehe des französischen Königs Philipp August hebt Coelestin wieder auf; dennoch verstößt der König seine Gattin Ingeborg von Dänemark, die er aus rein politischen Interessen geheiratet hatte.

In Rom fördert Coelestin das Mönchtum durch eine Disziplinarreform. Er bringt Ordnung in die Staatsfinanzen und räumt der kodifizierten Rechtsprechung einen Vorrang vor dem Gewohnheitsrecht ein. Die kurialen Behörden werden aufgewertet, das Kardinalskollegium umgestaltet, der Kirchenbesitz neu geordnet und kirchliche Rechts- und Zinsansprüche zentralistisch zusammengefasst.

Ende 1197 macht Coelestin, über 90 Jahre alt, den Versuch, die Bürde des Amtes abzugeben. Doch dies scheitert am Widerstand im Kardinalskollegium, wo man sich weigert, den von Coelestin vorgeschlagenen Kandidaten zum Nachfolger zu wählen. Der Greis stirbt am 8. Januar mit 92 Jahren und wird in der Lateranbasilika beigesetzt.

Coelestin III. 1191–1198

Giovanni Lotario Graf von Segni
geb. Anagni 1160/61; gest. Perugia 1216

Innozenz III. 1198–1216

Wie Sonne und Mond

»Der Schöpfer des Universums schuf zwei Lichter am Himmelsfirmament: ein großes, um den Tag, und ein kleineres, um die Nacht zu regeln. Auf die gleiche Weise schuf er am Firmament der allgemeinen Kirche zwei hohe Ämter: das größere ist die Herrschaft der Seelen, das kleine die der Leiber. Diese beiden Ämter sind die Autorität des Papstes und die Macht des Monarchen. Der Mond leitet sein Licht von der Sonne ab und ist ihr unterlegen. Auf die gleiche Weise leitet der Monarch seine Würde der päpstlichen Autorität ab.«
Innozenz III., Sicut universitas conditor (1198)

HINTERGRUND

Sein Pontifikat gilt als Gipfel päpstlicher Machtentfaltung. Er stammt aus Anagni, studiert in Paris Theologie und in Bologna Kirchenrecht. Mit 37 Jahren wird er am 8. Januar 1198 zum Papst gewählt und nimmt den Namen Innozenz an. Er ist eine Herrschernatur, intellektuell hochbegabt und charakterstark, kultiviert und politisch klug. Als »Stellvertreter Christi« bekräftigt er das Prinzip der päpstlichen Theokratie, nach dem das von Gott eingesetzte Papsttum jeder anderen Macht überlegen ist. In Rom setzt er seine Autorität durch: Gegen päpstliche Schenkungen in Form reicher Gold- und Silberspenden geben die Römer ihre freie Senatswahl auf. Im deutschen Thronstreit zwischen Otto von Braunschweig und Philipp von Schwaben greift er als Vormund des minderjährigen Friedrich II. ein und unterstützt Otto. Als Philipp ermordet wird (1208), krönt er Otto zum Kaiser (1209); doch der marschiert danach in Süditalien und Sizilien ein. Da bannt Innozenz Otto und unterstützt Friedrich II. (Sohn Heinrichs VI.), der sich daraufhin 1212 in Frankfurt und Aachen zum »Römischen König« krönen lässt. In England exkommuniziert der Papst König Johann Ohneland, der sich weigert, Stephan Langton als Erzbischof von Canterbury anzuerkennen. Ebenso exkommuniziert er den Grafen Raimund von Toulouse, weil er die Albigenser schützt; in Toulouse errichtet er das erste Inquisitionsgericht, um die Häretiker in Schach zu halten. Er streitet gegen König Philipp August von Frankreich, der seine Frau verstoßen hat, und er erreicht, dass die Könige von Aragon, Portugal und Polen Vasallen des Heiligen Stuhls werden. Er fördert den vierten und fünften Kreuzzug. Den vierten (1202–1204) führen Bonifatius II. von Montferrat und Balduin IX. von Flandern an. Dabei wird das byzantinische Reich zerstört, Konstantinopel geplündert und ein Lateinisches Kaiserreich gegründet (1204–1261). Der fünfte Kreuzzug (1217), für den der Papst sich einsetzt, erreicht das Heilige Land ebenfalls nicht und scheitert beim Angriff auf Ägypten.

Bei der römischen Kurie leitet der Papst Reformen ein. Er setzt sich für die Klosterreform ein und fördert die Entstehung neuer religiöser Orden, die sich der Hilfe für Kranke und Arme widmen. Besonders lobt er die Regel des Franz von Assisi, ohne sie allerdings zu bestätigen; den Dominikanern überträgt er die Aufgabe der Predigt und des Studiums. 1215 beruft er das 4. Laterankonzil nach Rom ein. Die vom Konzil erarbeiteten Reformkonstitutionen betreffen fast alle Bereiche des kirchlichen Lebens: So werden Regeln für die Taufe, Kommunion und Beichte festgelegt, eine Reihe wichtiger Maßnahmen für Klerus und Bischöfe beschlossen. Die Bekämpfung von Häresien steht im Mittelpunkt: Die Lehre der Albigenser wird verdammt, und es wird vorgeschlagen, dass Juden und Muslime besondere Kleidung tragen sollen. Trotz all seiner Aktivitäten findet Innozenz III. noch Zeit für großzügige karitative Leistungen.

Er stirbt am 16. Juli 1216 mit 56 Jahren in Perugia, wo er im Interesse eines neuen Kreuzzuges Meinungsverschiedenheiten zwischen Pisa und Genua schlichtet. Leo XIII. lässt später von dort seine sterbliche Hülle in die Lateranbasilika überführen.

Innozenz III. 1198–1216

Cencio Savelli

geb. Rom vor 1160; gest. Rom 1227

Honorius III. 1216–1227

Cencio Savelli wird in Rom als Sohn einer berühmten und mächtigen Familie geboren, wird Kanonikus in Santa Maria Maggiore und der Lateranbasilika und später Erzieher und Vormund des künftigen Kaisers Friedrichs II. Zuvor hatte er als päpstlicher Kämmerer und Finanzverwalter seine Umsicht bewiesen. Er wird am 18. Juli 1216 in Perugia zum Papst gewählt und dort am 24. Juli geweiht. Er nimmt den Namen Honorius an.

Am 31. August zieht er in Rom ein und lässt sich im Lateran nieder. Er gilt als besonderer Förderer der Bettelorden: Bald nach seiner Wahl (1216) bestätigt er den Orden der Dominikaner, den Domenico di Guzman gegründet hat (später mit der Leitung des Inquisitionsgerichts betraut). 1223 bestätigt er die Regel der Minoriten, des von Franz von Assisi begründeten Ordens, und 1226 die der Karmeliter, die auf Albert, Patriarch von Jerusalem (um 1150–1214), zurückgeht.

Er kümmert sich um die Organisation der Kirche. Bereits vor seiner Papstwahl hatte er ein detailliertes Verzeichnis der Kirchenprovinzen und Diözesen einschließlich aller sakralen und profanen Institutionen, die dem Hl. Stuhl Abgaben zu entrichten haben, erstellen lassen, den *Liber censuum*. Auch legt er Zeremoniell und Regeln für die Papstkrönung fest, den *Ordo romanus de consuetudinibus*. Er fördert Universitäten und kümmert sich um deren Studienordnungen. Die Sammlung seiner Dekretalen, die sog. *Compilatio quinta*, gilt als das erste offizielle Kompendium des Kirchenrechts und bezeugt seine große Kenntnis in Fragen der Verwaltung.

Am 22. November 1220 krönt er Friedrich II. zum Kaiser, nach dessen Versprechen, dass dieser einen Kreuzzug zur Befreiung des Heiligen Landes unternimmt und die Herrschaft Siziliens anderen überlässt. Dieser Kreuzzug schlägt 1227 kläglich fehl.

Honorius III. begünstigt aktiv die Mission in den Ostseeländern und bei den »heidnischen Preußen«. Mit Hilfe des französischen Königs Ludwig VIII. setzt er den Krieg gegen die Albigenser fort. Er stirbt am 18. März 1227, nachdem er die Kirche zehn Jahre und acht Monate regiert hat. Er wird in Santa Maria Maggiore begraben.

Hl. Franz von Assisi (1182–1226)

»Er ist ein Sohn der städtischen Welt Italiens, sein Vater war Kaufmann und nach einer Jugend voller Freuden wandte er sich plötzlich einem Leben in evangelischer Armut zu (…). Franziskus hatte viel Sinn für brüderliche Liebe zu jeglicher Kreatur, war diszipliniert und sich seiner Pflichten gegenüber der Kirche bewusst. (…) Mit der *Regula*, die Honorius III. 1223 anerkennt, entstand ein Orden mit drei Zweigen. Ein männlicher, ein weiblicher (gegründet von der hl. Klara) und ein ›Dritter Orden‹, die Tertiaren, der Laien offenstand.«

Eugenio Dupré

Honorius III. 1216–1227

Ugolino Graf von Segni
geb. Anagni um 1155; gest. Rom 1241

Gregor IX. 1227–1241

Er wird in Anagni im Schloss der Familie geboren und ist ein Neffe von Papst Innozenz III. Er wird Kardinaldiakon von St. Eustachius, Kardinalbischof von Ostia und Velletri, Erzpriester der Vatikanbasilika und Gesandter in Italien und Deutschland. Er wird am 19. März 1227 zum eigenen Bedauern auf den päpstlichen Stuhl erhoben, ist etwa 83 Jahre alt und nimmt den Namen Gregor an.

Wegen der schwierigen Beziehungen zu Kaiser Friedrich II. exkommuniziert der Papst ihn dreimal: zuerst 1227, weil Friedrich zwar zum versprochenen Kreuzzug aufbricht, wegen Erkrankung aber umkehrt. Im nächsten Frühjahr erneuert er den Bann, da Friedrich sogar als Gebannter den Kreuzzug wieder vorbereitet. Er bricht auch tatsächlich auf, bleibt aber im Bann, da er, anstatt im Heiligen Land zu kämpfen, mit dem Sultan von Ägypten einen zehnjährigen Friedensvertrag abschließt, was den Papst nicht nur bekümmert, sondern auch der Kirche schadet; denn im Vertrag hat Friedrich ohne Blutvergießen die Abtretung Nazareths und Bethlehems mit einer Landverbindung für das Königreich Jerusalem erreicht. Zum dritten Mal wird Friedrich 1239 gebannt, weil er das Versprechen nicht gehalten hat, die Regierung Siziliens einem Verwandten zu übertragen.

Auch Gregor ist ein Förderer der neuen Orden: Er spricht Franz von Assisi heilig, mit dem er eng verbunden ist und der seine Krönung vorhergesagt hat (1228), außerdem Antonius von Padua (1232) und Dominikus, den Gründer der Dominikaner (1234). Er unterstützt den Franziskanerorden, für den er eine Gebetssammlung erstellt, das *Breviarium*, und den Orden der Klarissen, zu deren Regel er beiträgt. Diesen Orden hat ein junges Mädchen aus Assisi namens Klara gegründet, die wegen der Predigt des Franz von Assissi ihr Elternhaus verlassen hat. Zwei Jahre nach ihrem Tod 1253 wird sie von Papst Alexander IV. heiliggesprochen.

1232 richtet Gregor IX. das Inquisitionsgericht ein, das den Dominikanern anvertraut wird. Dessen Regularien sind besonders streng und unerbittlich, allzu oft werden Urteile zum Tod auf dem Scheiterhaufen verkündet, und die Verurteilten dürfen nicht bestattet werden. Mit den zuvor (1231) von Gregor IX. verfügten Erlassen ist zugleich die grundlegende Gesetzgebung für den Inquisitionsprozess abgeschlossen. In der Folge entstehen umfangreiche Lehr- und Handbücher für Inquisitoren. Als übliche Strafe für Ketzer wird die Verbrennung auf dem Scheiterhaufen festgelegt.

Auch während des Pontifikats Papst Gregors IX. blühen die europäischen Städte weiter auf. Romanische und gotische Kirchen werden erbaut; die Bildung und Universitäten blühen.

Gregor IX. veröffentlicht 1234 den *Liber extra*, die erste vollständige und maßgebende Sammlung päpstlicher Dekrete, die bis zu Benedikt XV. die grundlegende Quelle des Kirchenrechts bleibt.

Er stirbt mit beinahe 90 Jahren am 22. August 1241 und wird in St. Peter bestattet.

Hl. Klara (1194–1253)

Die wichtigsten Züge ihrer Persönlichkeit sind Liebe zu den Armen, Gebet, Selbstkasteiung und beispielhafte Frömmigkeit. Als junges Mädchen verlässt sie ihr Elternhaus und geht zu Franz von Assisi, mit dem sie 1212 den weiblichen Flügel des Franziskanerordens, die Klarissen, gründet. 1215 erhalten das Kloster und der Orden von Franz die *Formula vitae*, an der auch Kardinal Ugolino (Gregor IX.) mitgearbeitet hat. Die Regel wird von Innozenz IV. 1253 bestätigt, in dem Jahr, in dem Klara, deren Gesundheit durch Selbstkasteiungen und Bußübungen geschwächt ist, stirbt. Ihr Gedenktag ist der 11. August, der des hl. Franziskus der 4. Oktober.

Gregor IX. 1227–1241

Goffredo da Castiglione
geb. Mailand ?; gest. Rom 1241

Coelestin IV. 1241

Goffredo da Castiglione wird in Mailand als Kind einer adeligen Familie geboren und ist vielleicht ein Neffe Papst Urbans III. Er ist möglicherweise Zisterziensermönch in Hautecombe in Savoyen, dann Kanonikus und Erzpriester am Mailänder Dom und danach Kardinalpresbyter von San Marco. Gregor IX. ernennt ihn zum Kardinalbischof von Santa Sabina und schickt ihn als Legaten in die Toskana, die Lombardei und nach Montecassino, wo sich Kaiser Friedrich II. aufhält. Er soll ihn überzeugen, einen Kreuzzug zu unternehmen.

Am 25. Oktober 1241 wird er zum Papst gewählt und nimmt den Namen Coelestin an. Seine Wahl ist das Ergebnis einer mühsamen Übereinkunft zwischen den zwölf Kardinälen, die es zu diesem Zeitpunkt gibt. Sie sind tief zerstritten und deshalb nicht in der Lage, einen neuen Papst zu bestimmen. Deshalb wurden sie von Senator Matteo Rosso Orsini, der damals Rom quasi diktatorisch beherrscht, in dem alten Kloster Septizonium auf dem Palatin eingesperrt. Sie sollen das Haus nicht verlassen, bevor sie sich nicht geeinigt und einen neuen Papst gewählt haben. Die Kardinäle bleiben mehrere Wochen lang isoliert, unter miserablen hygienischen Bedingungen und so schlecht ernährt, dass ein Kardinal stirbt.

Es ist das erste, wenngleich nicht freiwillige, Konklave der Kirchengeschichte. Später entwickelt sich daraus die Institution des »Konklave«, die Versammlung der Kardinäle an einem unzugänglichen, abgelegenen Ort, um den neuen Papst unabhängig und ohne Druck von außen zu wählen.

Coelestin IV. ist alt und von schwacher Gesundheit. Zwei Tage nach seiner Wahl muss er sich fiebernd niederlegen und stirbt nach siebzehntägigem Pontifikat am 10. November 1241, noch ehe er geweiht ist.

Er wird in St. Peter begraben. Er stirbt zu einer Zeit, in welcher der noch gebannte Kaiser Friedrich II. starken Druck auf die Kirche ausübt, sodass der Heilige Stuhl danach fast 20 Monate, bis Ende Juni 1243, vakant bleibt.

WISSENSWERTES

Das Konklave

Der Begriff leitet sich von den lateinischen Wörtern *cum* und *clavis* (»mit dem Schlüssel«) ab und bezeichnet einen abgeschlossenen Raum. Die Einrichtung des Konklaves geht auf Papst Gregor X. zurück. Zuvor hatte es die längste Vakanz der Kirchengeschichte gegeben: Drei Jahre lang konnten sich die Kardinäle nicht einigen. Um ähnliche Szenarien in Zukunft zu vermeiden, erlässt Gregor X. 1274 eine neue Wahlordnung und bestimmt, dass Päpste nur noch innerhalb eines Konklaves gewählt werden dürfen. Die heutigen Bestimmungen sehen vor, dass die Wahl in der Sixtinischen Kapelle im Vatikan stattfindet.

Coelestin IV. 1241

geb. Genua um 1195; gest. Neapel 1254

Innozenz IV. 1243–1254

Als Sohn einer adeligen Familie in Genua geboren, wird er Bischof von Albenga und Kanzler der Kirche in Rom. Gregor IX. ernennt ihn zum Kardinalpriester von St. Laurentius. Am 24. Juni 1243, anderthalb Jahre nach dem Tod seines Vorgängers, wird er in Anagni zum Papst gewählt und nimmt den Namen Innozenz an.

Er betont den Vorrang des Papsttums vor dem Kaiser und macht sich so bei Friedrich II. unbeliebt. Die Spannungen zwischen den beiden wachsen dergestalt, dass Innozenz, um nicht gefangen genommen zu werden, aus Rom flieht und als Gast des französischen Königs Ludwig des Heiligen nach Lyon reist.

Dort beruft der Papst 1245 das 1. Konzil von Lyon ein, das bereits Gregor IX. geplant, Kaiser Friedrich II. jedoch vereitelt hat. Es nehmen viele Kardinäle, drei Patriarchen und 140 Bischöfe teil. Friedrich II. wird dort für abgesetzt erklärt, seine Untertanen ihres Treueids entbunden.

Der Kaiser ist empört über die Anhänger des Papstes und reagiert heftig. Doch da stirbt Friedrich II. am 13. Dezember 1250 unerwartet. Der Konflikt ist damit noch nicht beigelegt.

Der Kampf um die päpstliche Vorrangstellung wird mit Friedrichs Nachfolger Konrad IV., den der Papst exkommunizieren will, und Manfred, dem unehelichen Sohn Friedrichs II., fortgesetzt.

König Ludwig IX. gibt dem ständigen Druck des Papstes nach und organisiert den siebten großen Kreuzzug (1248–1254). Als er 1250 nach Ägypten kommt, wird er gefangen genommen und nur gegen ein hohes Lösegeld freigelassen.

1251 verlässt Innozenz Lyon und kehrt im Triumph nach Rom zurück. Dort erlässt er 1252 das Dekretale *Ad extirpanda*, das bei Inquisitionsprozessen die Folter erlaubt.

Zum Zweck der Missionierung schickt Innozenz verschiedene Abordnungen in die baltischen Länder; auch fördert er die Arbeit der Franziskaner und Dominikaner in China.

Er gibt umfangreiche Gesetzessammlungen und Rechtskommentare heraus, weshalb er zu den großen Juristenpäpsten zählt.

Als Innozenz das Königreich Sizilien 1254 dem Kirchenstaat einverleibt, verlegt er seine Residenz nach Neapel. Es kommt zum Kampf mit Manfred; das päpstliche Heer wird bei Foggia vernichtend geschlagen. Diese Nachricht erreicht den sterbenden Papst.

Sein Todestag ist der 7. Dezember 1254. Er wird im Dom von Neapel beigesetzt.

Kaiser Friedrich II. (1194–1250)

Er ist ein hochkultivierter Mann, ein ausgezeichneter Politiker und ein großer Mäzen. Er gründet die Universität von Neapel, gibt der medizinischen Hochschule von Salerno das Promotionsrecht und fördert an seinem Hof in Palermo die sizilianische Dichterschule, die in der italienischen Volkssprache schreibt. Er will die Größe des Reiches wiederherstellen. Darum betont er, dass seine Macht direkt von Gott stammt und die Kirche keinerlei weltliche Macht besitzt. Er bekräftigt seine Macht mit den Konstitutionen von Melfi (1231), einer Gesetzessammlung, die die Grundlage für einen straff organisierten Beamtenstaat schafft.

Innozenz IV. 1243–1254

Rinaldo Graf von Segni

geb. Segni ?; gest. Viterbo 1261

Alexander IV. 1254–1261

Er stammt aus der Familie der Grafen von Segni und ist ein Neffe Gregors IX. Er wird Kardinaldiakon von St. Eustachius und Kardinalbischof von Ostia und Velletri. Nur fünf Tage nach dem Tod seines Vorgängers wird er am 12. Dezember 1254 in Neapel zum Papst gewählt und am 20. Dezember geweiht. Er nennt sich Alexander und regiert die Kirche über sechs Jahre lang. Er zeichnet sich durch sittliche Strenge, Milde und Herzensgüte aus.

Zu jener Zeit ist Rom in der Gewalt des Senators Brancaleone und einiger Adeliger, die gewaltsam um die Macht kämpfen. So lässt der Papst sich außerhalb der Heiligen Stadt nieder. Er geht zuerst nach Anagni, dann nach Viterbo.

In Anagni spricht er Klara, die Gründerin des Klarissenordens, heilig und erklärt auch die Stigmata des hl. Franziskus für echt.

1255 bestätigt er die Universitätsgründung von Salamanca, ein Werk von Alfons dem Weisen, und erklärt, dass, wer dort den Doktorgrad erwirbt, in allen Universitäten außer Paris und Bologna unterrichten darf.

In diesen Jahren richtet er auf Bitten Ludwigs IX. in ganz Frankreich Inquisitionsgerichte ein.

1256 fasst Alexander mehrere italienische Einsiedler-Bruderschaften zum Augustiner-Eremiten-Orden zusammen. Den Franziskanern und Dominikanern gewährt er zahlreiche Privilegien und überträgt ihnen die theologischen Lehrstühle, die Thomas von Aquin und Bonaventura von Bagnoregio innehatten.

Er versucht, sich mit der griechisch-byzantinischen Kirche zu versöhnen, doch ohne Erfolg.

Er gerät in Streit mit Manfred, dem unehelichen Sohn Friedrichs II., und exkommuniziert ihn: Manfred hat sich 1258 zum König Siziliens krönen lassen, ist aber nicht bereit, sich deshalb als Lehnsfürst des Papstes zu verstehen, der die eigentliche Oberherrschaft über Sizilien für sich beansprucht. Manfred schert sich nicht darum und bringt große Teile des Kirchenstaates unter seine Gewalt.

Alexander zieht sich aus der von Machtkämpfen zerrissenen Stadt Rom nach Viterbo zurück, wo er am 25. Mai 1261 stirbt und in der dortigen Kathedrale beigesetzt wird.

HINTERGRUND

Die Inquisition

Dieses besondere Gericht der Kirche hat die Macht, über Worte und Taten zu richten. Die Inquisitoren werden von verschiedenen Beamten unterstützt: den ersten Ermittlern, dem Berater (socius), den Gefängnisinspektoren, den Notaren. Die Verdächtigen werden als »leicht«, »schwer«, »extrem« verdächtig klassifiziert und bis zum Tag des Prozesses ins Gefängnis gesperrt. Der Prozess findet unter Ausschluss der Öffentlichkeit statt, und die Aussagen von Zeugen genügen für ein Urteil. Wenn jemand angezeigt worden ist, erhält er keinen Beistand. Der Inquisitor ist Ankläger, Untersuchender und Richter in einer Person. Die Prozesse können Jahre dauern; Folter und Kerker genügen, um ein Geständnis zu erzwingen.

Alexander IV. 1254–1261

Jacques Pantaléon

geb. Troyes um 1200; gest. Perugia 1264

Urban IV. 1261–1264

Jacques Pantaléon wird in Troyes in der Champagne geboren. Als Sohn eines Schusters ist sein Aufstieg in das höchste Amt der Kirche für seine Zeit höchst ungewöhnlich. Er studiert in Paris, wird Kanoniker in Laon und Erzdiakon in Lüttich (1249), päpstlicher Legat in Polen, Preußen, Pommern und Bischof von Verdun (1253).

Er wird Patriarch von Jerusalem und ist zufällig in Italien, als er am 29. August 1261 in Viterbo, wo sich das Kollegium aus nur neun Kardinälen zum Konklave versammelt hat, zum Papst gewählt wird. Jacques nimmt den Namen Urban an. Er ist der erste Patriarch von Jerusalem, der Papst wird, und der erste, der seinem Namen auch die Ordnungszahl anfügt, sodass die Päpste jetzt fortlaufend gezählt werden.

Wegen der ständigen Machtkämpfe der adeligen Familien in Rom kann er sich dort nicht niederlassen und zieht zwischen Viterbo, Orvieto und Perugia hin und her.

Eine seiner ersten Amtshandlungen ist die Erhöhung der Zahl der Kardinäle. Er ernennt gleich sieben neue Würdenträger und im folgenden Jahr erneut sieben.

1261 erobert der oströmische Kaiser Konstantinopel zurück, womit das »Lateinische Kaiserreich«, 1204 nach der grausamen Plünderung Konstantinopels durch die Kreuzfahrer auf dem vierten Kreuzzug gegründet, erlischt. Urban IV. versucht, Wiedervereinigungsgespräche mit der Ostkirche zu führen – vergeblich.

Den Anstoß zur Einführung des Fronleichnamsfests geben die Visionen Julianas von Lüttich (1209), einer mystisch-ekstatischen Nonne, die Urban IV. während seiner Zeit als Erzdiakon in Lüttich kennengelernt hat. Mit seiner Bulle *Transiturus* (1264) schreibt er das Fest für die ganze Kirche vor und beauftragt den Dominikaner Thomas von Aquin, hierfür das *Offizium* und die Festliturgie zu entwerfen. Thomas von Aquin, der bedeutendste Philosoph und Theologe des Mittelalters, findet mit seiner Lehre solchen Anklang, dass man ihn *Doctor angelicus* – engelgleicher Lehrer – nennt.

Gegen König Manfred von Sizilien, der auf kirchliches Territorium vorgedrungen ist und auch Rom bedroht, bittet Urban den französischen König Ludwig IX. um Hilfe. Er bietet Karl I. von Anjou, dem Bruder des Königs, dafür die sizilianische Krone an.

Am 2. Oktober stirbt der Papst in Perugia, als Manfred gerade eine neue Militärexpedition auf päpstliches Gebiet vorbereitet. Urban wird in der Kathedrale von Perugia beigesetzt.

WISSENSWERTES

Kirchenlehrer

Der Titel eines »Kirchenlehrers« *(Doctor ecclesiae)* wird vom Papst jenen bedeutenden Theologen, Heiligen und Kirchenvätern verliehen, die mit ihren Schriften auf herausragende Weise zur Vertiefung und Ausbreitung des christlichen Glaubens beigetragen haben. Zunächst wird der Titel eher spontan vergeben, später werden genaue Regularien festgelegt. Eine Heiligsprechung ist nicht erforderlich. (*Doctor angelicus* ist der hl. Thomas von Aquin, *Doctor seraphicus* der hl. Bonaventura, *Doctor universalis* der hl. Albertus Magnus). 1970 werden zwei Frauen durch Papst Paul VI. zu Kirchenlehrerinnen ernannt: Katharina von Siena und Theresa von Avila. 1997 ernennt Johannes Paul II. auch Therese von Lisieux zur Kirchenlehrerin.

Urban IV. 1261 – 1264

Guy Foulques

geb. Saint Gilles-sur-Rhône um 1195; gest. Viterbo 1268

Clemens IV. 1265–1268

Guy Foulques wird in Südfrankreich geboren und entstammt einer adeligen Familie. Er wird Richter am Gerichtshof von Paris und Rechtsberater König Ludwigs IX. von Frankreich. Er heiratet und hat zwei Töchter. Nach dem Tod seiner Frau empfängt er die Weihen und dient als Erzdiakon in Le Puy. 1259 wird er Erzbischof von Narbonne, Kardinalbischof von Santa Sabina und päpstlicher Legat in England, wo ihm jedoch die Einreise verweigert wird.

Nach dem Tod Urbans IV. sind die in Perugia versammelten Kardinäle so gespalten, dass sie vier Monate brauchen, um einen Nachfolger zu bestimmen. Ihre Wahl fällt am 5. Februar 1265 auf den Franzosen Guy Foulques, der den Namen Clemens IV. annimmt. Auch er kann aufgrund der schwierigen politischen Lage nicht in Rom amtieren, und so bleibt er in Perugia, später residiert er in Viterbo.

Clemens ist von großer Klugheit und Bescheidenheit, von hoher Eloquenz und besitzt ein profundes juristisches Wissen. Mit bedeutenden Persönlichkeiten wie Thomas von Aquin und Bonaventura ist er befreundet.

Clemens will die Politik seines Vorgängers Urban IV. vollenden und die Dynastie der Staufer aus Italien vertreiben. Kurz nach seiner Wahl drängt er Karl I., Graf von Anjou (Bruder König Ludwigs IX. von Frankreich), nach Rom zu kommen, um Manfreds Heer aufzuhalten. Er verspricht ihm, ihn dafür als König von Sizilien und Neapel einzusetzen. Das Vorhaben gelingt. 1266 besiegt Karl I. Manfred in einer Schlacht bei Benevent. Manfred selbst fällt. Zwei Jahre später schlägt Karl auch Manfreds jungen Neffen Konradin (den legitimen Sohn Konrads IV., des Nachfolgers Friedrichs II.) und lässt ihn auf dem Marktplatz von Neapel nach einem fragwürdigen Verfahren enthaupten (29. Oktober 1268). Der Papst stirbt, ehe er diese Meucheljustiz erlebt. Dennoch macht er sein Versprechen wahr: Karl I. von Anjou wird als Vasall des Papstes zum Herrscher von Sizilien-Neapel. Karl schwört ihm Treue und verspricht ihm jährlich eine Zahlung von 8000 Goldunzen und jedes Jahr am Vorabend des Festes Peter und Paul eine weiße Stute.

Wie seine Vorgänger fordert er die katholischen Könige Ludwig IX. von Frankreich und Eduard von England zu einem neuen Kreuzzug auf, dem siebten und letzten großen Kreuzzug. Doch auch er hat keinen Erfolg; 1270 stirbt König Ludwig IX. in Tunis an der Pest.

Clemens' Glaubenshaltung zeichnet sich durch große Strenge sich selbst und anderen gegenüber aus. Er vermeidet die übliche Vetternwirtschaft und lebt persönlich in Armut, isst kein Fleisch und schläft auf dem Boden. Er fördert das Studium der Theologie und nimmt humanistisches Denken vorweg.

Clemens IV. stirbt am 29. November 1268 in Viterbo und wird im Dominikanerkloster Santa Maria in Gradi vor den Stadtmauern bestattet. 1885 werden seine sterblichen Überreste nach San Francesco alla Rocca überführt.

HINTERGRUND

Streit um Sizilien

Um Manfred, dem König von Sizilien und (unehelichen) Sohn Kaiser Friedrichs II. und Markgräfin Bianca Lancia der Jüngeren, das staufische Gebiet streitig zu machen, ruft Papst Clemens IV. Karl I. von Anjou nach Italien und verspricht ihm vertraglich Manfreds Herrschaftsgebiet. In zwei Jahren, von 1266 bis 1268, macht Karl der Stauferdynastie weitgehend ein Ende. Der Widerstand der Sizilianer gegen die Herrschaft Karls von Anjou führt aber 1282 zur »Sizilianischen Vesper«. Nutznießer ist Peter von Aragon, der eine erfolgreiche Invasion startet. Karls Versuche, Sizilien wieder zu erobern, scheitern. Die Anjou-Herrschaft bleibt auf das festländische Süditalien beschränkt.

Clemens IV. 1265–1268

Tebaldo Visconti

geb. Piacenza um 1210; gest. Arezzo 1276

Gregor X. 1271–1276

Hl. Bonaventura (1221–1274)

Er studiert in Paris und tritt noch sehr jung in den Franziskanerorden ein. Von 1257 an leitet er den Orden von Paris aus siebzehn Jahre lang mit Umsicht und Geschick, bis ihn Gregor V. 1273 zum Kardinal ernennt. Er widmet sich dem 2. Konzil von Lyon 1274 mit ganzer Kraft, um die Kirchenspaltung zu beenden. 1482 wird er von Sixtus IV. heiliggesprochen, 1588 ernennt ihn Sixtus V. zum Kirchenlehrer. Papst Leo XIII. bezeichnete ihn einmal als »Fürst unter den Mystikern«. Sein kirchlicher Gedenktag ist der 15. Juli.

Nach dem Tod Clemens' IV. ist die Kirche fast drei Jahre lang ohne Oberhaupt. Am 1. September 1271 wählen die in Viterbo versammelten Kardinäle endlich den Erzdiakon von Lüttich, den adligen Tebaldo Visconti, zum Papst, der im Augenblick seiner Wahl am siebten Kreuzzug teilnimmt.

Dieses Konklave von Viterbo gilt als das längste und dramatischste der Geschichte. Das Volk wird ungeduldig wegen der häufigen vergeblichen Versammlungen der Kardinäle; schließlich deckt es das Dach des Gebäudes ab, in dem sie sich befinden, und hält sie knapp bei Wasser und Brot, um sie durch diese Unannehmlichkeiten zu einer rascheren Einigung zu bringen. Schließlich fällt die Wahl auf einen Mann außerhalb des Kardinalskollegiums. Auf die Nachricht seiner Wahl hin kehrt Visconti aus dem Heiligen Land zurück; er trifft am 10. Februar 1272 in Viterbo ein und nimmt den Namen Gregor X. an.

Gregor bemüht sich ernsthaft darum, den Frieden zwischen Welfen und Ghibellinen in Italien und im Reich wiederherzustellen. Er will Frieden in Deutschland schaffen, in dem nach dem Tod Friedrichs II. Unruhe herrscht, und ermuntert die Kurfürsten, Rudolf von Habsburg zu küren. Den will er im Februar 1276 zum Kaiser krönen, als Gegengewicht zur Macht der Anjou, um ihn in seinen Kreuzzugsplan einzubinden.

1274 beruft er das 2. ökumenische Konzil nach Lyon ein, das als allgemeines Konzil anerkannt wird und an dem 15 Kardinäle, 300 Bischöfe, 70 Äbte und 1000 Gelehrte teilnehmen. Bonaventura, der die Versammlung moderiert, will eine Versöhnung zwischen der West- und der Ostkirche herbeiführen, was allerdings nur kurzfristig gelingt. Entsprechend den bisherigen Festlegungen erkennt der byzantinische Kaiser Michael VIII. Palaiologos das römische Glaubensbekenntnis an, sogar die Worte des Credos über den Hl. Geist »der vom Vater und dem Sohn ausgeht« (das *Filioque*); auch der päpstliche Primat wird anerkannt.

Das Konzil beschließt eine Neuregelung bei der Papstwahl: Zur Vermeidung überlanger Sedisvakanz wird bestimmt, dass die Kardinäle spätestens zehn Tage nach dem Tod des Papstes an dessen Sterbeort ins Konklave gehen sollen. Kontakt zur Außenwelt ist während des Wahlverfahrens seitdem untersagt.

Der Papst wünscht einen weiteren Kreuzzug, aber da die Könige von Frankreich, England, Aragon und Sizilien wenig Interesse zeigen, kommt es nicht zu dem gewünschten Ergebnis. Kurz vor Ende des Konzils stirbt Bonaventura, der sich mit großem Engagement der Durchführung des Konzils gewidmet hat. Kurz zuvor ist Thomas von Aquin in Fossanuova auf dem Weg zum Konzil von Lyon verstorben. Der Verlust zweier so bedeutender Theologen ruft große Trauer hervor.

Gregor stirbt am 10. Januar 1276 auf dem Rückweg nach Rom in Arezzo. Er wird in San Donato bestattet. Die Kirche verehrt ihn als Seligen; sein Fest feiert sie am 9. Januar.

Sel. Gregor X. 1271–1276

Pierre de Tarantaise

geb. Moutier um 1224; gest. Rom 1276

Innozenz V. 1276

Rudolf von Habsburg (1218–1291)

Im Gegensatz zu seinen Vorgängern schiebt Gregor X. der Expansionspolitik Karls I. von Anjou einen Riegel vor und überzeugt die deutschen Kurfürsten, 1273 Rudolf von Habsburg zum König zu wählen, mit dem das Interregnum beendet wird. Rudolf zwingt seinen Gegenspieler, den böhmischen König Ottokar II., die österreichischen Territorien zurückzugeben. Darüber hinaus müht er sich, teils sehr erfolgreich, um die Wiederherstellung des allgemeinen Landfriedens, der in der »kaiserlosen Zeit«, dem Interregnum, gelitten hat.

Pierre de Tarantaise wird in Moutier in Savoyen geboren. Als junger Mann tritt er in den Dominikanerorden ein; 1245 studiert er in Paris, wo er an der theologischen Fakultät Kollege Thomas von Aquins und Schüler von Albertus Magnus ist. 1259 wird er Magister der Theologie.

1272 ernennt ihn Gregor X. zum Erzbischof von Lyon und 1273 zum Kardinalbischof von Ostia. Pierre ist aktiv am 2. Konzil von Lyon beteiligt und hält dort auch die Grabpredigt für Bonaventura.

Nach dem Ende des Konzils begleitet er Gregor X. auf der Rückreise nach Italien. Als dieser in Arezzo erkrankt, bleibt er bis zu dessen Tod am 10. Januar 1276 an seiner Seite. Zehn Tage später, am 21. Januar 1276, wird Pierre zum Nachfolger Gregors bestimmt und nimmt den Namen Innozenz V. an. Er ist der erste Dominikaner-Papst.

Sein Pontifikat währt nur kurz, doch ist es ereignisreich. Er bemüht sich um die Versöhnung zwischen der papstfreundlichen Partei der Guelfen und der kaiserfreundlichen Partei der Ghibellinen und bittet Rudolf von Habsburg, dessen Erhebung zum König sein Vorgänger unterstützt hatte, erst zu seiner Kaiserkrönung nach Italien zu kommen, wenn er mit Karl I. von Anjou, dem König von Sizilien, Frieden geschlossen habe. Obwohl Gregor X. Rudolf die Kaiserkrönung in Aussicht gestellt hat, wird es am Ende nie dazu kommen. Die Verhandlungen, die Rudolf mit der Kurie bis zu seinem Tod 1291 immer wieder führt, weil er sich durch die Kaiserkrönung vor allem die Thronfolge seines Hauses sichern will, bleiben letzlich erfolglos und scheitern an den widrigen Umständen.

Innozenz unterstützt den Krieg Alfons' von Aragon gegen die Mauren, die sich im Süden Spaniens in Granada etabliert haben.

Nach einem nur fünfmonatigen Pontifikat stirbt Innozenz V. am 22. Juni 1276. Er wird in der Lateranbasilika beigesetzt. 1898 wird er von Papst Leo XIII. seliggesprochen. Sein Festtag ist der 22. Juni.

Innozenz war vor allem ein großer Gelehrter; er hat der Nachwelt zahlreiche philosophische, theologische und juristische Werke hinterlassen.

Sel. Innozenz V. 1276

Ottobono Fieschi

geb. Genua um 1205; gest. Viterbo 1276

Hadrian V. 1276

Er stammt aus einer angesehenen und mächtigen Genueser Adelsfamilie, den Grafen von Lavagna. Er wird zum Erzdiakon von Canterbury, Reims und Parma und später von seinem Onkel Innozenz IV. zum Kardinaldiakon in S. Adriano (St. Hadrianus, beim Forum Romanum) ernannt. Als päpstlicher Legat wird er nach England, Spanien und Deutschland gesandt.

Nach dem Tod Innozenz' V. wählen die Kardinäle auf dem Konklave im Lateran am 11. Juli 1276 Kardinal Ottobono Fieschi zum Papst.

Bei seiner Wahl ist Ottobono bereits krank. Er soll zu Verwandten, die ihm gratuliert haben, gesagt haben: »Ein gesunder Kardinal würde mehr taugen als ein todgeweihter Papst.« Seine Amtszeit währt auch nur kurz; es findet keine Weihe oder Inthronisation mehr statt. Dennoch muss Hadrian V., wie sich Ottobono nennt, zu den Päpsten gerechnet werden, da seine Wahl gültig war.

Einen Tag nach der Wahl versammelt er die Kardinäle um sich und verkündet die Aussetzung des »unerträglichen« Wahldekrets seines Vorgängers Gregor X., der für die Papstwahl das Konklave verfügt hatte. Er zieht sich nach Viterbo zurück, um sich auf seine Weihe vorzubereiten. Dort stirbt er am 18. August 1276 nach nur 39 Tagen im Amt. Er wird in San Francesco in Viterbo bestattet. Angesichts dieses kurzen Pontifikats erscheint das eindrucksvolle Grabmal, das der zeitgenössische Florentiner Bildhauer Arnolfo di Cambio für Hadrian dort gestaltet hat, fast unangemessen.

Dante hat ihn in seiner Göttlichen Komödie aufgeführt und der Geldgier beschuldigt. *(Fegefeuer, Neunzehnter Gesang, 97–145).* Historisch gesehen spricht nichts für den Geiz dieses Papstes. Möglicherweise verwechselte Dante ihn mit seinem Namensvetter und Vorgänger Papst Hadrian IV. Oder dichtete er Hadrian V. dieses Laster nur an, um zu zeigen, dass in dieser Zeit zügelloser Gier das Glück eines Papstes auf dem kirchlichen Thron, der irdische Güter begehrt, nur von kurzer Dauer sein kann?

Ich fühlt' als Papst fünf Wochen lang, dass einen,
Der rein die Stola hält, sie so beschwert,
Dass leicht, wie Flaum, all andre Bürden scheinen.
Und leider, ward ich nur zu spät bekehrt;
Doch als ich zu dem Heil'gen Stuhl gelangte,
Da ward ich von des Lebens Trug belehrt.

Dante, Die Göttliche Komödie
(Das Fegefeuer, Neunzehnter Gesang, 103–108)

WISSENSWERTES

Die religiösen Orden

In der christlichen Tradition sind die Orden Gemeinschaften von Menschen, deren oberstes Lebensprinzip die Nachfolge Christi ist, wie sie im Evangelium und ihrer eigenen Regel (lat. *ordo* = Regel, Stand) zum Ausdruck kommt. Dazu gehören auch die drei Gelübde der Armut, der Keuschheit und des Gehorsams. Die erste abendländische Ordensgemeinschaft waren die Benediktiner. Im 11. und 12. Jahrhundert gründeten sich Reformorden, wie die Kartäuser, Zisterzienser und Kamaldulenser, die auch als Wanderprediger unterwegs waren, und die Bettelorden, wie die Franziskaner, Dominikaner und Karmeliter. Je nach Art ihrer Sendung unterscheidet man eher kontemplative oder eher caritative Orden.

Hadrian V. 1276

Pedro Julião (Petrus Hispanus)

geb. Lissabon nach 1210; gest. Viterbo 1277

Johannes XXI. 1276–1277

Die in Viterbo versammelten Kardinäle wählen 27 Tage nach dem Tod Hadrians V. Pedro Julião, der den Namen Johannes XXI. annimmt. Er ist als Sohn eines Arztes in Lissabon geboren und hat in Paris studiert. Bei seiner Rückkehr wird er Leiter der medizinischen Schule von Lissabon. Danach lehrt er Medizin an der neuen Universität Siena und wird als Leibarzt für Gregor X. nach Rom gebeten. Dieser macht ihn zum Kardinalbischof von Tusculum und Frascati. Am 15. September 1276 wird er zum Papst gewählt und am 20. September gekrönt. Er ist der einzige Papst, der aus Portugal stammt.

Johannes XXI. ist ein gebildeter Mann, ein berühmter, hingebungsvoller Gelehrter. Er interessiert sich mehr für Medizin, Theologie und Kirchenrecht als für Probleme der Kirchenführung. Deshalb überlässt er politische Entscheidungen oft dem Kardinal Gaetano Orsini, dem späteren Papst Nikolaus III.

Er tritt für die Bewegungsfreiheit der Kardinäle während des Konklave ein und bestätigt die Aufhebung der strengen Konklavebestimmungen durch seinen Vorgänger.

Während seines Pontifikats bemüht er sich vergeblich um eine Versöhnung zwischen Rudolf von Habsburg und Karl I. von Anjou.

Bei Alfons III. von Portugal erreicht er, dass die portugiesische Kirche nicht mehr unterdrückt und ihr Besitz geschützt wird. Er schickt Legaten nach Konstantinopel zu Kaiser Michael VIII. Paleologos, um die bestehende Einigung (Anerkennung des päpstlichen Primats, Übernahme des römischen Glaubensbekenntnisses) zwischen der Ostkirche und der römischen Kirche zu bestätigen. Er bemüht sich darum, dass die Kreuzfahrer die Territorien in Besitz nehmen können, die sie während der Kreuzzüge besetzt haben.

Offenbar verunglückt der Papst am 20. Mai 1277 in Viterbo tödlich, als die Decke seines hastig erbauten Arbeitszimmers, in das er sich zurückgezogen hat, einstürzt. Er wird im dortigen Dom bestattet.

Von Dante wird er zwar in seiner Göttlichen Komödie unter die Theologen im »Himmel der Sonne« im Paradies eingereiht *(Paradies, Zwölfter Gesang, 134–135)* doch von Zeitgenossen wegen moralischer Labilität und seiner Abneigung gegen Ordensgemeinschaften kritisiert.

(Die Zählung der Päpste mit dem Namen Johannes ist unsicher. Die Ordnungszahl XXI. ist eigentlich falsch. Der Rechenfehler beginnt bei Johannes XIV., dessen Pontifikat wahrscheinlich zweigeteilt war und deshalb zweimal gerechnet wurde. Dasselbe gilt für Johannes XIX., Romanus Graf von Tusculum, der einmal mit XIX und dann wieder mit XX bezeichnet wurde.)

HINTERGRUND

Handschriften des Neuen Testaments

Das in griechischer Sprache verfasste Neue Testament ist uns in einer Reihe von alten Handschriften überliefert. Ein jüngst erstelltes Verzeichnis nennt etwa 90 Papyri (also auf Papyrus geschriebene Texte), 260 Handschriften in Unzialen (meistens auf Pergament in griechischen Großbuchstaben), 2700 Handschriften in Minuskeln (in griechischen Kleinbuchstaben), 2200 handgeschriebene Lektionare (Bücher mit biblischen Texten für Lesungen im Gottesdienst gemäß der Ordnung des Kirchenjahres). Die älteste Gesamthandschrift ist der *Codex Sinaiticus* aus dem 4. Jahrhundert, der im 19. Jahrhundert am Sinai entdeckt wurde. *(Angaben nach Larry W. Hurtado)*

Johannes XXI. 1276–1277

Giovanni Gaetano Orsini

geb. Rom um 1210; gest. Viterbo 1280

Nikolaus III. 1277–1280

Giovanni Gaetano entstammt zwei großen römischen Adelsfamilien, den Orsini väterlicherseits und den Gaetani mütterlicherseits. Papst Innozenz V. ernennt ihn zum Kardinaldiakon von San Niccolò in Carcere (St. Nikolaus). Deshalb nimmt er den Namen Nikolaus III. an, als er nach einem wegen Fraktionskämpfen zwischen Italienern und Franzosen sechs Monate dauernden Konklave am 25. November 1277 in Viterbo zum Papst gewählt wird.

Sein Pontifikat ist zwar nur von kurzer Dauer, dennoch ein bedeutendes.

Gleich nach seiner Wahl verlässt Nikolaus Viterbo und begibt sich nach Rom, wo er am 26. Dezember geweiht wird. Er lässt in der Nähe von St. Peter eine Papstresidenz als Amtssitz errichten, die ältesten Teile des späteren Vatikanpalastes.

Im Zusammenhang mit der Bekräftigung kirchlicher Oberhoheit erhält Nikolaus in geschickten diplomatischen Verhandlungen vom deutschen König Rudolf von Habsburg die Anerkennung der päpstlichen Rechte über den Kirchenstaat einschließlich des Verzichts der Ansprüche auf die Romagna. Damit erreicht der Kirchenstaat seine Größe, wie sie bis 1860 bestand. Karl I. von Anjou bewegt er zum Verzicht auf den Titel eines Senators von Rom, auf jegliche Teilnahme an der Regierung der Stadt und zum Rücktritt als Reichsvikar der Toskana.

1278 nähert sich der byzantinische Kaiser Michael VIII. Palaiologos den Beschlüssen des 2. Konzils von Lyon und damit der römischen Kirche an. Er erkennt den Primat des Papstes an und verspricht, jegliches Schisma zu bekämpfen. Doch seine Entscheidung, die auf politischen Überlegungen beruht, ist mit der Haltung des Klerus' und des Volks im Osten unvereinbar, die entschieden gegen die Formel des *Filioque* im gemeinsamen Glaubensbekenntnis sind.

Nikolaus III. empfängt in Rom die Botschafter des Tataren-Khans und schickt drei Missionare der Franziskaner in die Mongolei.

Er verschönert die Stadt Rom durch aufwendige Restaurierungen und wichtige Neubauten; er stattet St. Peter, St. Paul und die Lateranbasilika mit einer Reihe von Papstporträts aus und lässt die Kapelle St. Laurentius renovieren, wegen der Unzahl von Reliquien, die sie beherbergt, »Sancta Sanctorum« genannt. Auch legt er um den Vatikan herum Gärten an.

Er begünstigt seine Familie und weist seinen Verwandten bedeutende Reichtümer und drei Kardinalshüte zu. Wegen dieser Vetternwirtschaft wird er von Dante in seiner Göttlichen Komödie zu den Päpsten gerechnet, die in der Hölle schmoren (*Die Hölle*, Neunzehnter Gesang, 22–120).

Aus Krankheitsgründen zieht er sich in seine Sommerresidenz in Viterbo zurück, wo er am 22. August 1280 an einem Schlaganfall stirbt. Sein Leichnam wird in der Nikolauskapelle in St. Peter beigesetzt, die er selbst hat erbauen lassen.

Nepotismus

Unter Nepotismus versteht man die oft über jedes moralisch zulässige Maß hinausgehende Schenkung von öffentlichen Gütern und Ämtern an Verwandte. Bereits im 10. und 11. Jahrhundert kommt dies vor, doch im 13. Jahrhundert mit Nikolaus III. (Orsini) und Bonifatius VIII. (Gaetani) und den Päpsten von Avignon nimmt dergleichen stark zu. Seinen Höhepunkt erreicht der Nepotismus trotz einer Vorschrift, die die Verwandten des Papstes von kirchlichen Regierungsämtern ausschließt, im 15. Jahrhundert mit Martin V. (Colonna), Calixtus III. (Borgia), Sixtus IV. (Rovere), Alexander VI. (Borgia), Leo X. (Medici), Clemens VIII. (Medici) und Paul III. (Farnese).

HINTERGRUND

Nikolaus III. 1277–1280

Simon de Brion

geb. Mainpincien 1210/1220; gest. Perugia 1285

Martin IV. 1281–1285

Simon de Brion kommt in Mainpincien (Seine-et-Marne) in Frankreich auf die Welt. Er wird Regularkanonikus und Schatzmeister der Kirche St. Martin von Tours, Großsiegelbewahrer des französischen Königs Ludwig IX., Kardinalpriester von Santa Cecilia und päpstlicher Legat in Frankreich.

Am 22. Februar 1281 wird er in Viterbo nach sechs langen Monaten Auseinandersetzung und Parteiengezänk unter den Kardinälen zum Papst gewählt. Am 23. März wird Simon in Orvieto geweiht und nimmt den Namen Martin IV. an. Bei seiner Ernennung hat Karl I. von Anjou wohl eine entscheidende Rolle gespielt, was ihn, nach Auffassung mancher Historiker, zu dessen gefügigem Werkzeug werden lässt. Zumindest fand die Wahl unter deutlichem Druck der Regierenden von Viterbo statt, die auch nicht davor zurückschreckten, manche Kardinäle zu inhaftieren.

Am Ostermontag 1282 beginnt in Palermo ein Aufstand gegen die Herrschaft Karls von Anjou, »Sizilianische Vesper« genannt. In der Folge kommt es zu einem brutalen Massaker an den französischen Einwohnern Siziliens. Vergeblich droht Papst Martin IV. den Sizilianern mit dem Bann und fordert sie zum Gehorsam gegenüber den Anjou auf. Verantwortlich für den Erfolg des spontanen Aufstandes ist Peter III. von Aragon, der sich so die Krone Siziliens aneignet.

Ebenso geht die noch ungefestigte Wiederannäherung an die Ostkirche in die Brüche. Nachdem Martin IV. unklug fordert, dass der Patriarch von Konstantinopel den Zusatz des *Filioque* im Glaubensbekenntnis (siehe S. 416) anerkennt, wendet sich der seit 1282 regierende Kaiser Andronikos II. Palaiologos angesichts des römischen Drucks vom Kompromisskurs seines Vorgängers ab und annulliert dessen Zusage, den päpstlichen Primat anzuerkennen. Der Papst exkommuniziert ihn daraufhin. So ist die Gelegenheit zur Versöhnung zwischen der griechischen und der römischen Kirche, die Papst Nikolaus III. durch eine Politik der Öffnung eingeleitet hat, vertan.

Nach dem Tod Karls I. von Anjou, seinem Gönner und Beschützer, fühlt Martin IV. sich in Rom nicht mehr sicher und zieht sich nach Perugia zurück. Dort stirbt er am 28. März 1285. Er wird in Rom in der Franziskanerkirche bestattet.

Die Sizilianische Vesper

Am Ostermontag, den 31. März 1282, beleidigt ein französischer Soldat vor der Kirche Santo Spirito in Palermo eine sizilianische Dame, die gerade in die Vesper gehen will. Da macht sich die angestaute Wut der Sizilianer über die Herrschaft der Franzosen Luft. Spontan entsteht ein Aufstand, den Anhänger der Staufer gegen das Haus Anjou unterstützen. Die Revolte verbreitet sich über die gesamte Insel und die Franzosen werden in die Flucht geschlagen. Peter III. von Aragon, der Mann von Konstanze, der Tochter des Staufers Manfred, greift ein und sichert sich so die sizilianische Krone.

Martin IV. 1281–1285

Giacomo Savelli

geb. Rom 1210; gest. Rom 1287

Honorius IV. 1285–1287

Am 2. April 1285 wird Giacomo Savelli im bereits vorgerückten Alter in Perugia schon wenige Tage nach dem Tod Martins IV. in das höchste Kirchenamt gewählt. Er ist Römer und Großneffe Honorius' III. sowie Sohn des Senators Luca Savelli und seiner Gattin Giovanna Aldobrandeschi, Gräfin von Santa Fiora. Er studiert in Paris und wird Kanonikus von Barcelona. Urban IV. ernennt ihn zum Kardinaldiakon von Santa Maria.

Weil er in Rom anerkannt ist, kann er in St. Peter geweiht und inthronisiert werden. Er residiert aber in einem Gebäude, das er sich auf dem Aventin hat errichten lassen. Seine Befugnisse als Senator von Rom tritt er an seinen Bruder Pandolfo ab, der mit Umsicht, Entschlossenheit, aber auch Härte die Stadt in den Griff bekommt.

Dem Papst gelingt es, im Kirchenstaat mit ausgleichendem Geschick den inneren Frieden zu befördern. Honorius IV. sucht auch nach einer Lösung in der Frage der sizilianischen Krone, die vom Haus Anjou auf das Haus Aragon übergegangen ist. Er erkennt wie sein Vorgänger die Herrschaft Peters III. von Aragon nicht an, die dieser 1282 durch die Sizilianische Vesper errungen hat, und exkommuniziert nach dessen Tod auch seinen Sohn Jakob, als dieser sich in Palermo krönen lässt.

Er unterstützt die Bettelorden und bekämpft die von Gerardo Segarelli aus Parma ins Leben gerufene Bewegung der Apostoliker. Segarelli predigt die Erneuerung der Christen gegen die Kirche von Rom, die er als »fleischlich und ehebrecherisch« brandmarkt.

An der Universität Paris, die in ganz Europa führend ist, fördert er das Studium der orientalischen Sprachen.

Am 3. April 1287 stirbt Honorius in Rom. Sein Leichnam wird in St. Peter bestattet, später in die Kirche Santa Maria in Aracoeli überführt und neben seiner Mutter in der Familiengruft beigesetzt.

Gerardo Segarelli

Er führt das Leben eines Eremiten und folgt der mystischen Lehre Joachims von Fiore. Seine Anhänger nennen sich Apostoliker, weil sie das Leben der Apostel nachahmen wollen. Segarelli predigt die Erneuerung des Christentums, fordert eine wörtliche Befolgung des Evangeliums, besonders dessen Aufforderung zur Armut. Er wird 1296 von der Inquisition inhaftiert, von Bonifatius VIII. exkommuniziert und am 18. Juli 1300 auf dem Scheiterhaufen verbrannt.

Honorius IV. 1285–1287

Girolamo Masci
geb. Ascoli Piceno 1227; gest. Rom 1292

Nikolaus IV. 1288–1292

Nach dem Tod Honorius' IV. ist der Heilige Stuhl über zehn Monate vakant, da sich die Kardinäle aus Sorge vor äußerer Einmischung uneins sind und Rom von einer Seuche heimgesucht wird, an der auch sechs Kardinäle sterben. Das Kollegium vertagt deshalb seine Sitzungen und erst am 22. Februar 1288 wird der weise und tugendhafte Girolamo Masci aus Ascoli zum Papst gewählt, der einzige Kardinal, der während der Epidemie in Rom geblieben ist, um dem Volk zu helfen.

Girolamo ist Nachfolger Bonaventuras als Ordensgeneral der Franziskaner gewesen. Er stammt aus einfachen Verhältnissen und ist der erste Franziskaner, der Papst wird. Er nennt sich Nikolaus IV. in Erinnerung an Nikolaus II., der ihn zum Kardinal ernannt hat.

Von der Bevölkerung wird er freundlich aufgenommen; doch die Herrschaft über Rom wird durch manche Unruhen erschwert, weil die Familien der Colonna und Orsini um die politische Vorherrschaft streiten und sich der Papst auf die Seite der Colonna stellt. Er wünscht sich Giovanni Colonna als Senator Roms, überträgt ihm die Mark von Ancona und ernennt einen seiner Söhne zum Kardinal, den anderen zum Grafen der Romagna. Die Orsini zwingen daraufhin den Papst, außerhalb von Rom zu residieren. Nikolaus flieht nach Rieti.

Nikolaus wird Mäzen der Künste und Wissenschaften. 1289 verwandelt er die Schule von Montpellier in eine Universität, berühmt für Medizin und Jura, und gewährt der Universität von Lissabon Privilegien. Er restauriert die Lateranbasilika, lässt die Apsis neu errichten und mit Mosaiken ausgestalten. Auch Santa Maria Maggiore restauriert er und beginnt mit dem Bau des Doms von Orvieto.

Politisch setzt sich Nikolaus weiter dafür ein, dass Aragonien Sizilien an das Haus Anjou herausgibt. Er krönt Karl II. von Anjou in Rieti zum König von Neapel-Sizilien, nachdem ihm dieser als Oberlehnsherrn gehuldigt hat.

Nikolaus macht sich einen Namen als eifriger Missionar. Er sendet Ordensbrüder nach Persien und China, wo sich erste katholische Gemeinden bilden und 1307 das erste fernöstliche Erzbistum entsteht.

Er versucht, Häresien einzudämmen, greift regulierend in die Inquisition ein und verdammt wie Honorius IV. die Apostoliker von Gerardo Segarelli.

Nach der Plünderung von Tripolis und dem Fall von Akkon (1291), der letzten christlichen Festung, endet das Abenteuer der Kreuzzüge in den Osten.

Nikolaus IV. stirbt am 4. April 1292 in Rom. Er wird in seiner geliebten Basilika Santa Maria Maggiore beigesetzt, wo heute ein von Domenico Fontana geschaffenes Denkmal aus dem 16. Jahrhundert sein Grabmal überwölbt.

Die Kreuzzüge

Auf den ersten Kreuzzug (1095–1142), den Urban II. angeregt hat, folgen noch sechs weitere. Für den zweiten (1144–87) wirbt Bernhard von Clairvaux in seinen Predigten. Den dritten (1187–97) unternehmen Friedrich Barbarossa, Philipp August von Frankreich und Richard Löwenherz. Der vierte (1202–1204) führt zur grausamen Plünderung Konstantinopels, wo ein »Lateinisches Kaiserreich« errichtet wird. Auf dem fünften (1228–29) erhält Kaiser Friedrich II. durch Verhandlungen mit dem Sultan Jerusalem zurück, aber schon1244 geht die Stadt wieder verloren. Den siebten und achten Kreuzzug führt Ludwig IX. von Frankreich, der Heilige, erfolglos (1248–1254; 1270). Er stirbt 1270 in Tunis.

Nikolaus IV. 1288–1292

Pietro da Morrone

geb. Isernia um 1210; gest. Fumone 1296

Coelestin V. 1294

Nach dem Tod Nikolaus' IV. sind die zwölf Kardinäle aufgrund familiärer und persönlicher Animositäten so uneins, dass sie die erforderliche Zweidrittelmehrheit nicht zusammenbringen und der Papststuhl 27 Monate vakant bleibt. 1294 fällt die Wahl endlich auf Pietro da Morrone. Er stammt aus einer einfachen Bauernfamilie aus den Abruzzen, tritt mit 21 Jahren in das Benediktinerkloster von Faifoli bei Benevent ein und wird jung zum Priester geweiht. 1245 zieht er sich als Eremit auf die Maiella, eine unwirtliche Bergregion in den Abruzzen, zurück und gründet den Coelestinerorden, der streng in Anlehnung an die Benediktinerregel ein zurückgezogenes, armes Leben führt. Eine Delegation von Kardinälen teilt dem hochbetagten Mönch mit, dass er auf den Stuhl Petri gewählt sei. Nach langer Überlegung nimmt er, um Gott zu gehorchen und wohl in der Hoffnung, die Kirche erneuern zu können, das Amt an. Er wird in Santa Maria di Collemaggio am 29. August 1294 geweiht und gibt sich den Namen Coelestin V.
Als neuer Papst erneuert er die Konklaveregelungen Gregors X., um künftig eine lange Sedisvakanz zu verhindern. Bald erlauben ihm die Angelegenheiten der Kurie kaum noch, sich seinen geistlichen Bedürfnissen zu widmen. Er stellt fest, dass seine Bemühungen um eine moralische Erneuerung der Kirche nicht fruchten. Verbittert über die Betrügereien und Intrigen am päpstlichen Hof gibt er seine Pläne auf, die Kirche im Geist des Evangeliums zu reformieren. Am 13. Dezember 1294 beruft er, wahrscheinlich auf Anregung des listigen Kardinals Caetani, des späteren Papstes Bonifatius VIII., ein Konsistorium ein, auf dem er auf das Papstamt verzichtet und dem Kardinalskollegium die Vollmacht erteilt, einen neuen Hirten für die Kirche zu wählen. Dann legt er die päpstlichen Insignien ab und kleidet sich in sein Mönchsgewand. Seine Rückkehr ins armselige Eremitendasein erregt größtes Aufsehen. Andere behaupten, er sei, sobald er die päpstliche Kleidung abgelegt und das Eremitengewand angelegt habe, auf der Flucht in die Einsamkeit von Caetani gefangen genommen und auf der Burg von Fumone bei Alatri eingekerkert worden.
Coelestin stirbt am 19. Mai 1296. Schnell verbreiten sich Gerüchte, er sei ermordet worden. Bestattet wird er in Santa Maria di Collemaggio, seinem Krönungsort. 1313 spricht ihn Clemens V. heilig. Sein Festtag ist der 19. Mai.
Petrarca preist Coelestins Verzicht auf das Papstamt als das Werk eines Heiligen und nicht eines Menschen. Der Historiker Ferdinand Gregorovius nennt die kurze Amtszeit des Papstes ein »romantisches Intermezzo«. Dante dagegen sieht in seiner Göttlichen Komödie in diesem Rücktritt eher einen Akt der Feigheit:

»Und hier erblickt' ich manch bekanntes Haupt,
Auch jenes Schatten, der aus Angst und Zagen
Sich den Verzicht, den großen, feig erlaubt.«

Die Hölle, Dritter Gesang, 58–60

Das Konsistorium

Das lateinische Wort *consistorium* bedeutet »Ort, an dem man sich versammelt«. Gemeint ist hier die Versammlung von Papst und Kardinälen. Diese kann eine geheime Versammlung sein, an der alle Kardinäle (oder zumindest diejenigen, die sich in Rom aufhalten) teilnehmen, um über entscheidende Fragen der Kirche zu beraten; oder eine öffentliche Versammlung, auf der feierliche Anlässe begangen werden, an der auch Prälaten oder diplomatische Vertreter und andere Eingeladene zugegen sind; oder eine außerordentliche Versammlung, bei der alle Kardinäle der Gesamtkirche über besonders schwerwiegende Probleme beraten.

WISSENSWERTES

Hl. Coelestin V. 1294

Benedetto Caetani
geb. Anagni um 1235; gest. Rom 1303

Bonifatius VIII. 1294–1303

Benedetto Caetani wird um 1235 in Anagni geboren und stammt aus einer in der römischen Campagna ansässigen Adelsfamilie. In der *Geschichte der Päpste* beschreibt ihn Franz Xaver Seppelt als »eine herrschgewaltige, ihrer Überlegenheit bewusste Persönlichkeit, die mit rücksichtsloser Schärfe, mit verletzendem Hohn und Spott dem Gegner entgegentritt«. Hans Wolter betont im *Handbuch der Kirchengeschichte*, dass ihn ein »geschulter Verstand, Weltkenntnis und Erfahrung in den Geschäften, unerschrockene Kühnheit, eiserner Wille und erstaunliche Arbeitskraft« auszeichneten.

Er wird am 24. Dezember 1294 in Neapel zum Papst gewählt, nimmt den Namen Bonifatius VIII. an und wird am 16. Januar 1295 gekrönt. Er ist der erste Papst, der die Tiara mit einer Doppelkrone trägt, die auf die weltliche und geistliche Macht verweist. In Rom lässt er die päpstliche Finanzverwaltung reformieren und die Universität »La Sapienza« bauen. Er versteht es, den Ansprüchen der weltlichen Machthaber einen Riegel vorzuschieben, doch er unterdrückt auch religiöse Erneuerungsbestrebungen.

1300 feiert Bonifatius das erste Heilige Jahr der Kirchengeschichte, das alle hundert Jahre wiederholt werden soll und mit dem er allen Pilgern Ablass gewährt, die im Jahr zuvor die Kirchen St. Peter und St. Paul besucht haben. Den Chroniken zufolge mussten besondere Maßnahmen ergriffen werden, um der Pilgerströme Herr zu werden.

Die Politik der Vorherrschaft, die er zu führen versucht, stößt bei König Philipp IV. dem Schönen von Frankreich auf heftigen Widerstand. Mit der Bulle *Clericis laicos* (1296) verbietet der Papst ihm, Kleriker mit Steuern zu belegen, und dem Klerus, dem Staat Steuern und Abgaben zu zahlen. 1301 kommt es zu einem neuen Streit um die Frage der juristischen Immunität des Klerus und besonders um die Anklage des Verrats gegen den Bischof von Pamiers und die Beschlagnahmung seiner Güter. Der Papst erlässt die Bulle *Unam sanctam* (1302), in der die Vorrangstellung der geistlichen vor der weltlichen Macht nochmals dargelegt wird. Im Schlusssatz unterstreicht er, dass jedes Geschöpf (also auch der Kaiser!) für die Erlangung seines Seelenheils sich dem Papst unterwerfen müsse.

Der König dagegen wirft dem Papst schweres moralisches Fehlverhalten vor und fordert hartnäckig ein Konzil, um ihn abzusetzen. Der drohenden Exkommunikation entgeht Philipp, indem er in Absprache mit dem Oberhaupt der Familie der Colonna Wilhelm von Nogaret am 7. September 1303 mit seiner Söldnertruppe den Papstpalast in Anagni stürmen lässt, um den Rücktritt des Papstes zu verlangen. Doch dieser weigert sich. Bonifatius wird schließlich durch einen Volksaufstand befreit; aber er stirbt kurz nach seiner Rückkehr, körperlich und seelisch gebrochen, am 12. Oktober im Vatikan. Er wird in St. Peter bestattet.

WISSENSWERTES

Das Jubeljahr

Das Wort stammt vom hebräischen *jobbel* (Widderhorn). Im Alten Testament gibt es das Jubeljahr, das alle fünfzig Jahre stattfindet. Es wird durch einen Ton des Widderhorns eröffnet, danach darf kein Land mehr bestellt werden. Die Besitzungen gehen wieder auf die früheren Eigentümer über und die Schulden werden erlassen (Lev 25, 8–12).

Das erste christliche Jubeljahr verkündete Bonifatius VIII., das letzte Johannes Paul II. Das Jubeljahr (auch »Heiliges Jahr« genannt) findet später alle 25 Jahre statt; bisher hat es 29 gegeben. Bei dieser Gelegenheit gewährt der Papst den Rompilgern Ablass. Voraussetzung sind Beichte, Kommunion und Gebet in den vier Hauptkirchen Roms.

Bonifatius VIII. 1294–1303

Niccolò Boccasino

geb. Treviso 1240; gest. Perugia 1304

Benedikt XI. 1303–1304

Niccolò Boccasino wird 1240 in Treviso geboren und tritt mit siebzehn Jahren in den Dominikanerorden ein. Nach intensiven Studien erhält er in Bologna und Venedig einen Lehrstuhl für Philosophie und Theologie, der ihn zwanzig Jahre lang ausfüllt.

Er wird Prior des Dominikanerklosters in Treviso und 1296 Ordensgeneral. 1298 ernennt Bonifatius VIII. den gelehrten Theologen zum Kardinal von Santa Sabina und zum Bischof von Ostia und Velletri. Im Auftrag des Papstes unternimmt er viele schwierige und wichtige Missionen in Italien und Europa.

Bei dem für das Papsttum demütigenden Ereignis von Anagni steht er treu an der Seite Bonifatius' VIII., begleitet ihn nach Rom und bleibt bis zu seinem Tod in seiner Nähe.

Am 22. Oktober 1303 wird der friedfertige Dominikaner auf den päpstlichen Stuhl erhoben und am 27. Oktober in St. Peter inthronisiert. Er nennt sich, den bürgerlichen Vornamen seines Vorgängers aufgreifend, Benedikt. Er fügt seinem Papstnamen Benedikt aber die Zahl XI hinzu, weil sich 1085 ein Gegenpapst Benedikt X. genannt hatte.

Er verfolgt auch die Politik Bonifatius' VIII., allerdings ohne dessen Härte und Konsequenz. Er nähert sich Philipp dem Schönen an, der für die Gefangennahme Bonifatius' VIII. in Anagni verantwortlich war, und spricht ihn vom Bann los, was aber den königlichen Argwohn gegen Päpste nicht gänzlich ausräumt. In Florenz versucht er vergeblich, die schwarzen und weißen Guelfen zu versöhnen. In Rom nimmt er die verhängten Maßnahmen gegen die Familie der Colonna weitgehend zurück und rehabilitiert zwei Kardinäle aus deren Familie. Allerdings verzeiht er Sciarra Colonna und Wilhelm von Nogaret, den Hauptschuldigen an dem Attentat von Anagni, nicht, sondern belegt sie als Hochverräter und Kirchenräuber mit dem Bann.

Er ernennt drei Kardinäle aus seinem Orden und verleiht den Dominikanern und Franziskanern das Privileg der Predigt, der Beichte und Beerdigung, das bislang nur Priestern zustand.

Benedikt XI. stirbt am 7. Juli 1304 im Dominikanerkloster von Perugia. Sein rascher Tod schürt das bald aufkommende Gerücht, er sei von Wilhelm Nogaret oder anderen vergiftet worden. Seriöse Quellen geben jedoch keinen Hinweis darauf. Er wird ohne große Feierlichkeiten in einem einfachen Grab in der Kirche San Domenico in Perugia beigesetzt. Papst Clemens XII. spricht ihn 1736 selig. Sein Festtag ist der 7. Juli.

Ende des mittelalterlichen Papsttums

Mit Bonifatius VIII. endet die von Innozenz III. (1198–1216) begründete Theokratie. Seine Amtszeit ist der letzte Akt im Kampf von Kaiser und Papst um die Vorrangstellung. Auf dem Gebiet der Politik werden beide Kräfte überholt: Einmal von den Kommunen, dann von den großen und kleinen Monarchien und Reichen im abendländischen Europa. Das dramatische Ereignis von Anagni, wo der Palast des Papstes gestürmt wird, um ihn nach Frankreich zu schaffen, weist voraus auf die Zeit, in der die Päpste in Avignon im Exil leben und regieren.

HINTERGRUND

Sel. Benedikt XI. 1303–1304

Bertrand de Goth

geb. Villandraut um 1260; gest. Roquemaure (bei Avignon) 1314

Clemens V. 1305–1314

Bertrand de Goth wird in Villandraut (Gironde) in der Diözese von Bordeaux geboren. Er studiert in Orléans Zivilrecht und Kirchenrecht. Danach wird er Erzbischof von Bordeaux und am 5. Juni 1305 auf Drängen Philipps IV. des Schönen auf einem elfmonatigen Konklave in Perugia zum Papst gewählt, obgleich er nicht einmal Kardinal ist.

Clemens V., wie er sich nennt, begibt sich nicht nach Rom, sondern lässt sich in der Kirche St. Justus in Lyon krönen. Nachdem er sich anfangs in der Provence und der Gascogne aufhält, verlegt er den Heiligen Stuhl im März 1309 nach Avignon, das siebzig Jahre lang Residenz der Päpste bleiben wird. So beginnt die »Babylonische Gefangenschaft der Kirche« (1309–1377).

Als erste Amtshandlung ernennt Clemens drei Kardinäle, die mit dem Senatorentitel die Aufgabe erhalten, die Geschicke in Rom zu leiten und die Kirchengüter zu verwalten. Danach ernennt er zehn weitere Kardinäle, von denen neun Franzosen sind (darunter sind vier Neffen von ihm) und einer Engländer, sowie später noch fünf andere Franzosen. Damit verschafft er sich in der Kurie eine gallische Mehrheit, was deutliche Kritik hervorruft.

Auf Betreiben Philipp des Schönen erklärt Clemens die Bullen gegen den König für ungültig, tut aber alles, um die vom König gewünschte Verurteilung Bonifatius' VIII. zu vermeiden.

1311/12 wird in Vienne ein allgemeines Konzil abgehalten, an dem über 300 Bischöfe und zahlreiche Äbte teilnehmen. Nachdem das Konzil selbst zögert, den reichen und angesehenen Templerorden aufzuheben, dessen beträchtlichen Besitz sich Philipp IV. aneignen will, verfügt der Papst dessen Auflösung in einer Verwaltungsverordnung. Die diffamierenden Anschuldigungen gegen die Templer, die zu Folter und Verurteilung zum Scheiterhaufen von Hunderten von Menschen führten, sind eines der traurigsten Kapitel der Kirchengeschichte.

Das Konzil beschäftigt sich auch mit dem Armutsstreit der Franziskaner. Es verbietet generell die Beginen, fromme Frauengemeinschaften, aus denen auch einige bekannte Mystikerinnen hervorgegangen sind. Man wirft ihnen pauschal überzogenes Schwärmertum vor. Dies führt dazu, dass vielerorts auch gegen Bettelorden und Armutsbewegungen vorgegangen wird.

Clemens V. unterstützt die Mission unter Juden und Muslimen und fördert das Studium orientalischer Sprachen mit der Einrichtung von Lehrstühlen in Paris, Oxford, Bologna und Salamanca. Er gründet die Universitäten von Orléans und Perugia und fördert die Künste.

Er stirbt am 20. April 1314 bei Bordeaux. Sein Leichnam wird in Carpentras beigesetzt und später in die Pfarrkirche von Uzès überführt.

Sein Zeitgenosse Dante setzt Clemens in der Göttlichen Kommödie ein wenig schmeichelhaftes Denkmal und nennt ihn »ein gesetzlos Wesen« (*Die Hölle, Neunzehnter Gesang, 82–83*).

Das Exil in Avignon

Dies ist die Zeit, in der die Päpste und die Kurie, zunächst unter dem Schutz Philipps IV. des Schönen (1285–1313), in der Stadt Avignon in der Provence residieren. Diese Zeit reicht von 1309–1377 und steht für das erste spürbare Versagen der abendländischen Kirche. Wenige Jahre nach der Rückkehr des Papstes nach Rom kommt es zu einer Abkehr der französischen Kirche (des gallikanischen Klerus) von der römischen.

Clemens V. 1305–1314

Jacques Duèse

geb. Cahors um 1245; gest. Avignon 1334

Johannes XXII. 1316–1334

Ludwig IV., der Bayer (1314–1347)

Im Kampf um die Nachfolge Kaiser Heinrichs VII. von Luxemburg hat Ludwig von Bayern die besten Aussichten; doch Papst Johannes XXII. widersetzt sich seiner Wahl. Daraufhin lässt sich Ludwig 1328 mit dem Argument zum Kaiser des römischen Volkes krönen, dass die Kaiserwürde vom Volk als eigentlichem Souverän verliehen werden kann. 1338 bekräftigen auch die deutschen Kurfürsten, dass der von ihnen rechtsgültig erwählte Kaiser auf die Weihe durch den Papst verzichten kann. Auf päpstliches Drängen wählen sie aber 1346, über die Politik Ludwigs verärgert, einen Gegenkönig, nämlich Karl von Mähren, den späteren Karl IV., der 1355 wieder traditionell durch den Papst zum Kaiser gekrönt wird.

Nach zweijähriger Sedisvakanz wählen die in Lyon zum Konklave versammelten Kardinäle schließlich am 7. August 1316 als Kompromisskandidaten Jacques Duèse zum neuen Papst, der sich Johannes XXII. nennt.

Er stammt aus Cahors, wird Bichof von Fréjus und später von Avignon. Auch er wird auf Druck des französischen Königs gewählt und erklärt, dass er in Avignon residieren will. Wie sein Vorgänger bevorzugt er seine Landsleute. Sieben der von ihm ernannten Kardinäle sind Franzosen, einer Italiener. Ein paar Jahre später ernennt er sieben weitere Kardinäle, die alle Franzosen sind.

Johannes liebt die Künste und Wissenschaften, lässt in Avignon den Papstpalast errichten und beginnt mit dem Aufbau einer großen Bibliothek.

Bald kommt es zu Auseinandersetzungen mit Ludwig IV. von Bayern (1314–1347). Dieser hat nach seiner Wahl – ohne päpstliche Erlaubnis – den üblichen Titel »Römischer König« angenommen und beansprucht die Reichsherrschaft über Italien. Johannes XXII. will das nicht dulden und schickt zur Vorbereitung einer Rückkehr des päpstlichen Stuhls nach Rom, Kardinal Bertrando del Poggetto mit kirchlichen, aber auch militärischen und Regierungsvollmachten dorthin. Ludwig ist inzwischen in Rom eingezogen und hat einen Gegenpapst wählen lassen, Nikolaus V. Doch am Ende kann Ludwig sich nicht halten und kehrt wieder nach Deutschland zurück.

Auf innerkirchlichem Gebiet bestätigt Johannes XXII., dass die Ernennung von Bischöfen ausschließlich Recht des Papstes ist, und teilt Frankreichs große Diözesen. Er bestätigt die Gründung des Ordens der Christusritter durch König Dinis von Portugal. Die Güter des aufgehobenen Templerordens gehen in den Besitz dieses neuen Ritterordens über.

1329 verurteilt er 28 Lehrsätze des deutschen Mystikers Meister Eckhart (um 1260–1327). Im franziskanischen Streit zwischen Konventualen und Spiritualen stellt er sich auf die Seite der ersteren und lehnt die von den Spiritualen vertretene strengere Auslegung der Ordensregel mit einem strikten Armutsgebot ab. Persönlich genügsam, häuft er ein beträchtliches Vermögen an. Sein größter Fehler ist sein grenzenloser Nepotismus.

1323 spricht er Thomas von Aquin heilig. Johannes fördert tatkräftig das Missionswerk in Asien und errichtet Bistümer in Anatolien, Armenien, Indien und Persien. Er fordert europäische Herrscher vergeblich auf, das Heilige Land zurückzuerobern, wofür er beträchtliche Geldsummen gesammelt hat.

Er stirbt am 4. Dezember 1334 und wird in der Kathedrale von Avignon beigesetzt.

Johannes XXII. 1316–1334

Jacques Fournier

geb. Saverdun (bei Toulouse) vor 1285; gest. Avignon 1342

Benedikt XII. 1334–1342

Am 20. Dezember 1334 wählen die in Avignon zum Konklave versammelten Kardinäle den Kardinal Jacques Fournier zum Papst. Er wird »der Weiße« genannt, weil er als Zisterzienser auch weiterhin meist seinen weißen Mönchshabit trägt.

Jacques nimmt den Namen Benedikt XII. an. Er stammt aus einer einfachen Familie aus der Nähe von Toulouse und ist ein Neffe Johannes' XXII. Er hat in Paris Jura studiert und eine lange kirchliche Laufbahn hinter sich: Abt von Fontfroide, Bischof von Pamiers und Mirepoix, Kardinal von San Prisco. Nach dem mittelalterlichen Papstbuch, dem *Liber pontificalis*, ist Benedikt »ein sehr intelligenter Mann von vorzüglicher theologischer Bildung und voll großen Eifers für die Verbreitung des Glaubens«.

Bei den Auseinandersetzungen mit Kaiser Ludwig IV. von Bayern wird die Position des Papstes schwächer. Denker, Juristen und Theologen wie Marsilius von Padua und Wilhelm von Ockham fordern zunehmend die Unabhängigkeit weltlicher Macht von der Kirche.

Als Papst widmet sich Benedikt vorrangig innerkirchlichen Aufgaben, besonders einer finanziellen Reform der Kirche. Dabei versucht er vergeblich, die päpstliche Residenz wieder nach Rom zu verlegen. Philipp von Valois zwingt ihn, in Avignon zu bleiben, aber Benedikt weist zumindest alle Würdenträger an, an ihre Amtssitze zurückzukehren. Mit Energie und Strenge widmet er sich einer Reform der Kurie. Er unterbindet jede Form von Begünstigung und Vetternwirtschaft.

Den Zisterziensern, Augustinern und Benediktinern erlegt er die strenge Einhaltung ihrer Ordensregeln auf.

Im Bereich der Politik gelingt es ihm nicht, den Ausbruch des Hundertjährigen Krieges zwischen Frankreich und England (1337–1453) zu verhindern. Seine Friedensabsichten stoßen sich an den Ansprüchen und Interessen der Franzosen.

In Avignon lässt er den Papstpalast (*palais vieux* genannt) fertigstellen, in Rom lässt er zahlreiche Kirchen und Gebäude restaurieren. Trotz dieser gewaltigen Bautätigkeit gelingt ihm eine Sanierung der Kirchenfinanzen.

Benedikt XII. stirbt am 25. April 1342 nach langer Krankheit und wird in Notre-Dame de Doms in Avignon beigesetzt.

Der Hundertjährige Krieg (1337–1453)

Nach dem Tod Karls IV. von Frankreich stirbt die Dynastie der Kapetinger aus und Philipp aus dem Hause Valois wird gewählt. Eduard von England dagegen fordert die Krone für sich. Der Krieg wird ausschließlich auf französischem Boden ausgetragen und führt teilweise bis zum Bürgerkrieg. Als die Engländer Paris besetzen und Orléans belagern, werden die Franzosen durch das Eingreifen von Johanna von Orléans angespornt und erobern fast alle Territorien zurück. Der Krieg endet ohne formellen Friedensvertrag. England versinkt in den internen »Rosenkriegen«, während Frankreich bald auswärtige Kriege führt.

Benedikt XII. 1334–1342

Pierre Roger

geb. Maumont 1291; gest. Avignon 1352

Clemens VI. 1342–1352

Der Benediktiner Pierre Roger ist Theologieprofessor in Paris, wird Legat Johannes' XXII. am Hof von Paris und London, Erzbischof von Rouen und Kardinal. Auch war er Kanzler von Frankreich. Am 7. Mai 1342 wird er mit fünfzig Jahren einstimmig im Papstpalast von Avignon zum Papst gewählt. Er nimmt den Namen Clemens VI. an und wird an Pfingsten feierlich inthronisiert. Nach dem mittelalterlichen Papstbuch, dem *Liber pontificalis*, ist er »ein erfahrener Theologe, ein hervorragender Redner, äußerst freigiebig, immer ruhig und liebenswürdig«. Auch Clemens VI., der vierte in Avignon residierende Papst, ernennt vorwiegend französische Kardinäle.

1348 sucht die Pest Avignon und ganz Europa heim. Clemens bemüht sich um Hilfe für die Betroffenen und verteidigt die Juden, denen man den Ausbruch der Epidemie zur Last legen will. Er selbst befolgt die Anweisungen seines Leibarztes Guy de Chauliac, der die Pest als ansteckende Krankheit erkannt hat und den Papst zu strikter Zurückgezogenheit auffordert.

Während seines Pontifikats wird in Rom Cola di Rienzo (1313–1354) durch einen gewaltlosen Staatsstreich Herrscher der Stadt und lässt sich zum Tribun ernennen (1347). Mit stillschweigender Duldung des Papstes gelingt es ihm, die blutigen Kämpfe zwischen den Adelshäusern Colonna und Orsini beizulegen. Sie greifen ihn gemeinsam an, scheitern jedoch. Er hat so große Macht, dass er beinahe zum Diktator wird und deshalb die Sympathien des Volkes verliert, das sich gegen ihn erhebt. Er muss aus Rom fliehen, wird am Hof Karls IV. gefangen genommen und dem Papst überstellt, der ihn exkommuniziert und in Avignon streng beobachtet.

1350 proklamiert Clemens VI. das zweite Heilige Jahr und verringert damit die Frist von 100 auf 50 Jahre. Um der Gottesmutter Maria zu danken, dass sie – nach Meinung des gläubigen Volkes – die schlimmsten Auswirkungen der Pest verhindert hat, bauen die Römer die lange Treppe hinauf zur Kirche Santa Maria in Aracoeli, die Pilger auf Knien hinaufrutschen. Zu den berühmten Pilgern gehören Petrarca, Katharina von Siena, Birgitta von Schweden (die später, als sie heiliggesprochen ist, mit St. Jakob zur Schutzpatronin der Pilger wird). Der Papst kommt nicht nach Rom und bleibt in Avignon, wo er lebt wie ein Fürst in Luxus und Pomp.

Clemens VI., der aus einer reichen Familie stammt, gibt sein privates Vermögen und das von seinem Vorgänger angesammelte Geld aus, um von Johanna von Neapel die Grafschaft Avignon zu kaufen, damit die Päpste nicht nur Gäste in Frankreich, sondern auch Herrscher über ein eigenes Gebiet sind.

Er betreibt Nepotismus, ist freigebig gegenüber Künstlern und liebt Bankette und Feste, er schützt aber auch die Armen und Bedürftigen.

Er stirbt am 6. Dezember 1352 in Avignon und wird in der Abtei La Chaise-Dieu in der Auvergne begraben. 1562 wird sein Grab von Hugenotten geschändet, seine sterblichen Überreste werden verbrannt.

Das Turiner Grabtuch

Es gilt als das Leinentuch, in das nach dem Evangelium der Leib des toten Jesus eingewickelt wurde (Mk 15, 46). Wahrscheinlich wird es von den Templern aus dem Osten nach Europa mitgebracht, taucht um 1350 in Lirey in Frankreich auf und wird danach nach Chambéry und 1578 nach Turin gebracht, wo es in der Kathedrale aufbewahrt und regelmäßig zur Verehrung der Gläubigen ausgestellt wird. Die Reliquie ist beeindruckend, weil sie den Abdruck eines menschlichen Antlitzes und Körpers zeigt. Wissenschaftliche Gutachten datieren das Tuch zwischen 1260 und 1390.

WISSENSWERTES

Clemens VI. 1342–1352

Etienne Aubert

geb. Les-Monts-de-Beyssac 1282; gest. Avignon 1362

Innozenz VI. 1352–1362

Etienne stammt aus dem Limousin. Er wird Rechtsprofessor in Toulouse, Bischof von Noyon, Clermont, Ostia und Velletri, Kardinal von St. Johannes und Paul in Rom und päpstlicher Legat am französischen und englischen Hof. Am 18. Dezember 1352 wird er zum Papst gewählt und am 20. Dezember in der Kathedrale von Avignon gekrönt. Er nimmt den Namen Innozenz VI. an.

Dem Vorbild seines Vorgängers Benedikt XII. folgend, geht er gegen Missbräuche vor. Er fordert die Bischöfe auf, an ihren jeweiligen Diözesansitzen zu residieren und nicht am Hof von Avignon; er verbietet Ämterhäufung, erlässt Regeln für den Aufstieg in der kirchlichen Hierarchie und legt fest, dass kirchliche Pfründe nur nach Verdienst vergeben werden. Er verurteilt Nepotismus und verlangt von den Bischöfen Aufrichtigkeit und Hingabe an ihr Amt.

Er versucht, die moralische Kraft der klösterlichen Disziplin zu erneuern und ermahnt die Mönche, streng die Ordensregeln zu befolgen. Er setzt sich mit dem Richtungsstreit der franziskanischen Spiritualen und Konventualen auseinander und belegt die Spiritualen mit strengen Strafen durch die Inquisition bis hin zum Scheiterhaufen.

Um die Macht der Kirche zu stärken und seine Rückkehr nach Rom vorzubereiten, schickt er den spanischen Kardinal Egidio d'Albornoz nach Italien, der sich auf den Volkstribun Cola di Rienzo stützt. Rienzo wird vom Papst von Avignon nach Rom zurückgeschickt. Er erhält dort triumphal wieder das Senatorenamt; seine despotische Herrschaft aber erregt erneut den Hass des Volkes, sodass es den Tyrannen 1354 umbringt. Durch die Ernennung eines neuen Regenten hat d'Albornoz einige Erfolge; es gelingt ihm einige Territorien des Kirchenstaates zurückzugewinnen.

Auf diplomatischem Gebiet versucht der Papst während des Hundertjährigen Kriegs vergeblich, die Gegensätze zwischen Franzosen und Engländern auszuräumen.

1355 empfängt der deutsche König Karl IV. in Rom die Kaiserkrone, verzichtet aber darauf, alte kaiserliche Rechte geltend zu machen. Er gilt als der bedeutendste Kaiser des Spätmittelalters und ist sehr an einem Einvernehmen mit dem Papst interessiert – weshalb ihn Wilhelm von Ockham böse als »Pfaffenkönig« bezeichnet.

Innozenz lässt um die Stadt Avignon, die immer wieder von marodierenden Söldnertruppen bedroht ist, Schutzmauern und Festungsgräben anlegen.

Er stirbt am 12. September 1362 und wird in Villeneuve in der Kartäuserabtei begraben, die er 1356 hat errichten lassen.

Egidio Alvarez Carillo d'Albornoz (um 1295–1367)

Einer adeligen Familie entsprossen, wird er 1334 Gesandter Königs Alfons von Kastilien in Avignon und 1338 Erzbischof von Toledo. 1350 wird er von Clemens VI. zum Kardinal ernannt, 1353 zum Vikar für den Kirchenstaat, den er wieder unter päpstliche Kontrolle bringen soll, um die Rückkehr der Päpste aus Avignon vorzubereiten. Albornoz gelingt es, die kleineren Fürstentümer, die sich vom Papst unabhängig gemacht hatten, zum Gehorsam zu zwingen. Die (wenn auch nur vorübergehende) Rückkehr Urbans V. ist das Verdienst der diplomatischen Fähigkeiten von d'Albornoz, die der päpstlichen Macht zugutekommen.

Innozenz VI. 1352–1362

Guillaume von Grimoard
geb. Grisac 1310; gest. Avignon 1370

Urban V. 1362–1370

Nach dem Tod Innozenz' VI. treffen sich zwanzig Kardinäle zum Konklave in Avignon und wählen Guillaume von Grimoard zum Papst. Dieser stammt aus einer adeligen Familie in Grisac (Diözese Mende) in Frankreich. Er ist Benediktinermönch, hat Theologie und Rechtswissenschaft studiert und ist Abt der Klöster St. Germain in Auxerre sowie St. Victor in Marseille; er wird päpstlicher Legat in Neapel und Mailand.

Nach seiner Inthronisation am 31. Oktober 1362 in Avignon beginnt er sogleich mit den Planungen für eine Rückkehr nach Rom. Den Wiedereinzug in die Stadt verdankt er Kardinal d'Albornoz, der den Kirchenstaat festigen und befrieden konnte, und den flammenden Appellen der hl. Birgitta von Schweden und des angesehenen Dichters Francesco Petrarca. Das Volk von Rom bereitet ihm einen triumphalen Empfang.

Zunächst versucht er, in der heruntergewirtschafteten Stadt wieder bessere Verhältnisse zu schaffen und den Klerus zu mehr Disziplin anzuhalten. Er fordert die Bischöfe auf, Provinzialsynoden einzuberufen, um Irrlehren zu verdammen und Privilegien abzuschaffen, besonders die Ämterhäufung.

1369 weilt der oströmische Kaiser Johannes V. Palaiologos in Rom, um Bündnispartner gegen das mächtige Osmanische Reich zu finden; dazu unterschreibt er ein Glaubensbekenntnis, mit dem er anerkennt, dass der Heilige Geist von Vater *und* Sohn ausgeht und der römische Bischof das Oberhaupt aller Kirchen ist.

Während seines Aufenthalts in Rom beschäftigt sich der Papst mit der Restaurierung des Klosters von Montecassino und vieler römischer Kirchen, die durch ein Erdbeben zerstört worden sind. Er beginnt auch mit dem Wiederaufbau der Lateranbasilika, die 1360 niedergebrannt ist.

Mit der Gründung der Universitäten von Orange, Wien und Krakau unterstützt er den Fortschritt der Wissenschaft.

Die politische Situation des Kirchenstaats ist schwierig; die Situation ist wegen der Zunahme bedrohlicher Söldnerscharen und des Niedergangs der Sitten kaum noch zu kontrollieren.

Trotz der inständigen Bitten Birgittas von Schweden und ihrer finsteren Prophezeiung von seinem baldigen Tod kehrt Urban mit großem Gepränge am 27. September 1370 nach Avignon zurück. Bald darauf, am 19. Dezember 1370, stirbt er. Er wird in der Kirche St. Marien von Avignon begraben, aber seine Gebeine werden auf Anweisung Gregors XI. in die Abtei St. Victor nach Marseille überführt. Pius IX. spricht den mutigen, doch letztlich erfolglosen Papst 1870 selig. Sein Festtag ist der 19. Dezember.

Hl. Birgitta von Schweden (um 1303–1373)

Nach dem Tod ihres frommen Mannes (ihre Ehe ist mit acht Kindern gesegnet) lässt sich Birgitta in Alvastra nieder. Von Kindheit an durch Offenbarungen begnadet, vernimmt sie Gottes Ruf, seine Braut und Mittlerin zu sein. Nach einer Klostergründung 1346 in Vadstena ruft sie den »Erlöserorden« ins Leben (auch »Birgittenorden« genannt), den Urban V. 1370 bestätigt. Um für die Ausbreitung ihres Ordens besser wirken zu können, lebt sie mit ihrer Tocher Katharina ab 1349 in Rom. Der Orden etabliert sich vorwiegend in Mittel- und Nordeuropa. 1391 wird Birgitta von Papst Bonifatius IX. heiliggesprochen. Johannes Paul II. erhebt sie 1999 zur Mitpatronin Europas. Ihr Fest ist am 23. Juli.

Sel. Urban V. 1362–1370

geb. Maumont 1330; gest. Rom 1378

Gregor XI. 1370–1378

Pierre Roger de Beaufort wird auf Schloss Maumont in der Diözese Limoges geboren. Er ist ein Neffe Clemens VI., der ihn bereits mit 19 Jahren zum Kardinaldiakon von Santa Maria Nuova ernennt. Er wird nach zweitägigem Konklave am 30. Dezember 1370 einstimmig, aber gegen seinen Willen zum Papst gewählt und am 5. Januar 1371 geweiht. Er nennt sich Gregor XI.

Er ist der letzte avignonesische Papst und zugleich der letzte französische.

Wie seine Vorgänger fordert er die Bischöfe, die ohne Aufgabe am päpstlichen Hof leben, auf, an ihre Diözesansitze zurückzukehren, um dort ihre Hirtenpflicht zu erfüllen.

Nachdem Gregor im politisch labilen Italien mit fester Hand Ordnung geschaffen hat, zieht er am 17. Januar 1377, nach 70 Jahren päpstlichen Exils in Avignon, mit seinem ganzen Hof und der Kurie feierlich in Rom ein. In seinem Entschluss, Avignon für immer den Rücken zu kehren, fühlt er sich durch die später heiliggesprochene Katharina von Siena bestärkt, die 1376 eigens nach Avignon reist, um ihn zu diesem Schritt zu bewegen. Als das Schiff, das Gregor XI. zurückbringt, den Tiber hinauffährt und San Paolo fuori le Mura (St. Paul vor den Mauern) erreicht, begrüßen ihn die Römer mit großem Jubel.

Die Anwesenheit des Papstes in Rom ist dringend notwendig, da die päpstlichen Territorien des Kirchenstaates von ständigen Unruhen und Aufständen erschüttert und manche Gebiete von Mailand und Florenz erobert werden.

Um den Frieden zwischen den verschiedenen europäischen Staaten zu fördern, schickt Gregor seine Gesandten zu den Königen von Frankreich, England, Aragon, Kastilien, Portugal und Savoyen. Außerdem sendet er 1377 fünf Bullen an den Erzbischof von Canterbury und den König von England Eduard III., in denen er 19 Lehrsätze des Reformers John Wyclif als irrig verdammt. Dieser spricht dem Papst irdische Macht ab, erklärt die Bibel als einzige Quelle göttlichen Gesetzes und verurteilt den Ablasshandel.

Gregor XI. baut seinen Wohnsitz im Vatikan nahe dem Grab des Petrus aus und erklärt die Lateranbasilika zum päpstlichen Hauptsitz in seiner Funktion als römischer Bischof. Die Gebäude neben der Lateranbasilika bilden das sog. Lateranische Patriarchat und bleiben bis 1395 Sitz der Päpste.

Er stirbt am 27. März 1378 mit 47 Jahren und wird in Santa Maria Nuova (heute Santa Francesca Romana auf dem Forum Romanum), seiner Kardinalskirche, beigesetzt.

Hl. Katharina von Siena (1347–1380)

Katharina Benincasa tritt mit 16 Jahren bei den Dominikaner-Terzianerinnen von Siena ein, lebt von der Welt abgeschieden und widmet sich ganz dem Gebet und tätigen Werken der Nächstenliebe. Wegen ihrer Hilfe für Arme und Kranke, ihres kontemplativen Gebets, aber auch wegen ihrer Visionen und Heilungen versammelt sie eine immer größer werdende Schar um sich. 1375 zeigen sich bei ihr die Wundmale Christi. 1376 reist sie nach Avignon, um vom Papst seine Rückkehr nach Rom zu erflehen. Sie stirbt mit nur 33 Jahren und wird 1461 heiliggesprochen. 1970 wird sie zur Kirchenlehrerin ernannt und 1999 zur Mitpatronin Europas erhoben. Ihr Fest ist am 29. April.

Gregor XI. 1370–1378

Bartolomeo Prignano

geb. Neapel 1318; gest. Rom 1389

Urban VI. 1378–1389

Bartolomeo Prignano wird 1318 in Neapel geboren und stammt aus einer vornehmen Familie. Am 7. April 1378 wird er, nach Drohungen der Bevölkerung Roms und beispiellosen Tumultszenen im Konklave, zum Papst gewählt und am 18. April mit dem Namen Urban VI. geweiht. Er trägt zwar den Titel des Erzbischofs von Bari, lebt aber schon seit seiner Jugend in Avignon, wo er zwanzig Jahre am päpstlichen Hof arbeitet, ab 1376 als umsichtiger und energischer Leiter der päpstlichen Kanzlei. Seine Wahl kommt also offenbar den französischen wie den italienischen Kardinälen entgegen. Nach sieben französischen Päpsten besteigt damit wieder ein Italiener den Stuhl Petri. Erstaunlich auch, dass mit ihm ein Kandidat zum Zuge kommt, der nicht Kardinal ist.

Urban ist von sturem und hartem Charakter. Durch seinen Starrsinn, seine Härte und Selbstherrlichkeit verliert er rasch die Sympathie der Menschen. Er neigt zu heftigen Zornausbrüchen, kanzelt die Kardinäle mit Schimpfkanonaden ab und reagiert mit unbeherrschtem Autoritätsgebaren. Die Kurie beginnt sich zu leeren. Es macht sich die Überzeugung breit, dass die Papstwahl Urban offenbar aus dem Gleichgewicht gebracht hat und er unfähig ist, dieses Amt zu führen. Weil Urban jede Hilfestellung ablehnt, einigen sich die Kardinäle schließlich auf eine Erklärung, wonach seine Wahl nicht korrekt verlaufen und damit ungültig sei. Sie erklären Urban damit für abgesetzt und wählen am 20. September 1378 im ersten Wahlgang Robert von Genf zum neuen Papst, der den Namen Clemens VII. annimmt.

Urban VI. exkommuniziert den neuen Papst und zwingt ihn durch päpstliche Söldner, nach Avignon zu fliehen, wo er sich niederlässt. So kommt es zum großen Abendländischen Schisma, das vierzig Jahre dauert (1378–1415) – ein verhängnisvoller Bruch der einen Christenheit. Die europäischen Reiche spalten sich: Deutschland, England, Portugal, Polen und Ungarn stellen sich auf die Seite Urbans VI., für den Gegenpapst in Avignon treten Frankreich, Burgund, Spanien, Schottland und Neapel ein.

Für 1390 ruft Urban VI. ein Heiliges Jahr aus, das er nicht mehr erlebt, denn er stirbt am 15. Oktober 1389. (Das Gerücht, er sei einem Giftanschlag erlegen, ließ sich nie ganz ausräumen.)

Urban VI. wird in der Krypta von St. Peter bestattet; der Gegenpapst Clemens VII. stirbt am 16. September 1394.

Der Papstpalast in Avignon

Durch die Anwesenheit der Päpste wird Avignon zu einem bedeutenden Kunst- und Kulturzentrum. Benedikt XI. ist der Bau des *alten Palastes* zu verdanken (1336–1342), als Festung und Kloster errichtet und von Mauern und Türmen umschlossen. Im Innern befinden sich die päpstliche Wohnung und die Räume für sein Gefolge. Zu diesem Gebäude kommt zwischen 1342 und 1352 durch Clemens VI. der *neue Palast* hinzu, der die Eleganz und Pracht eines echten Fürstenhofes besitzt.

WISSENSWERTES

Urban VI. 1378–1389

Pietro Tomacelli
geb. Neapel um 1354; gest. Rom 1404

Bonifatius IX. 1389–1404

Pietro Tomacelli wird in Neapel geboren, er entstammt einer verarmten Adelsfamilie. Er wird Apostolischer Protonotar, Kardinal von St. Georg und danach Kardinalpriester von St. Anastasia. Nach dem Tod Urbans VI. wird er am 2. November 1389 zum Papst gewählt und am 9. November mit dem Namen Bonifatius IX. gekrönt.

Seine Bemühungen gelten der Beendigung des Schismas der katholischen Welt. Er bittet den französischen König um Vermittlung, bittet um ein Einvernehmen mit dem Gegenpapst, kann aber die verworrene und entwürdigende Situation nicht klären. Seine Mühe ist vergeblich. Als Clemens VIII. in Avignon stirbt, wird mit Pietro de Lina ein neuer Gegenpapst gewählt, der sich Benedikt XIII. nennt und seine Wahl für rechtens erklärt.

Entsprechend der Entscheidung Urbans VI. feiert Bonifatius 1390 ein Heiliges Jahr, ganz außerhalb der Ordnung, da der Zustrom von Pilgern nach Rom sowohl dem Ansehen als auch der Wirtschaft von Nutzen ist. Über dieses Heilige Jahr gibt es wenige Aufzeichnungen, aber gewiss kommen nur wenige Pilger, da der Gegenpapst Clemens seinen Anhängern die Teilnahme verbietet. 1400 wird ein neues Heiliges Jahr ausgerufen, um den einstigen Anweisungen Bonifatius' VIII. gerecht zu werden, der zu Ende jedes Jahrhunderts ein Heiliges Jahr vorgeschrieben hat. Aber auch diesmal verhindert das Kirchenschisma eine hohe Beteiligung von Gläubigen, die auch durch die Kämpfe zwischen den Colonna und den Orsini in Rom verängstigt sind. Wer kommt, sind die Flagellanten. Sie tragen weiße Gewänder mit einem roten Kreuz und einer Kapuze auf dem Kopf. Diese Fanatiker ziehen hinter einem schwarzen Kreuz durch Rom und stiften nicht nur Unordnung, sondern schleppen auch eine Pestepidemie ein.

Bonifatius IX. versucht, die päpstliche Autorität im Kirchenstaat wiederherzustellen, und erklärt, dass die Regierung des Landes dem Papst obliegt. Er kann sich auf die militärische Hilfe seiner beiden Brüder stützen, die er zu Herren von Spoleto und Ancona ernennt. Er lässt die Engelsburg restaurieren und in eine Festung umbauen. Außerdem befestigt er die Hauptstadt und den Papstpalast. Er gründet auch die Universität von Ferrara.

Um sich das Geld für diese Bauarbeiten und für die Bekämpfung des rivalisierenden Gegenpapstes in Avignon zu verschaffen, vermehrt er den Verkauf von Ablässen und Kirchenpfründen. Verstrickt in Händel und gebeutelt von Finanznot, kann Bonifatius seinen geistlichen Aufgaben – bis auf die Heiligsprechung Birgittas von Schweden 1391 – kaum noch nachkommen.

Er stirbt am 1. Oktober 1404 und wird in St. Peter bestattet.

Die Flagellanten

Diese Bruderschaften üben öffentlich Buße und geißeln sich, um für die Sünden der Welt zu sühnen. Seit der großen Pest (1348–1350) ziehen Scharen von Flagellanten über die Straßen Europas und kasteien sich mit Peitschen aus Seilen und Lederriemen. Die Kirche verdammt dieses Vorgehen, das sie für ketzerisch hält.

WISSENSWERTES

Bonifatius IX. 1389–1404

Cosimo Migliorati
geb. Sulmona 1336; gest. Rom 1406

Innozenz VII. 1404–1406

Cosimo Migliorati wird 1336 in Sulmona in den Abruzzen geboren. Er studiert in Neapel und in Bologna Rechtswissenschaft. Er wird Notar, Rechtsgelehrter, zehn Jahre Kollektor der Kircheneinkünfte in England, 1387 Erzbischof von Ravenna und 1389 Erzbischof von Bologna. Bonifatius IX. ernennt ihn zum Kardinal der Kirche von Santa Croce in Gerusalemme (Heilig Kreuz in Jerusalem).

Am 17. Oktober 1404 wird er in Rom zum Papst gewählt, doch wegen den in der Stadt herrschenden Unruhen wird er erst am 11. November geweiht. Er nimmt den Namen Innozenz VII. an.

Vor seiner Wahl hat er versprochen, falls der Gegenpapst Benedikt XIII. in Avignon zurücktritt oder stirbt, ebenfalls selbst als römischer Papst abzudanken, damit das Abendländische Schisma beendet und der Frieden in der Kirche wiederhergestellt werden kann. In Wahrheit unternimmt er aber nur wenig, um zu einer Einigung zu finden, und ist oft unnachgiebig in seinen Ansichten.

Er versucht allerdings, die beiden verfeindeten römischen Familien der Colonna und Orsini zu versöhnen, um die Atmosphäre in der Stadt Rom zu entgiften. Seine Bemühungen bleiben jedoch ergebnislos. 1404 kommt es zu einem Volksaufstand; man beschuldigt ihn des Nepotismus und zwingt ihn, die Stadt zu verlassen. Für sieben Monate flieht er mit seinen Kardinälen nach Viterbo. Im September 1406 kehrt er auf Bitten der Römer nach Rom zurück.

Innozenz ist ein gebildeter Mann und Förderer der Wissenschaften. Er unterstützt die Universität »La Sapienza« in der Ewigen Stadt und erweitert sie um Fakultäten für Medizin, Rhetorik, Philosophie und Griechisch.

Er stirbt am 6. November 1406 und wird in St. Peter bestattet.

IHS

Das Sigel IHS, mit dem auf Jesus Christus verwiesen wird, ist die Abkürzung von *Iesus Hominum Salvator* (Jesus, der Menschen Retter). Der Gebrauch dieser Formel breitet sich im 15. Jahrhundert durch den hl. Bernhard von Siena und seine Schüler aus. Das Sigel IHS erfreute sich besonders bei den Jesuiten großer Beliebtheit.

Innozenz VII. 1404–1406

Angelo Correr
geb. Venedig 1325; gest. Recanati 1417

Gregor XII. 1406–1415

Angelo Correr wird 1325 in Venedig als Sohn einer adeligen Familie geboren. Er ist Bischof von Castello, lateinischer Patriarch von Konstantinopel, päpstlicher Legat in Neapel und Kardinalpriester von San Marco. Am 30. November 1406 wird er als Achtzigjähriger zum Papst gewählt und nimmt den Namen Gregor XII. an.

Ein paar Tage später erklärt er öffentlich seine Absicht, die er bereits vor der Wahl vor dem Kardinalskollegium verkündet hat, nämlich auf den Papstthron zu verzichten, um das Abendländische Schisma zu beenden, wenn auch der Gegenpapst Benedikt XIII. darauf verzichtet, in Avignon zu herrschen. Keiner der beiden dankt jedoch ab. Daraufhin beschließt das 1409 in Pisa versammelte Kardinalskollegium im Konklave, Benedikt XIII. und Gregor XII. abzusetzen, und wählt Papst Alexander V. Damit wird das Schisma aber nicht aufgehoben, sondern noch verstärkt; denn jetzt gibt es statt zwei Päpsten deren drei.

Alexander V. heißt eigentlich Pietro Philargi (Peter von Candia) und stammt aus einer armen Familie auf Kreta. Er wird nach dem frühen Tod seiner Eltern von den Franziskanern aufgenommen, die ihm das Studium ermöglichen. Er ist so begabt, dass er in Oxford und Paris studiert. Galeazzo Visconti, der spätere Herzog von Mailand, ist von seinem Wissen so begeistert, dass er ihn in Pavia zum Professor und Hoftheologen ernennt. 1402 wird er zum Erzbischof in Mailand. Er hat die Bulle zur Verurteilung von Jan Hus verfasst, der in Böhmen John Wyclifs Ideen vertritt.

Als Alexander 1410 stirbt, folgt ihm der Neapolitaner Baldassare Cossa nach, der sich Johannes XXIII. nennt. Der energische und ehrgeizige, aber auch habgierige und skrupellose Bonifatius IX. ernennt ihn 1402 zum Kardinal und päpstlichen Legaten in Bologna.

Um den Streit um die Papsternennungen beizulegen, wird der deutsche König Sigismund um Hilfe gebeten. Der beruft ein allgemeines Konzil nach Konstanz (1414–1418) ein, auf dem Gregor XII. durch einen Legaten mitteilen lässt, dass er, vorausgesetzt Benedikt XIII. und Johannes XXIII. danken gleichzeitig ab, auch selbst auf den Papstthron verzichtet.

Die Mehrheit der Kardinäle ist der Auffassung, dass das Konzil über dem Papst steht und folglich in dieser Sache befugt ist, über die Päpste zu entscheiden. Es wird beschlossen, Johannes XXIII. und Benedikt XIII. als Gegenpäpste abzusetzen. Am 4. Juli 1415 tritt Gregor XII. wie versprochen zurück, wodurch die Wahl Martins V. möglich wird. Damit ist das Abendländische Schisma beendet.

Gregor wird mit der Ernennung zum Bischof von Porto entschädigt, außerdem wird er ständiger Legat der Mark Ancona und Dekan des Kardinalskollegiums. Er zieht sich nach Recanati (bei Ancona) zurück, wo er mit über 90 Jahren am 18. Oktober 1417 stirbt, kurz vor der Wahl des neuen Papstes Martin V. Er wird in der dortigen Kathedrale bestattet.

HINTERGRUND

Universitäten

Der Begriff *universitas* bezeichnet ursprünglich eine Gruppe von Lehrern und Schülern. Die berühmtesten Universitäten in Europa waren Bologna (gegründet 1158), Padua (1222), Oxford (13. Jh.), die Sorbonne in Paris (1257), Salamanca (1287), Montpellier (1289), Coimbra (1308), Prag (1348) und Heidelberg (1386). Die Studien waren in die sieben freien Künste (*septem artes liberali*) aufgeteilt, das Trivium (Grammatik, Rhetorik, Dialektik) und das Quadrivium (Arithmetik, Musik, Geometrie, Astronomie) und dauerte sechs Jahre. Erst nach dem Abschluss des Studiums der freien Künste, das man allerdings schon mit zwölf Jahren beginnen konnte, war ein Studium der Hauptfächer Theologie (acht Jahre), Medizin oder Jura möglich.

Gregor XII. 1406–1415

Oddo Colonna

geb. Rom 1368; gest. Rom 1431

Martin V. 1417–1431

Mit dem Konzil von Konstanz endet glücklich das Abendländische Schisma, eines der bedauerlichsten Kapitel der Kirchengeschichte. Auf dem Konzil wird am 11. November 1417 Kardinal Oddo Colonna zum Papst gewählt, der den Namen des Tagesheiligen Martin annimmt. Die Gläubigen erkennen ihn als Oberhaupt der Kirche an. Er ist der einzige Papst, der aus dem adeligen Geschlecht der Colonna stammt. Martin leitet die letzten Sitzungen des Konstanzer Konzils, auf denen die Einberufung eines Folgekonzils fünf Jahre später beschlossen und die Zahl der Kardinäle auf 24 festgelegt wird. Das Konzil hat allerdings auch seine dunkle Seite: Noch vor der Wahl Martins wird der böhmische Reformator Jan Hus der Ketzerei angeklagt, der sich gegen Ablasshandel, Reichtum von Klerikern und Simonie, die weltliche Macht der Päpste und die Lehre von der Transsubstantiation gewandt hatte. Hus wird unter Zusicherung freien Geleits nach Konstanz beordert. Als er aber einen Widerruf verweigert, wird er als Ketzer verurteilt und 1415 auf dem Scheiterhaufen verbrannt.

1420 kehrt Martin V. nach Rom zurück, wo er freundlich empfangen wird. Er versucht eine Erneuerung der öffentlichen Moral, allerdings ohne die erhofften Ergebnisse. Er ist ein kultivierter und feinsinniger Mäzen, empfängt in Rom die größten Künstler seiner Zeit, um Kirchen, öffentliche Gebäude und Straßen zu erneuern und zu restaurieren. Er erobert die kirchlichen Territorien zurück und bekämpft erfolgreich Gesindel, das die Stadt heimsucht. Durch die Neuorganisation des Staates kann der Papst auch die Finanzen sanieren, die päpstliche Schatzkammer wieder auffüllen und auch seinen Verwandten, den Colonna, zu noch größerem Reichtum verhelfen.

Um das Prestige des Papsttums in Europa zu erhöhen, versendet Martin V. häufig Friedensbotschaften, besonders nach England und Frankreich, wo immer noch der Hundertjährige Krieg herrscht. (Im Jahr seines Todes wird auch Johanna von Orléans, die dem französischen König zu wichtigen Siegen verholfen hatte, in Rouen als Ketzerin auf dem Scheiterhaufen verbrannt.) Er fordert zum Kreuzzug gegen die Hussiten in Böhmen. Aber er verbietet auch Hetzpredigten gegen die Juden und die Zwangstaufe jüdischer Kinder.

1423 feiert der Papst ein Heiliges Jahr, das durch den Abstand von 33 Jahren zum Heiligen Jahr von 1390 an die Dauer des Lebens Christi erinnern soll. In den wenigen Chroniken heißt es, dass die Pilger Rom mit Schmutz überhäuften.

Martin V. will die Vorherrschaft des Papstes über die Konzilien sichern und führt ein Staatssekretariat mit der Aufgabe ein, den Papst bei der Regierung der Kirche zu unterstützen. Er bemüht sich um eine Reform der Kurie und nimmt dabei auch die Lebensführung der Kardinäle in den Blick.

Er stirbt am 20. Februar 1431 unerwartet und wird in der Lateranbasilika beigesetzt, wo eine Bronzeplastik sein Grabmal ziert.

WISSENSWERTES

Das Staatssekretariat

Es ist das Ministerium der Römischen Kurie, hilft dem Papst bei der Erfüllung seiner Aufgaben und wird vom Kardinalstaatssekretär geleitet. Dieses Organ stammt aus dem 15. Jahrhundert und besteht aus zwei Abteilungen: Die eine kümmert sich um die innere Verwaltung (sie koordiniert die Arbeiten der Ministerien, verfasst und versendet die Apostolischen Verordnungen, Dekrete und Apostolische Briefe; sie veröffentlicht die Aktivitäten des Papstes und der Kirche durch das Presseamt, wacht über den Osservatore Romano, Radio Vatikan und das Fernsehen des Vatikans). Die zweite Abteilung erfüllt die diplomatischen Aufgaben des Heiligen Stuhls gegenüber anderen Staaten.

Martin V. 1417–1431

Gabriele Condulmer
geb. Venedig 1383; gest. Rom 1447

Eugen IV. 1431–1447

Der Nachfolger Martins V. ist Eugen IV., den ein Konklave von 13 Kardinälen am 3. März 1431 wählt. Er ist 1383 in Venedig geboren und ein Neffe Gregors XII., der ihn 1407 zum Bischof von Siena und 1408 zum Kardinal von San Clemente ernennt. Seine Regierung fällt mit einer turbulenten Zeit in der Geschichte Roms zusammen. Eugen muss den Konflikt zwischen den Orsini und den Conti, die auf Seiten des Papstes stehen, und seinen Gegnern, den Caetani und Colonna (von denen er verlangt, dass sie die Gebiete, die ihnen Martin V. zugestanden hat, wieder zurückgeben). Häufig muss der Papst die Stadt verlassen. Zeitweilig verbündet er sich mit dem deutschen König Sigismund, den er 1433 zum Kaiser krönt, um gemeinsam gegen die Hussiten in Böhmen vorzugehen. Das fragwürdige Prozessverfahren und die Verbrennung von Jan Hus (1415) auf dem Konzil zu Konstanz haben den Reformator zum Helden werden lassen. Die Kreuzzugsdrohungen Martins V. schweißen die Hussiten 1419 zu einer starken sozial-religiösen und nationalen Bewegung im Königreich Böhmen zusammen.

In Basel hält Eugen das 17. allgemeine Konzil ab. Martin V. hatte es bereits einberufen, war aber noch vor der Eröffnung gestorben. Nach dem Willen der Kardinale soll es ein Reformkonzil werden, das zugleich die Macht der Kardinale stärkt und sie an der Regierung der Kirche beteiligt. Eugen misstraut dem Konzil und löst es deshalb auf. Aber die Kardinale weigern sich, das zu akzeptieren. Sie berufen sich auf das Konzil von Konstanz (1414–1418), wo festgelegt worden war, dass das Konzil über dem Papst steht. Eugen fügt sich zähneknirschend. Weil auf der Tagesordnung auf Wunsch des byzantinischen Kaisers Johannes VIII. Palaiologus auch die Wiedervereinigung der lateinischen und griechischen Kirche steht, verlegt er das Konzil aber in das günstiger gelegene Ferrara und kurze Zeit später wegen des Ausbruchs einer Seuche nach Florenz. Die Wiedervereinigung, bei der auch der Primat des Papstes anerkannt wird, ist ein großer Erfolg für Eugen – er wird aber nur von kurzer Dauer sein.

Unterdessen haben die wenigen Kardinale, die in Basel zurückgeblieben sind, Eugen IV. 1439 für abgestzt erklärt und Herzog Amadeus VIII. von Savoyen, der den Namen Felix V. annimmt, zum Papst gewählt. So entsteht ein neues kleines Schisma, aber Felix V., der kaum Anhänger hat, ist der letzte Gegenpapst.

Eugen IV. ist ein großzügiger Mäzen. In Rom fördert er Künste und Wissenschaften, unterstützt Donatello und Fra Angelico, und lässt die berühmten Bronzetüren für St. Peter anfertigen.

Er stirbt am 23. Februar 1447. Seine sterblichen Überreste werden im Vatikan beigesetzt und später nach San Salvatore in Lauro überführt.

Das *Filioque*

Dabei handelt es sich um jene Formulierung des kirchlichen Glaubensbekenntnisses (Credo), die zum Ausdruck bringt, dass der Heilige Geist vom Vater »und vom Sohn« *(filioque)* ausgeht. Der Streit darum ist Teil eines langen theologisch-dogmatischen Disputs. Während im Westen das Glaubensbekenntnis mit *filioque* gesprochen wird, hält man diesen Zusatz im Osten für falsch. Nach jahrhundertelangen Auseinandersetzungen einigt man sich auf dem Konzil von Ferrara-Florenz (Fortsetzung des Konzils von Basel, 1438–1442), dass beide Fassungen rechtgläubig sind.

Eugen IV. 1431–1447

Tommaso Parentucelli

geb. Sarzana 1397; gest. Rom 1455

Nikolaus V. 1447–1455

Tommaso Parentucelli wird am 15. November 1397 in Sarzana (bei La Spezia) geboren. Nach dem Studium der Theologie in Bologna wird er 1444 Bischof der Stadt, danach päpstlicher Nuntius in Deutschland und Kardinal von Santa Susanna. Am 6. März 1447 wird er auf den päpstlichen Stuhl erhoben und nimmt den Namen Nikolaus V. an. Historiker betrachten ihn als Humanisten und betonen, dass man mit seiner Wahl vom Ende des Mittelalters und der Geburt der Renaissance sprechen kann.

Er beendet mit diplomatischem Geschick das durch das Konzil von Basel hevogerufene Schisma und nimmt den Gegenpapst Felix V. nach dessen Abdankung wieder in die Kirche auf. Damit überwindet er endgültig die Kirchenspaltung und macht Rom nicht nur wieder zum religiösen, sondern auch zum kulturellen Zentrum des Abendlandes. 1450 feiert er zum Dank für die wiederhergestellte Einheit der Kirche in Rom ein Heiliges Jahr, zu dem zahlreiche Menschen kommen und damit die geistliche Macht des Papstes unterstreichen. Allseitigen Beifall findet am 24. Mai 1450 die Heiligsprechung des großen Predigers Bernhardin von Siena (1380–1444). Bei dieser Gelegenheit wird festgelegt, dass man den Ablass auch ohne Pilgerfahrt nach Rom gewinnen kann, je nach den Bestimmungen, die für jedes Land festgelegt werden. 1448 schließt Nikolaus ein Konkordat mit dem deutschen Kaiser Friedrich III. und erreicht die Anerkennung päpstlicher Rechte in Fragen der Vergabe von Pfründen und Bischofsernennungen. Die Krönung Friedrichs wird die letzte Krönung eines Kaisers in Rom sein.

»Meine Hand zittert, (…) und es erschauert meine Seele. Weh der unseligen Christenheit!« Mit diesen Worten berichtet Kardinal Piccolomini (später Papst Pius II.) in einem Brief vom Juli 1453 an Nikolaus V. von dem alles überschattenden Ereignis jener Jahre, der Eroberung Konstantinopels. Nikolaus versucht, noch einmal einen Kreuzzug der europäischen Herrscher gegen den osmanischen Sultan Mohammed II. zu organisieren, doch vergeblich.

Nikolaus ist ein hochkultivierter Mann, der versucht, die Kirche zu einem Kulturzentrum zu machen, dessen Glanz in die ganze Welt ausstrahlt. Er empfängt viele Humanisten seiner Zeit, lädt die nach dem Ende des Oströmischen Reiches aus Konstantinopel geflohenen Geistesgrößen ein und beauftragt sie, griechische Autoren, antike Schriften und Werke der Kirchenväter ins Lateinische zu übersetzen. Die Vatikanische Bibliothek bereichert er so sehr, dass manche ihn als deren eigentlichen Gründer bezeichnen. Er restauriert antike Denkmäler und weiht Kirchen, lässt Paläste und Brücken bauen und entwirft einen Plan zur Befestigung des Kirchenstaates.

Dennoch erscheint dem Papst auf seinem Sterbelager die Zukunft der Christenheit düster. Er stirbt am 24. März 1455 und wird in der päpstlichen Gruft im Vatikan bestattet.

Das Ende des Oströmischen Reiches

Das Reich ist seit dem vierten Kreuzzug stark geschwächt. Serben und Bulgaren haben sich ausgebreitet und die Osmanen haben die Dardanellen 1359 in Besitz genommen. Der Mongole Tamerlan (der über ein riesiges Reich von Indien bis China geherrscht hat) hält den Vormarsch des Sultans Bajazet auf (1402), was dem Oströmischen Reich jedoch nur eine kurze Atempause verschafft. Der Widerstand des letzten byzantinischen Kaisers Konstantin XI. ist heldenhaft, aber vergeblich. Stadt und das Reich fallen ohne nennenswerte Hilfe aus dem Westen am 29. Mai 1453 in die Hände der Osmanen.

HINTERGRUND

Nikolaus V. 1447–1455

Alonso Borgia

geb. Játiva 1378; gest. Rom 1458

Calixtus III. 1455–1458

Alonso Borgia wird am 31. Dezember 1378 in Játiva bei Valencia als Sohn eines kleinen Landbesitzers geboren. Nach dem Studium der Rechte an der Universität Lerida in Katalonien wird der Gelehrte für ein einige Jahre juristischer Berater König Alfons' V. von Aragon. 1429 wird er von Martin V. zum Bischof von Valencia ernannt und 1444 von Eugen IV. zum Kardinal der Kirche von Santi Quattro Coronati in Rom. Am 8. April 1455 wird er mit 77 Jahren zum Papst gewählt. Er gibt sich den Namen Calixtus III. und wird am 20. April geweiht und gekrönt.

Trotz seines schon vorgerückten Alters entwirft er einen Plan für einen großen Kreuzzug zur Rückeroberung Konstantinopels, um die Osmanen zurückzuschlagen, die dabei sind, die griechische Halbinsel zu erobern und damit eine ständige Bedrohung und ein Hindernis für die christliche Religion und den Handel darstellen. Er versucht mit allen Mitteln, Christen zum Kreuzzug zu bewegen, durch Erhebung eines »Türkenzehnten«, durch Ablass und Steuernachlass. Er verkauft Wertschätze des Vatikans und macht nicht einmal vor kostbaren Büchern halt. Es heißt, dass er zu diesem Zweck die Kirchenglocken dreimal am Tag läuten ließ, um die Christen zum Kampf gegen die Muslime aufzurufen.

Als der Kreuzzug beginnt, führt er zur See kaum zum Erfolg, doch 1456 werden die Türken genötigt, ihre Belagerung Belgrads aufzugeben. Zum Dank für diesen Sieg ordent Calixtus III. an, das Fest der Verklärung am 6. August in der ganzen Kirche mit besonderer Pracht zu feiern.

Dank des diplomatischen Geschicks von Kardinal Enea Silvio Piccolomini kann der Papst seine Beziehungen zu den Deutschen befrieden, die sich über zu hohe Geldabgaben und mangelnde Beachtung des Konkordats beschweren und damit drohen, mehr Autonomie zu verlangen, wie sie die französische Kirche etwa mit den »gallikanischen Freiheiten« besitzt.

Innerkirchlich führt Calixtus den Prozess zur Rehabilitierung der Johanna von Orléans weiter, die 1431 als Hexe und Ketzerin in Rouen auf dem Scheiterhaufen verbrannt wurde. Johanna wird 1456 für unschuldig erklärt.

Der Papst selbst hält nichts von unnötigem Luxus, betreibt aber hemmungslos Nepotismus und gewährt seinen Vertrauten und katalanischen Landsleuten hohe Begünstigungen. Zwei seiner Neffen ernennt er zu Kardinälen; einer von ihnen, Rodrigo Borgia, wird später der durch seine Ausschreitungen berühmt-berüchtigte Papst Alexander VI.

Calixtus III. stirbt im Jahr 1458 am 6. August, also genau am Fest der Verklärung, das ihm so am Herzen lag. Er wird im in Santa Maria di Montserrato beigesetzt.

Die Pilgerfahrt

Das lateinische Wort *peregrinatio* für Pilgerfahrt bedeutet eigentlich Reise in ein fremdes Land. Es gibt die Pilgerfahrt in fast allen Religionen. Sie führt zu einem heiligen Ort, zu einer Stätte der Verehrung und dient auch der Reue oder der Bitte um Wiedergutmachung von Sünden. Außer dem Heiligen Land und den Apostelgräbern in Rom sind die am meisten besuchten christlichen Orte Santiago de Compostela und Marienheiligtümer wie Lourdes, Fatima, Loreto, Einsiedeln, Altötting, Tschenstochau und in jüngster Zeit Medjugorje (Bosnien-Herzegowina).

Calixtus III. 1455–1458

geb. Corsignano 1405; gest. Ancona 1464

Pius II. 1458–1464

Enea Silvia Piccolomini wird am 18. Oktober 1405 in Corsignano (Pienza) geboren, einem kleinen Ort bei Siena, der zum Familienbesitz gehört. In Siena und Florenz absolviert er sein Studium und hört die Predigten des großen Franziskaners Bernhardin von Siena.

Er ist ein vielfältig gebildeter Mann und humanistischer Gelehrter. Er war zunächst Sekretär des Gegenpapstes Felix V., doch er hat sich wirkungsvoll für die Versöhnung mit Eugen IV. eingesetzt, der ihn zum Dank zu seinem Privatsekretär gemacht hat. Kaiser Friedrich III. (1440–1493) hat ihn als *poeta laureatus* (»lorbeerbekränzter Dichter«) ausgezeichnet und lädt ihn ein, in seine Dienste zu treten. Er ist ein brillanter Redner und großer Literat; er verfasst zahlreiche Schriften zur Geschichte, Geografie und Politik. 1446 gibt er sein ungeordnetes Leben auf (er hat einige uneheliche Kinder) und schlägt die kirchliche Laufbahn ein. Schon bald wird er Bischof von Triest und danach von Siena. 1456 ernennt ihn Calixtus III. zum Kardinal von Santa Sabina.

Am 19. August 1458 wird er zum Papst gewählt und nennt sich Pius II. Die humanistischen Gelehrten begrüßen seine Wahl und sehen darin eine Bestätigung ihrer Ideale.

Er lässt seinen Geburtsort Corsignano in der typischen Stadtarchitektur des 15. Jahrhunderts erneuern und eine prächtige Kathedrale sowie reich verzierte Gebäude errichten. Die Stadt wird zu seinen Ehren Bischofssitz und nimmt den Namen Pienza an.

1461 spricht er feierlich Katharina von Siena heilig.

Die wichtigsten Ziele von Pius sind eine Reform der Kirche und ein Kreuzzug gegen die Türken. Doch die drängende Reform, die er dem deutschen Kardinal Nikolaus Cusanus (1401–1464) anvertraut, wird wegen des Widerstands der Kardinäle und der Konzentration aller Kräfte auf den Kreuzzug nicht verwirklicht. Das Aufhalten des osmanischen Vordringens bei Belgrad (1456) hat Hoffnungen geweckt, und da es um die Zukunft Europas geht, fordert Pius II. die christlichen Herrscher mehrfach auf, sich zu vereinen, um einen dauerhaften Frieden zu begründen und gegen die Türken Widerstand zu leisten. Zu diesem Zweck gründet er den Ritterorden »Santa Maria di Betlemme«, mit der Aufgabe, die Ägäischen Inseln zu verteidigen.

Sein Aufruf wird von der Bevölkerung gut aufgenommen, doch es kommt nicht genug Geld zusammen, und die Beteiligung Venedigs und der Könige von Frankreich, Burgund und Ungarn geht über eine förmliche Zusage nicht hinaus. So setzt er sich, selbst ein todkranker Mann, an die Spitze des Kreuzzugs, doch er stirbt am 14. August 1464, noch bevor er in Ancona an Bord gehen kann. Er stirbt, ohne zu wissen, dass sein Kreuzzug, der letzte überhaupt, zu Ende gegangen ist, noch ehe er eigentlich angefangen hat.

Seine sterblichen Überreste werden in St. Peter beigesetzt und 1623 in die Kirche Sant' Andrea della Valle überführt.

WISSENSWERTES

Die Bibel im Mittelalter

Im Mittelalter wird in der lateinischen Christenheit die von Hieronymus um 415 übersetzte sogenannte *Vulgata* verwendet; sie gilt seit den Karolingern weitgehend als offizieller Text für den Gottesdienst. Erste Übersetzungen biblischer Texte ins Althochdeutsche ab dem 8. Jahrhundert stehen im Zusammenhang mit der christlichen Missionierung und bilden zugleich den Beginn der Schriftlichkeit der deutschen Sprache. Die erste deutsche Gesamtbibelübersetzung entsteht um 1350. Maßgeblich wurde dann die Bibelübersetzung Martin Luthers, die die Entwicklung einer einheitlichen deutschen Sprache nachhaltig beeinflusste.

Pius II. 1458–1464

Pietro Barbo

geb. Venedig 1417; gest. Rom 1471

Paul II. 1464–1471

Das Konklave vom 30. August 1464 wählt den Kardinal Pietro Barbo, der den Namen Paul II. annimmt. Er ist am 23. Februar 1417 in Venedig geboren und ein Neffe Eugens IV. Er wird Erzdiakon von Bologna, Bischof von Cervia und später von Vicenza und Padua. Mit nur 23 Jahren wird er Kardinaldiakon von Santa Maria Nuova und 1451 Kardinalpriester von San Marco.

Gleich nach seiner Wahl hebt Paul die sogenannte Wahlkapitulation, die die Kardinäle im Konklave vereinbart hatten, wieder auf. Er erklärt, diese Vereinbarungen seien für ihn zwar Richtlinien, aber nicht bindend. Demnach hätte er eigentlich binnen drei Jahren ein Konzil einberufen und den Kardinalen mehr Rechte einräumen müssen. Außerdem hatte man die Anzahl der Kardinäle auf 24 begrenzt und die Ernennung von Verwandten zu Kardinälen beschränkt. Hätte er den Regeln Folge geleistet, wären die Exzesse des sog. Renaissance-Papsttums wahrscheinlich im Keim erstickt worden.

1470 schickt Paul eine bewaffnete Expedition gegen die Osmanen, die christliche Territorien bedrohen, und hat trotz der mangelnden Beteiligung der europäischen und italienischen Staaten mit dem albanischen Fürsten Georg Kastriota, genannt Skanderbeg, einigen Erfolg. Skanderbeg verteidigt seine Heimat gegen den Einmarsch der Osmanen. Doch mit seinem Tod bricht auch der albanische Widerstand zusammen, denn das Ideal der Kreuzzüge ist in Europa erloschen.

1468 verbietet der Papst, Kirchengüter zu veräußern oder für länger als drei Jahre zu verpachten. Mit strengen Maßnahmen kämpft er gegen Bestechlichkeit und Ämterverkauf. Seine Einkünfte verwendet er für die Instandhaltung von Kirchen, widmet sich aber auch den Bedürfnissen der Armen, denen er eine erhebliche monatliche Geldsumme zuerkennt.

Auf Pauls Anordnung wird von 1475 an alle 25 Jahre ein Heiliges Jahr gefeiert. Dies wird seither ohne Unterbrechung befolgt, außer 1800, als besondere Umstände eine Aussetzung notwendig machen.

Paul warnt vor der Gefahr einer allzu großen Überhöhung des Menschen durch den Humanismus und schließt daher die Römische Akademie, die er verdächtigt, heidnisches Gedankengut zu pflegen; er lässt viele Gelehrte entfernen und sogar Bartolomeo Platina einsperren, einen Gelehrten, den Sixtus IV. später zum Bibliothekar des Vatikan ernennt und der eine viel gelesene Papstchronik geschrieben hat. Zur gleichen Zeit ruft er neue Gelehrte an den päpstlichen Hof, erneuert Monumente und Kunstwerke und ist ein kenntnisreicher Sammler. Er lässt für sich den Palazzo San Marco (heute: Palazzo Venezia) errichten, der seine Residenz wird.

Paul II. stirbt überraschend am Gehirnschlag am 25. Juli 1471 und wird im Vatikan in der Markus-Kapelle beigesetzt.

Georg Kastriota Skanderbeg (um 1405–1468)

Als Sohn des albanischen Fürsten Johannes (Gjon) Kastriota wird er 1423 als Geisel an den Osmanischen Hof gebracht und erhält dort den Namen *Iskender Bei* (Fürst Alexander; daher sein Beiname »Skanderbeg«). 1443 verlässt er das Heer des Sultans und setzt sich an die Spitze einer Aufstandsbewegung gegen die Osmanen. Über zwanzig Jahre lang setzt er sich erfolgreich gegen die osmanischen Heere zur Wehr und gilt deshalb als Verteidiger des Christentums und der nationalen Freiheit auf der Balkaninsel. Skanderbeg wird in vielen literarischen Werken des Balkans besungen und gilt als nationale Symbolfigur der Albaner.

Paul II. 1464–1471

Francesco della Rovere

geb. Celle Ligure (bei Savona) 1414; gest. Rom 1484

Sixtus IV. 1471–1484

Die Della Rovere

Diese Familie aus Savona kommt durch Francesco zu Ansehen und Einfluss, der als Papst Sixtus IV. seine Verwandten mit kirchlichen Pfründen versorgt, sie vorteilhaft verheiratet und auf jegliche Weise begünstigt. Einer seiner Neffen, Leonardo, heiratet Johanna von Aragon und wird Herzog von Sora und Präfekt von Rom. Ein anderer Neffe wird später unter dem Namen Julius II. ebenfalls Papst. Ein weiterer, Bartolomeo, wird Bischof von Ferrara und Massa; Giovanni wird Präfekt von Rom. Durch Heirat erbt die Familie 1508 das Herzogtum Urbino, das sie bis zum Aussterben der männlichen Linie bis 1631 führt. Kurz vor seinem Tod übergibt der letzte Herzog sein Herzogtum an den Kirchenstaat.

Francesco della Rovere wird als Kind in Armut geratener Eltern in Celle bei Savona geboren und bei Franziskanern erzogen. Er wird Professor für Philosophie und Theologie an verschiedenen Universitäten, Ordensgeneral der Franziskaner und Kardinal von San Pietro in Vincoli (St. Peter in den Ketten). Am 9. August 1471 wird er auf den päpstlichen Thron erhoben und nimmt den Namen Sixtus IV. an. Er ist der erste einer Reihe von Päpsten, die das Papsttum systematisch »verweltlichen«.

Außenpolitisch versucht auch Sixtus eine Flottenexpedition gegen die Türken, doch wegen des geringen Interesses und Engagements der europäischen Mächte hat er keinen Erfolg. Er gestattet 1478 König Ferdinand V. von Aragon und Isabella von Kastilien, die Inquisition wieder einzurichten, und zwar unter königlicher Kontrolle. Er fordert die Spanier auf, mit der »Reconquista« fortzufahren und die iberische Halbinsel ganz der arabischen Herrschaft zu entreißen (1492 fällt Granada und der letzte arabische Herrscher kapituliert). Die Beziehungen zu Ludwig XI. von Frankreich sind gespannt, weil der Herrscher die Pragmatische Sanktion von Bourges von 1438 unterstützt, nach der das Konzil dem Papst überlegen ist und das Recht des Papstes die französischen Bischöfe zu ernennen, beschnitten wird. Außerdem werden die Zahlungen an den Heiligen Stuhl eingeschränkt.

1474 anerkennt der Papst den Orden der »Eremiten vom heiligen Franz von Assisi«, auch Minimen (= die Geringsten) oder Paulaner genannt. Der Gründer, Franz von Paola (1436–1507) ist ein Mann von großer Nächstenliebe.

1475 wird ein Heiliges Jahr gefeiert, das eher den architektonischen Leistungen als der Frömmigkeit gewidmet ist. Durch sein Mäzenatentum tut Sixtus viel für die Verschönerung der Stadt Rom; er erneuert die Wasserleitung von Acqua Vergine, baut das Heilig-Geist-Hospital für kranke Pilger wieder auf und errichtet die Sixtinische Kapelle.

In Italien macht der Papst sich Florenz zum Feind, weil er gegen die dort herrschenden Medici die Verschwörung der Pazzi von 1478 unterstützt. Maßgeblich daran beteiligt war sein Neffe Girolamo Riario. Die Medici richten über die Verschwörer, die an den Mauern des Palazzo della Signoria aufgehängt werden, samt dem Erzbischof der Stadt. Daraufhin exkommuniziert der Papst die Medici und verbietet ihnen, Rom zu betreten.

Sixtus ist ein typischer Renaissancepapst, kultiviert, ein Liebhaber der Künste, ein Mäzen. Während seines Pontifikats wandelt sich Rom von einer mittelalterlichen in eine Renaissancestadt. Er legt Straßen an, baut Kirchen (Santa Maria del Popolo, Santa Maria della Pace, die Sixtinische Kapelle), Krankenhäuser und Brücken. Sein Nepotismus ist der negativste Aspekt seines Pontifikats. Der Vatikan muss, um seine Hofhaltung aufrechtzuerhalten, Steuern erhöhen und neue Ablässe ausgeben, worüber sich ganz Europa beklagt.

Er stirbt am 13. August 1484 und wird in den Vatikanischen Grotten bestattet; sein Grabmal ist ein Meisterwerk von Antonio del Pollaiuolo.

Sixtus IV. 1471–1484

Giovanni Battista Cibò

geb. Genua 1432; gest. Rom 1492

Innozenz VIII. 1484–1492

Giovanni Battista Cibò wird in Genua als Sohn eines römischen Senators geboren, verbringt seine Jugend am Hof von Neapel und schlägt nach einem ausschweifenden Leben die kirchliche Laufbahn ein. Er wird Bischof von Savona und Molfetta, Kardinal von Santa Bibiana und Santa Cecilia. Am 29. August 1484 wird er gewählt und am 12. September in St. Peter mit dem Namen Innozenz VIII. zum Papst gekrönt.

Er hat eine Reihe unehelicher Kinder, denen er Lehen und Privilegien gibt, was allgemein toleriert wird, und sorgt weiter für sie durch ihre Verheiratung in Fürstenhäuser.

Mit einer fürstlichen, prunkvollen und dem Vergnügen dienenden Hofhaltung schadet er den päpstlichen Finanzen. Zu den wirtschaftlichen Schwierigkeiten tragen auch die Spannungen mit Neapel bei; Innozenz führt einen kostspieligen Krieg gegen den König, der dem Heiligen Stuhl nicht den Vasallentribut gezahlt hat. Während der Konflikte zwischen den italienischen Staaten verbessert er die Beziehungen mit Florenz und den Medici: Die Tochter von Lorenzo de' Medici wird mit seinem unehelichen Sohn Franceschetto vermählt.

1492 verleiht Innozenz VIII. König Ferdinand II. und Isabella von Spanien für die Eroberung von Granada, der letzten arabischen Bastion in Spanien, den Titel »Katholische Könige«. 1486 erkennt er König Heinrich VII. Tudor (1485–1509) als legitimen Herrscher Englands an.

Innozenz ist berüchtigt für seine Bulle *Summis desiderantes* (1484), in der er der deutschen Inquisition befiehlt, mit allergrößter Schärfe gegen angebliche Hexen vorzugehen, und ihre Verfolgung erlaubt. Diese Bulle löst eine wahrhafte »Hexenjagd« aus und führt dazu, dass unzählige unschuldige Frauen auf dem Scheiterhaufen verbrannt werden.

Als Mäzen lässt er Künstler wie Pinturicchio, Mantegna und Perugino im Vatikan wirken. Doch 1486 verdammt er den Philosophen Pico della Mirandola (1436–1494), weil er eine Art religiösen Synkretismus vorgeschlagen hat, und verbietet ihm, seine Thesen über die Religion öffentlich zu diskutieren, die sich auf ein Zusammenspiel verschiedener kultureller Quellen und Traditionen diverser Länder stützen.

Als Papst ist Innozenz VIII. nicht in der Lage, die Verhältnisse in Rom sicher in den Griff zu bekommen; er hinterlässt den Kirchenstaat in Anarchie. Sein Tod am 25. Juli 1492 gibt das Signal zu einem Ausbruch von Gewalt. Sein Grabmal befindet sich im linken Seitenschiff von St. Peter.

Die »Katholischen Könige«

1469 wird durch die Hochzeit von Isabella von Kastilien und Ferdinand von Aragon die Grundlage zur späteren Vereinigung zweier Königreiche und der Entstehung Spaniens als Großmacht gelegt. Sie gründen die *Santa Hermandad* (Heilige Bruderschaft), eine landesweite Polizei- und Justizbehörde, die die bisher eher lokale Organisation ablöst und damit die Rechte der Aristokratie einschränkt. Die Inquisition gegen Häretiker und Ungläubige wird wieder eingeführt. Der Dominikaner Tomás de Torquemada wird 1483 Großinquisitor in Aragon. Juden und Mauren wurden vertrieben oder genötigt, katholisch zu werden.

Innozenz VIII. 1484–1492

Rodrigo Borgia

geb. Játiva 1431; gest. Rom 1503

Alexander VI. 1492–1503

Die Borgia

Der Aufstieg der Borja (italienisch: Borgia) nimmt seinen Anfang 1455 mit der Wahl Alonsos de Borgia zum Papst (Calixtus III.). Dieser nimmt aus seiner spanischen Heimat einige Verwandte mit nach Rom, darunter zwei Neffen. Einer von ihnen wird 1492 Papst Alexander VI., mit dem die Familie den Höhepunkt ihrer Macht erreicht. Seine Kinder Pedro, Giovanni, Cesare, Lucrezia und Jofré erhalten alle Einkünfte aus kirchlichem Vermögen. Mit dem Tod Alexanders VI. verliert die Familie an Glanz, doch immerhin wird sein Urenkel, der Jesuit Francesco Borgia, heiliggesprochen und ein weiteres Familienmitglied wird 1658 Vizekönig von Peru. 1748 erlischt die Familie Borgia.

Rodrigo Borgia wird 1431 in Játiva bei Valencia geboren. Schon 1456 überträgt ihm sein Onkel Papst Calixtus III. das Amt des Bischofs von Valencia und verleiht ihm den Kardinalstitel. Am 11. August 1492 wird er zum Papst gewählt, dank großzügiger Bestechung und der Unterstützung der Sforza.

Alexander ist Inbegriff des Herrschers zur Zeit des Humanismus. Er ist ehrgeizig, anmaßend, bestechlich, skrupellos, unmoralisch und lasterhaft. Die Römer nennen ihn »den fleischlichsten Menschen, den man je gesehen hat«. Er hat vier Kinder, von denen zwei berühmt sind: Lucrezia wird aus politischen Gründen mehrfach verheiratet, bis endlich ihre Ehe mit Alfonso d'Este Bestand hat. Lukretias Intelligenz wird von berühmten Autoren gepriesen. Sein Sohn Cesare versucht mit allen Mitteln sich die Herrschaft über den Kirchenstaat zu sichern. Das politische Handeln Alexanders ist unberechenbar und dient dem Ziel, die Machtposition seines Sohnes zu festigen. Er schwankt zwischen den Sforza und den Aragonesen, Karl VIII. von Frankreich und dem König von Neapel und er sucht sogar Unterstützung bei den Türken. Sein Verhalten wird öffentlich vom Dominikanermönch Girolamo Savonarola in flammenden Predigten angeprangert, der sich über einen dem Heidentum aufgeschlossenen Humanismus, die Herschsucht und die Korruption des Papsttums empört. Nach dem vergeblichen Versuch, Savonarola zum Schweigen zu bringen, exkommuniziert der Papst ihn. Savonarola erklärt seinen Bann für ungültig, da er von einem unwürdigen Papst verhängt sei. Da wird der »Prophet«, wie er auch genannt wird, 1498 in Florenz zum Tod verurteilt und auf dem Scheiterhaufen bei lebendigem Leib verbrannt.

Während des Pontifikats Alexanders VI. wird 1492 Amerika entdeckt. Alexander gilt als Architekt des Vertrages von Tordesillas 1494, in dem er mit der sog. »alexandrinischen Linie« die spanischen und portugiesischen Einflusssphären auf dem südamerikanischen Kontinent voneinander abgrenzt: Portugal erhält den östlichen Teil, Spanien den westlichen.

Alexander unterstützt die Mission, bekämpft Irrlehren und fördert religiöse Orden. Er verbietet den Druck von Büchern ohne vorherige Zustimmung des örtlichen Bischofs – ein Vorgriff auf den später entstehenden Index, die Liste verbotener Bücher. 1500 wird der Grundstein der Kirche Santa Maria dell'Anima gelegt. Das Mäzenatentum Alexanders fördert die Künste und schützt Literaten, Wissenschaftler (Kopernikus erhält den Lehrstuhl für Astronomie) und Künstler. Alexander VI. stirbt plötzlich am 18. August 1503, sein Grabmal befindet sich wie das des vorherigen Borgia-Papstes Calixtus III. in Santa Maria di Monserrato. Als Todesursache wird meist Malaria angegeben, aber es spricht manches dafür, dass Gift im Spiel war, das eigentlich einem zu Tisch geladenen Kardinal galt.

Alexander VI. 1492–1503

Francesco Todeschini Piccolomini

geb. Siena 1439; gest. Rom 1503

Pius III. 1503

Francesco Todeschini Piccolomini wird am 9. Mai 1439 in Siena als Sohn des Adeligen Nanno Todeschini und der Laudomia Piccolomini, der Schwester Pius' II., geboren. Er studiert Geisteswissenschaften und Recht in Perugia. Sein Onkel Pius II. weiht ihn zum Bischof von Siena, da ist er gerade zwanzig Jahre alt. Wenig später wird er zum Kardinal von Sant' Enstachio (St. Enstachius) ernannt und als päpstlicher Legat in die Mark Ancona geschickt.

Als päpstlicher Gesandter geht er unter Paul III. nach Deutschland, unter Innozenz VII. nach Umbrien und unter Alexander VI. nach Frankreich.

Er ist ein kultivierter und frommer Mann und gründet in Siena die Bibliothek der Piccolomini, in der die Schriften seines berühmten Onkels aufbewahrt werden. Sie wird von dem Künstler Pinturicchio ausgestattet, den er als Papst mit einem Fresko beauftragen wird, das seine Krönung darstellt und heute im Dom von Siena zu sehen ist.

Als ehrenhafter und entschlossener Mann hat er sich einst gegen die Wahl Alexanders VI. gestellt und sich nicht bestechen lassen. Noch ganz unter dem Eindruck des herrischen Pontifikats Alexanders VI. einigt man sich im Konklave rasch auf einen Nachfolger, der »bei angeschlagener Gesundheit« eine kurze Amtszeit verspricht.

Am 22. September 1503 wird er zum Papst gewählt, obwohl er sich dagegen mehrfach gewehrt hat, und am 8. Oktober mit dem Namen Pius III. inthronisiert.

Seine hohe Befähigung zum Priesteramt, seine fundierte Bildung und sein tadelloser Lebenswandel lassen hoffen, dass es nach dem großen Ansehensverlust seines Vorgängers zu einer Wende kommt, doch seine schwache Gesundheit lässt eine Erneuerung der Herrschaft der Päpste nicht zu. Er ist ein Übergangspapst, wie seine Wähler es gehofft hatten.

Pius III. stirbt am 18. Oktober 1503 nach einem Pontifikat von nur 26 Tagen.

Er wird neben dem Grab seines Onkels Pius II. im Vatikan beigesetzt. Später wird die sterbliche Hülle der beiden in die Kirche Sant' Andrea della Valle überführt.

Girolamo Savonarola (1452–1498)

»Savonarolas Predigten verkündeten, dass Florenz ein großes Gericht unmittelbar bevorstünde und danach das Goldene Zeitalter anbrechen würde. (…) Diese Vorhersagen schienen sich zu bewahrheiten, als Karl VIII. Italien überfiel und die Medici vertrieben wurden. Unter der neuen Regierung leitete Savonarola eine Reform des Steuersystems ein, half den Armen, reformierte das Gerichtswesen und verwandelte Florenz von einer Stadt, in der Korruption herrschte, in eine Art Kloster. Danach (…) begann er Papst Alexander und die Korruption am päpstlichen Hof anzuprangern.«
Robert G. Clouse

Pius III. 1503

Giuliano della Rovere

geb. Albissola 1443; gest. Rom 1513

Julius II. 1503–1513

Giuliano della Rovere wird im Dezember 1443 in Albissola bei Savona geboren. Mit Hilfe seines Onkels, Papst Sixtus IV., macht er eine schnelle und glänzende Karriere in der Kirche. Er wird Bischof von Carpentras, Lausanne, Avignon und Bologna. Er wird zum Kardinal von San Pietro in Vincoli (St. Peter in den Ketten) ernannt und am 1. November 1503 mit einstimmigem Votum der Kardinäle zum Papst gewählt.

Die Wahl scheint den sechzigjährigen Papst mit enormen Energien aufgeladen zu haben. Denn er beginnt mit jugendlicher Kraft und Ungeduld aus dem zersplitterten Kirchenstaat wieder ein wirkliches Herrschaftsgebiet zu machen. Ihm liegt nichts an seinem eigenen Vorteil, sondern er hat das Wohl der Kirche im Auge. Seine politischen und militärischen Aktivitäten (er ist ein Papst, der Kriege führt) sollen dem Wiederaufbau des Kirchenstaates dienen. Sobald sich die Gelegenheit bietet, entledigt er sich Cesare Borgias und führt selbst die päpstlichen Söldnertruppen. Bei der Rückeroberung der Romagna von Venedig besetzt Julius Perugia und Bologna. Er beendet das Bündnis mit Frankreich und schließt sich mit Spanien und Venedig 1511 in der Heiligen Liga zur Verteidigung des Papsttums zusammen – stets mit dem Ziel, die Besitzungen des Kirchenstaates zu vergrößern. Er tut dies in der Hoffnung, dass sein Herrschaftsgebiet ein Bezugspunkt für alle Staaten Europas wird. Erasmus von Rotterdam verspottet den kriegführenden Papst in seiner Schrift *Lob der Torheit,* und der florentinische Historiker Guicciardini bemerkt bitter, er könne nichts Priesterliches an seinem Verhalten erkennen. Julius führt die Schweizer Garde zum Schutz des Papstes ein, die aus etwa 200 jungen Männern aus Schweizer Kantonen besteht.

1512 beruft Julius II. das 5. Laterankonzil ein, das eher politisch denn religiöser Natur ist, da es im Wesentlichen nur um die Wiederherstellung der päpstlichen Autorität und die Verdammung der Pragmatischen Sanktion von Bourges geht. Innerkirchlich beschränkt sich Julius auf den Kampf gegen die Simonie und die Reform der Mönchsorden. Er fördert außerdem die Mission in der Neuen Welt.

Er ist ein großer, aufgeklärter Mäzen. Nur eine solche Kraftnatur wie Julius kommt auf die Idee, ein so gewaltiges Werk wie den Neubau des Petersdoms in Angriff zu nehmen. Für die Finanzierung dieses gewaltigen Vorhabens treibt der Ablasshandel eigenwillige Blüten. Der Baumeister Bramante wird mit den Plänen für den Neubau beauftragt 1506 ist die Grundsteinlegung. Michelangelo gibt Julius den Auftrag, für die Deckenfresken in der Sixtinischen Kapelle, Raffael gestaltet die »Stanzen« im Vatikan.

Julius stirbt am 21. Februar 1513 und wird in St. Peter neben seinem Onkel Sixtus IV. begraben und später in die Kirche San Pietro in Vincoli (St. Peter in Ketten) überführt. Dort befindet sich der berühmte Mose von Michelangelo, der eigentlich für das Julius-Grabmal bestimmt war. Dieses wurde jedoch nie vollendet.

Die Schweizer Garde

Sie ist die berühmteste und bunteste Wachmannschaft der Welt. Das Korps wurde 1506 gegründet. Es ist heute die kleinste Armee der Welt, direkt vom Papst abhängig, und hat die Aufgabe, seine Person, die Zugänge zum Vatikan und die Eingänge der vatikanischen Gebäude zu schützen. Alle Gardisten kommen aus der Schweiz, so ist es aufgrund eines Abkommens des Heiligen Stuhls mit der Schweizer Regierung geregelt. Die Mindestdienstdauer sind zwei Jahre. Die Gardisten müssen katholisch sein, hochgewachsen und einen untadeligen Leumund haben.

WISSENSWERTES

Julius II. 1503–1513

geb. Florenz 1475; gest. Rom 1521

Leo X. 1513–1521

Giovanni de' Medici wird 1475 in Florenz geboren. Er ist Sohn Lorenzos des Prächtigen und Clarice Orsinis und wird von Innozenz VIII. mit 13 Jahren zum Kardinal ernannt. Von Gelehrten wie Marsilio Ficini und Angelo Poliziano wird er erzogen, reist nach der Vertreibung der Medici aus Florenz 1494 durch Europa und lässt sich schließlich in Rom nieder, wo er päpstlicher Legat wird und den Palazzo Madama errichten lässt (seit 1872 Sitz des Senats). Am 11. März 1513 wird er mit 37 Jahren mit dem Namen Leo X. zum Papst gekrönt.

Leo X. richtet alle Anstrengungen auf die Wiederherstellung der Macht der Medici in seiner Heimatstadt und deren politische Stärkung. Waffengewalt scheut er dabei nicht. Massiv begünstigt Leo seine Familie und erklärt 1516 Francesco della Rovere, dem Herzog von Urbino, den Krieg, um ihn durch seinen Neffen Lorenzo zu ersetzen. Leo ist der eigentliche Herrscher der Stadt Rom. Sein Tageslauf ist mit politischen und kulturellen Aufgaben und einem kostspieligen Luxusleben ausgefüllt.

Die innerkirchlichen Aufgaben vernachlässigt Leo entsprechend, sodass er weder die Gefahr erkennt, die von der Reformation in Deutschland ausgeht, noch selbst die Kraft aufbringt, kirchliche Missstände energisch zu bekämpfen. Martin Luthers Anklagen gegen die verkommenen Sitten der Kirche und den Skandal des Ablasses tut er als »Mönchsquerelen« ab. Der Papst nutzt wie sein Vorgänger Julius II. den Ablassverkauf für den kostspieligen Bau des Petersdoms; das Ablasswesen verstärkt er sogar noch aufgrund starker Geldnot wegen seiner riskanten militärischen Abenteuer. Als Luther 1517 seine 95 Thesen in Wittenberg anschlägt, schätzt Leo X. die Folgen völlig falsch ein und begnügt sich 1520 damit, die Bannandrohungsbulle *Exsurge Domine* (»Erhebe dich, Herr«) zu veröffentlichen. Der Kirchenbann gegen den Reformator erfolgt mit der Bulle *Decet romanum pontificem* (»Es ziemt sich für den Bischof von Rom«) am 3. Januar 1521. Dem englischen König Heinrich VIII. verleiht er wegen seiner gegen Luther gerichteten Schrift den Titel *Defensor fidei* (Verteidiger des Glaubens).

Leo X. führt das 5. Laterankonzil weiter, das Julius II. begonnen hatte (1512–1517). Dort werden zwar konstruktive Vorschläge für eine Kirchenreform greifbar, aber es wird bald deutlich, dass Leo dem nicht sein Hauptaugenmerk widmet und die Dringlichkeit der Lage verkennt.

Unter Leo X. erlebt der päpstliche Hof eine Zeit kulturellen und künstlerischen Glanzes. In Rom arbeiten die berühmtesten Künstler der Zeit: Michelangelo, Raffael, Bramante oder Sangallo. An seinem Hof unterstützten ihn die gelehrten Schriftsteller Bembo und Guicciardini. Sein Pontifikat entspricht den Idealen der Renaissance. Als Schirmherr der Künste und der Literatur, als Mäzen von Künstlern und Gelehrten liebt Leo X. Schönheit und Luxus. Als er, von Ausschweifungen gezeichnet, am 1. Dezember 1521 plötzlich stirbt und im Vatikan beigesetzt wird, hinterlässt er Italien in politischem Aufruhr, Deutschland in wachsender religiöser Entrüstung und die päpstliche Schatzkammer hoch verschuldet.

Martin Luther (1483–1546)

Er kommt in Eisleben zur Welt und studiert Rechtswissenschaften an der Universität Erfurt. Er wird Augustinermönch, 1507 zum Priester geweiht, 1512 Doktor der Theologie und Professor an der Universität Wittenberg. Eine geistliche Krise führt ihn dazu, sich mit der Bedeutung individueller Erfahrung beim Verständnis des Wortes Gottes zu beschäftigen. Die Entdeckung, dass der Sünder allein durch die Gnade Gottes gerettet werden und sich sein Heil nicht erarbeiten oder erkaufen kann, ist für ihn entscheidend. 1517 bringt er diesen theologischen Ansatz in den *Fünfundneunzig Thesen* zum Ausdruck. Darin greift er den Ablasshandel und die materiellen Interessen der Kirche an.

Adrian Florensz
geb. Utrecht 1459; gest. Rom 1523

Hadrian VI. 1522–1523

Adrian Florensz wird am 2. März 1459 in Utrecht in den Niederlanden als Sohn armer Leute geboren. Dennoch gelingt es ihm, Theologieprofessor und Rektor der Universität Löwen zu werden. Er ist 1507–1515 Erzieher Karls von Habsburg. Karl, Enkel von Ferdinand II. von Aragon und Isabella von Kastilien sowie von Kaiser Maximilian I. und Maria von Burgund, wird später als Kaiser Karl V. über ein Reich herrschen, »in dem die Sonne nicht untergeht«.
1516 wird Adrian zum Bischof von Tortosa und Inquisitor von Aragon und Navarra, später auch von Kastilien und Leon ernannt. Nach dem Tod Ferdinands von Aragon im Jahr 1516 fungiert Adrian zunächst als Reichsverweser in Spanien, bis Karl 1517 die Regierung übernimmt. Karl unterstützt die Ernennung Adrians zum Kardinal von Utrecht. Das uneingeschränkte Vertrauen des inzwischen zum Kaiser erhobenen Karls V. und sein untadeliger Lebenswandel tragen schließlich zu Adrians Wahl zum Papst am 9. Januar 1522 bei. Er wird der letzte nicht italienische Papst sein, bis 1978 Johannes Paul II. den Stuhl Petri besteigt.
Neben seiner Weisheit und Frömmigkeit zeichnet sich Papst Hadrian VI. durch eine bescheidene Lebensführung, seine große Sparsamkeit, seine Strenge gegenüber sich selbst und seinen Verwandten aus, in deutlichem Kontrast zum Stil seines Vorgängers. Er versucht, wenn auch mit wenig Erfolg, die Sitten der Kurie zu verbessern.
Hadrian verfolgt zwei Ziele: Er will die Reformation in Deutschland eindämmen und den Kreuzzug gegen die Türken wieder in Gang bringen.
Um der bedrohlichen Situation zu begegnen, die Luthers Thesen auslösen, schickt er einen Legaten auf den Reichstag von Nürnberg (1522). Dieser gesteht die Mitschuld der Kurie am beklagenswerten Zustand der Kirche ein und verspricht radikale Reformen an »Haupt und Gliedern«, doch gleichzeitig beharrt er auf dem Wormer Edikt gegen Luther und das »Gift der Häresie«. Doch die Diskussion führt zu keinem entscheidenden Ergebnis. Da schreibt Hadrian an den Herzog von Sachsen, Friedrich den Weisen, und fordert ihn auf, Luther nicht weiter zu protegieren und seine Ideen nicht weiter zu verbreiten. Hadrians allzu früher Tod verhindert eine Verständigung, die zu diesem Zeitpunkt vielleicht noch möglich gewesen wäre.
1522 erobern die osmanischen Heere Sultan Suleimans I. des Prächtigen Belgrad und bedrohen Ungarn. Hadrian VI. schlägt ein Bündnis der europäischen Herrscher gegen die Türken vor; doch das Bündnis, das Karl V. anführt, wendet sich stattdessen gegen Franz I. von Frankreich.
Hadrian stirbt am 14. September 1523 und wird im Vatikan in der St.-Andreas-Kapelle beigesetzt. 1533 werden seine sterblichen Überreste nach Santa Maria dell' Anima überführt. Die Kirche ist im 14. Jahrhundert für deutsche Rompilger gegründet worden und ist bis heute die Kirche der deutschsprachigen katholischen Gemeinde in Rom.

Luther auf dem Reichstag zu Worms (1521)

»Weil denn Euer kaiserliche Majestät und Gnaden eine einfache Antwort von mir begehren, so will ich eine unumstößliche und klare Antwort geben. Außer dass ich durch das Zeugnis der Schrift überzeugt werde (denn ich glaube weder dem Papst noch den Konzilien, weil sich diese mehrmals geirrt und sich selbst widersprochen haben), bin ich überzeugt durch die Schriften, denen ich mich verpflichtet fühle, und mein Gewissen ist im Wort Gottes gefangen. Deshalb mag und will ich nichts widerrufen, weil wider das Gewissen zu handeln beschwerlich und unheilsam ist. Gott helfe mir. Amen.«
Martin Luther

Hadrian VI. 1522–1523

Giulio de' Medici

geb. Florenz 1479; gest. Rom 1534

Clemens VII. 1523–1534

Giulio de' Medici ist ein Neffe Lorenzos des Prächtigen und ein Vetter von Leo X. Er wird Bischof von Florenz, durch die Förderung Leos X. Kardinal und am 19. November 1523, nach einem fünfzigtägigem Konklave zum Papst gewählt. Er nimmt den Namen Clemens VII. an.

Politisch hat er sowohl zu Frankreich als auch zu Spanien ein gleichermaßen distanziertes Verhältnis. Als Franz I. nach der Schlacht bei Pavia 1525 gefangen genommen wird, stellt sich Clemens auf die Seite des siegreichen Kaisers Karl V. Im folgenden Jahr verbündet er sich jedoch wiederum mit Mailand, Florenz und Venedig zu Gunsten Franz I. Dieses Vorgehen provoziert eine harsche Reaktion des Kaisers. Er marschiert in Italien ein. Da er seine Armee nicht bezahlen kann, rücken die Soldaten eigenmächtig gegen Rom vor, erstürmen die Ewige Stadt im Mai 1527 und plündern sie wochenlang (»Sacco di Roma«). Clemens wird in der Engelsburg gefangen gesetzt und erreicht seine Freilassung nur gegen das Versprechen, der Besetzung bedeutender Städte im Kirchenstaat zuzustimmen und eine hohe Entschädigung zu zahlen. Der Papst nähert sich Karl wieder an und krönt ihn höchstpersönlich 1530 in Bologna noch einmal zum Kaiser – die letzte Kaiserkrönung durch einen Papst überhaupt.

In jenen Jahren erlebt die katholische Kirche die folgenschwere Reformation Luthers und die Ausbreitung des Protestantismus in Europa. Der Papst kann kaum eingreifen, da neben den kirchlichen Motiven auch soziale und politisch-opportunistische Spannungsfelder unter den deutschen Fürsten hinzukommen. So verbreitet sich der lutherische Glaube in Dänemark, Schweden und Norwegen, während in der Schweiz die Reformation Zwinglis und Calvins auf dem Vormarsch ist. Wie wenig sich Clemens im Klaren ist über die Erfordernisse der Zeit, zeigt sich besonders an seiner Weigerung, ein allgemeines Konzil einzuberufen.

Ein weiterer Konflikt fordert Clemens heraus: Das Schisma mit der englischen Kirche. Heinrich VIII. verlangt vom Papst die Zustimmung zu seiner Scheidung von Katharina von Aragon, die ihm keine männlichen Erben geschenkt hat, um Anne Boleyn heiraten zu können. Als der Papst sich weigert, ernennt sich Heinrich VIII. 1534 selbst zum Oberhaupt der englischen Kirche.

Als großzügiger Mäzen fördert Clemens VII. Künstler wie Cellini, Raffael und Michelangelo sowie Schriftsteller und Gelehrte wie Guicciardini und Machiavelli. Michelangelo beauftragt er kurz vor seinem Tod mit dem »Jüngsten Gericht« in der Sixtinischen Kapelle.

Clemens VII. stirbt am 25. September 1523 und wird in der Nähe seines Vetters Leo X. in der Kirche Santa Maria sopra Minerva begraben.

Die Medici

Diese reiche Familie aus Florenz hat durch Handel und Bankgeschäfte im 14. Jahrhundert eine bedeutende Machtstellung erlangt und beherrscht Florenz vom 15. Jahrhundert bis 1737. Cosimo der Ältere konsolidiert die Macht der Medici, die sein Enkel Lorenzo der Prächtige (1449–1492) noch verstärkt. Einer seiner Söhne, Giovanni, wird Papst Leo X., sein Neffe Giulio Papst Clemens VII. Ein weiterer Papst, Leo XI., ist über die Mutter ein Neffe Leos X. Katharina von Medici, eine Nichte Leos X., heiratet 1533 den späteren französischen König Heinrich II. und regiert Frankreich als Regentin für ihren Sohn Karl IX.

Clemens VII. 1523–1534

Alessandro Farnese
geb. Rom 1468; gest. Rom 1549

Paul III. 1534–1549

Alessandro Farnese stammt aus einer alten römischen Familie und wird 1468 geboren. Nach einem Studium der Geisteswissenschaften in Florenz wird er am Hof Lorenzos des Prächtigen, an dem er ein ausschweifendes und aufwendiges Leben führt, mit erst 25 Jahren von Alexander VI. zum Kardinal ernannt und hat zahlreiche Bistümer und lukrative Pfründe inne. Doch er wandelt sich: 1513 trennt er sich von seiner Geliebten, einer römischen Adeligen, mit der er vier Kinder hat, und kümmert sich mit diplomatischem Geschick um die Durchführung von Reformen. Erst 1519 wird er zum Priester geweiht. Am 14. Oktober 1534 wird er zum Papst gewählt und nimmt den Namen Paul III. an.

Im Konflikt zwischen Frankreich und Spanien nimmt er eine neutrale Haltung ein, auch um den energischen Kampf Karls V. gegen die deutschen Protestanten und Franz' I. gegen die Hugenotten zu unterstützen. 1538 exkommuniziert er Heinrich VIII., den König von England, der sich zum Oberhaupt der Anglikanischen Kirche gemacht hat und Kardinal John Fisher, den Kanzler Thomas Morus und andere Katholiken hat hinrichten lassen. Während des Pontifikats Pauls III. kommen zu den abtrünnigen Christen Englands und Deutschlands noch die der Schweiz hinzu, wo Calvin eine noch radikalere Reform verkündet als Luther.

In den ersten Jahren seines Pontifikats bestätigt Paul III. die Regel der Kapuziner, der Ursulinen und des Jesuitenordens, den Ignatius von Loyola gegründet hat. Außerdem erneuert er das Kardinalskollegium und gründet 1542 eine Kurienkongregation für die römische Inquisition, das später Hl. Offizium genannte oberste Tribunal in Glaubensfragen. Da die längst überfällige Reform der ganzen Kirche trotz einiger Versuche nicht zustande gekommen ist, kommt es durch das Auftreten Martin Luthers zur Katastrophe für Papsttum und Kirche. Immer dringlicher wird ein allgemeines Konzil, das den Missständen begegnet und in der zerrissenen Kirche die Glaubensinhalte dogmatisch verbindlich formuliert. Nach schwierigen Vorverhandlungen wird am 13. Dezember 1545 das bedeutende Konzil von Trient von Paul III. eröffnet, das in drei Perioden verläuft (1545–1548; 1551/52; 1562/63).

Während Paul III. auf der einen Seite der erste der Renaissancepäpste ist, der von sich aus bereit und willens ist, Reformen in Angriff zu nehmen, so schadet er der Kirche auf der anderen Seite durch seinen ungezügelten Nepotismus. Zwei seiner Enkel, gerade 14 und 16 Jahre alt, ernennt er zu Kardinälen. Wo immer möglich, versucht er seine Familie zu begünstigen und gerät dadurch in politische Verwicklungen und Streit mit dem Kaiser. Als Mäzen versucht Paul III., in Rom die Zerstörungen der Landesknechte während des brutalen Überfalls von 1527 (»Sacco di Roma«) zu beseitigen und der Stadt ihre frühere Pracht wiederzugeben. Er ergänzt die Vatikanische Bibliothek durch kostbare Bände; Michelangelo übergibt er die architektonische Gesamtverantwortung für den Neubau der Peterskirche und beauftragt ihn mit der Vollendung des »Jüngsten Gerichts« in der Sixtinischen Kapelle.

Er stirbt am 10. November 1549 und wird in St. Peter bestattet.

Das Kardinalskollegium

Seit 1179 haben ausschließlich die Kardinäle das Papstwahlrecht. In der Folge bekommt das Kardinalskollegium einen hohen Einfluss auf die Kirchenregierung, es entwickelt sich zu eine Art Hofstaat des Papstes, der sich regelmäßig trifft. Als die Aufgaben immer umfangreicher werden, geht man dazu über, einzelne Kardinalskongregationen für bestimmte Aufgabenfelder einzusetzen. Heute ist die wichtigste Aufgabe des gesamten Kardinalskollegiums die Papstwahl. Außerdem leitet es die Kirche in der Zeit einer Sedisvakanz. Seit 1962 sind alle Kardinäle auch Bischöfe, seit 1971 dürfen sich nur Kardinäle an der Papstwahl beteiligen, die noch keine achtzig sind.

WISSENSWERTES

Paul III. 1534–1549

Giovanni Maria Ciocchi del Monte
geb. Rom 1487; gest. Rom 1555

Julius III. 1550–1555

Giovanni Maria Ciocchi del Monte wird 1487 in Rom als Sohn eines berühmten Rechtsgelehrten geboren. Mit 25 Jahren wird er von Julius II. zum Erzbischof von Siponto (heute: Manfredonia) ernannt und erlangt mit 34 Jahren die Kardinalswürde. Am 7. Februar 1550 wird er nach einem zehnwöchigen Konklave zum Papst gewählt und nimmt in Erinnerung an seinen Förderer den Namen Julius III. an.

Er ist ein typischer Renaissancepapst: kultiviert, großzügig gegenüber Künstlern und Verwandten, den Freuden des Lebens zugewandt. Gleich zu Beginn seines Pontifikats feiert er ein Heiliges Jahr. Zahlreiche Pilger kommen nach Rom, auch, um den neuen Papst Ehre zu erweisen. Eine bedeutende Rolle spielt bei diesem Jubiläum die 1548 von Philipp Neri gegründete Dreifaltigkeitsbruderschaft, die sich um die Betreuung armer Rompilger kümmert. Philipp Neri wird schon zu Lebzeiten als Heiliger verehrt und gilt als »Apostel Roms«.

Julius III. wacht über die Kirchenreform und will das Konzil von Trient fortsetzen, das 1547 nach Bologna verlegt worden ist. Dies gelingt jedoch nur für kurze Zeit und führt zu keinem greifbaren Ergebnis, da die Spannungen und Gegensätze zwischen Karl V. und Frankreich zu groß sind, außerdem beständig ein Eingreifen protestantischer Heere droht. Die Versuche des Papstes, Frieden zu stiften, gehen ins Leere. 1552 wird der Krieg zwischen den deutschen Fürsten mit dem Vertrag von Passau beendet, und Kaiser Karl V., dessen hartnäckiger Widerstand dagegen wirkungslos geblieben ist, dankt vor Abschluss des Augsburger Religionsfriedens zwischen katholischen und lutherischen Reichsständen ab (1555).

Während des Pontifikats Julius' III. kommt es durch Vermittlung Reginald Poles zu einer vorübergehenden Versöhnung mit der Kirche von England, deren Oberhaupt Maria I. Tudor ist, aber auch zur Verbreitung des Protestantismus in Schottland und Frankreich, wo die Anhänger der Reformation »Hugenotten« heißen.

Unter Leitung des Ignatius von Loyola gründet Julius III. 1551 in Rom eine Universität, die Papst Gregor XIII. noch erweitern wird und die deshalb seither Gregoriana heißt. Sie soll Priester auf die Verteidigung und Verbreitung des katholischen Glaubens vorbereiten.

Julius III. kümmert sich um die Mission in Amerika, Indien und dem Fernen Osten. Er verbietet die Lektüre des (jüdischen) Talmud, weil er Gedanken enthält, die sich mit dem katholischen Glauben nicht vereinbaren lassen. Er bemüht sich um eine Kurienreform und verbietet Ämterhäufung unter Klerikern.

Wie viele seiner Vorgänger betreibt er Nepotismus. Zugleich fördert er großzügig Kultur und Künste. Palestrina ernennt er zum Chormeister des Petersdoms. Er stirbt am 23. März 1555 und wird in den Vatikanischen Grotten bestattet.

Hl. Ignatius von Loyola (1491–1556)

Er wird am Hof Ferdinands von Kastilien erzogen. Wegen einer schweren Beinverletzung gibt er seine Militärlaufbahn auf und verbringt ein Jahr in Gebet und Meditation bei Montserrat, wo er die *Geistlichen Übungen* (Exerzitien) verfasst. 1535 geht er zum Studium nach Paris, um zusammen mit sechs Freunden in Armut, Keuschheit und Gehorsam zu leben und sein ganzes Leben der Mission zu widmen. Dies ist der Beginn der *Societas Iesu*, des Jesuitenordens. Igantius wird 1622 durch Papst Gregor XV. heiliggesprochen. Sein Festtag ist der 31. Juli.

Julius III. 1550–1555

Marcello Cervini

geb. Montefano 1501; gest. Rom 1555

Marcellus II. 1555

Marcello Cervini wird am 6. Mai 1501 in Montefano in der Provinz Macerata geboren. Seine Familie stammt aus Montepulciano (Siena). Er studiert in Siena und Rom, wo ihn der Farnese-Papst Paul III. zum Erzieher und später zum Sekretär seines Enkels, des Kardinals Alessandro Farnese, macht – eine der einflussreichsten Stellen der römischen Kirche, seit Alessandro Farnese die Staatsgeschäfte leitet. Paul III. ernennt ihn zum Kardinalpriester der Kirche Santa Croce in Gerusalemme (Heilig Kreuz in Jerusalem; 1539), dann zum apostolischen Nuntius und Legaten am Hof Franz' I. von Frankreich und Karls V., des Kaisers des »Heiligen Römischen Reiches deutscher Nation«. Außerdem wird er Bischof von Reggio Emilia (1540) und Gubbio (1544). Da er den Nepotismus der Familie Farnese zu kritisieren gewagt hat, muss er Rom verlassen und sich nach Gubbio zurückziehen. Dennoch ernennt Paul III. ihn 1545 zum päpstlichen Legaten beim Konzil von Trient, das er maßgeblich prägt. 1548 wird er mit der Neuordnung der vatikanischen Bibliothek beauftragt, Julius III. ernennt ihn zum Bibliothekar auf Lebenszeit.

Den päpstlichen Thron besteigt er am 9. April 1555 und regiert die Kirche nur 21 Tage lang. Er behält seinen Taufnamen und ist der letzte Papst, der eine solche Entscheidung trifft.

Dieser Papst hat ernsthafte Reformabsichten. Für seine Krönung hat er sich eine einfache Feier gewünscht; die eingesparte Summe will er zur Hälfte für die Armen und zur Hälfte für die Verwaltung des Heiligen Stuhls ausgeben. Es heißt, dass er bei Tisch nur einfaches Essgeschirr benutzt und jeden Luxus vermeidet. Er praktiziert Nächstenliebe, ist fromm, tugendhaft, klug in öffentlichen Angelegenheiten.

Er prangert die allgemeine Sittenlosigkeit an, wendet sich von politischen Fragen ab und widmet sich innerkirchlichen Aufgaben.

Seinen zahlreichen Verwandten verbietet er als Zeichen gegen den sonst üblichen Nepotismus das Betreten Roms und schlägt von Anfang an einen rigorosen Reformkurs ein. Doch der Tod nimmt ihm nach nur einundzwanzigtägigem Pontifikat die Feder aus der Hand. Marcellus II. stirbt am 1. Mai 1555 mit nur 54 Jahren. Er wird in der päpstlichen Gruft des Vatikans ohne jeden Prunk beigesetzt, ganz so, wie er gelebt hat.

Giovanni Pierluigi da Palestrina, der bedeutendste Komponist der Zeit und Kantor der Sixtinischen Kapelle, widmet ihm wenige Jahre später die berühmte *Missa papae Marcelli*.

Die Ursulinen

Sie sind ein 1535 von Angela Merici (1474–1540) in Brescia gegründeter Orden. 1544 wird die Ordensregel von Paul III. bestätigt. Der Orden verbreitet sich rasch in Frankreich und Italien, wo die Ordensschwestern Angelinen oder Töchter der hl. Angelina genannt werden. Sie widmen sich besonders der Mädchenerziehung und werden darin wegweisend.
Angela Merici wird 1807 heiliggesprochen. Ihr Festtag ist der 27. Januar

Marcellus II. 1555

geb. Avellino 1476; gest. Rom 1559

Paul IV. 1555–1559

Geboren 1476 in Sant' Angelo della Scala bei Avellino, macht der solide humanistisch gebildete Gian Petro Carafa rasch kirchliche Karriere. Julius II. ernennt ihn zum Bischof von Chieti, wo er mit Cajetan von Thiene die Kongregation der »Theatiner« gründet, einen radikaler Armut verpflichteten Orden, der sich für die Reform der Kirche einsetzt, insbesondere für einen glaubwürdigen Klerus.

Er wird 1518 Erzbischof von Brindisi, zuvor war er päpstlicher Legat in England am Hof Heinrichs VIII., später ist er Nuntius in Spanien und Flandern. 1536 wird er zum Kardinal ernannt und 1546 zum Erzbischof von Neapel erhoben. Er leitet seit 1542 die römische Inquisitionsbehörde und geht dabei hart und unnachgiebig vor.

Den päpstlichen Thron besteigt er am 23. Mai 1555 und nimmt den Namen Paul IV. an. Nahtlos scheint er die Reformen seiner Vorgänger fortsetzen zu wollen. Er ist streng und unbeugsam auch gegenüber berühmten und ihm vertrauten Menschen. Einigen Verwandten verhilft er zu Posten, doch er nimmt ihnen die Ämter und verurteilt sie öffentlich, wenn sie sie schlecht ausüben. Er verpflichtet die Bischöfe, in ihren Diözesen zu leben.

Sein Fanatismus treibt ihn und die Kirche immer wieder in den Konflikt mit den politischen Kräften. Er weigert sich, die Abdankung Karls V. und die Wahl Kaiser Ferdinands I. (1558) anzuerkennen, weil sie nicht um die päpstliche Zustimmung ersucht haben. Er ist zerstritten mit Maria I. und Elisabeth I. von England, da sie beschlagnahmte kirchliche Güter nicht zurückgeben wollen. Er zementiert die konfessionelle Spaltung in Deutschland durch Verurteilung des Augsburger Religionsfriedens von 1555 als »Pakt mit der Ketzerei«.

Pauls IV. krankhafter Argwohn verantwortet den »Index verbotener Bücher« (1557). Er bezeichnet Michelangelos »Jüngstes Gericht« als unanständig, weil es zuviel Nacktheit zeige. Deshalb beauftragt er den Maler Daniele da Volterra, die anstößigsten Stellen zu übermalen, was diesem den Spottnamen »Hosenmaler« einbringt.

Juden verfolgt er als vermeintliche Sympathisanten des Protestantismus und zwingt sie durch ein Dekret, innerhalb Roms und des Kirchenstaates in Ghettos zu leben, bestimmte Hüte zu tragen oder sich durch blaue Tücher zu erkennen zu geben. Zudem müssen sie hohe Steuern zahlen.

Als Paul IV. am 18. August 1559 stirbt, ist der Hass des römischen Volkes wegen seines Rigorismus und seines unbeugsamen Charakters derartig angewachsen, dass es den Palast der Inquisition stürmt, die Gefangenen befreit und die Büste des Papstes auf dem Kapitol zertrümmert und in den Tiber wirft. Da man eine Schändung seines Leichnams fürchtet, wird der Papst provisorisch in der Krypta des Vatikans bestattet; erst 1566 werden seine sterblichen Überreste in die Kirche Santa Maria sopra Minerva überführt.

Die eine und die vielen Kirchen

Im Lauf der Jahrhunderte hat es in der Kirche eine Reihe von Spaltungen gegeben. So sind aus der einen Kirche Jesu Christi verschiedene Kirchen entstanden: Die römisch-katholische Kirche, die orthodoxe Kirche, die lutherische Kirche, die reformierte oder calvinistische Kirche (presbyterianisch in den angelsächsischen Ländern, waldensisch in Italien), die anglikanische Kirche (episkopal in den USA), die Kirche der Wiedertäufer usw. Innerhalb der protestantischen Kirchen hat es verschiedene Erneuerungsbewegungen gegeben, die wieder neue Kirchen haben entstehen lassen: Methodisten, Baptisten, Quäker, Pfingstkirchen und andere mehr.

WISSENSWERTES

Paul IV. 1555–1559

Giovanni Angelo de' Medici

geb. Melegnano 1499; gest. Rom 1565

Pius IV. 1559–1565

Giovanni Angelo de' Medici wird 1499 in Melegnano bei Mailand als Sohn einer aus Florenz stammenden Familie geboren. Er studiert Medizin und Rechtswissenschaft in Bologna, wird von Paul III. zum Gouverneur des Kirchenstaates berufen, wird 1545 Erzbischof von Ragusa und Kardinal. Nach einem viermonatigen Konklave wird er am 26. Dezember 1559 auf den päpstlichen Stuhl erhoben und nimmt den Namen Pius IV. an. Nach seiner Wahl gewährt er den Römern Vergebung für die Gewalt und Unordnung nach dem Tod seines Vorgängers. Er gibt die habsburgfeindliche Politik Pauls IV. auf und baut freundliche Beziehungen zu Kaiser Ferdinand I. und Philipp II. von Spanien auf.

Er macht sich des Nepotismus schuldig, indem er die Leitung zentraler Aufgaben der Kirche seinem blutjungen Neffen Karl Borromäus (1538–1584) überantwortet, doch diese Entscheidung erweist sich als ein Glücksgriff für die Kirche und wird von den Römern begrüßt.

Besorgt über die Ausbreitung des Calvinismus und in der Hoffnung, Fehler zu korrigieren, die zu den Kirchenspaltungen geführt haben, nimmt Pius nach sechs Jahren Unterbrechung im Januar 1562 das Konzil von Trient wieder auf, das am 4. Dezember 1563 nach 25 Sitzungen erfolgreich endet. Das Konzil definiert die Glaubenslehre und Dogmen der katholischen Kirche neu. Dabei bestätigt es die Verurteilung des Protestantismus. Es setzt eine Reihe von inneren Reformen in Gang, verdammt Simonie und den Verkauf von Ablässen. Es bringt den »Index verbotener Bücher« auf den neuesten Stand, verbietet das Lesen der Bibel in den Landessprachen und beschließt die Eröffnung von Seminaren für die Priesterausbildung. Feierlich verkündet es, dass der römische Pontifex die höchste Autorität ist. Das Konzil, eines der bedeutungsvollsten in der Geschichte der katholischen Kirche, gibt endlich Impulse zur Modernisierung und reagiert auf die Reformation. Zentrale Aussagen des Konzils werden in der *Professio fidei tridentinae*, dem »Tridentinischen Glaubensbekenntnis«, gesammelt, das die Amtsträger der Kirche unterschreiben müssen, um sich so öffentlich zum Glauben der katholischen Kirche zu bekennen. So beginnt die Gegenreformation.

Pius bringt den »Römischen Katechismus«, die Reform des Messbuchs und des Breviers für Priester auf den Weg. Er gestattet den deutschen, österreichischen und ungarischen Katholiken die Kommunion mit Brot und Wein.

Als Mäzen lässt er in Rom von Michelangelo die Kirche Santa Maria degli Angeli (St. Maria von den Engeln) erbauen, gründet die Universität von Ancona und verschönert den Vatikan in vielfältiger Weise. Er fördert Künste und Wissenschaften, liebt Luxus und gutes Essen.

Er stirbt am 9. Dezember 1565, im Beisein von Karl Borromäus und Philipp Neri. Sein Leichnam wird im Vatikan bestattet und später in die Kirche Santa Maria degli Angeli überführt.

WISSENSWERTES

Der Patron

Das Wort stammt vom lateinischen *patronus* = Beschützer und ist abgeleitet von *pater* (Vater). Ein Patron ist ein Heiliger oder ein Engel, dessen Schutz eine Pfarrkirche, eine Person, ein Beruf, eine Stadt, ein Dorf, eine Diözese oder auch bestimmte Vorhaben anvertraut werden. Schon 379 empfiehlt Ambrosius von Mailand seine Kirche dem Schutz der Heiligen Gervasius und Protasius, und gegen Ende des 6. Jahrhunderts ist es üblich, sich einen Heiligen als Patron zu erwählen. Der Römische Katechismus (1566) fordert dazu auf, für Neugeborene Namen von Heiligen auszusuchen, die als Vorbild und zum Schutz dienen können.

Pius IV. 1559–1565

geb. Bosco Marengo 1504; gest. Rom 1572

Pius V. 1566–1572

Antonio Michele Ghislieri wird am 17. Januar 1504 als Kind armer Leute in Bosco Marengo bei Alessandria geboren. Mit 14 Jahren wird er Dominikaner, studiert in Bologna Theologie und wird in Genua zum Priester geweiht. In Vigevano, Soncino und Alba unterrichtet er Philosophie. Er wird Bischof von Sutri und Mondovì, 1557 zum Kardinal ernannt und zum Generalinquisitor bestellt. Am 7. Januar 1566 wird er zum Papst gewählt und nimmt den Namen Pius V. an.

Persönlich von tiefer Frömmigkeit erfüllt, widmet er seine ganze Kraft der Seelsorge, betrachtet alle Dinge aus geistlicher Perspektive und lebt an seinem Hof asketisch in größter Bescheidenheit. Er tritt nachhaltig für die Durchsetzung der Beschlüsse des Konzils von Trient ein und legt bei der Ernennung kirchlicher Würdenträger besonderen Wert auf deren tadellosen Lebenswandel. Er sorgt für eine fundierte theologische Ausbildung der Priester, wobei er auch auf ihre menschliche und kulturelle Vorbereitung für die Seelsorge achtet. Er gibt gemäß dem Konzil den »Römischen Katechismus« heraus (1566), das überarbeitete »Römische Brevier« (1568) und das »Römische Messbuch« (1570). Er verstärkt die Inquisition, verurteilt nochmals Simonie und Nepotismus und erneuert den »Index der verbotenen Bücher«.

Er verbietet die Veräußerung von Kirchengütern und vertreibt die Juden aus dem Kirchenstaat. Ausnahmen bilden Rom und Ancona, wo die Juden aber in Ghettos leben müssen.

Auch seine politischen Ziele sind von der Umsetzung des Reformkonzils von Trient bestimmt. In Spanien und Portugal versucht er, Exzesse der Inquisition einzudämmen und die Überwachung der Kirche durch die politische Macht einzuschränken. In den Niederlanden ermutigt er Herzog Alba, gegen die Calvinisten zu kämpfen. In Frankreich unterstützt er Katharina von Medici und ihren Sohn Karl IX. im Kampf gegen die Hugenotten. Vom deutschen Kaiser Maximilian II. fordert er mehr Engagement im Kampf gegen die Protestanten und exkommuniziert 1577 Elisabeth I. von England, die zur Anglikanischen Kirche zurückgekehrt ist. Mit Venedig und Spanien gründet er die Heilige Liga. Während seines Pontifikats findet 1571 die berühmte Schlacht von Lepanto statt, in der die Flotte des Bündnisses christlicher Staaten die Türken besiegt und damit dem Mythos von deren Unbesiegbarkeit und der Ausbreitung der Osmanen im Westen ein Ende setzt. Dieser Sieg wird in Europa begeistert gefeiert.

Pius V. stirbt am 1. Mai 1572 und wird in Santa Maria Maggiore beigesetzt. Papst Clemens X. spricht ihn 1672 selig und Clemens XI. 1715 heilig. Sein Festtag ist am 30. April.

Johannes Calvin (1509–1564)

Er wird in Noyon in der Picardie geboren. Während seines Studiums der Rechte in Paris kommt er mit den reformatorischen Ideen Martin Luthers in Berührung, deren Verfechter er bald wird. Deshalb muss er Paris verlassen und geht nach Basel, später nach Genf. Im März 1536 veröffentlicht er die erste Fassung seiner *Institutio Christianae Religionis* (»Unterricht in der christlichen Religion«), eine prägnante Kurzdarstellung des evangelischen Glaubens und ein zentraler Text der protestantischen Reformation. Die Erwählung des Menschen durch Gott spiegelt sich für ihn auch in guten Taten, deshalb ist seine Theologie stark ethisch orientiert.

Hl. Pius V. 1566–1572

Ugo Buoncompagni
geb. Bologna 1502; gest. Rom 1585

Gregor XIII. 1572–1585

Ugo Buoncompagni wird am 1. Januar 1502 in Bologna geboren und erwirbt dort den Doktor der Rechte. Nach einem freizügigen Lebenswandel entschließt er sich mit 40 Jahren zur Priesterlaufbahn. Er wird von Pius IV. zum Bischof von Viesta, 1565 zum Kardinal und päpstlichen Legat in Spanien ernannt. Am 13. Mai 1572 wird er zum Papst gewählt und nimmt den Namen Gregor XIII. an.

In dem starken Wunsch, den Katholizismus gegen den Protestantismus zu behaupten und zu erneuern, bekommt unter Gregor die Gegenreformation eine militantere Richtung. Er finanziert den Krieg Philipps II. von Spanien gegen Königin Elisabeth I. von England in der Hoffnung, die Anglikanische Kirche damit beseitigen zu können. Das Massaker an den Hugenotten in Frankreich in der berüchtigten »Bartholomäusnacht«, das die Königinmutter Katharina von Medici auslöst, feiert er mit Dankgottesdiensten als einen Sieg der Kirche über die Ungläubigen und als einen Denkzettel für politischen Verrat.

Ohne Erfolg verhandelt er mit Johannes III., dem katholischen König von Schweden, der eine Kommunion mit Brot und Wein, ein Verbot der Heiligenverehrung und die Möglichkeit der Priesterehe verlangt. Das Land bleibt lutherisch. Allerdings gewinnt Gregor Polen für die rigide Einschränkung lutherischer und reformierter Gruppen und schränkt damit die Ausbreitung des Protestantismus ein. Seine Regierungspolitik orientiert sich an den Dekreten des Konzils von Trient. Gregor gründet oder unterstützt eine Vielzahl von Studienkollegs, die von Jesuiten geleitet werden. Sie sollen eine gute Ausbildung der Kleriker ermöglichen und damit eine Bastion gegen den Protestantismus sein. In Rom baut er die von Ignatius von Loyola eingerichtete Jesuitenschule aus; so entsteht die heute »Gregoriana« genannte päpstliche Universität. Er fördert die Mission der Jesuiten in Indien und Japan und gewährt dem Orden zahlreiche Privilegien. 1575 bestätigt er die Kongregation der Oratorianer, die Philipp Neri gegründet hat, sowie 1580 die neue Ordensregel der Unbeschuhten Karmeliten der Theresa von Avila.

Sein Name ist untrennbar mit der Reform des Julianischen Kalenders verbunden (1582). Der neue Kalender lässt zehn Tage (5.–14. Oktober 1582) aus und enthält eine neue Regel für Schaltjahre. Diese Form des »Gregorianischen Kalenders« gilt heute in der ganzen Welt.

1583 lässt er den Quirinalspalast, eine päpstliche Sommerresidenz, bauen. Als die Katakomben entdeckt werden, erkennt er rasch deren Bedeutung.

Georg XIII. stirbt am 10. April 1585 und wird in der Gregorianischen Kapelle des Vatikans beigesetzt.

Die Bartholomäusnacht

Als Bartolomäusnacht (oder auch Pariser Bluthochzeit) wird das Massaker an den Hugenotten in der Nacht zum 24. August 1572 bezeichnet. Der Anschlag gilt zunächst den Anführern des hugenottischen Adels, die sich anlässlich der Hochzeit des protestantischen Heinrich von Navarra mit Margarete von Valois, der Schwester König Karls IX., dort versammelt haben.
Er gerät schnell außer Kontrolle, die Massaker greifen auch auf weitere Städte über. Tausende von Hugenotten werden ermordet. Den Befehl zum Überfall gibt die Königinmutter Katharina von Medici, die es auf den Hugenottenführer Gaspard de Coligny abgesehen hat, dessen Einfluss auf König Karl ihrer eigenen Politik zuwiderläuft.

Gregor XIII. 1572–1585

Felice Peretti

geb. Grottammare 1521; gest. Rom 1590

Sixtus V. 1585–1590

Felice Peretti wird am 13. Dezember 1521 in Grottammare in der Provinz Ascoli Piceno als Sohn einer Bauernfamilie geboren. In jungen Jahren tritt er in den Franziskanerorden ein. Er ist bald als glänzender Prediger bekannt, 1552 wird er als Fastenprediger nach Rom berufen. Er wird Inquisitor in Venedig und von Pius V. 1570 zum Kardinal ernannt. Er erhält das Bistum Fermo. Am 24. April 1585 wird er mit dem Namen Sixtus V. auf den päpstlichen Thron erhoben.

Im Bereich internationaler Politik versucht er in Frankreich die Hugenotten zu unterdrücken und deshalb den wankelmütigen Heinrich III. wieder ganz auf die katholische Seite zu ziehen. Er exkommuniziert 1585 den protestantischen Heinrich von Navarra, den späteren König Heinrich IV., um ihn von der Thronfolge auszuschließen.

Er hofft auf ein Wiedererstehen des Katholizismus in England und unterstützt deshalb den Kampf Philipps II. von Spanien gegen die englischen Protestanten und Königin Elisabeth. Die als unbesiegbar geltende spanische Armada wird jedoch von der englischen Flotte geschlagen, was schwere Folgen für die englischen Katholiken nach sich zieht.

Auf innerkirchlichem Gebiet unterstützt er weiterhin die auf dem Konzil beschlossene Reform und schont dabei weder Kleriker und Orden noch Adelige und einfache Christen. Er erhöht die Zahl der Kardinäle auf maximal 70 (eine Zahl, die erst von Johannes XXIII. überschritten wird) und richtet fünfzehn ständige Kardinalskongregationen ein. Diese Aufteilung, die im Wesentlichen bis zum 2. Vatikanischen Konzils erhalten bleibt, verringert zugleich die Bedeutung des Kardinalskollegiums als Ganzes. Er richtet eine Kommission zur Überarbeitung der *Vulgata* ein, der durch Hieronymus im 5. Jahrhundert angefertigten lateinischen Bibelübersetzung, die für die katholische Kirche als offizieller Bibeltext gilt. Die von Papst Pius V. veröffentliche Neuausgabe ist jedoch so fehlerhaft, dass sie bald darauf wieder zurückgezogen werden muss. Er bekämpft Simonie und Ämterhäufung und fördert die Mission in Japan, China, auf den Philippinen und in Südamerika.

Politisch zeigt er in seinem Pontifikat viel Tatkraft und Geschick: Er macht in Rom dem Banditentum ein Ende; er fördert den Bau öffentlicher Einrichtungen wie der Wasserleitung »Acqua Felice«, den Palast auf dem Quirinal und den Umbau des Lateranpalasts. Er treibt die Trockenlegung der Pontinischen Sümpfe voran, fördert Landwirtschaft und die Verarbeitung von Wolle und Seide. Er lässt viele Kirchen in Rom erneuern und schließt den Bau der Kuppel von St. Peter ab, auf deren letztem Stein der Name Sixtus V. steht. Er lässt den Obelisken auf dem Petersplatz errichten und die Heilige Treppe vollenden. Er ist auch Begründer einer eigenen vatikanischen Druckerei. Gleichzeitig gelingt es ihm, die Staatsfinanzen gründlich zu sanieren: Er ist einer der reichsten Fürsten Europas.

Sixtus V. verdankt sein Ansehen als Papst – er wird der »eiserne Papst« genannt – der wirksamen Reorganisation der kirchlichen Zentralverwaltung und der Durchsetzung der tridentinischen Beschlüsse. Er stirbt am 27. August 1590 an Malaria und wird in der von ihm gestifteten Sixtus-Kapelle in Santa Maria Maggiore bestattet.

Die Priesterkleidung

Das Tragen eines eigenen Gewands, das Kleriker von Laien unterscheiden soll, kommt erst in der Renaissance auf. Im Unterschied zur weltlichen, sehr körperbetonten Kleidung tragen Geistliche weiterhin ein langes, geschlossenes Gewand, das aus der römischen Tunika entstanden ist (Talar oder ab dem 17. Jahrhundert die vorn geknöpfte Soutane). Farbige Kleidung untersagte bereits das Laterankonzil von 1215, und Sixtus V. schreibt im Anschluss an das Konzil von Trient 1589 ausdrücklich das Tragen des Talars vor.

WISSENSWERTES

Sixtus V. 1585–1590

geb. Rom 1521; gest. Rom 1590

Urban VII. 1590

Giambattista Castagna entstammt einer Patrizierfamilie aus Genua und wird am 4. August 1521 in Rom geboren. Er promoviert in Jura an der Universität Bologna. 1553 ernennt Julius III. ihn zum Erzbischof von Rossano in Kalabrien; er hat entscheidenden Anteil am erfolgreichen Abschluss des Konzils von Trient. Pius IV. sendet ihn nach Madrid, wo er sieben Jahre als Apostolischer Nuntius wichtige Aufgaben erfüllt. Auf Bitten Gregors XIII. kehrt er nach Rom zurück, der ihn als Nuntius nach Venedig und als Gouverneur nach Bologna schickt. 1583 wird er zum Kardinal berufen.

Am 15. September 1590 wird er zum Papst gewählt und nimmt den Namen Urban VII. an.

Die Wahl dieses gemäßigten, frommen und erfahrenen Kirchenmannes weckt große Hoffnungen. Er gibt seine Absicht bekannt, das von seinen Vorgängern Pius V. und Gregor XIII. begonnene Reformwerk der Kirche fortzusetzen.

Urban VII. hat einen ausgeprägten Sinn für praktizierte Nächstenliebe. Er lässt ein Armenregister von Rom anlegen, um Leidenden und Bedürftigen regelmäßig helfen zu können. Er stellt der Verkündigungsbruderschaft von Santa Maria sopra Minerva Geldmittel aus seinem persönlichen Vermögen zur Verfügung, um mittellosen jungen Mädchen eine Aussteuer zahlen zu können.

Sein Pontifikat dauert nur zwölf Tage und ist der kürzeste der Kirchengeschichte. Er kann daher keines seiner Vorhaben verwirklichen. Denn er stirbt am 27. September 1590, noch bevor er geweiht und gekrönt werden kann, an schwerem Malariafieber.

Sein Leichnam wird im Petersdom bestattet und 1606 in ein von der Bruderschaft, die er unterstützt hat, in Santa Maria sopra Minerva errichtetes Grabmal überführt.

Die »unbesiegbare Armada«

Sie ist die Flotte Philipps II. von Spanien und soll das von Elisabeth I. regierte England erobern. Sie besteht aus ca. 130 Schiffen mit 300 000 Mann und 2400 Kanonen. Die Flotte bricht 1588 von Lissabon Richtung Niederlande auf, um sich dort mit dem Heer des spanischen Feldherrn und Herzogs von Parma, Alexander Farnese, zusammenzutun und England anzugreifen. Die beweglichen englischen Schiffe unter dem Kommando von Francis Drake greifen die Armada jedoch im Ärmelkanal an und schlagen sie vernichtend. Nur die Hälfte der Schiffe Philipps kehrt nach Spanien zurück.

Urban VII. 1590

Niccolò Sfondrati

geb. Somma Lombarda 1535; gest. Venedig 1591

Gregor XIV. 1590–1591

Niccolò Sfondrati, Abkömmling einer vornehmen Mailänder Familie, wird am 11. Februar 1535 in Somma Lombarda in der Provinz Varese auf einem Schloss der Familie geboren. Nach dem Studium in Perugia und Padua erwirbt er in Pavia den Doktor der Rechte. Auf Anregung seines Freundes Karl Borromäus (1538–1584) lässt er sich weihen und wird schon 1557 von Pius IV. zum Bischof von Cremona ernannt. Er nimmt am Konzil von Trient teil und formuliert dort das Dekret, nach dem Kleriker keine Pfründenhäufung betreiben dürfen und Bischöfe verpflichtet werden, ihren Wohnsitz in ihrer Diözese zu nehmen und dort zu residieren. 1583 wird er von Gregor XII. zum Kardinal von Santa Cecilia ernannt.

Am 5. Dezember 1590 wird er zum Papst gewählt und am 8. Dezember inthronisiert. Er nimmt den Namen Gregor XIV. an.

Im Bereich internationaler Politik gibt er die päpstliche Ausgewogenheit gegenüber Frankreich und Spanien auf; er stellt sich mit dem Ziel, den französischen Protestantismus zu bekämpfen, eindeutig auf die Seite Spaniens gegen den französischen König und wiederholt die Exkommunikation Heinrichs von Navarra, die bereits Sixtus V. ausgesprochen hat, um ihm die Thronfolge zu verwehren.

Gregor beeindruckt durch asketische Lebensweise und tiefe Frömmigkeit, zeichnet sich aber durch mangelnde Energie aus. Das versucht er wettzumachen, indem er seinen noch nicht dreißigjährigen Neffen Paolo Sfrondati in die Regierung der Stadt Rom holt und ihn zum Staatssekretär ernennt. Damit ist er schlecht beraten, denn sein Neffe ist unerfahren und bereichert sich skrupellos. Das Banditentum in den Straßen Roms und im Kirchenstaat lebt wieder auf. Unmut und Wut sammelt sich gegen Gregor an.

Der Papst ist ein Seelsorger mit Sinn für Nächstenliebe. Während einer Hungersnot und der folgenden Pest gewinnt er die Liebe des Volkes, weil er es aufopfernd und tatkräftig mit Lebensmitteln unterstützt.

Den Abschluss von Wetten auf Papstwahlen, auf die Dauer eines Pontifikats oder auf die Ernennung von Kardinälen untersagt er (was jedoch die Wettleidenschaft der Römer noch mehr anheizt).

Gregor ist von schwacher Gesundheit. Er stirbt am 15. Oktober 1591 mit 56 Jahren nach nur zehn Monaten seines Pontifikats. Er wird in einer einfachen Urne in St. Peter bestattet.

Hl. Philipp Neri (1515–1595)

Er wird in Florenz geboren und erhält seine Ausbildung bei den dortigen Dominikanern. 1535 geht er nach Rom, wo er sechzehn Jahre lang als Hauslehrer arbeitet und ein Leben der Askese, des Gebets und der Nächstenliebe führt. 1551 zum Priester geweiht, schließt er sich einer Priestergemeinschaft an, aus der die Vereinigung der »Oratorianer« entsteht. Philipps Anliegen, die religiöse Erneuerung Roms, versucht er durch seine Seelsorgsmethoden zu verwirklichen: persönliche Gespräche, geschickte Kinderpredigten, geistliche Lieder in der Volkssprache, Wallfahrten. Mit seiner entwaffnenden Freundlichkeit und seinen liebenswürdigen Humor zieht er die Menschen an. Sein Festtag ist der 26. Mai.

Gregor XIV. 1590–1591

Giovanni Antonio Facchinetti

geb. Bologna 1519; gest. Monte Cavallo 1591

Innozenz IX. 1591

Giovanni Antonio Facchinetti wird am 20. Juli 1519 in Bologna geboren. Er stammt aus einer einfachen Familie; doch dank seiner Bildung, Frömmigkeit und seinem diplomatischen Geschick gelingt ihm eine glänzende Karriere in der Kirche.

Er promoviert in Bologna in Jura, wird 1560 Bischof von Nicastro in Kalabrien und Gouverneur in Rom. 1561 nimmt er am Konzil von Trient teil und spielt dort in der Schlussphase eine wichtige Rolle. Er wird auf Wunsch Pius' V. Apostolischer Nuntius in Venedig und fördert die Entstehung der »Heiligen Liga«, deren Flotte die türkische bei Lepanto 1571 besiegt. Er wird neben seiner verantwortlichen Tätigkeit in Kurie und Inquisition Lateinischer Patriarch von Jerusalem.

1583 ernennt ihn Papst Gregor XIV. zum Kardinal der Kirche von Santi Quattro Coronati.

Als er am 29. Oktober 1591 zum Papst gewählt wird, ist er schon alt und krank. Er nimmt den Namen Innozenz IX. an und wird ohne Prunk am 3. November gekrönt.

Seine Wahl teilt er traditionsgemäß den Patriarchen, Erzbischöfen und Bischöfen mit und bestätigt und verschärft die Bulle Pius' V., die jede Veräußerung von Kirchenbesitz verbietet.

Da die Stadt Rom von einer schlimmen Seuche geplagt wird, verteilt er Hilfsgüter an die Bevölkerung und sorgt für eine Senkung des Brotpreises. Zugleich versucht er, dem Banditentum Einhalt zu gebieten. Er bemüht sich um eine Regulierung des Tiber und eine Verbesserung der sanitären Verhältnisse.

Er ist ein Papst von großer Nächstenliebe und lebt ein einfaches, bescheidenes Leben. Doch selbst er verfällt dem Nepotismus. Er ernennt einen Neffen zum Kardinal und einen anderen zum General der Kirche und höchsten Kommandanten der päpstlichen Flotte.

Mit einer Wallfahrt zu den sieben römischen Pilgerkirchen sind die Kräfte des ohnehin kranken Papstes erschöpft. Sein Gesundheitszustand verschlechtert sich rasch, und er stirbt binnen weniger Tage am 30. Dezember 1591, nach erst knapp zwei Monaten im Amt.

Sein Leib wird nach Rom gebracht und in den Vatikanischen Grotten beigesetzt.

Santi Quattro Coronati

»Die Heiligen Vier Gekrönten« sind vier Heilige, die Anfang des 4. Jahrhunderts wegen ihres Bekenntnisses zum Glauben während der Christenverfolgung unter Kaiser Diokletian zu Märtyrern wurden. Sie werden »vier Gekrönte« genannt, weil man sie bei ihrem Martyrium mit einem zackigen Eisenkranz »krönte«. Im Gregorianischen Sakramentar werden ihre Namen ohne weitere Angaben erwähnt: Claudius Nicostratus, Sinfronianus, Castorius und Simplicius. Die auf dem Caelius-Hügel in Rom unter Papst Leo VI. errichtete Kirche fiel den Zerstörungen des Normanneneinfalls 1084 zum Opfer. Der Neubau unter Papst Paschalis II. um 1100 ist bis heute Titularkirche und berühmt wegen seiner Fresken.

Innozenz IX. 1591

geb. Fano 1536; gest. Rom 1605

Clemens VIII. 1592–1605

Ippolito Aldobrandini wird am 24. Februar 1536 in Fano als Sohn eines angesehenen Florentiner Rechtsanwalts geboren. Er studiert in Padua, Perugia und Bologna, wo er in Kirchenrecht promoviert. 1585 wird er zum Kardinal und päpstlichen Legaten in Polen ernannt. Am 30. Januar 1592 wird er zum Papst gewählt und nimmt den Namen Clemens VIII. an. Er ist trotz schwerer Gichtkrankheit unermüdlich, von beispielhafter Lebensführung und versteht es, sich mit fähigen und intelligenten Leuten zu umgeben. Philipp Neri ist sein Vertrauter. Allerdings macht er sich des Nepotismus schuldig, indem er zwei seiner Neffen zu Kardinälen ernennt und ihnen wichtige Aufgaben überträgt. Er verzeiht König Heinrich IV. von Frankreich und nimmt ihn wieder in die Kirche auf, nachdem dieser zum Katholizismus konvertiert und 1594 nach seiner Krönung in Paris eingezogen ist. So kommt es zu freier Religionsausübung für die Protestanten einerseits und zur Rückgewinnung der französischen Krone für den Katholizismus andererseits. Mit Heinrichs Hilfe vergrößert sich 1597 der Kirchenstaat durch die Annexion des Herzogtums von Ferrara, das nach dem Tod von Alfons II. d'Este ohne Herrscher geblieben war.

Als »unbußfertiger Irrlehrer« erleidet während seines Pontifikats der bedeutende Philosoph Giordano Bruno, durch ein ungerechtes Urteil zum Tod auf dem Scheiterhaufen verdammt, nach sieben Jahren Haft sein Schicksal. Den Anweisungen des Konzils zu Trient folgend, gibt Clemens 1592 eine korrigierte Fassung der lateinischen und für die römische Kirche maßgeblichen Bibelübersetzung, der *Vulgata,* heraus, die die von seinem Vorgänger Sixtus V. 1590 veranlasste Ausgabe ersetzt (deshalb *Sixto-Clementina* genannt). Den »Index der verbotenen Bücher« erweitert er und erneuert das Brevier und das Messbuch. Clemens fördert die Mission und beschließt, dass außer den Jesuiten auch die Mitglieder von Bettelorden nach China, Indien und Japan entsandt werden können. Er bestimmt außerdem, dass niemand das Sakrament der Buße brieflich oder per Vollmacht erhalten kann, und gestattet den Kapuzinern, die Sakramente zu spenden. 1600 feiert er ein Heiliges Jahr, das Tausende Menschen aus ganz Europa nach Rom führt. Bruderschaften haben großen Anteil an dessen Organisation. In Rom kümmert sich Camillo de Lellis mit seinem Hospiz »Santissima Trinità dei pellegrini« um die Kranken. Die Behörden haben dafür gesorgt, dass die Straßen sicher sind und die Pilger versorgt werden. Den Prozessionen laufen oft als Engel verkleidete Kinder vorweg, gefolgt von Büßern oder Wagen, die die Passion Christi darstellen.

Clemens hinterlässt das Papsttum stärker und unabhängiger, als er es übernommen hat. Er stirbt am 5. März 1605 während einer Diskussion über das Verhältnis von Gnade und freiem Willen, ein theologischer Disput, dem heftige Debatten zwischen Jesuiten und Dominikanern vorausgegangen sind. Er wird im Vatikan beigesetzt, sein Leichnam wird später in ein Grabmal in der Kirche Santa Maria Maggiore überführt.

Giordano Bruno (1548–1600)

Aus gebildeter, wenig begüterter Familie in Neapel stammend, tritt er mit siebzehn Jahren in den Dominikanerorden ein. 1576 klagen seine Vorgesetzten ihn der Ketzerei an. Er legt die Mönchskutte ab und flieht quer durch Europa. Seine philosophischen Ansichten stoßen in konservativen Universitäten auf Ablehnung, in humanistisch interessierten Kreisen finden sie Anklang. 1591 hält er Vorlesungen in Zürich, geht weiter nach Venedig; doch im folgenden Jahr wird er auf Anzeige der dortigen Inquisition verhaftet. Einem Auslieferungsantrag des päpstlichen Officium wird 1593 stattgegeben. Die nächsten sieben Jahre verbringt er im Gefängnis in Rom. Am 20. Januar 1600 wird er auf dem Scheiterhaufen verbrannt.

Clemens VIII. 1592–1605

Alessandro Ottaviano de' Medici

geb. Florenz 1535; gest. Rom 1605

Leo XI. 1605

Alessandro Ottaviano de' Medici wird am 2. Juni 1535 in Florenz geboren. Mütterlicherseits ist er ein Neffe Leos X. Schon als Junge spürt Alessandro eine Berufung zum Priesteramt; doch seine Mutter hat andere Ziele und schickt ihn an den Hof ihres Onkels, Cosimo I., des Großherzogs der Toskana, der ihn zum Ritter des Stephanus-Ordens ernennt.

Sein Großonkel macht ihn zu seinem Botschafter in Rom. Dort kommt er eng mit kirchlichen Kreisen in Berührung; er wird eifriger Schüler Philipp Neris (1515–1595). Auf seine streng asketische Lebensweise und großzügige Hilfsbereitschaft gegenüber anderen wird Gregor XIII. aufmerksam. Dieser ernennt 1573 Alessandro zum Bischof von Pistoia, ein Jahr später zum Erzbischof von Florenz. Zehn Jahre später rückt er ins Kardinalskollegium auf.

Clemens VIII. schickt ihn 1596–1598 als päpstlichen Legaten zu König Heinrich IV. nach Frankreich. Hier erkennt Alessandro die Unausweichlichkeit eines Abkommens mit den Hugenotten, das 1598 im Edikt von Nantes Wirklichkeit wird. Es gewährt den Protestanten Freiheit des Gewissens und freie Religionsausübung. Das Edikt ist für diese Zeit von ungewöhnlicher Toleranz, was zu heftigen Reaktionen vonseiten der katholischen Autoritäten und Gerichte führt. Als Legat setzt er sich für die Wiederherstellung der Kirchendisziplin ein, die während der Religionskriege aus den Fugen geraten ist.

Mit starker Rückendeckung der französischen, aber gegen den Widerstand der spanischen Kardinäle, wird Alessandro am 3. April 1605 zum Papst gewählt und am 17. April geweiht. Er nimmt den Namen Leo XI. an, zu Ehren seines Onkels, Papst Leo X.

Seine Wahl erfährt große Zustimmung.

Sein Regierungsprogramm sieht vor, die auf dem Trienter Konzil beschlossenen Reformen weiter durchzusetzen, die Kürze seiner Amtszeit lässt es indessen nicht zu, seine Vorhaben zu verwirklichen. Bei der feierlichen Inbesitznahme des Laterans am 17. April zieht er sich eine Erkältung zu, an deren Folgen er aufgrund seiner Gebrechlichkeit am 27. April stirbt. Seine sterblichen Überreste ruhen in St. Peter.

Das Edikt von Nantes

Der französische König Heinrich IV. von Navarra (1589–1610) steht den Hugenotten nahe. Um die Krone zu erhalten, konvertiert er jedoch zum Katholizismus (»Paris ist eine Messe wert«). Seine Herrschaft bringt dem Land inneren Frieden und beendet die Religionskriege. Er erlässt am 13. April 1598 in Nantes ein Edikt, das die Hugenottenkriege für beendet erklärt und den Anhängern der »reformierten Religion« die Freiheit des Gewissens und der Religionsausübung garantiert. Die Hugenotten dürfen auch wieder öffentliche Ämter übernehmen. Die Katholiken bekämpfen das Edikt, das 1685 von König Ludwig XIV. aufgehoben wird.

Leo XI. 1605

Camillo Borghese

geb. Rom 1552; gest. Rom 1621

Paul V. 1605–1621

Camillo Borghese wird am 17. September 1552 als Sohn einer aus Siena stammenden Juristenfamilie in Rom geboren. Er studiert Philosophie in Perugia und Kirchenrecht in Padua. Er wird Legat in Spanien und 1596 Kardinal, 1603 Statthalter von Rom und Inquisitor. Am 16. Mai 1605 besteigt er den Papstthron mit dem Namen Paul V.

In den ersten Jahren seines Pontifikats gerät er mit der Republik Venedig in Konflikt, die nach Auffassung des Papstes die Rechte der Kirche nicht achtet, weil sie ohne Zustimmung des Senats der Stadt neue Klöster gegründet und zwei ziviler Vergehen beschuldigte Priester verhaftet und verurteilt hat, anstatt sie dem päpstlichen Nuntius zu übergeben. Die Stadt wird mit dem Bann des Papstes belegt; sie erklärt diesen jedoch für ungültig und vertreibt Kleriker und Jesuiten, die den Kirchebann anerkennen. Zeitweilig eskaliert der Konflikt so sehr, dass die Befürchtung besteht, die Stadt könnte sich dem Protestantismus zuwenden. Nur die Vermittlung Heinrichs IV. von Frankreich verhindert das Schlimmste und erreicht 1607 die Lösung der Stadt vom Bann. Die Haltung des Papstes wird als extrem absolutistisch eingeschätzt; mit ihm beginnt die Konfrontation mit der weltlichen Macht.

Über seinen Kardinal Robert Bellarmin (1542–1621) lässt Paul V. Galileo Galilei (1564–1642) tadeln, weil dieser die Kopernikanische Theorie von der Bewegung der Erde um die Sonne lehrt. Die Abhandlung des Kopernikus lässt er auf den »Index der verbotenen Bücher« setzten.

Während des Pontifikats Pauls V. bricht in Deutschland der Dreißigjährige Krieg aus (1618–1648), in dem sich katholische und evangelische Länder gegenüberstehen. Paul V. versucht mit wenig Erfolg, ein Bündnis der katholischen Gebiete zu stiften.

Er ist bemüht, weltweit den christlichen Glauben zu verbreiten. Er sendet Missionare nach Lateinamerika, wo die Jesuiten in Paraguay einen eigenen Jesuitenstaat gründen, der die einheimische Bevölkerung vor den spanischen und portugiesischen Kolonialherren schützt, und nach China, wo Pater Matteo Ricci, der die Verwendung der chinesischen Sprache in der Liturgie vorschlägt, große Erfolge hat. Paul V. gründet Kollegien, um Priester auszubilden, und fördert das Studium des Griechischen, Lateinischen und Hebräischen in kirchlichen Schulen.

Seine Familie begünstigt er mit Ämtern und Reichtümern aus dem Kirchenschatz. (Sein Neffe Kardinal Scipione baut sich die prachtvolle Villa Borghese.) Von den Römern wird er wegen seines Mäzenatentums und der Verschönerung der Stadt geschätzt. Er lässt die Fassade am Petersdom anbringen, verschönert Santa Maria Maggiore, den Quirinal und andere Paläste und erneuert das Trajans-Aquädukt, das jetzt »Acqua Paola« heißt. Er legt Brunnen, Straßen und Brücken an, erweitert die Kornvorräte für Hungersnöte und lässt die Sümpfe in der Umgebung von Rom trockenlegen.

Er stirbt am 28. Januar 1621 und wird in der Borghese-Kapelle in Santa Maria Maggiore beigesetzt.

Die Borghese

Die Wurzeln dieser Patrizierfamilie liegen in Siena. Als erster Borghese kommt Pietro nach Rom, wo er unter Leo X. Senator wird. 1541 ziehen sie mit Marcantonio, dessen Sohn Papst Paul V. wird, endgültig in die Stadt. Der Neffe Pauls V., der Kardinal Scipione Borghese, legt den Park Pincio an und lässt die Villa Borghese bauen, die er mit einer reichen Gemälde- und Skulpturensammlung ausstattet. Marcantonio II., Fürst von Sulmona und Spanischer Grande, häuft ein riesiges Vermögen an.
Ein entfernter Nachkomme, Camillo Filippo Ludovico Borghese, kämpft in Napoleons Heer, heiratet 1803 dessen zweite Schwester Pauline und lässt von Antonio Canova für sie die berühmte Statue »Venus« (1812) errichten.

Paul V. 1605–1621

Alessandro Ludovisi
geb. Bologna 1554; gest. Rom 1623

Gregor XV. 1621–1623

Zwölf Tage nach dem Tod Pauls V. am 9. Februar 1621 wird Kardinal Alessandro Ludovisi zum Papst gewählt und nimmt den Namen Gregor XV. an. Er ist am 9. Januar 1554 als Sohn des Grafen Pompeio in Bologna geboren, hat den Doktor der Rechte erworben, wird 1612 Erzbischof von Bologna und später päpstlicher Nuntius in Savoyen sowie 1616 Kardinal von Santa Maria in Trastevere. Er ist der erste Papst, der eine Jesuitenschule durchlaufen hat und von den Jesuiten ausgebildet worden ist.

Gregor XV. unternimmt eine Reihe von Versuchen, den Protestantismus einzudämmen. Er unterstützt Kaiser Ferdinand II. (1619–1637) bei dem Kampf gegen Ketzer und Protestanten und den französischen König Ludwig XIII., der gegen die Hugenotten vorgeht.

Um die Kirche mit der obersten Zentralgewalt für das gesamte Missionswesen zu versehen, gründet Gregor 1622 die »Kongregation für die Glaubensverbreitung« (*Congregatio de Propaganda Fide*). Als universaler Oberhirte sieht er es als seine vorrangige Aufgabe, die Verbreitung des Glaubens zu unterstützen. Die Kongregation soll deshalb das Missionswerk in aller Welt zentral koordinieren, wobei nicht nur die Glaubensverkündigung bei den außereuropäischen Heiden gemeint ist, sondern auch in den protestantisch gewordenen Ländern. Die Behörde wird zur Schaltstelle der Gegenreformation.

Um eine Einmischung der katholischen Mächte in die Papstwahl zu verhindern, ändert Gregor die Bestimmungen über das Konklave und legt damit die Bestimmungen fest, wie sie noch heute im Wesentlichen gültig sind. Er fordert eine geheime Abstimmung im Rahmen eines Konklaves und eine Zweidrittelmehrheit und legt auch sonst alle Einzelheiten des Wahlverfahrens fest. Dennoch bleiben die Papstwahlen auch weiterhin politischem Druck ausgesetzt.

Um seinen Willen zur spirituellen Erneuerung zu bekunden, spricht der Papst am 22. März 1622 fünf bedeutende Gestalten der Kirche heilig: Theresa von Avila, Isidor von Sevilla, Philipp Neri, Ignatius von Loyola und Franz Xaver.

Er ist ein Förderer der Orden, besonders der Jesuiten und Kapuziner, doch er verbietet allen Klerikern, ohne Zustimmung des Ortsbischofs zu predigen und die Sakramente zu spenden. Außerdem kümmert er sich um eine bessere kulturelle und theologische Bildung des Klerus.

Auch Gregor betreibt Nepotismus; er ernennt seinen Neffen Ludovico zum Kardinal und überträgt ihm das Staatssekretariat. Das erweist sich jedoch als gute Wahl, denn der junge Mann hat wesentlichen Anteil an den Leistungen des Pontifikats von Gregor XV.

Gregor ist ein Mäzen und Sammler antiker Werke. Sein kurzes Pontifikat ist für die katholische Erneuerung von großer Bedeutung. Er stirbt am 8. Juli 1623 im Quirinalspalast und wird im Petersdom beigesetzt. Später wird seine sterbliche Hülle in die Jesuitenkirche St. Ignatius in ein prächtiges Grabmal überführt, das sein Neffe Ludovico in Auftrag gegeben hat.

WISSENSWERTES

Congregatio de Propaganda Fide

1622 gründet Gregor XV. die »Heilige Kongregation zur Verbreitung des Glaubens«. So kann er alle katholischen Missionsanstrengungen kontrollieren. Die neue Politik ersetzt das System des Patronats, bei dem die Verantwortung für die Mission und die Ernennung des Klerus in den Kolonien dem spanischen und portugiesischen König oblag. Diese Kurieneinrichtung weist auf die häufigsten Missstände der Zeit hin: Rivalität zwischen den Orden; politische Interessen, die nicht im Sinne des Evangeliums sind; Ausbeutung der Völker. 1726 gründet Urban VIII. das »Collegio Urbano« mit dem Ziel, Missionare gezielter auf ihre Aufgaben vorzubereiten.

Gregor XV. 1621–1623

Maffeo Barberini

geb. Florenz 1568; gest. Rom 1644

Urban VIII. 1623–1644

Maffeo Barberini wird am 5. April 1568 als Sohn einer reichen Kaufmannsfamilie in Florenz getauft. Am dortigen Jesuitenkolleg erhält er eine hervorragende geistige und geistliche Ausbildung. In Pisa studiert er dann Jura und schlägt nach seinem Doktorat eine erfolgreiche Laufbahn in der Kurie ein. 1606 wird er päpstlicher Nuntius in Frankreich, 1608 Kardinalbischof von Spoleto. Am 6. August 1623 wird er zum Papst gewählt. Er nennt sich Urban VIII.

Der Dreißigjährige Krieg als Hintergrund des gesamten Pontifikats Urbans, rege Bautätigkeit in Rom, zügellose Vetternwirtschaft und Kollision mit der modernen Naturwissenschaft – das sind die Hauptmerkmale seiner Amtszeit. Es wird deutlich, dass die politische und militärische Macht der Päpste unweigerlich abnimmt. Innere Erneuerung der Kirche tut not. Urban VIII. will die Kirchenreform im Sinn des Konzils zu Trient fortsetzen. Er fördert die Mission, bestätigt die Einrichtung neuer Orden. Er ernennt 78 Kardinäle, darunter Mazarin, den regierenden Minister Frankreichs. Bischöfe verpflichtet er, in ihrer Diözese zu leben.

1625 feiert die Kirche ein Heiliges Jahr, zu dem Urban Ablässe gewährt. In jenem Jahr aber gewinnen Äußerlichkeiten die Oberhand; theatralische Darbietungen beeinträchtigen die religiöse Bedeutung des Festes. Das Zeitalter des Barock beginnt.

Im Juni 1633 endet der schmachvolle Prozess der Inquisition gegen Galileo Galilei (1564–1642) mit dessen Verurteilung. Er wird gezwungen, seine Erkenntnis, dass die Erde sich um die Sonne dreht, zu widerrufen. Auf dogmatischem Gebiet verurteilt der Papst die Schriften von Jansenius (Cornelius Jansen), der mit seinem posthum erschienenen Werk *Augustinus* (1640) einen nachhaltigen Streit zwischen Protestanten und Katholiken über Gnade und Prädestination hervorgerufen hat.

In Rom lässt Urban den Palazzo Barberini bauen und verstärkt die Mauern der Stadt. Er erwirbt Castel Gandolfo als päpstliche Sommerresidenz und lässt das Pantheon restaurieren. Er lässt den berühmten Brunnen unterhalb der Spanischen Treppe errichten und den Tritonenbrunnen auf der Piazza Barberini. In seiner Begeisterung für eine neue Stadtgestaltung scheut er nicht davor zurück, Material aus bestehenden Bauwerken zu verwenden, ohne Rücksicht auf den Ärger der Bürger. So nimmt er den Marmor des Kolosseums für die von Bernini geschaffenen gedrechselten Säulen und den Baldachin des Hauptaltars im Petersdom. Den Chroniken zufolge entstand damals das Sprichwort von Pasquino: *Quod non fecerunt barbari, fecerunt Barberini* (Was die Barbaren nicht getan haben, haben die Barberini gemacht).

In zeitgenössischen Kommentaren wird Urbans Pontifikat verächtlich als »Festtag des Nepotismus« bezeichnet. Er lässt Verwandte an der Leitung der Kirche mitwirken, gibt ihnen verschwenderische Zuwendungen und überlässt ihnen wertvollen Landbesitz.

Urban stirbt am 29. Juli 1644 und wird in einem prächtigen, von Bernini gefertigten Grabmal in St. Peter beigesetzt.

Der Dreißigjährige Krieg (1618–1648)

Der durch politische und religiöse Gegensätze in den deutschen Territorien entfachte Krieg weitet sich durch das Eingreifen weiterer Mächte wie Frankreich und Schweden zu einem europäischen Konflikt aus. Der im Zug der Gegenreformation verschärfte Konfessionsstreit und politische Konflikte unter den Reichsständen führen zur Bildung der Protestantischen Union (1608) und der Katholischen Liga (1609). Der Krieg verwüstet das »Heilige Römische Reich Deutscher Nation« dreißig Jahre lang und endet 1648 schließlich mit dem Westfälischen Frieden.

Urban VIII. 1623–1644

Giambattista Pamphili
geb. Rom 1574; gest. Rom 1655

Innozenz X. 1644–1655

Giambattista Pamphili wird am 7. Mai 1574 als Sohn einer aus Gubbio stammenden Familie in Rom geboren. Nach dem Erwerb eines Doktors der Rechte schlägt er eine juristische Laufbahn bei der Kurie ein, wird päpstlicher Nuntius in Frankreich und Spanien und 1627 Kardinal. Am 15. September 1644 wird er auf den päpstlichen Stuhl erhoben und nimmt den Namen Innozenz X. an.

Zu Beginn seines Pontifikats erhöht er die Zuwendungen an die Venezianer und Polen als Dank für ihren Kampf gegen die Türken. 1648 endet der Dreißigjährige Krieg mit dem Westfälischen Frieden. Innozenz verwahrt sich gegen die Verträge, weil sie für die katholische Kirche ungünstig ausfallen. Paktische Konsequenzen hat dies indessen nicht – den Verträgen war eigens eine Klausel vorangestellt worden, die alle Einsprüche von vornherein für ungültig erklärte.

Wie seine Vorgänger vollzieht er die Beschlüsse des Konzils von Trient und eröffnet neue Seminare, fördert die Mission und die Bekehrung von Häretikern. 1653 verurteilt er fünf Sätze aus dem Werk von Cornelius Jansen als häretisch. Dies heizt den Streit um den Jansenismus aber nur noch mehr an, der besonders in Frankreich viele Anhänger hat, u.a. Blaise Pascal. Es geht dabei um die Frage, wie die Erlösung des Menschen zustande kommt, also um das Verhältnis von Gnade Gottes und freiem Willen des Menschen. Gegner des Jansenismus, der die Gnade Gottes betont, sind die Jesuiten und vor allem Kardinal Mazarin, der für Ludwig XIV. Frankreich regiert.

1650 feiert der Papst ein Heiliges Jahr. In dessen Verlauf tritt der Kontrast zwischen den geistlichen Idealen der Kirche wie Buße und Gebet, die der Papst im Vordergrund sehen will, und der weltlichen Prachtentfaltung der europäischen Herrscher deutlich zutage. Das Zeitalter des Barock erlebt seinen Höhepunkt. Chroniken berichten, dass der Botschafter Philipps IV. von Spanien mit einem Gefolge von 300 Karossen in Rom eintraf, die Gesandschaft Österreichs 160 Equipagen mit sich führte und die religiösen Bruderschaften die Stadt mit prächtigen Darbietungen unterhielten. Gleichzeitig müssen rund 300 000 Pilger versorgt werden, um die der Papst sich kümmert, um sie vor Wucher zu bewahren. Die Sorge um Arme und Gefangene ist ihm ein tiefes Anliegen.

Innozenz liebt die Künste und verschönert Rom durch Kirchen und Denkmäler, er gestaltet die Piazza Navona, die Villa Pamphili, das Innere der Lateranbasilika.

Er stirbt am 7. Januar 1655. Den Verwandten des Papstes, allen voran seiner Schwägerin Olimpia Maidalchini, die den greisen Innozenz während seiner Amtszeit völlig beherrscht hat, wird nachgesagt, dass sie noch während seines Todeskampfes alles aus den päpstlichen Gemächern mitgehen lassen, dessen sie habhaft werden können. Als man Olimpia allerdings bittet, die Kosten für die Beerdigung zu tragen, weigert sie sich mit dem Hinweis, dass sie nur eine arme Witwe sei. Der Papst erhält ein schlichtes Begräbnis in St. Peter, sein Leichnam wird aber 1677 auf Veranlassung seines Neffen Camillo in den von Innozenz selbst in Auftrag gegebenen Neubau der Kirche Sant' Agnese an der Piazza Navona überführt und in einem prächtigen Grabmal beigesetzt.

Die Pamphili

Die römische Familie der Pamphili stammt aus Gubbio und erreicht den Höhepunkt ihrer Macht im 17. Jahrhundert, als sie einen Fürstentitel erhält und Giambattista mit dem Namen Innozenz X. Papst wird. Der Name der Familie verbindet sich mit bedeutenden Kunstsammlungen im Palazzo Pamphili an der Piazza Navona. Camillo, Neffe von Innozenz X., ist General des Kirchenstaates und Kommandeur der päpstlichen Flotte. Er legt die Kardinalswürde ab, um Olimpia Aldobrandini zu heiraten, die Witwe von Paolo Borghese und Nichte von Papst Clemens VIII., und so der Familie eine Nachkommenschaft zu sichern. Die Familie die Pamphili erlischt 1760.

Innozenz X. 1644–1655

Fabio Chigi

geb. Siena 1599; gest. Rom 1667

Alexander VII. 1655–1667

Er wird am 13. Februar 1599 als Sohn einer reichen Familie von Bankiers und Päpsten in Siena geboren. Der Palast der Familie in Rom ist heute Sitz der italienischen Regierung. Er studiert Philosophie, Recht und Theologie in seiner Geburtsstadt und tritt 1628 in den päpstlichen Dienst ein. 1635 wird er Bischof von Nardò (Apulien). Als Apostolischer Nuntius in Köln (1639–1651) nimmt er an den Verhandlungen für den Westfälischen Frieden (1648) teil. Innozenz X. ernennt ihn 1651 zum Kardinalstaatssekretär.

Am 7. April 1655 wird er nach einem fast dreimonatigen Konklave zum Papst gewählt und nimmt den Namen Alexander VII. an.

Während seines Pontifikats gerät er in Konflikt mit dem französischen Kardinal Mazarin und dem »Sonnenkönig« Ludwig XIV. von Frankreich, die zur Autonomie der gallikanischen Kirche zurückkehren wollen, einer von Rom weitgehend unabhängigen nationalen Kirche. Alexander verliert an den König die päpstlichen Exklaven Avignon und Venaisin in dem für ihn demütigenden Frieden von Pisa (1664).

Auf dem Gebiet der Glaubenslehre verdammt auch er die Lehre der Jansenisten und bekämpft sie in Frankreich und Holland. Er schickt Geld und geschulte Leute zu katholischen Fürsten, um sie im Kampf gegen die Häretiker zu unterstützen.

Mit großem Prunk empfängt er die Königin Christina von Schweden, die 1654 auf ihren Thron verzichtet, weil sie zum Katholizismus übergetreten ist. Sie lebt von da an in Rom, um sich ihren kulturellen Interessen und der Wohltätigkeit zu widmen.

In Paris gründet der Papst das Seminar für Mission, um die Priester für ihre Aufgaben in aller Welt vorzubereiten. In seinen Instruktionen werden die Bischöfe aufgefordert, nur gesunde, moralisch und geistig integre Männer zu entsenden, die Missionsreise sorgfältig vorzubereiten, die örtliche Kultur zu achten und sich nicht mit politischen Kolonialmächten gemein zu machen.

Alexander VII. ist ein großer Mäzen und fördert Künstler und Dichter. Er ergänzt die Vatikanische Bibliothek mit kostbaren Bänden und vergrößert verschiedene Sammlungen. Dank der Werke des genialen Bernini verschönert er das barocke Rom mit Palästen und Monumenten. Bernini gestaltet die prachtvollen Kolonnaden aus 284 Travertinsäulen auf dem Petersplatz, die beiden einander gegenüberliegenden Zwilingskirchen Santa Maria di Monte Santo und Santa Maria dei Miracoli an der Piazza dei Populo und vieles andere mehr.

Alexander ist ein tief religiöser Mann. Täglich meditiert er über den Schriften des Franz von Sales (1567–1622), den er 1665 heiligspricht.

Er stirbt am 22. Mai 1667 und wird im Petersdom in einem prächtigen Grabmal von Bernini beigesetzt.

HINTERGRUND

Die Religionspolitik des Sonnenkönigs

Ludwig XIV. (1643–1715) verteidigt den katholischen Glauben. Er unterdrückt den Protestantismus und widerruft die Beschlüsse des Edikts von Nantes (1598), mit dem die Hugenottenkriege beendet und Religionsfreiheit zugesichert worden war, mit dem Edikt von Fontainebleau (1685), das die Praktizierung des protestantischen Glaubens verbietet. Dieses Edikt führt zur Emigration von mindestens 200 000 Hugenotten. Der König verfolgt auch die Jansenisten und hebt 1709 das Kloster von Port Royal nahe Versailles auf, das Zentrum des Jansenismus war.

Alexander VII. 1655–1667

Giulio Rospigliosi
geb. Pistoia 1600; gest. Rom 1669

Clemens IX. 1667–1669

Giulio Rospigliosi entstammt einem Adelsgeschlecht und wird am 27. Januar 1600 in Pistoia geboren. 1623 beendet er in Pisa sein Studium der Theologie und beider Rechte und tritt 1624 in den Dienst der Kurie. Urban VIII. ernennt ihn zum Erzbischof und entsendet ihn als Nuntius an den Hof Philipps IV. von Spanien. 1657 beruft ihn Papst Alexander VII. zum Kardinalstaatssekretär (neben dem Papstneffen Kardinal Flavio Chigi). Am 20. Juni 1667 wird er zum Papst gewählt und nimmt den Namen Clemens IX. an.

Kaum inthronisiert, muss er sich um die Auseinandersetzungen mit dem Jansenismus kümmern, die Frankreich erschüttern. Nach langen Verhandlungen und dem Eingreifen König Ludwigs XIV., aber auch dank seiner Milde (*clemens* = mild) gelingt es Clemens IX., die französischen Bischöfe, die mit dem Jansenismus sympathisieren, durch den »Clementinischen Frieden« (1669) zu beruhigen: Die Bischöfe unterschreiben schließlich das unter Alexander VII. ausgefertigte Dokument, in dem fünf Lehrsätze des Cornelius Jansen verdammt werden.

Clemens fördert Wissenschaft und Künste, schreibt selbst religiöse Dramen nach spanischen Vorbildern. Er ist auch bekannt dafür, dass er die Komische Oper geschaffen hat. Deren Prototyp *Chi soffre speri* (Wer leidet, mag hoffen) wird im Palazzo Barberini 1639 uraufgeführt.

Der Papst ist ein Vorbild an christlicher Frömmigkeit. Er besucht oft Krankenhäuser und kümmert sich selbst um die Kranken. Er isst täglich mit Bettlern und bedient sie selbst mit großer Demut; er nimmt Reumütigen die Beichte ab und unterhält zu allen freundliche Beziehungen ohne Ansehen der Person. Er senkt Steuern für Lebensmittel, darunter die verhasste Mehlsteuer, die Urban VIII. eingeführt hat; zugleich gelingt es ihm, die öffentlichen Finanzen zu sanieren.

Clemens IX. möchte eine neue Heilige Liga gegen die Türken gründen, doch trotz heldenhafter Verteidigung der Venezianer wird auch Candia (heute Heraklion), die letzte katholische Bastion auf der Insel Kreta, am 6. September 1669 von den Türken erobert.

Der Papst stirbt wenig später infolge eines Schlaganfalls am 9. Dezember 1669. Er wird im Vatikan bestattet, 1680 wird seine sterbliche Hülle nach Santa Maria Maggiore überführt. Das Volk verehrt ihn als Heiligen.

Cornelius Jansen (1585–1638)

Der Niederländer ist Professor für Theologie in Löwen und seit 1636 Bischof von Ypern. In jener Zeit steht im Mittelpunkt theologischen Denkens die Frage nach dem Verhältnis zwischen göttlicher Gnade und dem freien Willen des Menschen. Jansen hebt die Bedeutung der Gnade bis hin zur Prädestination hervor. Die Verderbtheit menschlichen Willens könne nur durch die Unwiderstehlichkeit der göttlichen Gnade bezwungen werden. Diese Lehre wird heftig bekämpft, und es kommt zu häufigen Verurteilungen durch die Kirche (1653, 1705, 1713). Der Konflikt wird durch die Vermittlung Clemens' IX. zwar eingedämmt, schwelt aber auch nach der Aufhebung des Klosters von Port Royal 1709 weiter.

Clemens IX. 1667–1669

Emilio Altieri
geb. Rom 1590; gest. Rom 1676

Clemens X. 1670–1676

Emilio Altieri wird am 12. Juli 1590 als Spross einer vornehmen römischen Patrizierfamilie geboren. Er beendet sein Rechtsstudium an der Universität La Sapienza, wird Gesandter in Polen, Bischof in Camerino, Gouverneur von Loreto und Umbrien, päpstlicher Nuntius in Neapel und 1667 Kämmerer bei Papst Clemens IX., der ihm kurz vor seinem Tod den Kardinalspurpur verleiht. Nach einem fast fünf Monate langen Konklave nimmt er, eigentlich gegen seinen Willen, die Papstwahl vom 29. April 1670 an und nennt sich Clemens X.

Der venezianische Botschafter Antonio Grimani lobt an ihm besonders die Sparsamkeit, mit der er das Geld der Kirche verwaltet, von der er sagt, er sei nicht ihr Herr, sondern ihr Verwalter.

Auf dem Gebiet der Außenpolitik versucht er ohne großen Erfolg, Frieden zwischen den christlichen Staaten zu stiften, besonders zwischen Frankreich und Spanien. Mit großzügiger finanzieller Hilfe unterstützt er den polnischen König Jan Sobieski, der 1673 am Dnjestr den Vormarsch der Türken siegreich aufgehalten hat, die die Balkanhalbinsel besetzt und Polen bedrohlich nahegerückt waren.

Die Innenpolitik überlässt der altersschwache Clemens X. Kardinal Paluzzi, dem Onkel seiner Nichte, dessen Lebensführung aber weder der Kurie noch dem Volk gefällt.

Seine ungewöhnlich zahlreichen Heiligsprechungen gelten unter anderen dem Jesuiten Franz von Borgia, Cajetan von Thiene (Begründer des Theatinerordens), dem Karmeliter Johannes vom Kreuz und Rosa von Lima, der ersten Heiligen Südamerikas.

1675 feiert er ein Heiliges Jahr, das wie das vorhergehende von Pracht und Prunk gekennzeichnet ist. Das hohe Alter des Papstes – er ist 85 Jahre alt – hindert ihn, überall dabei zu sein. Nach den Chroniken beteiligen sich an den Feierlichkeiten etwa 1 400 000 Pilger, darunter auch Christina von Schweden.

Clemens X. stirbt am 22. Juli 1676 und wird in St. Peter in einem prächtigen Grabmal bestattet, das sein Verwandter Kardinal Paluzzi hat errichten lassen.

Christina von Schweden (1626–1689)

Sie ist als Tochter König Gustav Adolfs von Schweden die letzte Nachfahrin der Wasa, besteigt den Thron mit sechs Jahren und regiert mithilfe des Großkanzlers Axel Oxenstierna. Sie erlebt das Ende des Dreißigjährigen Krieges, der Schweden die Herrschaft über das Baltikum und die Ostsee sichert. Doch sie zieht der Regierung des Landes Gespräche mit Geistesgrößen wie Grotius und Descartes vor und konvertiert zum Katholizismus. Sie gibt Thron und Politik auf und zieht 1655 nach Rom, wo sie sich der Sammlung von Kunstgegenständen und Büchern widmet (ihre Bibliothek erwirbt Alexander VIII.; heute befindet sie sich im Vatikan).

Clemens X. 1670–1676

geb. Como 1611; gest. Rom 1689

Innozenz XI. 1676–1689

Enzyklika

Dieser Begriff stammt vom lateinischen *litterae encyclicae*, Rundbriefe, und bezeichnet die Botschaften, welche der Papst an die Bischöfe und Gläubigen in aller Welt richtet. Mit einer Enzyklika gibt der Papst die Lehrmeinung der Kirche in einer Streitfrage wieder oder benennt Kriterien, nach denen die Gläubigen zu handeln haben. Der Text wird in der Regel auf Latein verfasst. Benannt werden die Enzykliken nach den ersten Worten des lateinischen Textes.

Benedetto Odescalchi wird am 19. Mai 1611 in Como geboren. Er besucht das Jesuitenkolleg in Como, arbeitet in Genua in der Bank seines Vaters, studiert in Rom und Neapel, wo er in Rechtswissenschaft promoviert. Zu Beginn seiner Priesterlaufbahn wird er Protonotar und Vorsitzender der Apostolischen Kammer. Er wird Bischof von Como, mit 34 Jahren Kardinaldiakon von St. Cosmas und Damian, päpstlicher Legat in Ferrara und 1650 Bischof von Novara. Am 20. September 1676 wird er, gegen seinen Willen, auf den päpstlichen Thron erhoben und nennt sich Innozenz XI.

Dieser Papst stellt hohe Geldsummen zur Verfügung, um Leopold I., Kaiser des »Heiligen Römischen Reiches Deutscher Nation« (1658–1705), und den König von Polen, Jan Sobieski (1674–1696), in ihrem Kampf gegen die Wien belagernden Türken zu unterstützen. Am 12. September 1683 wird Wien befreit; die Türken werden in der Schlacht am Kahlenberg vernichtend geschlagen. Diese Niederlage der Türken markiert den Beginn des langsamen, aber unaufhaltsamen Falls des Osmanischen Reiches. Der Papst führt zum Dank das Fest Mariä Namen am 12. September ein, da Maria die Hilfe zum Sieg zugeschrieben wird.

Innozenz XI. setzt sich mit dem französischen König Ludwig XIV. auseinander, der für die gallikanische Kirche gewisse Freiheiten gegenüber Rom fordert und die Unabhängigkeit weltlicher von kirchlicher Macht und den Vorrang allgemeiner Konzile vor dem Papst betont. Innozenz reagiert, indem er die sog. Gallikanischen Artikel, die die französischen Geistlichen 1682 auf Veranlassung Ludwigs XIV. feierlich beschlossen hatten, für nichtig erklärt und die Ernennung von Bischöfen durch den König nicht anerkennt. Der Konflikt spitzt sich in den kommenden Jahren immer weiter zu und führt fast zum offenen Bruch mit Frankreich. Alle Vermittlungsversuche scheitern, die Differenzen bleiben bis zum Ende des Pontifikats Innozenz' XI. ungelöst.

Eine Zeitlang toleriert Innozenz die Lehren des spanischen Priesters und Mystikers Miguel de Molinos (1640–1697), schließlich aber verurteilt er ihn und den von ihm vertretenen Quietismus, nach dem wahres Christentum nicht in der aktiven Befolgung von Glaubenssätzen oder in guten Worten besteht, sondern in der völligen Hingabe an Gott in Gebet und Meditation, die jeden eigenen Willen aufgibt. Der Papst hat manche Sympathien für die Jansenisten wegen ihres sittlichen Ernstes und hat auf der anderen Seite Vorbehalte gegen die Jesuiten, die ihm moralisch zu lax sind.

Innozenz ist ein selbstloser, integrer Mann, der jeglichen Prunk ablehnt, streng mit sich selbst und anderen ist. Er arbeitet an der Aktualisierung der Beschlüsse des Konzils von Trient. Nepotismus und der willkürlichen Vergabe von Ämtern am Hof will er ein Ende machen und verlangt vom Klerus Bildung, Wissen und Tugendhaftigkeit. Von seinen Einkünften behält er nur eine jährliche Rente für sich und gibt den Rest für kirchliche Belange und Arme aus. Auch die Staatsfinanzen bringt er in Ordnung.

Er stirbt am 12. August 1689 und wird im Petersdom bestattet. Pius XII. spricht ihn 1956 selig. Sein Fest wird am 12. August begangen.

Sel. Innozenz XI. 1676–1689

Pietro Ottoboni
geb. Venedig 1610; gest. Rom 1691

Alexander VIII. 1689–1691

Pietro Ottoboni wird am 22. April 1610 in Venedig als Sohn einer adeligen Familie geboren. Er studiert in Padua beide Rechte. In Rom beginnt er seine Priesterlaufbahn. Er wird Gouverneur von Terni, Rieti und Spoleto. 1652 ernennt ihn Innozenz X. zum Kardinal, 1654 zum Bischof von Brescia. Mit 79 Jahren wird er am 6. Oktober 1689 zum Papst gewählt und nimmt den Namen Alexander VIII. an.

Gleich nach seiner Wahl lässt er den von seinem Vorgänger verurteilten Nepotismus unbekümmert wieder aufleben: ein Bruder wird zum Generalgouverneur der Kirche ernannt, ein Neffe wird in jugendlichem Alter Kardinal, ein anderer Oberbefehlshaber der Seestreitkräfte. Es ist, als habe der greise Papst zu seiner Familie gesagt: »Beeilen wir uns, es ist fünf Minuten vor zwölf!«

Alexander versucht, die Beziehungen zu Frankreich aus der Sackgasse zu führen; doch in der entscheidenden Frage, nämlich seiner Ablehung der vier gallikanischen Artikel von 1682, ist er nicht gewillt nachzugeben und verweigert allen Bischöfen seine Anerkennung, die sich nicht von dieser Erklärung distanzieren.

Innerkirchlich erneuert Alexander VIII. die Verurteilung des Jansenismus und verurteilt 31 jansenistische Lehrsätze über die Jungfrau Maria, die Buße, die Taufe und die Autorität der Kirche. Aber auch einige Lehrsätze der Jesuiten, die moralisch zu lax sind, werden ausdrücklich als falsch bezeichnet. Die Quietistischen Lehren des spanischen Mystikers Miguel de Molinos, nach denen fromme Passivität und Hingabe an Gott oberste Tugend ist, lehnt er ab und bestraft ihre Anhänger mit lebenslanger Haft.

Zwei Franziskaner spricht er selig: Pascal Baylon (1540–1592), einen einfachen Laienbruder, sowie Johannes von Capestrano (1386–1456), den großen Prediger und Gründer zahlreicher Franziskanerklöster.

Alexander VIII. ist ein Liebhaber der Literatur. Er erwirbt auf eigene Kosten die Bücher und Dokumente aus dem Nachlass Christinas von Schweden nach ihrem Tod 1689 und vermacht sie der Vatikanischen Bibliothek.

Durch seinen Nepotismus hat er sich die Sympathien mancher Römer verscherzt. Doch dank seiner Nächstenliebe und durch den Import preisgünstiger Lebensmittel hat er vielen Armen geholfen und die Stadt vom Hunger befreit.

Er stirbt am 1. Februar 1691 und wird in St. Peter beigesetzt.

Hl. Johannes von Capestrano (1386–1456)

In Capestrano geboren, studiert Johannes Rechtswissenschaft und wirkt als Richter in Perugia. 1416 tritt er dort bei den Franziskaner-Observanten ein und beginnt nach 1417 eine vierzigjährige Predigertätigkeit, die ihn durch Italien und Mitteleuropa führt.
Er schlichtet Streit, gründet zahlreiche Klöster und ist Ratgeber von Päpsten und Fürsten. Seinem mutigen Beistand wird die Rettung Belgrads 1456 vor den Türken zugeschrieben.
Von seinen Schriften ist *De papae et concilii auctoritate* (Die Autorität des Papstes und des Konzils) erhalten.
Seinen Festtag feiert die Kirche am 23. Oktober.

Alexander VIII. 1689–1691

geb. Spinazzola 1615; gest. Rom 1700

Innozenz XII. 1691–1700

Am 12. Juli 1691 wird Antonio Pignatelli nach einem fünfmonatigen Konklave, das sich durch Vetos der verschiedenen Länder in die Länge gezogen hat, auf den päpstlichen Thron erhoben und nimmt den Namen Innozenz XII. an. Am 13. März 1615 ist er als Spross einer adeligen neapolitanischen Familie auf der Burg von Spinazzola (bei Bari) auf die Welt gekommen. Nach seiner Promotion zum Doktor der Rechte in Rom wird er Apostolischer Nuntius in Wien und von Innozenz XI. zum Kardinal und Bischof von Faenza ernannt. Er wird auf Wunsch des Papstes Legat in Polen (1660), in Wien (1668) und Erzbischof von Neapel (1687).

Innozenz beendet nach langen Verhandlungen den politisch-religiösen Konflikt mit Ludwig XIV. von Frankreich. Der König willigt ein, dass alle Bischöfe, welche die vier Gallikanischen Artikel von 1682 unterschrieben haben, ihre Unterschrift zurückziehen können. Nun holt der Papst die kanonische Einsetzung der Bischöfe nach. Allerdings wird der Gallikanismus in der französischen Kirche bis zur Revolution weiterhin eine wichtige Rolle spielen.

1697 erfährt er zu seiner großen Freude, dass die Türken vor Wien von Prinz Eugen von Savoyen erfolgreich besiegt worden sind und Kurfürst Friedrich August von Sachsen I. der Starke (1694–1733) dem Luthertum abgeschworen hat, um Nachfolger Jan Sobieskis auf dem polnischen Königsthron zu werden.

Auch dieser Papst hält die Verurteilung des Jansenismus aufrecht. Auf den Druck Ludwigs XIV. hin wendet er sich außerdem gegen die mystischen Lehren der Madame de Guyon (1648–1717) zu deren Förderern Fénelon, der Erzbischof von Cambrais, zählt.

In Wohltätigkeit und Sorge für die Bürger lässt sich Innozenz kaum übertreffen. Mit den Armen teilt er sein Einkommen und verfügt testamentarisch, dass sein Erbe verkauft und der Erlös an die Armen verteilt wird. An Bedürftige, die unter den Folgen der Tiberüberschwemmung von 1695 und eines Erdbebens leiden, lässt er Hilfsgüter verteilen. Im Lateran richtet er ein Hospiz für Arbeitsunfähige und Bettler ein. Mit der Veröffentlichung eines Erlasses versucht er 1692, dem Nepotismus endgültig den Garaus zu machen, und untersagt strikt jede Vergünstigung gegenüber päpstlichen Verwandten. Er ordnet an, dass Kleriker die Soutane tragen, fordert sie zu regelmäßigen Exerzitien auf und bekämpft den Luxus.

Innozenz XII. folgt den Spuren seines Vorgängers, bestraft Amtsmissbrauch am Hof und betreibt eine strenge Sparpolitik. Zu Koordinierung der Verwaltung und Neuorganisation der Staatsfinanzen vereint er die Ministerien der Kurie zu einem einzigen Gremium im Palazzo Montecitorio (heute Sitz der Abgeordnetenkammer). Für die Mission in Afrika, Asien und Mittel- und Lateinamerika gibt er große Geldsummen aus.

1700 eröffnet er die Feiern zum Heiligen Jahr, doch er stirbt am 27. September in Monte Cavallo. Sein Leib wird nach Rom überführt und in St. Peter begraben, nach seinem Willen in einem einfachen Sarg. 1746 wird ein prächtiges Grabmal für ihn errichtet.

Die Mission

»Ihr sollt die Menschen nicht unter Druck setzen, damit sie ihr Verhalten und ihre Sitten ändern, es sei denn, sie widersprächen der Religion und der natürlichen Moral. Was wäre absurder, als Frankreich, Spanien oder Italien oder irgendein anderes Land nach China zu transportieren? Führt in ihr Leben nicht das ein, was europäisch ist, sondern nur den Glauben, der die Gewohnheiten und Sitten keines Volkes verachtet oder zerstört, immer vorausgesetzt, dass sie nicht schädlich sind, und sich wünscht, dass sie unversehrt bleiben.«

Aus den Instruktionen der Kongregation für die Verbreitung des Glaubens von 1659

Innozenz XII. 1691–1700

Giovanni Francesco Albani
geb. Urbino 1649; gest. Rom 1721

Clemens XI. 1700–1721

Aus einer römischen Senatorenfamilie stammend, wird er am 23. Juli 1649 in Urbino geboren. An der römischen Akademie *Arcadia*, die Christina, die ehemalige Königin von Schweden, gegründet hat, erhält er eine gründliche Ausbildung und in Urbino studiert er Jura. Dann übernimmt er verschiedene Aufgaben an der Kurie, wird 1687 zum Kuriensekretär befördert und 1690 zum Kardinaldiakon ernannt. Am 23. November 1700 wird er einstimmig zum Papst gewählt, wehrt sich aber heftig dagegen und nimmt die Wahl erst nach einigen Tagen Bedenkzeit an. Der Einundfünfzigjährige, der erst im September 1700 zum Priester geweiht worden war, wählt den Namen Clemens XI. Seine Weihe und Inthronisation erfolgt am 8. Dezember im Petersdom.
An Weihnachten des Jahres 1700 beendet er das Heilige Jahr, das noch sein Vorgänger ausgerufen hatte. Trotz des Tiberhochwassers nehmen viele Pilger teil, doch die Feiern sind im Vergleich zu den früheren weniger der Pracht als der geistlichen Sammlung gewidmet.
Im Spanischen Erbfolgekrieg (1701–1714), bei dem der Thron sowohl von den Bourbonen und den Habsburgern gefordert wird, bemüht sich Clemens XI. vergeblich, die Neutralität zwischen dem französischen König Ludwigs XIV. und dem Habsburger Leopold I. aufrechtzuerhalten. Die kriegerischen Auseinandersetzungen finden in Flandern, am Rhein, in Bayern und auf italienischem Boden statt. Nach dem Frieden von Utrecht von 1713 wird der Einfluss Spaniens auf Italien durch den Österreichs ersetzt und der Papst verliert einige italienische Gebiete.
1713 veröffentlicht Clemens XI. die Bulle *Unigenitus Dei Filius* gegen den Jansenismus in Frankreich. Sie löst heftigen Widerstand aus, der erst Jahre später zur Ruhe kommt.
Clemens XI. unterstützt die Mission zur Verbreitung des Glaubens in China, Persien, Äthiopien und Ägypten und kämpft dafür, dass die den Katholiken in Syrien und Armenien von Muslimen und schismatischen Griechen verwehrte Religionsfreiheit wiederhergestellt wird. Die Mission in China und Japan führt allerdings zur Christenverfolgung und zur Schließung der Missionsstationen.
Clemens ordnet die Feier des Festes der Unbefleckten Empfängnis Mariens am 8. Dezember in allen Kirchen der Welt an, 1477 hatte Sixtus IV. das Fest in Rom eingeführt.
Clemens ist ein fähiger Politiker und hoch gebildeter Mann. Er bereichert die Vatikanische Bibliothek durch griechische und lateinische Manuskripte und gründet eine Bibliothek in Urbino. Er fördert das Interesse an der Literatur. Er verbietet die Zerstörung von Kunstwerken und den Export antiker Funde.
Am 19. März 1721 stirbt er und wird im Petersdom bestattet.

EREIGNISSE

Der Friede von Utrecht (1713)

Es handelt sich um ein komplexes Werk aus bilateralen Verträgen zwischen Frankreich und England, den Niederlanden, Portugal, Preußen und Savoyen, mit dem der Spanische Erbfolgekrieg endet. Philipp V. von Anjou wird König von Spanien und verzichtet auf den französischen Thron. Spanien tritt Gibraltar an England ab und verliert seine Territorien in Italien. Frankreich erkennt die englische Erbfolge an (Georg I. als englischer König), und tritt amerikanische Kolonien an England ab (Neufundland, Hudson-Bay). Savoyen erhält das Königreich Sizilien sowie die Thronfolge in Spanien beim Aussterben der dortigen Bourbonen. Kurfürst Friedrich III. von Brandenburg wird als König von Preußen anerkannt.

Clemens XI. 1700–1721

Michelangelo dei Conti
geb. Poli 1655; gest. Rom 1724

Innozenz XIII. 1721–1724

Michelangelo dei Conti wird am 13. Mai 1655 in Poli (bei Palestrina) als Sohn des Herzogs von Poli geboren. Er stammt aus derselben hochadeligen Familie, der der Grafen von Segni, wie der bedeutendste Papst des Hochmittelalters, Innozenz III. Er studiert in Ancona und am römischen Jesuitenkolleg und tritt früh in den Dienst der Kurie. Er wird Gouverneur von Ascoli, Frosinone und Viterbo, später Nuntius in der Schweiz und in Portugal. Clemens XI. verleiht ihm 1706 den Kardinalspurpur. Am 8. Mai 1721 wird er zum Papst gewählt und nimmt den Namen Innozenz XIII. an.

Der Kirchenhistoriker Ludwig von Pastor schreibt in seiner Papstgeschichte über ihn: »Sämtliche Zeitzeugenberichte stimmen darin überein, dass Michelangelo Conti alle seine Pflichten hervorragend erfüllte und von tadellosem Lebenswandel und großer Klugheit war. Besonders werden seine guten Beziehungen erwähnt, die er als fähiger Diplomat zu allen Mächten pflegte.«

Sein friedfertiges Wesen macht sich politisch-klug bemerkbar: Er verpflichtet sich Kaiser Karl VI. (1711–1740), den er mit Neapel und Sizilien belehnt, ernennt einen Wunschkandidaten des französischen Königs zum Kardinal und bewilligt dem noch immer auf den englischen Thron hoffenden Stuart-Spross Jakob III. feste Bezüge und setzt ihm 10 000 Dukaten für den Fall aus, dass es ihm gelänge, seine Heimat Britannien zu rekatholisieren. Dem Großmeister des Malteserordens stellt er eine große Summe zur Verfügung, um sich gegen die Türken zu verteidigen.

1722 bestätigt er die Gültigkeit der Bulle Clemens' XI. gegen die Irrwege der Jansenisten. Er tadelt aber auch die Jesuiten und verpflichtet sie zum Gehorsam, als er erfährt, dass sie gegen das Verbot Clemens' IX. unter den Christen Chinas auch traditionelle chinesische Rituale dulden. Daraus entwickelt sich ein Konflikt, der 1773 – auch aus einer Reihe anderer Ursachen – mit dem Verbot des Ordens durch Papst Clemens XIV. endet.

Innozenz kümmert sich besonders um die Finanzverwaltung des Kirchenstaates und betreibt eine umsichtige Sparpolitik. Zugleich jedoch fördert er Wissenschaft und Künste.

Innozenz stirbt am 7. März 1724 und wird in St. Peter bestattet.

Der Malteserorden

Der »Souveräne Ritter- und Hospitalorden vom Hl. Johannes zu Jerusalem«, kurz »Malteser« genannt, geht zurück auf ein Pilgerhospital, das Kaufleute von Amalfi Mitte des 11. Jahrhunderts in Jerusalem gegründet haben. Mit den Kreuzzügen wachsen dem Orden auch militärische Aufgaben zu. Papst Paschalis II. stellt den Orden 1113 unter päpstlichen Schutz und garantiert ihm Unabhängigkeit. Als Akkon 1291 fällt, geht der Orden zunächst nach Rhodos und nach der Eroberung von Rhodos durch die Osmanen 1522 nach Malta. Als Malta unter Napoleon verloren geht, besinnt sich der Orden wieder auf seine caritativen Aufgaben; Sitz ist seit 1834 Rom. Er ist der älteste sog. geistliche Ritterorden.

HINTERGRUND

Innozenz XIII. 1721–1724

Pietro Francesco Orsini
geb. Gravina 1649; gest. Rom 1730

Benedikt XIII. 1724–1730

Pietro Francesco Orsini wird am 2. Februar 1649 in Gravina (bei Bari) als Spross der adeligen Familie Orsini geboren, die sich noch zweier anderer Päpste rühmen kann: Coelestins III. und Nikolaus' III. Mit 19 Jahren verzichtet er auf sein Vermögen und tritt in den Dominikanerorden ein. Schon mit 23 Jahren wird er 1672 von Clemens X. zum Kardinal ernannt. Er wird Bischof von Manfredonia (1675), von Cesena (1680) und Erzbischof von Benevent (1686), wo er sich als fähiger und frommer Seelsorger auszeichnet.

Gegen seinen Widerstand wird er nach einem neunwöchigen Konklave am 29. Mai 1724 zum Papst gewählt und nimmt den Namen Benedikt XIII. an. Reinhardt Barth und Friedemann Bedürftig charakterisieren ihn in ihrem Papstlexikon folgendermaßen: »Auch als Papst bleibt der Dominikaner bescheiden und fromm, weist allen Pomp von sich und amtiert eher als fürsorglicher Bischof von Rom denn als Herr der Christenheit. Seine Weltfremdheit paart sich mit mangelnder Menschenkenntnis.« Die Regierungsgeschäfte vertraut er dem korrupten Kardinal Niccolò Coscia an, der gerissen in die eigene Tasche zu wirtschaften versteht, sodass der Kirchenstaat beim Tode des Papstes nehezu vor dem Ruin steht.

Benedikt fordert, dass Kleriker ihr geistliches Amt ernster nehmen und sich ausschließlich dem Hirtenamt widmen sollen. In der Absicht, die Sitten des Klerus zu erneuern, hält er 1725 eine Provinzialsynode im Lateran ab, auf der er den Luxus der Kleriker tadelt und das Tragen von modischer Kleidung, Perücken und gestutzten Bärten streng verbietet.

Er spricht eine Reihe christlicher Persönlichkeiten heilig, unter ihnen Isidor, den Schutzpatron von Madrid; Johannes vom Kreuz, den Reformator des Karmeliterordens; den Jesuiten Aloysius von Gonzaga; Johannes Nepomuk von Böhmen und Papst Gregor II. Er ernennt 29 Kardinäle, darunter Prosper Lambertini, den späteren Papst Benedikt XIV.

Feierlich weiht er die Abteikirche von Montecassino, das der Ordensvater Benedikt 539 gegründet hat. Das Kloster war von den Langobarden geplündert, von den Sarazenen niedergebrannt und durch Erdbeben schwer geschädigt, doch in jenen Jahren wieder aufgebaut worden.

Benedikt stirbt am 21. Februar 1730 und wird im Petersdom bestattet. Ein Jahr später wird sein Leichnam nach Santa Maria della Minerva überführt, nahe dem Dominikanerkloster, in das er sich zu Lebzeiten gern zurückzog.

Die Orsini

Die römische Adelsfamilie geht zurück auf Orso di Bobone, den Neffen Coelestins III. (1191–1198). Mit Matteo Rosso, der ebenso wie seine Söhne mehrfach das Senatorenamt bekleidet, gewinnt die Familie im 13. Jahrhundert so sehr an Einfluss, dass sie eine der wichtigsten von Rom wird. Seit der Orsini Nikolaus III. 1277 den Papsttrohn bestiegen hat, ist bis ins 15. Jahrhundert praktisch immer ein Mitglied der Familie im Kardinalskollegium vertreten. Die Gegenspieler der Orsini, mit denen sie um Einfluss ringen, sind in dieser Zeit die Colonna. Zur Familie der Orsini gehörte auch Clarice, die Frau des Florentiner Stadtherren Lorenzo de' Medici (»Der Prächtige«) und Mutter Leos X.

Benedikt XIII. 1724–1730

Lorenzo Corsini
geb. Florenz 1652; gest. Rom 1740

Clemens XII. 1730–1740

HINTERGRUND

Die Republik San Marino

Sie soll Anfang des 4. Jahrhunderts von Sklaven gegründet worden sein, die vor der Verfolgung durch Diokletian auf den Monte Titano geflohen waren. Bereits im 13. Jahrhundert ist San Marino eine Stadtrepublik mit eigenen Gesetzbüchern.
Sie wehrt sich gegen verschiedene Annexionsversuche vonseiten des Kirchenstaats. Napoleon und der Wiener Kongress erkennen sie als souveränen Staat an. 1862 erkennt auch das Königreich Italien die Unabhängigkeit San Marinos an, die Republik Italien bestätigt dies. Seit 1988 gehört San Marino zum Europarat, seit 1952 ist die nur sechzig Quadratkilometer große Republik mit 30 000 Einwohnern Mitglied der Vereinten Nationen.

Lorenzo Corsini wird am 7. April 1652 als ältester Sohn einer adligen Familie geboren. Er besucht das *Collegium Romanum* und studiert Jura in Pisa. Mit 33 Jahren gibt er sein Erbrecht auf und wird Priester. 1690 wird er Erzbischof von Nikomedia, 1706 Kardinal und Schatzmeister der Kirche, 1725 Kardinalbischof von Frascati. Nach einem viermonatigen Konklave findet am 12. Juli 1730 seine Papstwahl statt. Er nennt sich Clemens XII.

Bei den Amtsgeschäften steht dem 79-jährigen (ab 1732 erblindeten) Papst sein Neffe Neri Corsini zur Seite. Durch ihn lässt er Kardinal Coscia und andere, die sich unter der Regierung Benedikts XIII. betrügerisch bereichert haben, streng bestrafen: Sie werden aller ihrer Güter beraubt und in Castel Gandolfo eingekerkert.

Der internationale Ansehensverlust des Papsttums und sein weltlicher Machtverfall treten immer deutlicher zutage. Nach der Annexion von San Marino muss Clemens XII. nach einer Volksabstimmung die Unabhängigkeit und Freiheit des Kleinstaats anerkennen (1739). Im Frieden von Wien zwischen der österreichischen Seite und den spanischen Königen und ihren Bündnispartnern wird 1735 das italienische Territorium neu verteilt. Die Herrschaft Karls VII. wird in Nord- und Mittelitalien bestätigt, die Toscana erhält der Erbe Lothringens, Franz I., des Gemahl Maria Theresias. An Karl von Anjou fallen die Königreiche Neapel–Sizilien; die päpstlichen Ansprüche bleiben dabei unberücksichtigt.

Innerkirchlich hält der Papst Verbindung zu den mit Rom unierten Maroniten im Libanon; für sie gründet er in Rom ein Kolleg. Während in China und Japan die Evangelisierung zum Stillstand kommt, weil die Christen dort nicht erwünscht sind, unterstützt Clemens dennoch die Mission: Es gibt bescheidene Anfänge einer Kapuzinermission in Lhasa in Tibet, und auf den Philippinen schreitet die Entwicklung der Kirche voran.

Clemens XII. spricht 1737 Vinzenz von Paul heilig, den Gründer der Vinzentinerinnen und des Weltpriestervereins der Lazaristen. Er ist ein kompromissloser Gegner des Jansenismus. Nennenswert, aber fast folgenlos ist seine Verurteilung der Freimaurerei (1738).

Mit Lottogeldern (die Römer lieben dieses Spiel, das dieser Papst wieder eingeführt hat, nachdem es lange Zeit als »sündhaft« verboten war) und mit seinem privaten Vermögen erweitert er die Vatikanische Bibliothek. Auch er verschönert Rom: Die Anlage der Piazza di Trevi mit dem berühmten Trevi-Brunnen, die Fassade der Lateranbasilika und das Museum antiker Skulpturen sind ihm zu verdanken.

Clemens XII. stirbt am 6. Februar 1740 mit 88 Jahren. Er wird in der dem hl. Andreas Corsini geweihten Kapelle in der Lateranbasilika beigesetzt.

Clemens XII. 1730–1740

Prospero Lambertini
geb. Bologna 1675; gest. Rom 1758

Benedikt XIV. 1740–1758

Prospero Lambertini wird am 31. März 1675 in Bologna geboren. Nach dem Studium der Theologie und der Rechtswissenschaft durchläuft er schnell alle Stufen der kirchlichen Laufbahn: Sekretär der Konzilskongregation, Bischof von Ancona, Kardinal und Erzbischof von Ravenna und danach von Bologna. Am 17. August 1740 wird er nach einem schwierigen, sechsmonatigen Konklave zum Papst gewählt und nennt sich Benedikt XIV.

Wegen seiner Menschlichkeit, Güte, Ausgeglichenheit und Mäßigkeit, seiner Friedensliebe und seines politischen Geschicks wird er von Katholiken und Protestanten gleichermaßen geschätzt. Er versteht es, auf vernünftige und tolerante Art mit den durch Aufklärung und Absolutismus entstandenen Problemen umzugehen. Battista Mondin schreibt: »Man kann sagen, dass Papst Lambertini der erste ›moderne‹ Papst war, sofern er der Modernität auch positive Aspekte abgewinnen konnte wie die Unverletzlichkeit des Gewissens, die Pflicht zur Toleranz, die Wertschätzung der Freiheit.«

Benedikt XIV. festigt die diplomatischen Beziehungen zu Portugal, die Benedikt XIII. abgebrochen hatte, und schließt mit Sardinien, dem Königreich Neapel, Spanien (über Mailand) und Österreich Konkordate. Er pflegt gute Beziehungen zu den protestantischen Ländern. Anders als seine Vorgänger anerkennt er das preußische Königtum, womit er verhindert, dass Friedrich der Große (1740–1786) die durch die Eroberung Schlesiens gewachsene Schar katholischer Untertanen zu einer von Rom unabhängigen preußischen Staatskirche zusammenfasst.

Sein Pontifikat beginnt mit der Enzyklika *Ubi primum*, mit der er die Bischöfe auffordert, die Priesteramtskandidaten sorgfältig auf ihr Hirtenamt vorzubereiten und Seminare und Diözesen durch Visitationen zu beaufsichtigen. Er erinnert streng an die Unauflöslichkeit der Ehe und verurteilt Freimaurertum und Geheimbünde. Er lockert die Maßstäbe für den »Index verbotener Bücher«. Missionare fordert er auf, örtlichen Aberglauben zu bekämpfen; von den Missionaren in Südamerika verlangt er einen humaneren Umgang mit der eingeborenen Bevölkerung.

Benedikt hinterlässt ein umfangreiches Schrifttum, unter dem das Standardwerk »Die Seligsprechung und Kanonisierung der Diener Gottes« (4 Bände, 1734–1738) bis heute gültig ist.

Im Heiligen Jahr 1750 kümmert er sich um die Ausbesserung von Straßen, die Bereitstellung von Lebensmitteln, die Restaurierung der Kirchen. Vor allem ist ihm jedoch die »geistliche Ernte« dieses Ereignisses wichtig.

Benedikt bemüht sich trotz angespannter Kassenlage um die Förderung von Kunst und Wissenschaften. Der Universität Bologna vermacht er seine Privatbibliothek und richtet dort einen Lehrstuhl für Chemie und ein anatomisches Museum ein. Gegenüber Nichtkatholiken beweist er Toleranz, indem er die Bestimmungen für Mischehen liberalisiert. Horace Walpole (1717–1797) sieht in ihm »einen Priester ohne Anmaßung oder Eigennutz, einen Fürsten ohne Günstlinge, einen Papst ohne Nepoten«.

Benedikt XIV. stirbt am 3. Mai 1758 und wird in St. Peter beigesetzt.

Die Aufklärung

Sie ist eine europäische Geistesbewegung des 18. Jahrhunderts, die die »Dunkelheit« des Unwissens und des Aberglaubens mit dem Licht der Vernunft bekämpfen will. Sie beruht auf dem unbedingten Glauben an die Vernunft und die Natur: Der Mensch sei von Natur aus gut, man müsse ihn deshalb aus hergebrachten Zwängen befreien. Auch für die Religion gilt, dass man – jenseits von dogmatischen Festlegungen und kirchlicher Bevormundung – eine vernunftgemäße, »natürliche« Religion erstrebt. Die Naturwissenschaften blühen auf. Die Aufklärer sind überzeugt, dass sie durch Fortschritt und die Erziehung der Menschheit ein neues, glückliches Zeitalter herbeiführen können.

HINTERGRUND

Benedikt XIV. 1740–1758

Carlo Rezzonico

geb. Venedig 1693; gest. Rom 1769

Clemens XIII. 1758–1769

Carlo Rezzonico wird am 7. März 1693 in Venedig geboren. Nach Schuljahren am Jesuitenkolleg zu Bologna studiert er Theologie und Jura an der dortigen Universität. 1716 lässt er sich zum Priester weihen und wird Gouverneur von Rieti und Fano. 1737 ernennt ihn Clemens XII. zum Kardinal; Benedikt XIV. beruft ihn zum Bischof von Padua (1743). Am 6. Juli 1758 wird er zum Papst gewählt und nimmt den Namen Clemens XIII. an.

Sein Pontifikat wird durch die Aufklärung und Kirchenfeindlichkeit, die sich in ganz Europa ausbreiten, sehr erschwert. Er muss sich gegen immer dringlichere Forderungen zur Wehr setzen, Privilegien der Kirche abzuschaffen und ihre weltliche Macht zu begrenzen. In vielen Ländern werden Klöster und Orden aufgehoben und Mönche vertrieben. Vor allem aber muss der Papst die Jesuiten verteidigen, deren Güter konfisziert und deren Angehörige verfolgt und aus den katholischen Monarchien Portugal, Frankreich, Spanien, dem Königreich Neapel–Sizilien und dem Herzogtum Parma und Piacenza vertrieben werden. Auf die Forderung eines ausdrücklichen Jesuitenverbots antwortet Clemens XIII. mit der Bulle *Apostolicum pascendi* (1764), in der er die »Gesellschaft Jesu« und ihr Wirken rühmt. Die erhoffte Wirkung hat dies nicht. Es wird weiter gegen die Jesuiten vorgegangen. Im Januar 1769 fordern die Staaten den Papst offiziell auf, den Jesuitenorden aufzulösen. Die Lage ist dringlich und der Papst beruft eine Sondersitzung des Kardinalkonsistariums ein – am Tag vor der Sitzung stirbt er an einem Schlaganfall.

Der Papst führt 1765 das Herz-Jesu-Fest ein, das den Jesuiten viel bedeutet. Unter seinen vielen Selig- und Heiligsprechungen sind u.a. Josef von Calasanza, der Begründer des Schulordens der Piaristen, und Johanna Franziska von Chantal, die Gründerin des Ordens »Von der Heimsuchung Mariä« (Salesianerinnen).

Innerkirchlich muss Clemens sich mit nationalen Bewegungen auseinandersetzen: In Deutschland meldet sich seit 1763 der sog. Febronianismus des Nikolaus von Hontheim (1701–1790), der die Begrenzung päpstlicher Macht auf rein geistliche Jurisdiktion fordert. Der Papst verlangt von den Bischöfen, gegen diese Bewegung einzuschreiten; doch der deutsche Episkopat folgt dem nur halbherzig.

Als Kunstförderer macht er sich, obgleich er die Fontana di Trevi in Rom vollendet, eher lächerlich: Er lässt nackte Figuren auf Gemälden und Fresken an entsprechenden Stellen züchtig übermalen, Statuen mit Feigenblättern versehen.

Sein Todestag ist der 2. Februar 1769. Er wird im Petersdom in einem von Antonio Canova errichteten Grabmal beigesetzt.

HEILIGE

Hl. Josef von Calasanza (1556–1648)

Er ist 1556 in Peralta de la Sol in Spanien geboren und wird 1583 Priester in einer Pyrenäengemeinde. Nach einer Rom-Wallfahrt 1592 bleibt er dort und tritt in den Dienst des Kardinals Marcantonio Colonna. Im Pfarrhaus von St. Dorothea im römischen Stadtteil Trastevere eröffnet er 1597 die erste Volksschule Europas, die für Kinder mittelloser Eltern unentgeltlich ist. Für seine Mitarbeiter gründet er die Genossenschaft der »Regularkleriker von der frommen Schule« (Piaristen). Josef erlebt viele Enttäuschungen, Verleumdungen und ungerechte Anschuldigungen. Zeitweise wird der Orden sogar aufgelöst. 1648 stirbt Josef in Rom. Clemens XIII. spricht ihn 1767 heilig. Sein Festtag wird am 25. August begangen.

Clemens XIII. 1758–1769

geb. Sant'Arcangelo di Romagna 1705; gest. Rom 1774

Clemens XIV. 1769–1774

Er wird am 31. Oktober 1705 in Sant' Arcangelo di Romagna bei Rimini geboren, wo sein Vater Landarzt ist. Nach dem Tod seiner Eltern wird er mit 17 Jahren Franziskaner und erhält den Namen Bruder Lorenz. 1731 zum Doktor der Theologie promoviert, lehrt er an verschiedenen Kollegien Theologie und Philosophie. Ab 1746 berät er die Inquisitionsbehörde, das Hl. Offizium (heute: Glaubenskongregation), und 1759 ernennt ihn Clemens XIII. zum Kardinal. Am 19. Mai 1769 wird er zum Papst gewählt und nimmt den Namen Clemens XIV. an.

Während seines Pontifikats bekämpfen die katholischen Staaten weiterhin die Jesuiten und verlangen immer deutlicher das Verbot des Ordens. Auch die Kardinäle sind geteilter Meinung. Unter dem Druck antijesuitischer Politik Frankreichs, Spaniens und Portugals erlässt Clemens XIV., nach vier Jahren des Zögerns und der Hoffnung auf einen Kompromiss 1773 das folgenschwere Breve *Dominus ac Redemptor noster*, in dem er die umfangreichen Aktivitäten des einflussreichen Jesuitenordens ab sofort unterbindet. Dieses Breve wird von der europäischen Öffentlichkeit frenetisch als Sieg der Aufklärung gepriesen, der Mission in aller Welt und dem katholischen Bildungssystem versetzt es aber einen schweren Schlag. Viele Tausende Jesuiten werden Mitglieder des einfachen Klerus; sie werden aus den Ländern vertrieben, inhaftiert oder zur Flucht gezwungen; ihre Güter werden eingezogen. Nur Preußen und Russland verhindern die Veröffentlichung des Dokuments. Mit dem Jesuitenverbot verliert die Kirche weltweit das Unterrichtsmonopol, 800 Kollegien und über 15 000 Lehrer – ein unermesslicher Schaden für die Schul- und Missionsarbeit.

Als einzige Gegenleistung erhält Clemens XIV. von der französischen Regierung die Zusage, antikirchliche Propaganda besser zu kontrollieren, und Rom erhält Avignon und das Venaissin zurück. Mit England schließt der Papst Verträge ab, die den Katholiken im Land mehr Freiheit gewähren.

Mit Beifall wird aufgenommen, dass Clemens XIV. seit 1770 nicht mehr am Gründonnerstag die berüchtigte Bulle *In coena Domini* verlesen lässt. Diese sog. Abendmahlbulle, die eine Sammlung päpstlicher Exkommunikationsandrohungen und Bannflüche enthält, reicht bis ins 13. Jahrhundert zurück und erhielt unter Urban VIII. im 17. Jahrhundert ihre endgültige Fassung. Die Bulle ist seither nie mehr verkündet worden; Pius IX. hebt sie 1869 auch formell auf.

Im Kirchenstaat senkt Clemens Steuern und unterstützt Industrie und Handel, doch mit wenig Erfolg. Er fördert Künste, Wissenschaften und Literatur.

Am 22. September 1774 stirbt Clemens und wird im Petersdom beigesetzt. 1802 werden seine sterblichen Überreste in die Kirche Santi Apostoli überführt, die zu Kardinalszeiten seine Titelkirche war, und ihn nun mit einem prächtigen Grabmal von Antonio Canova ehrt.

Die Jesuiten

Im Klima der Aufklärung und des aufgeklärten Absolutismus Mitte des 18. Jahrhunderts sind die Jesuiten von Seiten europäischer Regierungen (mit Ausnahme Preußens und Russlands) schweren Repressalien ausgesetzt. Die Einmischung des Ordens in politische Fragen wird nicht mehr toleriert. 1759 beschlagnahmt der Regierungschef Portugals, Pombal, ihre Güter und vertreibt sie aus dem Land, 1762 werden sie wegen des Jansenismusstreits aus Frankreich verjagt, 1767 aus Spanien. Clemens XIV. sieht sich 1773 gezwungen, den Orden aufzuheben. Erst 1814 wird der Orden wieder zugelassen.

WISSENSWERTES

Clemens XIV. 1769–1774

Giovanni Angelo Braschi

geb. Cesena 1717; gest. Valence du Rhône 1799

Pius VI. 1775–1799

Aus verarmter Adelsfamilie stammend, wird er am 25. Dezember 1717 in Cesena Romagna geboren. Mit siebzehn Jahren ist er bereits Doktor der Rechte und wird Sekretär von Kardinal Antonio Ruffo. Erst mit über vierzig Jahren wird er Priester. Papst Benedikt XIV. erwählt ihn zu seinem Privatsekretär und Clemens XIV. ernennt ihn zum Kardinal. Am 15. Februar 1775 wird er nach einem 134-tägigen Konklave zum Papst gewählt und nimmt den Namen Pius VI. an.

Sein Pontifikat beginnt mit der Feier eines Heiligen Jahres, an dem jedoch wegen des gespannten politischen und kulturellen Klimas nur wenige Pilger teilnehmen. Als Landesherr verbessert er die Bedingungen für Landwirtschaft und Handel, baut Wohnungen und Straßen und gibt große Summen für die Trockenlegung der Sümpfe aus. Er fördert die Künste und Wissenschaften; so lässt er archäologische Grabungen durchführen, erweitert die Sammlung des Museums Pio-Clementino und baut die Sakristei und den Kapitelsaal von St. Peter. Trotz prekärer Kassenlage, weil seine Bauvorhaben riesige Summen verschlingen, lässt er wieder den Nepotismus aufleben: Seinen Neffen Luigi bedenkt er mit reichen Geschenken und fördert dessen prunkvollen Palazzo Braschi.

Er erkennt stets zu spät in seinem langen Pontifikat, was die Stunde geschlagen hat. Sein Papsttum wird von den neuen geistigen Strömungen (Aufklärung, Rationalismus, Säkularismus) bedrängt, die für die Kirche gravierende Folgen haben. In Österreich vertritt Kaiser Joseph konsequent den nach ihm benannten Josephinismus, eine staatliche Verwaltung, die ganz nach den Prinzipien aufklärerischer Vernunft durchgestaltet ist. Das bedeutet auf der einen Seite religiöse Toleranz – die katholische Kirche verliert damit ihre Privilegien –, auf der anderen Seite eine Aufhebung von Orden und Klöstern: Die Kirche soll dem Staat untergeordnet werden, der jetzt auch die Kirchengüter verwaltet, die Kleriker besoldet und sich um Erziehung und Unterricht kümmert.

Einschneidendstes Ereignis dieser Jahre ist die Französische Revolution mit ihren umwälzenden Folgen für Frankreich und ganz Europa. Der Papst wehrt sich vergeblich gegen die von der französischen Nationalversammlung beschlossene Verstaatlichung der Kirchengüter und die sog. »Zivilkonstitution des Klerus«, zu der eine völlige Neuordnung der Ordens- und Weltgeistlichkeit gehört und auf die alle Priester einen Eid ablegen müssen.

Im Vertrag von Tolentino 1797 wird Pius VI. von Napoleon gezwungen, seinen territorialen Anspruch auf Avignon und die Verfügungsrechte in der Romagna aufzugeben. Rom kann der Papst zunächst noch behaupten. Doch 1798 ziehen französische Truppen in Rom ein, setzen den Papst als weltliches Staatsoberhaupt ab und rufen die Römische Republik aus. Pius VI. wird ins Exil gezwungen und flieht in die Toskana, von wo die französische Regierung den 82-Jährigen über die Alpen nach Valence (Dauphiné) verschleppen lässt. Hier sind die Kräfte des greisen Papstes erschöpft. Er stirbt am 29. August 1799. Er wird in einem einfachen Grab beerdigt, seine sterbliche Hülle wird 1802 nach Rom überführt und im Petersdom beigesetzt.

HINTERGRUND

Die Zivilkonstitution des Klerus

Während der Französischen Revolution beschließt die Nationalversammlung in Paris am 12. Juli 1790 eine Neuordnung der Kirche Frankreichs, nach der Klerus und Kirche entsprechend den Vorgaben der Zivilverwaltung und der Grundsätze des Gallikanismus organisiert werden. Die Zivilkonstitution wird auch von König Ludwig XVI. unterzeichnet und muss seit Ende 1790 als Teil der Verfassung von allen Geistlichen beschworen werden. Der Papst verbietet diesen Eid. Daraufhin spaltet sich der französische Klerus in Priester, welche die Konstitution und ihre Normen akzeptieren, und in solche, welche die Vorschriften ablehnen und sich heftig gegen die Zivilkonstitution auflehnen.

Pius VI. 1775–1799

Luigi Barnaba Chiaramonti

geb. Cesena 1742; gest. Rom 1823

Pius VII. 1800–1823

Der adlige Luigi Barnaba Chiaramonti wird am 14. April 1742 in Cesena geboren. Er wird Benediktiner, studiert in Padua und Rom, wird Professor der Theologie in Parma und Rom, 1782 Bischof von Tivoli und 1785 Kardinalbischof von Imola. Am 14. März 1800 wird er zum Papst gewählt, nach einem vierzehn Wochen währenden Konklave in Venedig, das unter dem Schutz des österreichischen Kaisers steht. Er nimmt den Namen Pius VII. an. Da er erst am 3. Juli nach Rom gelangt, kann das Heilige Jahr von 1800 nicht mehr gefeiert werden. Pius VII. zeichnet sich durch Reformfreudigkeit aus und ist modernen Strömungen gegenüber aufgeschlossen. Als Kardinal von Imola erregt seine Predigt Aufsehen, nach der eine republikanische Staatsform nicht im Gegensatz zum Evangelium steht, und in der Tat hat er seine Fähigkeit bewiesen, geistliche Interessen von materiellen zu unterscheiden.

Der Papst lässt durch Kardinal Consalvi, der ihn während seines Pontifikats als Staatssekretär tatkräftig unterstützt, ein unterschriftsreifes Konkordat mit Frankreich ausarbeiten, das den Katholizismus zur Religion der Mehrheit der Franzosen erklärt, mit dem Ziel, der Kirche etwas von ihrer Autorität zurückzugeben. In der Hoffnung, die französischen Katholiken zu einen, besonders den inzwischen völlig gespaltenen Klerus, nimmt Pius 1804, gegen den Rat seiner Kurie, an den Krönungsfeierlichkeiten Napoleons in Notre Dame in Paris teil, jedoch nur als Statist; denn der Kaiser ergreift die Krone selbst und krönt sich und seine Gemahlin. Pius steht daneben als Zeichen der kirchlichen Billigung – ein symbolträchtiger Akt tiefer Demütigung. Die Politik Napoleons verspricht wenig Gutes. 1808 besetzt der neue Kaiser die Territorien von Urbino und Macerato. Als der Papst die Exkommunikation aller »Räuber des Erbguts Petri« ausspricht, besetzt Napoleon erneut Rom und erklärt das Jahr 1808 als das Ende der weltlichen Macht der Päpste; er annektiert den Kirchenstaat und nimmt den Papst kurzerhand gefangen. Er verbringt ihn für drei Jahre nach Savona und von dort aus 1812 nach Grenoble und Fontainebleau.

Erst nach dem Sturz Napoleons kann Pius VII. nach Rom zurückkehren. Der Wiener Kongress gibt dem Hl. Stuhl 1815 fast alle seine Besitzungen in Italien zurück, und Pius VII. widmet sich, unter dem Schutz der Heiligen Allianz, dem Wiederaufbau des Kirchenstaates. 1814 lässt er den Jesuitenorden wieder zu. Pius betrachtet sich als Beschützer einer untadeligen Glaubenslehre, die Mission ist ihm ein großes Anliegen, deshalb richtet er die Kongregation für die Verbreitung des Glaubens wieder ein und schließt eine Reihe von Konkordaten mit den europäischen Staaten. So erreicht er es, wieder eine gewisse internationale Achtung für das Papsttum herzustellen, die unter seinen Vorgängern verloren gegangen war.

Er stirbt am 20. Juli 1823 und wird im Petersdom bestattet.

WISSENSWERTES

Das Konkordat

Bei einem Konkordat handelt es sich um einen völkerrechtlich verbindlichen Vertrag zwischen dem Heiligen Stuhl und einem Staat, um Fragen gemeinsamen Interesses zu regeln. Bedeutsam ist in Italien der Lateranvertrag vom 11. Februar 1929, den Benito Mussolini und Kardinal Pietro Casparri unterzeichneten. Darin wird unter anderem festgelegt, dass der Katholizismus in Italien offizielle Staatsreligion ist und er in allen Schulstufen unterrichtet wird. Seit dem neuen Konkordat vom Februar 1984 gilt die katholische Religion nicht mehr als offizielle Staatsreligion. Bedeutsam für Deutschland sind die Konkordate mit dem Freistaat Bayern (1924) und mit dem Freistaat Preußen (1929), die bis heute noch verbindlich sind.

Pius VII. 1800–1823

geb. Ancona 1760; gest. Rom 1829

Leo XII. 1823–1829

Annibale Sermattei della Genga wird am 22. August 1760 in Castello della Genga (bei Spoleto) geboren. Nach seiner Priesterweihe wird er 1783 Privatsekretär bei Pius VI. Als Nuntius mit besonderen diplomatischen Aufgaben sendet Pius VII. ihn 1797–1805 nach Deutschland. Nach der Rückkehr des Papstes nach Rom 1814 wird er als Nuntius nach Paris gesandt. 1820 ist er Generalvikar von Rom und Präfekt verschiedener Kongregationen. Er besteigt den Papstthron am 28. September 1823 mit dem Namen Leo XII.

Sein Pontifikat beginnt er zunächst sehr konservativ bis reaktionär, er wird aber bald beweglicher und versucht, gute politische Beziehungen aufzubauen und die Interessen der Kirche mit der Entwicklung von Wissenschaft, Literatur und Künsten in Einklang zu bringen. Mit der Enzyklika *Ubi primum* (1824) ermutigt Leo XII. den Klerus, sein geistiges und moralisches Niveau anzuheben; er fordert ihn auf, gegen religiöse Gleichgültigkeit und Indifferentismus anzukämpfen, weil sie zu Liberalismus, Materialismus und Deismus führen.

In seiner Beziehung zu anderen Staaten kommt der Papst zu konstruktiven Abkommen mit den Herrschern von England, Hannover und den Niederlanden, und unterhält freundschaftliche Beziehungen zu Ludwig XVIII. und Karl X. von Frankreich sowie Zar Nikolaus I. von Russland. Einen der Erfolge seiner außenpolitischen Initiativen erlebt er selbst nicht mehr: Kurz nach seinem Tod verabschiedet das englische Parlament den *Roman Catholic Relief Act*, der die Katholiken im englischen Königreich Protestanten gleichstellt.

Seine Führung des Kirchenstaates jedoch macht diesen zu einem der rückständigsten in ganz Europa: Es ist ein Staat, in dem die Polizei und ihre Spitzel regieren, bis ins Privatleben hinein werden die Menschen überwacht. Der Papst vertreibt jeglichen freiheitlichen Geist und jede revolutionäre Bewegung. Es kommt zu zahlreichen Verhaftungen und Verurteilungen von Studenten, Intellektuellen und Priestern. Erschreckend deutlich wird seine Intoleranz 1826, als er die im römischen Ghetto lebenden Juden zwingt, sich Predigten von Priestern anzuhören.

1825 feiert er ein Heiliges Jahr. Es ist kein fröhliches Fest und es kommen nur wenige Pilger, weil Banditen die Straßen heimsuchen und jegliches freiheitliche Klima erstickt ist. Zu diesem Anlass wird die Spanische Treppe fertiggestellt.

Leo gibt den Jesuiten ihre Privilegien und Schulen wieder zurück. Mit Eifer sorgt er sich um die Mission im Orient. Er ist persönlich sanft im Umgang und ein Mann der Nächstenliebe: Er unterstützt Arme und Notleidende und hilft Jugendlichen in Schwierigkeiten.

Am 10. Februar 1829 stirbt er und wird im Petersdom beigesetzt.

HINTERGRUND

Seligsprechung

Ein Seligsprechungsprozess kann normalerweise frühestens fünf Jahre nach dem Tod der betreffenden Person eröffnet werden. Dazu müssen Dokumente und Zeugnisse vorliegen, die belegen, dass die Person ein heiligmäßiges Leben geführt hat, und der Nachweis eines Wunders. Dann werden (wenn möglich) Zeitzeugen gehört und die gesammelten Dokumente geprüft und bewertet. Fällt das Urteil positiv aus, geht die Angelegenheit an die Kongregation für Heiligenfragen weiter; das Wunder wird einer unabhängigen medizinischen Kommission zur Prüfung vorgelegt. Für Menschen, die als Märtyrer seliggesprochen werden, ist ein eigener Nachweis eines Wunders nicht erforderlich.

Leo XII. 1823–1829

geb. Cingoli 1761; gest. Rom 1830

Pius VIII. 1829–1830

Francesco Saverio Castiglioni wird am 20. November 1761 in Cingoli (bei Ancona) als Sohn einer adeligen Familie aus Mailand geboren. Er studiert an der Universität Bologna Philosophie und Rechtswissenschaft. Als Bischof von Montalto d'Ancona weigert er sich, dem napoleonischen Regime in Italien den Treueeid zu schwören, worauf er von 1808 bis 1814 unter Arrest gestellt wird. Nach der Schreckensherrschaft Napoleons kehrt er in seine Diözese zurück und wird auf Wunsch Pius' VII. 1816 Kardinal und Bischof von Cesena und danach von Frascati.

Wegen seiner angeschlagenen Gesundheit ist kein langes Pontifikat zu erwarten, als er am 31. März 1829 den Heiligen Stuhl besteigt. Er nimmt den Namen Pius VIII. an, zu Ehren seines Förderers, Pius VII.

Wie sein Namensvorgänger widmet er sich vornehmlich geistlichen Aufgaben, denn er sieht in der wachsenden Kirchenferne den Grund für die wachsende Erosion der Moral. In seiner Enzyklika *Traditi humilitati nostrae* (1829) beklagt er den Vormarsch religiöser Indifferenz und des Laizismus. Er fordert die Bischöfe auf, über die Geheimbünde zu wachen, die die Moral der Jugend bedrohen. Er macht Front gegen liberalistische Tendenzen. Energisch betont er die Unauflöslichkeit des Sakraments der Ehe und erkennt die Gültigkeit von Mischehen zwischen Katholiken und Protestanten nur an, wenn die katholische Erziehung der Kinder gewährleistet ist – ein Thema, das unter dem nächsten Papst zu einem Konflikt mit Preußen führen wird.

Die Unabhängigkeitsbestrebungen in katholischen Ländern wie Irland, Belgien und Polen, die von Demonstrationen, auch gewaltsamen, und revolutionären Aufständen gekennzeichnet sind, lehnt der Papst entschieden ab, obgleich sie von der europäischen Öffentlichkeit mit viel Sympathie begleitet werden. Ohne seine Abneigung gegen die nationalen Freiheitsbewegungen in Europa zu verbergen, akzeptiert er die Pariser Julirevolution (1830), die statt des unbeliebten Karl X. den neuen »Bürgerkönig« Louis-Philippe von Orléans einsetzt und damit die Herrschaft der Bourbonen beendet.

Innenpolitisch hält er – wenn auch mit gewissen Zugeständnissen – den Polizeistaat aufrecht, den sein Vorgänger Leo XII. errichtet hat. Wirtschaftlich und sozial agiert er aber klug, senkt die Steuern, versorgt Arbeitslose mit Arbeit und bringt Reformen zugunsten von Bauern und Bedürftigen auf den Weg.

Während auch in Rom liberale und revolutionäre Strömungen erwachen, stirbt Pius VIII. am 30. November 1830. Er wird im Petersdom begraben.

HINTERGRUND

Die Heiligsprechung

Zur Heiligsprechung führt, wie bei der Seligsprechung auch (siehe S. 506) ein förmlicher Prozess. Es werden dieselben Kriterien wie bei der Seligsprechung zugrunde gelegt. Der Prozess muss jedoch ein neues, zusätzliches Wunder bestätigen, das dem Seligen zugeschrieben wird und das der kritischen Prüfung durch eine unabhängige medizinische Kommission, die die Kongregation für Heiligenfragen an der Kurie einsetzt, standhält. Die feierliche Heiligsprechung des Seligen wird nach Abschluss eines (in der Regel) langen Verfahrens vom Papst vorgenommen, der die Person in das Verzeichnis (Kanon) der Heiligen aufnimmt. Die Entscheidung des Papstes ist dabei frei: Er kann die Prozessergebnisse bestätigen, aber auch ablehnen.

Pius VIII. 1829–1830

Bartolomeo Alberto Cappellari
geb. Belluno 1765; gest. Rom 1846

Gregor XVI. 1831–1846

»Der Triumph des Heiligen Stuhles und der Kirche über die Angriffe der mit ihren eigenen Waffen bekämpften und geschlagenen Neuerer« – mit einem 1799 veröffentlichten Werk dieses programmatischen Titels wird der Sohn eines adligen Rechtsanwalts, Bartolomeo Alberto Cappellari, geboren am 18. September 1765 in Belluno (Venetien), bekannt. Er gehört dem Kamaldulenserorden an, ist ab 1790 Professor für Naturwissenschaften und Philosophie, wird Generalprokurator seines Ordens, bevor er 1826 zum Kardinal ernannt wird. Am 2. Februar 1831 wird er nach einem fünfzigtägigen Konklave zum Papst gewählt und nimmt den Namen Gregor XVI. an.

Zu den europäischen Mächten, die zu einer konservativen und restaurativen Politik zurückgekehrt sind, sind die Beziehungen des Heiligen Stuhls versöhnlich. Doch gibt es in dieser Zeit ständig Spannungen und Aufstände, die nach der Julirevolution von 1830 in Paris europaweit ausbrechen. In diesem Zusammenhang entstehen auch in Italien politische Gruppierungen wie der Geheimbund der Carbonari oder die Giovine Italia (»Junges Italien«). In allen Gegenden des Kirchenstaats kommt es kurz nach der Wahl Gregors XVI. zu Aufruhr und Tumult. Angesichts dieser Bedrohungen findet der Papst keinen anderen Weg, als um massive Waffenhilfe österreichischer Truppen zu ersuchen, um seinen Staat zu schützen. Die Gefängnisse füllen sich mit politischen Häftlingen.

Gregor ist unfähig zu einer realistischen Sicht der Lage; politisch antiliberal und konservativ begreift er seine Zeit nicht. Er will die positiven Signale seiner Zeit aber auch nicht erkennen und wehrt die Aufforderungen aus ganz Europa ab, fällige Reformen der Verfassung, der Justiz und der Verwaltung durchzuführen. Seine Abneigung gegen alles Neue lässt ihn Ideen wie die Trennung von Staat und Kirche oder Gewissens- und Pressefreiheit verdammen und den Katholiken sogar die Teilnahme an wissenschaftlichen Kongressen verbieten. So untersagt er auf seinen Territorien den Bau einer Eisenbahn (statt frz. *chemin de fer* nennt er sie *»chemin d'enfer«*, also Höllenbahn). Seine Intransigenz ist so groß, dass er den liberalen Katholizismus von Lamennais verdammt, der 1834 eine liberale Politik und eine Annäherung zwischen Katholizismus und Demokratie weitsichtig befürwortet. Gregor verbessert allerdings die Lebensbedingungen der Juden im Ghetto des Kirchenstaats.

Bleibende kirchliche Verdienste erwirbt sich Gregor durch Intensivierung der Mission in Korea, China, Ozeanien und Amerika. Er richtet neue Diözesen in Afrika ein, verurteilt Sklaverei und den Sklavenhandel als unchristlich und fördert die Bildung eines eigenen Klerus in den Missionsgebieten. Auch als Mäzen und Förderer der Archäologie tritt er besonders in Erscheinung (u.a. Gründung der etruskischen und ägyptischen Sammlungen im Vatikan).

Am 1. Juni 1846 stirbt Gregor und wird im Petersdom bestattet.

HINTERGRUND

Liberaler Katholizismus

Diese politisch-religiöse Strömung verbreitet sich im 19. Jahrhundert gegen den reaktionären Katholizismus der Restauration. Dank F. R. de Lamennais (1782–1854), dem Verfechter des liberalen Katholizismus, und seiner Zeitschrift *L'Avenir* bricht er sich vor allem in Frankreich Bahn. Die Katholiken sind der Meinung, dass sich die christliche Gesellschaft unter einer absolutistischen Herrschaft nicht entwickeln kann und sich daher mit jenen verbünden soll, die für Freiheit des Gewissens, der Versammlung und der Presse eintreten. Diese Ideen verurteilt Papst Gregor XVI. in der Enzyklika *Mirari vos* (1832). Viele liberale Katholiken versuchen, Glauben und politische Aktion miteinander zu verbinden.

Gregor XVI. 1831–1846

geb. Senigallia 1792; gest. Rom 1878

Pius IX. 1846–1878

Giovanni Maria Mastai-Ferretti wird am 13. Mai 1792 in Senigallia (bei Ancona) geboren. Er studiert Philosophie, Rechtswissenschaft und Theologie. 1819 wird er Priester und beginnt eine glänzende Karriere.
Er nimmt an einer päpstlichen Delegation nach Chile teil (1823–1825) und wird Erzbischof von Spoleto (1827–1832) und Bischof von Imola (1832–1840). Er ist ein unermüdlicher Seelsorger, dem die Nähe zu den Menschen wichtig ist, und gilt als Liberaler. 1840 wird er von Gregor XVI. zum Kardinal ernannt und am 16. Juni 1846 als gemäßigt fortschrittlicher Kompromisskandidat gegen den reaktionären Kardinalstaatssekretär Lambruschini zum Papst gewählt. Er nennt sich Pius IX. Sein Pontifikat dauert fast 32 Jahre und ist das bisher längste in der Geschichte der Kirche.
Sein Amt fällt in eine historisch schwierige Zeit. Der Sieg über Napoleon hat die alten Kräfte wieder an die Regierung gebracht; diese haben den Absolutismus des Ancien Régime wieder eingeführt. Doch die Zeiten haben sich geändert. Aufklärung und Revolution haben ihre Spuren hinterlassen, und die Menschen fordern Verfassungen und liberale Gesetze. In Italien kommt die Forderung nach einer Abschaffung des Kirchenstaates auf. Diese sog. »Römische Frage« beschäftigt Pius IX. während seines gesamten Pontifikats. Zu Beginn seines politischen Handelns bringt er einige praktische Reformen für den Kirchenstaat auf den Weg, die ihm die Sympathie der Liberalen einbringen: mehr Pressefreiheit, Mitspracherechte und Amnestie für politische Delikte. Er richtet einen Stadt- und einen Staatsrat ein.
Die Begeisterung für Pius IX. steigt im März 1848, als er eine Verfassung zulässt und sein Heer am italienischen Unabhängigkeitskrieg gegen Österreich teilnimmt. Doch Ende April wird unter der österreichischen Drohung das päpstliche Heer mit der Begründung zurückgezogen, man könne nicht gegen einen katholischen Staat Krieg führen. Diese päpstliche Neutralitätserklärung wird als Verrat aufgefasst – für die Liberalen eine unverzeihliche Kehrtwende. Auf dem Höhepunkt der Krise, die sich durch den wirtschaftlichen Zusammenbruch des Kirchenstaates noch verschärft, muss der Papst im November 1848 verkleidet nach Gaeta fliehen, wo er Gast Ferdinands II., des Königs von Neapel ist. In Rom wird derweil die Römische Republik ausgerufen (9. Februar 1849). Nachdem französische Truppen im Juli den Kirchenstaat wiederhergestellt haben, kehrt Pius 1850 nach Rom zurück. Mit einer offen antiliberalen Politik verfolgt er nun das Ziel, seine weltliche Macht zu bewahren. 1869/70 werden die päpstlichen Territorien der Romagna, Umbriens und der Marken von Piemont annektiert, und der Papst zeigt sich immer stärker missbilligend gegenüber der nationalen Einigungsbewegung Italiens, da er von der Notwendigkeit seiner weltlichen Macht, die ihm der Kirchenstaat bietet, überzeugt ist, um so seine geistliche Unabhängigkeit zu bewahren.
1861 kommt es zur Proklamation des Königreichs Italien, und die Regierung muss sich wieder mit der »Römischen Frage« und dem Kirchenstaat beschäftigen: Die maßgeblichen Politiker betrachten es als unerlässlich, dass Rom die Hauptstadt Italiens wird.

WISSENSWERTES

Der Osservatore Romano

Der *Osservatore Romano* (»Der Römische Beobachter«) ist die amtliche Zeitung des Vatikanstaates; sie wird während des Pontifakts Pius' IX. ins Leben gerufen. Die erste Ausgabe erscheint am 1. Juli 1861. Die Zeitung steht im Dienst des Papstes und wird in Zusammenarbeit mit den Kongregationen der römischen Kurie verfasst. Die tägliche Ausgabe erscheint in italienischer Sprache, aber es gibt noch fünf Versionen der Wochenausgabe auf Französisch (1949), Englisch (1968), Spanisch (1969), Portugiesisch (1970), Deutsch (1971). Seit 1980 gibt es ein Monatsheft auf Polnisch.

Sel. Pius IX. 1846–1878

Pius IX.

Die politischen Ereignisse überstürzen sich. Am 20. September 1870 kommt es mit dem Durchbruch an der Porta Pia zum entscheidenden Ereignis. Die italienischen Streitkräfte dringen in Rom ein, verschonen jedoch die Città Leonina, in der sich der Vatikan befindet.

Die Besetzung Roms geht gewaltlos und geordnet vor sich. Der Kirchenstaat aber besteht von da an nur noch aus dem Petersdom, den Vatikanischen Gebäuden und Gärten. Damit ist die weltliche Macht der Päpste am Ende. Während Victor Emanuel II., König des neu proklamierten italienischen Nationalstaates, den Quirinal als Residenz besetzt, exkommuniziert Pius ihn und zieht sich in den Vatikan zurück. Am 2. Oktober 1870 entscheiden sich die Römer in einem Volksentscheid für eine Annexion des Kirchenstaats durch die italienische Regierung. Damit ist das Ende der weltlichen Macht der Päpste auch vom Volk ratifiziert. Die italienische Regierung sichert im Garantiegesetz (1871) dem Papst die persönliche Unverletzlichkeit, freie Ausübung der geistlichen Macht, die Extraterritorialität der Gebäude des Vatikans, des Laterans und Castel Gandolfos zu und setzt als Wiedergutmachung für die Besetzung des Kirchenstaates eine jährliche steuerfreie Jahresrente von 3 225 000 Lire an den Vatikan fest. Doch Pius lehnt dies ab. Er verlässt den Vatikan nicht mehr und betrachtet sich als Gefangenen. Bereits in seinem Dekret *Non expedit* (»Es ist nicht ratsam«, 1868) hat er Katholiken untersagt, sich am politischen Leben des Königreichs Italien zu beteiligen, das er für nicht rechtmäßig hält.

Auf innerkirchlichem Gebiet wird sein Regierungsprogramm, wie es seit Benedikt XIV. Brauch ist, von der ersten Enzyklika *Qui pluribus* (1846) skizziert, in der Pius IX. die Probleme der Zeit (Rationalismus, religiöse Indifferenz, Liberalismus, Geheimbünde) hervorhebt. Um diesen Strömungen entgegenzuwirken, fordert er die Bischöfe zu einer neuen Evangelisierung und Ausbildung des Klerus auf. Der Ansatz und die Themen der Enzyklika erinnern an die programmatischen Enzykliken seiner Vorgänger, besonders die von Pius VII. *(Diu satis)*, Pius VIII. *(Traditi humilitati)* und Gregor XVI. *(Mirari vos)*.

Von herausragender Bedeutung sind folgende Entscheidungen seines Wirkens für die Kirche: Das Erste ist seine Definition im Dogma von der Unbefleckten Empfängnis Mariens am 8. Dezember 1854: »Wir erklären (...) dass die selige Jungfrau Maria im ersten Augenblick ihrer Empfängnis durch die einzigartige Gnade und das Vorrecht Gottes (...) von jedem Makel der Erbsünde bewahrt wurde.« Ohne eine Billigung durch die Bischöfe zu erwähnen, gibt dieser feierlich verkündete Glaubenssatz dem Marienkult mächtigen Auftrieb und eröffnet neue theologische Entwicklungen. Zweitens veröffentlicht Pius nach wiederholter Verurteilung anfechtbarer Lehren und um die Gläubigen vor »trügerischen Meinungen« zu bewahren, am 8. Dezember 1864 die Enzyklika *Quanta Cura* mit dem sog. *Syllabus* im Anhang. Der *Syllabus* verdammt in achtzig Sätzen die »Hauptirrtümer unserer Zeit«: Atheismus, Rationalismus, Sozialismus und Liberalismus.

WISSENSWERTES

Der Kirchenstaat

Entstanden ist der Kirchenstaat durch die sog. Pippinische Schenkung des Frankenkönigs Pippin. Seither hatte sich das Gebiet mehr und mehr erweitert. Die größte Ausdehnung erreicht es unter Julius II. Am Vorabend der Einigung Italiens gehören zum Kirchenstaat: die Romagna, die Marken, Umbrien und einige andere kleinere Gebiete. Bei der Einigung Italiens 1861 wird der Kirchenstaat auf Rom und Latium eingegrenzt. Als 1870 die italienischen Truppen Rom besetzen, schwindet die weltliche Macht des Papsttums endgültig. 1848–1850 muss Pius IX. nach Gaeta (südlich von Neapel) flüchten, weil die Römische Republik gegründet worden ist; allerdings hält sie sich nur vier Monate.

Dazu rechnet er auch ausdrücklich die Forderung, der »Papst könne oder solle sich mit Fortschritt, Liberalismus und moderner Zivilisation abfinden oder diesen zustimmen«. Damit bekräftigt er die Autonomie der Kirche hinsichtlich des konfessionell neutralen Staates. Die Kirche dem Staat unterzuordnen wird als schwerer Irrtum bezeichnet. Die Enzyklika schließt mit der Ermahnung an die Bischöfe, den Glauben zu verteidigen und zu lehren, dass die Macht des Königs von Gott stamme und zur Verteidigung der Kirche da sei.

Drittens beruft Pius IX. am 8. Dezember 1869 das Erste Vatikanische Konzil ein, mit dem erklärten Ziel, der Kirche und der Gesellschaft zum Guten zu dienen. In dieser Zeit bricht der deutsch-französische Krieg aus (1870/71); Frankreich, zu diesem Zeitpunkt Schutzmacht des Kirchenstaates, zieht deshalb seine Truppen ab. Das nützt die neue Regierung des vereinten Italiens, um, wie oben beschrieben, auch die Reste des Kirchenstaates und vor allem Rom zu annektieren. Aus einer Sitzungspause wird so eine Unterbrechung des Konzils; schließlich vertagt Pius IX. es auf unbestimmte Zeit. Aber immerhin hat das Konzil – heftig umstritten – zuvor Einschneidendes verabschiedet, nämlich die Definition der päpstlichen Unfehlbarkeit. Demnach ist der Papst unfehlbar, wenn er in Glaubens- und Sittenfragen *ex cathedra* (= vom Lehrstuhl aus) spricht, und zwar aus sich heraus, nicht durch die Zustimmung der Kirche.

Eine wichtige Aufgabe sieht dieser Papst in der Mission. Zahlreiche missionarische Lehreinrichtungen und neue Missionsgesellschaften in ganz Europa entstehen, was auch auf eine wirksame geistige Erneuerung und eine Vertiefung des religiösen Lebens in seinem Pontifikat zurückzuführen ist. Während seiner langen Regierung werden 130 neue Bischofssitze, vor allem in den USA und den englischen Kolonien, eingerichtet und Konkordate mit zahlreichen Ländern in aller Welt geschlossen.

Pius IX. ist ein Papst von großer Frömmigkeit; durch seine gewinnende Persönlichkeit, geistreiche Freundlichkeit und Geduld nötigt er selbst seinen Gegnern Respekt ab. Er stirbt am 7. Februar 1878. Er wird im Vatikan beigesetzt und 1881 in die Kirche San Lorenzo in Verano überführt. Papst Johannes Paul II. hat ihn im Jahr 2000 seliggesprochen.

Vincenzo Gioacchino Pecci

geb. Carpineto Romano 1810; gest. Rom 1903

Leo XIII. 1878–1903

Vincenzo Gioacchino Pecci wird am 2. März 1810 als sechstes Kind einer Patrizierfamilie in Carpineto Romano (südlich von Rom) geboren. Der Hochbegabte geht in Viterbo bei den Jesuiten und im Collegium Romanum zur Schule. In die Accademia dei Nobili Ecclesiastici aufgenommen, studiert er an der Universität La Sapienza weiter und erlangt dort den Doktor der Rechte. 1837 wird er Priester und durchläuft eine glänzende Karriere: päpstlicher Delegat 1838 (Statthalter) in Benevent, wo er energisch gegen das Banditenwesen vorgeht, danach in gleicher Funktion in Perugia. Als Nuntius in Belgien (1843–1846) begegnet er der Katholischen Bewegung Belgiens und am Niederrhein. Dies veranlasst ihn zu gründlichem Nachdenken über das Verhältnis zwischen Kirche und Staat; er erkennt die Lebendigkeit eines engagierten Katholizismus, der sich befreit von den alten Zwängen politischer Repräsentanz, auf sozialem Gebiet von großer Ausstrahlung erweist. 1846 wird er Bischof von Perugia, lebt 32 Jahre in dieser Stadt und sammelt reiche Erfahrungen als Seelsorger. Er bekämpft dort, als die Stadt endgültig vom Kirchenstadt abgetrennt und dem Königreich einverleibt wird, die antiklerikalen Gesetze und tritt für eine neue Schul- und Kulturpolitik ein. In Perugia gründet er die erste Sparkasse und richtet ein Leihhaus ein.

Pius IX. ernennt ihn 1853 zum Kardinal. Am 20. Februar 1878 wird er mit dem Namen Leo XIII. auf den päpstlichen Thron erhoben. Zum Zeichen, dass er nicht mit dem Verlust des Kirchenstaates und der Annexion Roms durch den italienischen Staat einverstanden ist, erteilt er dem Volk den Segen *Urbi et Orbi* von der inneren Loggia des Petersdoms aus, statt wie üblich von der Loggia, die auf den Petersplatz hinausgeht. Man erwartet kein langes Pontifikat; Leo XIII. ist bei Amtsantritt fast 69 Jahre alt, er ist ohnehin von eher zarter Natur und inzwischen kränklich. Aber er wird die Kirche mit Weitblick über 25 Jahre lang führen.

Mit seinem Vorgänger teilt Leo weithin die Bewertung der geistigen Strömungen und »Krankheiten seiner Zeit«, aber er blickt eher nach vorn als zurück und nimmt die aktuellen Probleme der Gesellschaft mehr in den Blick als die des italienischen Katholizismus.

In der programmatischen Enzyklika *Inscrutabili Dei consilio* (1878) beschreibt er deutlich die Ziele seines Pontifikats: Eine Gesellschaft aufzubauen, die von den Werten des Evangeliums geprägt ist, durch eine neue Erziehung der Jugend »im Sinn des katholischen Glaubens«, die in der Schule auf allen Stufen gelehrt werden soll, vor allem aber in der Familie als dem wichtigsten Angelpunkt sozialen Lebens.

In der Politik gibt es keine ernsthaften Versuche, mit dem italienischen Staat normale Beziehungen aufzunehmen. Der Papst sieht keine andere Möglichkeit, die »Römische Frage« des Kirchenstaates zu lösen, als die Wiederherstellung seiner weltlichen Macht.

Leo XIII. gelingt es aber, während seines Pontifikats durch Konkordate normale bilaterale Beziehungen zu den anderen europäischen Staaten herzustellen. Er beweist politisches Geschick, indem er erfolgreich mit Bismarcks antikatholischen Politik zu einem

Habemus papam!

Nach der Abstimmung im letzten Wahlgang und den in den Konklaveregelungen vorgesehenen Formalien erweisen die Kardinäle dem neu gewählten Papst Ehrerbietung und versprechen ihm Gehorsam. Nach einem Dankgebet verkündet der Erste Kardinaldiakon (also der dienstälteste und damit ranghöchste) von der Loggia des Petersdoms aus dem wartenden Volk das Wahlergebnis mit der lateinischen Formel: *»Annuntio vobis gaudium magnum. Habemus papam!«* (»Ich verkündige euch eine große Freude. Wir haben einen Papst!«) Danach wird der Name des Gewählten genannt und der, welchen er als Papst annimmt. Der neue Papst erscheint dann in der Loggia und erteilt den Segen *Urbi et Orbi*.

WISSENSWERTES

Leo XIII. 1878–1903

Leo XIII.

Ausgleich findet, den »Kulturkampf«, bei dem die freie Religionsausübung eingeschränkt und einige Orden aufgelöst werden, beilegt und die Gängelung der katholischen Kirche in Deutschland weitgehend rückgängig machen kann. Er bemüht sich, die zersplitterten Katholiken in Frankreich zu einen und zu einer Annäherung an die Dritte Republik zu bewegen, damit sie die französische Politik auch selbst mitgestalten können, hat aber nur wenig Erfolg. Die Gesetzgebung bleibt deutlich antiklerikal.

In allen »aufgeklärten« Staaten besteht die Tendenz, die Gesellschaft zu säkularisieren; doch die sozialen und kulturellen Aktivitäten der Katholiken treten durch ein ausgeprägtes Vereinswesen in der Öffentlichkeit immer deutlicher in Erscheinung.

Auf politischem und religiösem Gebiet zeichnet sich das Pontifikat Leos XIII., außer durch große Anstrengungen für kulturelle und geistliche Erneuerung der Kirche, auch besonders durch Förderung öffentlichen oder privaten Schulunterrichts aus.

Statt auf Verurteilung setzt er als positives Gestaltungselement auf Enzykliken, mit denen er Veränderungen anzustoßen versucht. Auf geistigem Gebiet lenkt er die Katholiken mit der Enzyklika *Aeterni Patris* (1879) auf die Philosophie Thomas' von Aquins hin und gründet in Rom eine Akademie, um sie zu erforschen (eine Gesamtausgabe seiner Werke wird ediert). Um der Herausforderung durch neue kritische Methoden zu begegnen, formuliert er mit der Enzyklika *Providentissimus Deus* (1893) Richtlinien zur Bibelforschung. Hier und in anderen Texten wendet sich der Papst gegen die Ausbreitung des Laizismus und beansprucht für die Katholiken das Recht, ihre Kinder in Schulen unterrichten zu lassen, in denen sie eine religiöse Unterweisung erhalten.

1883 betraut Leo XIII. den deutschen Kardinal Joseph Hergenröther, einen Historiker von Rang, mit der Leitung der Geheimen Archive des Vatikans und gestattet deren Benutzung für Forschungszwecke allen Personen, ungeachtet ihres Glaubens. Er fördert im Vatikan auch das Studium der Astronomie und der Naturwissenschaften.

Für die Verbreitung des katholischen Glaubens außerhalb Europas setzt sich der Papst mit aller Kraft ein. Er gibt der Mission in Ozeanien und Afrika neue Impulse. Er organisiert die Struktur dieser Missionskirchen und gründet 248 neue Diözesen in Afrika, Indien, Japan und den USA. In China, wo die Kirche bereits eine Million Christen zählt, wird die Mission 1900 durch den Boxeraufstand entscheidend geschwächt, der durch Provokation und Gewalttätigkeit der Kolonialmächte verursacht wurde. Die Revolte kostet tausend Katholiken das Leben.

Das wichtigste und bekannteste Dokument Leos XIII. ist die bis heute bedeutsame Sozialenzyklika *Rerum novarum* (1891), in der er richtungsweisend Grundlagen eines sozialen Katholizismus legt und eine neue Deutung der Beziehungen von Kapital und Arbeit vorlegt. Er schlägt Wege zur Lösung der Arbeiterfrage vor und verurteilt Sozialismus und Liberalismus. Zugleich fordert er ein gemäßigtes Eingreifen des Staates zum Schutz des Privateigentums, zur Beseitigung der Ursachen von Konflikten zwischen Arbeitern und Fabrikbesitzern, der Einführung von Feiertagen und der Begrenzung der

Die »Heilige Pforte«

Das Heilige Jahr beginnt mit der Öffnung der *Porta Santa* (Heilige Pforte), einer zugemauerten Tür in den vier wichtigsten Kirchen Roms: dem Petersdom, der Lateranbasilika, San Paolo fuori le Mura (St. Paul vor den Mauern) und Santa Maria Maggiore. Der Papst öffnet die Tür der Vatikankirche, während gleichzeitig drei Kardinäle die Türen der drei anderen Kirchen öffnen. Am Ende des Heiligen Jahrs werden diese Türen wieder geschlossen.

Arbeitszeit, besonders für Frauen und Kinder. Er setzt sich für gerechte Löhne, die Beteiligung an Besitz und den Schutz der Schwachen ein: »Der Stand der Reichen ist von sich aus stark und braucht weniger öffentliche Verteidigung; das arme Volk, das keinen eigenen Besitz hat, muss ihn im Schutz des Staates finden. Deshalb muss der Staat seine Fürsorge vor allem den Arbeitern zukommen lassen, die zu den Schwachen und Bedürftigen gehören.« Die soziale Frage stellt sich als Problem der Gerechtigkeit und nicht nur der Nächstenliebe. Die Enzyklika *Rerum novarum* rüttelt viele auf. In diesem Zusammenhang seien die Worte des Priesters de Torcy aus dem (1936 erschienenen) *Tagebuch eines Landpfarrers* von George Bernanos zitiert: »Die berühmte Enzyklika *Rerum novarum* Leos XIII. liest du zum Beispiel ganz ruhig und so leichthin wie irgendeine Fastenanweisung. Damals, mein Sohn, glaubten wir, die Erde bebte uns unter den Füßen. Was für eine Begeisterung! Ich war zu jener Zeit Pfarrer in Norenfontes mitten im Kohlengebiet. Der einfache Gedanke, dass die Arbeit keine dem Gesetz von Angebot und Nachfrage unterworfene Ware ist, dass man nicht in Löhnen und Menschenleben spekulieren kann wie in Getreide, Zucker oder Kaffee, das warf die Gewissen um, kannst du das glauben?«

Leos größte Leistung ist sein Versuch, die Kirche im Rahmen der überlieferten Lehre mit der neuen Zeit und ihren vielfältigen Anforderungen zu versöhnen. Den Dialog zwischen Kirche und Gesellschaft hat er durch bemerkenswerte Entscheidungen eröffnet. Trotz seines wachen Gespürs für zeitgenössische Strömungen verharrt der Papst aber auch in tief konservativer Frömmigkeit: Allein elf Enzykliken widmet er der Jungfrau Maria und dem Rosenkranz. 1893 führt er das Fest der Hl. Familie ein, und im Heiligen Jahr 1900 weiht er die »gesamte Menschheit dem Allerheiligsten Herzen Jesu«. Gegen Ende seiner Amtszeit verhärtet sich seine Haltung merklich. Dies zeigt sich an der Bildung einer ständigen Bibelkommission (1902), dem Erlass neuer Zensurnormen (1897) und eines neuen Index (1900) sowie daran, dass er den Christdemokraten (Democrazia Cristiana) jede politische Bedeutung abspricht. Des ungeachtet: Das Pontifikat Leos XIII. verleiht dem Papsttum wieder internationales Ansehen. Die Kirche ist von der Last weltlicher Macht befreit und bringt die Entwicklung einer neuen katholischen Kultur in Theologie, Moral und Politik auf den Weg.

Leo XIII. stirbt am 20. Juli 1903. Er wird zunächst in St. Peter bestattet, 1924 aber in die Lateranbasilika überführt und gegenüber dem Grab von Innozenz III. beigesetzt.

geb. Riese 1835; gest. Rom 1914

Pius X. 1903–1914

Giuseppe Melchiorre Sarto wird am 2. Juni 1835 in Riese (Obervenetien) als Sohn einer einfachen Familie geboren. Sein Vater ist Dorfpostbote und seine Mutter Näherin. Giuseppe ist das neunte von elf Kindern und verliert schon mit zwei Jahren seinen Vater. Er geht in Riese und im nahe gelegenen Castelfranco zur Schule, wohin er, wie es heißt, barfuß geht, um seine Schuhe nicht abzunutzen, die er erst am Schuleingang anzieht. Dank eines Stipendiums des Kardinals von Venedig kann er wegen guter Leistungen am bischöflichen Seminar von Padua Philosophie und Theologie studieren. Er durchläuft alle Stufen der kirchlichen Laufbahn: Nach seiner Priesterweihe 1858 verbringt er viele Jahre als Gemeindepfarrer von Salzano, wird Dozent am Pristerseminar von Treviso und 1884 zum Bischof von Mantua ernannt, einer deutlich vernachlässigten Diözese, die er rasch wieder mit Leben füllt. 1893 beruft ihn Leo XIII. zum Patriarchen von Venedig und zum Kardinal. Hier erweist er sich als zupackender Seelsorger. Er fördert die Bildung und Ausbildung des Klerus, fordert Laien auf, sich an religiösen Aufgaben zu beteiligen, und nähert sich politisch den gemäßigten Liberalen an, um den Aufstieg von Radikalen und Sozialisten etwas entgegenzusetzen.

Am 4. August 1903 wird er auf den Stuhl Petri erhoben und nimmt den Namen Pius X. an. Alles in Christus zu erneuern, ist – nach dem Pauluswort im Epheserbrief 1,10 – der Wahlspruch seines Pontifikats. So macht er von Anfang an deutlich, dass er eher ein religiöser denn ein politischer Papst zu sein gedenkt. Der Kirchenhistoriker Robert Aubert zieht im *Handbuch der Kirchengeschichte* einen interessanten Vergleich zwischen Leo XIII. und Pius X.: »Übrigens bestand in allen Punkten ein ins Auge springender Gegensatz zwischen dem neuen Papst und seinem Vorgänger, schon physisch, aber auch in wesentlicheren Dingen. Leo XIII. galt als ›der Papst der Höfe, der Kanzleien, der Bischöfe‹, sein Nachfolger sollte sich dagegen vor allem als ›der Papst der Theologie und des kanonischen Rechts, der Papst der kleinen Leute und der Pfarrer‹ (J. Fèvre) erweisen. Leo XIII. war ein Intellektueller mit umfassender Bildung (...). Pius X. war ein praktischer Geist, der den Spatzen in der Hand nicht um der Taube auf dem Dach willen aufs Spiel setzen wollte, und hatte in allem ein Gespür für das Detail. Typisch ist der Vergleich zwischen seinen eigenen Enzykliken und denen Leos XIII.: Der theoretische Teil wird bei ihm verkürzt, während die bis in die Einzelheiten gehenden Ratschläge und die Erfahrungsfestellungen ausgebaut werden.« Pius X. zeigte sich gern als »guter Landpfarrer«.

Sein Programm ist schon an der ersten Enzyklika *E supremi apostolatus* (1903) zu erkennen. Es kommt darin zum Ausdruck, dass der Klerus geistig und geistlich eine angemessene Ausbildung erhalten muss. Aber auch die Gläubigen brauchen religiöse Unterweisung, damit in einer säkularen und kirchenfeindlichen Zeit die Menschen zu Gott zurückfinden. Die Enzyklika untersucht die Missstände in der Welt und der Kirche: den Abfall von Gott, den frevelhaften Krieg gegen Gott, die Verfolgung der Religion, die Zerstörung der Beziehung der Menschen zu Gott. Dann skizziert sie die Ziele: »Alles in

WISSENSWERTES

Acta Apostolicae Sedis (AAS)

So wird das Amtsblatt des Heiligen Stuhls genannt, in dem alle den Glauben und die Disziplin betreffenden Texte des Papstes (Enzykliken, Breves und Reden), der Kongregationen (Dekrete, Nominierungen usw.) und der kirchlichen Gerichtsbarkeit veröffentlicht werden. Die Sprache ist grundsätzlich Latein. Herausgeber ist das Staatssekretariat. Die *Acta Apostolicae Sedis* (Akten des Apostolischen Stuhls) erscheinen jährlich. Die erste Ausgabe erschien 1909. Zuvor, von 1869 bis 1909, gab es diese offizielle Schriftensammlung unter dem Namen *Acta Sanctae Sedis* (Akten des Heiligen Stuhls); mit einer Neuorganisation der Behörden an der römischen Kurie erfolgte auch eine Umbenennung.

Hl. Pius X. 1903–1914

Pius X.

Christus zu erneuern«, die Menschen zur Rückkehr zur Ordnung der Kirche aufzurufen, die sich »von der Weisheit Christi entfernt haben«. Danach zeigt sie auf, wie eine angemessene intellektuelle und geistliche Vorbereitung des Klerus auszusehen hat.

Die Beschwichtigungspolitik Leos XIII. gegenüber den weltlichen Mächten sieht der Papst als missglückt an; so beharrt er unnachgiebig auf den Rechten der Kirche. Das führt alsbald zum diplomatischen Bruch mit Frankreich, das das Konkordat von 1801 für ungültig erklärt und die Kirchengüter weltlichen Organen überträgt (1905). Damit sichert er sich die Unabhängigkeit der Kirche, aber um den Preis ihres materiellen Ruins. Gegen die Trennung von Kirche und Staat in Frankreich (1906) wie in Portugal (1910) protestiert er nicht weniger energisch. Die republikanische Regierung in Portugal hat die Kirchengüter konfisziert, unterdrückt die Orden, Priester und Bischöfe werden ins Exil gezwungen. Pius unterstützt die Katholiken in Polen und Irland, zum Ärger der russischen und britischen Regierung.

In Italien hingegen führt er allmählich eine Entspannung zwischen dem Vatikan und der Regierung herbei. Von Bedeutung ist es, dass er 1905 das »Non expedit«, das Verbot der Wahlbeteiligung für Katholiken, das Pius IX. ausgesprochen hatte, lockert. Wohl aus Furcht vor dem Sozialismus wird den Bischöfen durch ein päpstliches Rundschreiben gestattet, die Teilnahme an den Wahlen dann zu erlauben, wenn dadurch die Wahl schlechter Kandidaten verhindert werden kann. So können bald katholische Abgeordnete in das italienische Parlament einziehen.

Nach wiederholten Mahnungen verurteilt der Papst in dem Dekret *Lamentabili* (1907) und der Enzyklika *Pascendi* (1907) jene modernen Strömungen, die die Meinung vertreten, der Katholizismus müsse sich mit der Kultur der modernen Gesellschaft versöhnen und dem Gewissen des Einzelnen Vorrang vor der Religion einräumen. Er fasst diese »Irrwege« unter dem Namen »Modernismus« zusammen. In einem neuen *Syllabus Errorum* (»Verzeichnis der Irrtümer«) werden wie schon unter Pius X. 65 Irrtümer formuliert und vor ihnen gewarnt. In all diesen Dokumenten wird der Modernismus als »Synthese aller Irrlehren« bezeichnet, die da u.a. sind: Relativismus, Subjektivismus, Agnostizismus, Rationalismus, Szientismus, Immanentismus, Historizismus. Die katholischen Philosophen reagieren mit Unterwerfung, in Italien aber kommt es zu einer wahren »Modernistenjagd«. Seit 1910 müssen die Kleriker einer eidlichen Absage an die Irrtümer, der sogenannten Anti-Modernisteneid ablegen (heute aufgehoben).

Die Reformideen Pius' X. erstrecken sich in erster Linie auf Fragen des Priesteramts, der Seelsorge und der Liturgie. Er fördert die Erneuerung der Kirchenmusik, profane Tendenzen lehnt er jedoch ab. Besonders setzt er sich für eine Wiederbelebung des Gregorianischen Chorals ein. Die Bedeutung der Eucharistie im Leben eines Christen und die frühe Zulassung von Kindern zu dem Sakrament ist ihm ein großes Anliegen. Um die Verbreitung der Messe und eine häufige Kommunion zu fördern, veranstaltet er die

WISSENSWERTES

Die Sedia gestatoria

Dies ist ein reich verzierter Thronsessel, der von mehreren Trägern auf der Schulter getragen wird und auf dem die Kaiser sitzen, um im Thriumph durch das Volk getragen zu werden. Auch die Päpste übernehmen diesen Brauch und verwenden ihn bei feierlichen, zeremoniellen Anlässen. Papst Johannes Paul I. wollte die Sedia gestatoria als überkommenes pompöses Relikt aus vergangenen Tagen nicht mehr verwenden. Johannes Paul II. lehnt den Gebrauch völlig ab. Unter ihm entstand stattdessen das Papamobil, um durch die Volksmenge fahren zu können.

internationalen Eucharistiekongresse. Diese Initiativen sind so einschneidend, dass Pius als Vorkämpfer der modernen Liturgiebewegung gerühmt werden kann.
Er kümmert sich um die christliche Erziehung der Kinder, für die er einen Katechismus verfasst. Er überarbeitet Messbuch und Brevier. Er fordert eine neue Disziplin für den Klerus, der sich ausschließlich um religiöse Belange kümmern soll, und organisiert eine neue Seminarordnung. Laien fordert er auf, aktiv mit Priestern zusammenzuarbeiten.
Der Papst veranlasst eine Neuorganisation der Kurie und reformiert die Vorschriften für eine Papstwahl. Er wünscht eine Überarbeitung des Kanonischen Rechts, deren Beginn er selbst überwacht. Erscheinen wird das Gesetzbuch unter seinem Nachfolger, Benedikt XV.
In den letzten Jahren seines Pontifikats wird die Drohung eines bevorstehenden Krieges in Europa und der Welt immer deutlicher. Nach dem Attentat von Sarajewo am 28. Juni 1914 scheinen der Papst und viele Katholiken ein Eingreifen Österreichs zu befürworten, um die Spannungen in Serbien zu beenden. Doch als es zum Ultimatum (23. Juli 1914) kommt, bietet sich Pius X. als Vermittler an. Am 20. August 1914 jedoch stirbt er tief erschüttert vom Ausbruch des Krieges. Am 2. August hatte er noch ein apostolisches Schreiben an die Katholiken der ganzen Welt gerichtet, in dem er seiner Sorge ausdruck gab. Zu einem Vertrauten sagt er: »Ich würde gern mein Leben hingeben, wenn ich damit den Frieden Europas erkaufen könnte.«
Er wird nach seinem Wunsch schmucklos in den Vatikanischen Grotten beigesetzt. Sein Nachfolger hat ihm aber in der Peterskirche ein würdiges Denkmal errichten lassen. 1951 wird er von Pius XII. selig- und 1954 heiliggesprochen. Sein Festtag ist der 21. August.

geb. Genua 1854; gest. Rom 1922

Benedikt XV. 1914–1922

Giacomo della Chiesa wird am 21. November 1854 in Genua-Pegli auf dem Schloss seiner adligen Familie geboren. Er promoviert in Rechtswissenschaften an der Universität Genua und wird nach dem Studium an der Gregoriana 1878 zum Priester geweiht. Er wird Unterstaatssekretär im Vatikan, 1907 Erzbischof von Bologna und 1914 Kardinal. Am 3. September 1914, einen Monat nach Beginn des Ersten Weltkrieges, wird er zum Papst gekrönt und nimmt den Namen Benedikt XV. an.

Die Hälfte seines Pontifikats fällt mit der Tragödie des Ersten Weltkrieges zusammen, und er stellt die Friedensbotschaft ins Zentrum seines Hirtenamts als Papst. Er sieht den Grund des Krieges in der mangelnden Liebe unter den Menschen, in der Missachtung der Autoritäten, der Ungerechtigkeit zwischen den sozialen Schichten und der Verabsolutierung materieller Werte. So widmet er sich unbeirrbar und mit großem Erfolg humanitären Aufgaben. Er ruft eine Gefangenenhilfe ins Leben, die er selbst leitet; er kümmert sich um Hilfe für Kriegsopfer, politische Häftlinge und Vertriebene. Sein großzügiges caritatives Werk lindert das Leid von Flüchtlingen und Bedürftigen ohne Ansehen ihrer Herkunft oder Religion. Diese nimmermüden Friedensaktivitäten bringen ihm die Wertschätzung vieler Staaten ein: Elf Regierungen errichten eine neue diplomatische Vertretung beim Hl. Stuhl. Die deutsche Gesandtschaft wird zur Botschaft aufgewertet. Auch nichtchristliche Völker sympathisieren mit diesem »Friedenspapst«. Die Türken errichten ihm zum Dank in Istanbul ein Denkmal, auf dem sie »den großen Papst der Welttragödie (…), den Wohltäter aller Menschen ungeachtet ihrer Nationalität oder Religion« feiern.

Auf sozialem Gebiet ist Benedikt bemüht, die Strenge des kirchlichen Antimodernismus zu mildern; manche Maßnahmen seines Vorgängers macht er rückgängig. Mit Bezug auf die Enzyklika *Rerum novarum* von Leo XIII. betont er die soziale Verpflichtung der Katholiken. 1919, kurz vor den Wahlen, schafft er das Verbot der politischen Betätigung von Katholiken von Pius IX. ab und stimmt der Gründung des Partito Popolare Italiano zu. Die Bildung einer katholischen Volkspartei, der »Popolari«, bedeutet die Sammlung der katholisch-konservativen Kräfte Italiens gegen Sozialismus und Kommunismus.

Das bisherige umständliche Kirchenrecht, gespeist aus zahllosen nachmittelalterlichen Konziliaren und päpstlichen Erlassen, wird in einer modernen Verhältnissen angepassten Weise handlich zusammengefasst und erscheint 1917 als *Codex Iuris Canonici*. Benedikt gründet ein Orientalisches Institut in Rom (1917) und bemüht sich um die Vereinigung der Ostkirchen mit der Römischen Kirche; er fördert Begegnungen zwischen Anglikanern und Katholiken. Auch die Mission zur Verbreitung des christlichen Glaubens ist ihm ein tiefes Anliegen.

Unerwartet stirbt er am 22. Januar 1922. Er wird in den Vatikanischen Grotten beigesetzt.

WISSENSWERTES

Der Kodex des Kanonischen Rechts

Der *Codex Iuris Canonici* (abgekürzt CIC) ist in lateinischer Sprache verfasst. Das Gesetzeswerk ist in sieben Bücher aufgeteilt und besteht aus 1752 Einzelgesetzen. Der CIC ist das einzig gültige und allgemeine Gesetz der römisch-katholischen Kirche. Am 25. Januar 1983 verkündet Johannes Paul II. zusammen mit der Apostolischen Konstitution *Sacrae disciplinae leges* die Neufassung des CIC von 1917. Der CIC ist, so heißt es dort, das »vorrangige gesetzgeberische Dokument der Kirche« und ein »unerlässliches Instrument, mit dessen Hilfe die erforderliche Ordnung im persönlichen wie gesellschaftlichen Leben wie in der Leitung der Kirche selbst sichergestellt wird.«

Benedikt XV. 1914–1922

Ambrogio Damiano Achille Ratti
geb. Desio 1857; gest. Rom 1939

Pius XI. 1922–1939

Ambrogio Damiano Achille Ratti wird am 31. Mai 1857 in Desio bei Mailand als Sohn einer kleinbürgerlichen Familie geboren. Sein Onkel inspiriert ihn dazu, Priester zu werden, und er wird 1879 geweiht. Der Hochbegabte studiert Philosophie, Theologie und Kirchenrecht und erwirbt an Universitäten Roms drei Doktorgrade. Er lehrt als Professor am Priesterseminar in Padua (1882–1888) und wird als angesehener Gelehrter Präfekt der Biblioteca Ambrosiana in Mailand (1888–1911). Von 1911 an arbeitet er in der Vatikanischen Bibliothek, seit 1914 als deren Leiter.

Von 1918 bis 1921 ist er Nuntius in Polen, wo er die schwierige Aufbauzeit des noch jungen polnischen Staates erlebt. Der Nuntius bleibt auf seinem Posten, um der Bevölkerung zu helfen. 1921 ernennt ihn Benedikt XV. zum Kardinal und Erzbischof von Mailand. Auf dem Konklave mit 43 Kardinälen wird er am 10. Februar 1922 auf den päpstlichen Thron erhoben und nimmt den Namen Pius XI. an. Seine erste öffentliche Amtshandlung ist die Erteilung des Segens *Urbi et Orbi* vom Balkon des Petersdoms – eine symbolreiche Friedensgeste in Richtung Quirinal, des italienischen Regierungspalastes, wie sie seit 1870 nicht mehr vorgekommen ist.

Pius XI. legt sein Programm in der Enzyklika *Ubi arcano* (1922) dar, sein Leitwort ist *Pax Christi in Regno Christi* (Der Friede Christi im Reich Christi). Er möchte die Menschheit unter dem Königszepter Christi einen. Deshalb setzt er sich nachdrücklich für Frieden und auch für eine Neuordnung der Kirche ein. Die Frage der weltlichen Herrschaft der Kirche, die das Papsttum jahrhundertelang beschäftigt und die Kräfte im Kampf um den Kirchenstaat gebunden hat, tritt für ihn deshalb zurück. Ihm geht es um eine vom Geist Christi durchdrungene Gesellschaftsordnung. Deshalb prangert er die »Vertreibung Gottes« aus dem öffentlichen Leben an, das vom laizistischen Liberalismus geprägt ist, worin er den Hauptgrund für die Übel der Menschheit sieht.

In Italien zeigt sich der Papst gegenüber dem aufstrebenden Faschismus zunächst entgegenkommend und bereitet eine längst überfällige Lösung der »Römischen Frage« des Kirchenstaates vor. Am 11. Februar kommt es zur Unterzeichnung der Lateranverträge und eines Konkordats mit der faschistischen Regierung Mussolinis. Hierin wird Folgendes geregelt: Der Papst wird als vollgültiger, freier Partner behandelt. Der Heilige Stuhl verzichtet staatsrechtlich verbindlich auf den früheren Kirchenstaat. Dafür wird die Vatikanstadt als souveräner, neutraler Staat begründet und für den Verlust des früheren Besitzes von Italien entschädigt. Der Katholizismus wird als Staatsreligion in Italien akzeptiert. Im Gegenzug erkennt der Vatikan das Königreich Italien mit der Hauptstadt Rom endgültig an. Die Unterzeichnung des komplexen Vertragswerkes bedeutet das Ende der über tausendjährigen Geschichte des Kirchenstaates.

Doch schon 1931 bekommen die Beziehungen zur italienischen Regierung erste Risse, als das faschistische Regime die katholischen Jugend- und Studentenverbände auflösen will und sich politisch Deutschland annähert.

WISSENSWERTES

Der kleinste Staat der Welt

Die Vatikanstadt ist der kleinste Staat der Welt. Er hat eine Fläche von 44 Hektar (weniger als ein halber Quadratkilometer). Hier befinden sich der Petersplatz mit dem Peterdom und der Papstresidenz, außerdem die Vatikanischen Museen und Gärten und zwanzig weitere Plätze und Höfe. Auf italienischem Boden gibt es noch einige exterritoriale Gebiete: einige Kirchen und Amtsgebäude wie die Lateranbasilika sowie die päpstliche Sommerresidenz Castel Gandolfo. Der Vatikan besitzt einen eigenen Bahnhof und einen Rundfunksender; er prägt Münzen, gibt Briefmarken heraus, hat eine eigene Gerichtsbarkeit und verfügt über technische, wirtschaftliche und medizinische Dienste.

Pius XI. 1922–1939

Pius XI.

Den ganzen katholischen Eifer des Papstes spürt man bei seinen Bemühungen um die Erneuerung des christlichen Lebens. Von Anfang an gilt seine Aufmerksamkeit dem Ausbau der »Katholischen Aktion«, einer organischen Zusammenarbeit von Laien und Priestern im Dienst der Durchdringung des öffentlichen Lebens mit dem Geist des Christentums.

Gegenüber den europäischen Staaten betreibt er eine intensive Konkordatspolitik; elf Konkordate werden unterzeichnet mit Polen, Rumänien, Österreich und auf deutscher Seite mit Baden, Bayern und Preußen. Ziel ist es, das Ansehen des Heiligen Stuhls zu festigen und zu Verhältnissen zu gelangen, die seinem christlichen Idealbild nahekommen.

Im Vertrauen auf die Zusicherungen Adolf Hitlers und auch aus Furcht vor dem Kommunismus schließt er mit dem nationalsozialistischen Deutschland am 20. August 1933 ein Konkordat. Wegen der sich verschärfenden Unterdrückung der Kirche muss er der Hitler-Regierung 34 Protestnoten überreichen, in denen er die Verletzung des Abkommens anprangert (Pressezensur, Zeitungsverbot, Auflösung katholischer Organisationen und Vereine). Scharf kritisiert er das inhumane Verhalten der NS-Regierung in der an die deutschen Bischöfen gerichteten Enzyklika *Mit brennender Sorge* (1937), die von allen Kanzeln verlesen werden soll. Diese Enzyklika (verfasst vom Münchener Erzbischof Michael Faulhaber und dem Staatssekretär Kardinal Pacelli, dem späteren Pius XII.) findet in Deutschland große Beachtung; die anderen Länder reagieren kaum.

Der Kommunismus entfesselt in Mexiko radikale Kräfte. Pius XI. protestiert energisch mit der Enzyklika *Iniquis afflictisque* (1926), ist aber gegenüber den Verfolgungen, denen die Kirche ausgesetzt ist, machtlos.

Mit der Enzyklika *Divini redemptoris* (1937) zeigt er sich unnachgiebig gegenüber dem atheistischen Kommunismus der Sowjetunion. Die Fehler und Irrtümer des Kommunismus werden angeprangert: »Der bolschewistische Kommunismus zielt darauf ab, die Sozialordnung auf den Kopf zu stellen und die Fundamente der christlichen Gesellschaft zu untergraben. Ganze Völker sind in Gefahr, in eine Barbarei zurückzufallen, die schlimmer ist als die, in der sich die Welt befand, als der Erlöser erschien.«

Die Beziehungen zu Frankreich verbessern sich ein wenig. Der Papst schließt 1928 eine Vereinbarung mit der französischen Regierung, in der er die Trennung von Kirche und Staat akzeptiert. Die militant katholische und nationalistische *Action française* verurteilt er. Auch in Spanien wird nach Abschaffung der Monarchie die Trennung von Kirche und Staat verkündet. Doch nach 1936 verschlimmert sich die Lage mit dem Ausbruch des Spanischen Bürgerkrieges, der zur Zerstörung vieler Kirchen, der Gefangennahme und Ermordung zahlreicher Priester und Ordensleute führt. Gleich nach dem Ende des Krieges erkennt das Papsttum die neue Regierung des Diktators Franco an.

1925 ruft Pius XI. ein Heiliges Jahr unter dem programmatischen Motto seines Pontifikats *Pax Christi in regno Christi* (Der Friede Christi im Reich Christi) aus. Der Papst

Der Kämmerer (Camerlengo)

Abgeleitet ist das Wort vom lateinischen *camarlingus* (zur Kammer des Herrn gehörig). Das Amt des Kämmerers bildet sich im 12. Jahrhundert heraus. Er ist für die Verwaltung der Finanzen und der weltlichen Güter der Kurie zuständig. Heute ist derjenige Kardinal der Kämmerer, der der *Camera Apostolica*, der päpstlichen Finanzbehörde, vorsteht und die weltlichen Güter und Rechte des Heiligen Stuhls verwaltet, insbesondere in Zeiten einer Sedisvakanz.

will zum Ausdruck bringen, dass Christus der wahre Herr der Welt ist, und die Verbreitung und Verwirklichung des Reiches Christi ist ihm ein tief empfundenes Anliegen. Eine eindrucksvolle Missionsausstellung zieht 750 000 Besucher an, deren Exponate den Grundstock bilden für das Missionsmuseum in Rom. Anlässlich des Heiligen Jahres wird auch das Christkönigsfest eingeführt, das seither das Kirchenjahr beschließt. Zwei weitere Heilige Jahre folgen, 1929 aus Anlass seines Goldenen Priesterjubiläums, 1933 zur Erinnerung an Tod und Auferstehung Christi vor 1900 Jahren.

Pius XI. fördert die Verbreitung des Glaubens, koordiniert die päpstlichen Missionswerke und regelt die Sammlung und Verteilung von Opfergaben, was durch die Einrichtung eines »Missionssonntags« begünstigt wird. Er will die Missionstätigkeit von jeglicher Einmischung der Kolonialmächte befreien und fördert die Entstehung eines örtlichen Klerus in den missionierten Ländern.

Er fördert wissenschaftliche Studien, die eine Annäherung mit den orthodoxen Kirchen ermöglichen und die Gespräche zwischen Katholiken und Anglikanern fördern sollen.

Pius nimmt zahlreiche Selig- und Heiligsprechungen vor, unter anderem: Jean-Maria Vianney, genannt der »Pfarrer von Ars«, Robert Bellarmin, Don Bosco, die englischen Märtyrer Thomas Morus und John Fisher, Therese von Lisieux und Bernadette Soubirous. Zu Kirchenlehrern werden ernannt: Albertus Magnus, Petrus Canisius, Johannes vom Kreuz und Robert Bellarmin.

Mit zwei Enzykliken macht er auf das Problem der intellektuellen und spirituellen Ausbildung von Priestern aufmerksam. Er sorgt sich um die Erziehung der Jugend und die religiöse Unterweisung des Volkes. Mit der Enzyklika *Quadragesimo anno* (1931) erklärt er seine Absicht, die Soziallehre der Kirche zu bekräftigen, wie sie in der Enzyklika Leos XIII. *Rerum novarum* zum Ausdruck kommt. Er wendet sich zwar gegen Kommunismus und Sozalismus und erklärt ein Recht auf Eigentum, aber der Ertrag aus Kapital und Arbeit müsse dem allgemeinem Nutzen diestbar gemacht werden. Wettbewerb dürfe nicht zu Lasten der Gerechtigkeit gehen.

Pius XI. ist ein Förderer der Wissenschaft. Er sorgt für die Verbreitung katholischer Kultur, indem er in vielen Ländern der Welt Universitäten gründet. Selber ein Forscher hohen Ranges fördert er theologische, philosophische, aber auch naturwissenschaftliche und künstlerische Studien. Er vergrößert den Lesesaal der Vatikanischen Bibliothek. Bischöfe weist er an, ihre Archive zu pflegen. Er lässt neue Kirchen bauen und nimmt Einfluss auf die »moralische Qualität« der Medien (Kino, Presse). Der lebendigen Verbindung mit der Weltkirche dient die Errichtung eines eigenen vatikanischen Rundfunksenders (1931).

Den Ausbruch des Zweiten Weltkrieges erlebt Pius XI. nicht mehr. Er stirbt am 10. Februar 1939 mit 81 Jahren und wird in St. Peter bestattet.

Eugenio Pacelli
geb. Rom 1876; gest. Rom 1958

Pius XII. 1939–1958

Eugenio Pacelli wird am 2. März 1876 in Rom geboren als Sohn einer Adelsfamilie, die traditionell mit der päpstlichen Regierung verbunden ist. Eugenios Großvater ist Vize-innenminister des Kirchenstaates gewesen, sein Vater ist ein geschätzter Anwalt der Sacra Rota und sein Bruder ein bedeutender Jurist, der an der Verfassung der Lateranverträge beteiligt war.

Nachdem er in Theologie und Recht an der römischen Universität Gregoriana promoviert hat, wird er 1899 zum Priester geweiht. 1901 nimmt er den Dienst im päpstlichen Staatssekretariat auf, 1914 wird er Sekretär für besondere Angelegenheiten der Kurie.

Während des Ersten Weltkriegs wird Monsignore Pacelli 1917 als Nuntius für Bayern in München und 1920–1929 bei der Reichsregierung der Weimarer Republik eingesetzt. Seine diplomatischen Bemühungen führen zum Abschluss der Konkordate mit Bayern (1924) und Preußen. 1929 ernennt ihn Pius XI. zum Kardinal und 1930 übernimmt er von Kardinal Gasparri das Amt des Staatssekretärs. In dieser Funktion ist er für das Reichskonkardat mit dem nationalsozialistischen Deutschland (1933) verantwortlich. Hitler verstößt jedoch wiederholt gegen das Abkommen, und Pacelli trägt unter Wahrung aller diplomatischen Vorsicht zur harten Linie Pius' XI. gegenüber Nationalsozialismus und Kommunismus bei.

Am 2. März 1939 wird er zum Papst gewählt und nimmt den Namen Pius XII. an. Zum ersten Mal wird der Segen *Urbi et Orbi* über Radio verbreitet, ein Medium, das der neue Papst oft verwenden wird, um den Gläubigen in aller Welt seine Botschaften zu übermitteln. Die Römer begrüßen begeistert die Wahl dieses aus ihrer Stadt stammenden Papstes. Seit zwei Jahrhunderten hat es keinen römischen Papst mehr gegeben.

In der programmatischen Enzyklika *Summi pontificatus* nennt Pius XII. als Wurzel der Übel dieser Zeit, dass die Menschen sich zunehmend von den Werten der Nächstenliebe und Solidarität entfernen, dass sie gegen das Naturrecht verstoßen, weil sie rassistischen Tendenzen nachgeben, statt die Einheit des Menschengeschlechts im Blick zu haben. Dies müsse in Totalitarismus münden, dem schlimmsten Übel der Gegenwart. Es sei deshalb Aufgabe der Kirche, durch die Predigt des Evangeliums eine Erneuerung zu bewirken. Die Verbreitung der Enzyklika, die deutlich die Gefahr diktatorischer Staaten ohne Gott beschwört, wird in Deutschland verboten.

Der Beginn des Pontifikats Pius' XII. fällt mit dem Ausbruch des Zweiten Weltkrieges zusammen, den er radikal ablehnt: »Nur der Frieden ist ein Werk der Gerechtigkeit«. Pius betrachtet sich als Friedenspapst. Im April 1939 fordert er alle in der Weltkirche auf, für die Bewahrung des Friedens zu beten. Am 24. August appelliert er: »Nichts ist mit dem Frieden verloren. Alles kann durch Krieg verloren sein.« Vergeblich fordert er eine neue rechtliche und moralische Ordnung. Auch seine diplomatischen Manöver können das Unheil nicht abwenden.

Als der Krieg am 1. September 1939 ausbricht, den der Papst als »ungeheures Gemetzel« bezeichnet, werden die katholischen Organisationen beauftragt, den betroffenen Völ-

WISSENSWERTES

Der Papst als absoluter Monarch

Der Vatikanstaat ist die einzige absolute Monarchie in Europa. Es gibt kein Parlament und keine politischen Parteien. Es ist allerdings eine einzigartige Monarchie, da sie auf Wahl beruht. Die legislative, exekutive und judikative Gewalt liegt in den Händen des Papstes, des Oberhaupts der Kirche und des Staates. Der Papst kann Gesetze ändern, wenn er es für richtig hält, ohne dass ihn eine Instanz kontrollieren oder bestätigen kann. Er übt seine Macht allerdings mit Hilfe eines Rats von Kardinälen aus, die er auf jeweils fünf Jahre ernennt.

Pius XII. 1939–1958

Pius XII.

Die Papsthymne

Der Vatikanstaat hat seine eigene Hymne. Es ist der päpstliche Marsch, den Charles Gounod (1818–1893), der berühmte französische Komponist und gläubige Katholik, anlässlich des Krönungsjubiläums von Pius IX. komponiert hat. Aufgeführt wird sie zum ersten Mal am Nachmittag des 11. April 1869 zum goldenen Priesterjubiläum des Papstes auf dem Petersplatz. Mit Blick auf das Heilige Jahr 1950 bestimmte Papst Pius XII. den Marsch zur offiziellen Hymne.

kern zu helfen, und zwar auf beiden Seiten der politischen Lager. Sie zeichnen sich durch zahlreiche humanitäre Hilfen für Flüchtlinge, Gefangene, Obdachlose und Juden aus.

Etliche Christen bemühen sich um heimliche Hilfe für die Juden, doch die meisten Versuche, Juden vor den Nazi-Schergen zu verbergen oder zur Flucht zu verhelfen, scheitern. Ohnmächtig muss Pius dem Völkermord an den Juden zusehen. Dass er es auch wortlos tut, um größere Übel zu vermeiden, wie er am 30. April 1943 dem Berliner Bischof Wilhelm Berning schreibt, hat seine Bemühungen um Hilfe für Verfolgte und Gefangene verdunkelt. Sein langes Schweigen gegenüber der Tragödie der Judenverfolgung ist oft und hart kritisiert worden; doch darf nicht vergessen werden, dass der Vatikanstaat Tausende Juden aufgenommen und zahllosen Flüchtlingen geholfen hat.

Nach dem Krieg prangert Pius XII. die ökonomischen Missstände der kapitalistischen Welt an, stellt sich aber gegen die kommunistische Doktrin. Er beobachtet aufmerksam die Verfolgung von Katholiken und die Säkularisierung in Osteuropa und China. In der Volksrepublik China werden alle ausländischen Missionare verfolgt und des Landes verwiesen, Bischöfe und Priester eingesperrt, die Kirchen geschlossen. In Russland wird die Christenverfolgung fortgesetzt. In der Deutschen Demokratischen Republik, in Ungarn, Litauen, Lettland, Polen, der Tschechoslowakei und Jugoslawien wird die Kirche unterdrückt oder schweren Repressalien ausgesetzt.

In Italien fördert die Kirche, um eine Machtübernahme der Kommunisten bei den Wahlen von 1948 zu vermeiden, politisches Handeln der Katholiken, und sie führt einen harten und unerbittlichen Kampf gegen atheistische und kommunistische Parteien. Pius XII. verurteilt Katholiken als abtrünnig, wenn sie »mit den Lehren des Kommunismus sympathisieren und diese verbreiten«.

Da es während des Kalten Krieges heftige Spannungen zwischen den Machtblöcken gibt, stellt der Papst immer wieder das Bemühen um Frieden in den Mittelpunkt und bringt den Gedanken eines geeinten Europas mit christlichen Wurzeln zum Ausdruck.

Pius XII. sorgt während seines Pontifikats für eine starke Internationalisierung der Kurie und des Kardinalskollegiums. 1946 ernennt er 32, 1953 nochmals 24 Kardinäle aus vielen Ländern; der Anteil der italienischen Kardinäle sinkt auf etwa ein Drittel.

1950 feiert die Kirche ein Heiliges Jahr, das erste nach dem Grauen des Weltkrieges, der Apokalypse des Holocausts und der Explosion der ersten Atombombe. Am 1. November wird im Beisein von 600 Bischöfen und einer großen Menschenmenge das Dogma von der »leiblichen Aufnahme Mariens in den Himmel« feierlich verkündet. Das Fest wird in der römischen Kirche seit dem 7. Jahrhundert am 15. August gefeiert. – Auch das vom Papst einberufene »Marianische Jahr« 1954, das an das vor hundert Jahren von Pius IX. feierlich verkündete Fest von der »ohne Erbsünde empfangenen Jungfrau und Gottesmutter Maria« am 8. Dezember erinnert, zieht Millionen Pilger nach Rom. Tausende Christen empfängt der Papst in zahllosen Audienzen.

Pius XII. regt eine Reform der kirchlichen Liturgie an; der Psalter wird neu übersetzt und Fehler in der Vulgata werden beseitigt. Er gestattet die Abendmesse und reformiert das Brevier. Er gibt Impulse zur Bibelforschung und gestattet auch, die Methoden der Textkritik im Umgang mit biblischen Texten anzuwenden und fördert so die wissenschaftlichen Bibelauslegung.
Die Beziehungen zu den unierten und orthodoxen Kirchen des Ostens sucht der Papst zu beleben und lockert die starre Haltung seines Vorgängers gegenüber der »Ökumenischen Bewegung« ein wenig. 1948 erkennt er die Bewegung an und erlaubt Katholiken die Teilnahme an Gesprächen mit Nicht-Katholiken über Glaubensfragen. Daraus entwickeln sich ökumenische Gespräche und konfessionelle Begegnungen, die in Deutschland zur »Internationalen Konferenz über ökumenische Fragen« führen. Dies hat zu Folge, dass unter seinem Nachfolger Johannes XXIII. die Kurienkongregation »Sekretariat zur Förderung der Einheit der Christen« gegründet wird.
Gezielt verstärkt der Papst die Missionstätigkeit, die durch den Krieg behindert worden ist. Er fordert die Missionare auf, sich in der Glaubensverkündung den örtlichen Gewohnheiten klug anzupassen, denn »das Evangelium sei nicht dazu da, um zu zerstören und zu ersticken«, was es in den Sitten der Völker an Gutem und Schönem gebe. Die Zahl der Diözesen steigt weltweit von 1696 auf 2048.
Pius XII. gibt zahlreiche Impulse für die katholische Soziallehre. Zum 50. Jubiläum der Enzyklika *Rerum novarum* von Leo XIII. unterstreicht er, dass Arbeit nicht nur eine Pflicht, sondern auch ein Recht sei und ihre Organisation den Arbeitern selbst obliegen müsse, während der Staat eine Unterstützungsfunktion habe. Er erklärt, dass wirtschaftliche Abhängigkeit und Ausbeutung mit der Würde der Person unvereinbar sei, und verdammt die »übersteigerte Konzentration von wirtschaftlichen Gütern« und den Kapitalismus, der »sich ein unbeschränktes Recht auf Eigentum anmaße, ohne jede Berücksichtigung des Allgemeinwohls« (Radiobotschaft vom 1. September 1944).
Er beauftragt eine Gruppe von Wisschenschaftlern mit Grabungen unter dem Petersdom, und in der Tat findet man dort Reste einer Grabstätte, die bis in die römische Kaiserzeit des 1. Jahrhunderts zurückreicht. Es ist demnach ziemlich sicher, das die Peterskirche tatsächlich über dem Petersgrab errichtet ist.
Pius XII. stirbt am 9. Oktober 1958 in der Residenz von Castel Gandolfo und wird in den Vatikanischen Grotten bestattet.

geb. Sotto il Monte 1881; gest. Rom 1963

Johannes XXIII. 1958–1963

Angelo Giuseppe Roncalli wird am 25. November 1881 in Sotto il Monte, einem kleinen Dorf bei Bergamo, geboren. Er stammt aus einer einfachen Bauernfamilie und ist das dritte von 13 Kindern. Nach dem Studium im Diözesanseminar von Bergamo promoviert er in Rom 1904 in Theologie. Nach dem Militärdienst wird er Priester (1904) und kehrt als Sekretär des Bischofs von Bergamo in seine Diözese zurück (1905–1914). Dort lehrt er auch Kirchengeschichte, Apologetik und Patristik. Pius XI. verhilft ihm zu einer diplomatischen Laufbahn, indem er ihn 1925 zum Apostolischen Gesandten in Bulgarien ernennt, wo er sich um Hilfe für 1400 Flüchtlinge aus Makedonien und Thrakien persönlich kümmert. Ab 1934 ist er auch Legat in der Türkei und Griechenland, wo er mit der orthodoxen Kirche freundschaftliche Beziehungen herstellt.

1944 wird er zum Nuntius nach Paris berufen und ist dort 1952 ständiger Beobachter des Vatikans bei der UNESCO. Am 12. Januar 1953 ernennt Pius XII. ihn zum Kardinal und Patriarchen von Venedig, wo er sich mit den Worten vorstellt: »Seht euren Patriarchen nicht als Politiker oder Diplomaten an, sondern sucht in ihm den Priester und Seelsorger.«

Am 28. Oktober 1958 wählen ihn 51 Kardinäle, darunter 17 italienische, mit 77 Jahren zum Papst. Er nimmt den Namen Johannes XXIII. an, den bereits ein vom Konzil zu Konstanz 1415 abgesetzter Gegenpapst getragen hat.

Nach dem aristokratischen, übermächtig wirkenden, asketisch-strengen Papst Pius XII. erscheint seine Wahl als Ausdruck einer Neuorientierung der Kirche, allein schon wegen seiner Leibesfülle. Gewählt hat man den fast 77-Jährigen eher als Übergangspapst, aber sein Pontifikat wird zu einem entscheidenden Wendepunkt für eine Erneuerung der Kirche. In der programmatischen Enzyklika *Ad Petri cathedram* (1959) setzt er sich dafür ein, Wahrheit, Einheit und Frieden im Geiste christlicher Nächstenliebe zu fördern, und er grüßt Nicht-Katholiken als »getrennte Brüder und Söhne«.

Er pflegt einen heiteren und gelassenen Umgangston, kann sich nicht mit dem distanziert kirchlichen Zentralismus und allem Formalismus anfreunden. Bescheiden geblieben, fühlt er sich immer den kleinen Leuten zugetan, die ihm am Herzen liegen: »Das Gefühl meiner Unzulänglichkeit leistet mir stets gute Gesellschaft. Es macht mir das Vertrauen auf Gott zur Gewohnheit.« So nimmt er aufrichtig Anteil am Leben der Menschen: Er besucht Gefangene und Kranke, spricht gern mit Arbeitern und dem einfachen Volk.

Die Leute lieben ihn. Er sagt: »Ich überlasse Schlauheit und sogenanntes diplomatisches Geschick anderen und begnüge mich weiter mit der Einfachheit und Schlichtheit meines Gemüts, meiner Worte und Taten.« Einfachheit ist aber nicht mit Naivität und Unbedarftheit zu verwechseln. Demut, Geduld und Klugheit, Wahrheitsliebe, Freundlichkeit, Einigkeit und Liebe zu Christus und der Kirche, sein lebendiger Glaube und sein tiefes Vertrauen in die göttliche Vorsehung sind seine wichtigsten Wesenszüge.

Der Papst verhält sich überparteilich; er verzichtet darauf, sich ins politische Leben Italiens einzumischen. Er zeigt keinerlei Sehnsucht nach weltlicher Macht. Er kämpft dafür,

WISSENSWERTES

Aus dem »geistlichen Tagebuch«

Über Papst Johannes XXIII. gibt es viele erstaunliche Anekdoten. Am 29. Januar 1903, dem Namenstag des hl. Franz von Sales, schrieb er – 21 Jahre alt und Seminarist in Rom – in sein geistliches Tagebuch: »Heute war ein großer Festtag; ich habe ihn in Gesellschaft des hl. Franz von Sales, meines geliebten Heiligen, verbracht. Wie herrlich ist seine Gestalt als Mann, Priester und Bischof. Wenn ich so sein könnte wie er, würde es mir nichts ausmachen, auch wenn sie mich zum Papst wählen würden.« Und er nimmt sich vor: »Große, brennende Liebe zu Jesus Christus und seiner Kirche, unwandelbare Heiterkeit des Gemüts, unsägliche Sanftmut gegenüber dem Nächsten, das ist alles.«

Sel. Johannes XXIII. 1958–1963

Johannes XXIII.

WISSENSWERTES

Die Fahne des Vatikans

Die Fahne der Päpste oder der Vatikanstadt besteht aus einer weißen und einer gelben Hälfte. Auf dem weißen Feld sind die gekreuzten Schlüssel Petri zu sehen, einer gold-, einer silberfarben, darüber die Tiara. Diese Flagge gibt es seit 1929, die Entwicklung reicht aber Jahrhunderte zurück. Die Tiara und die gekreuzten Schlüssel sind mindestens seit dem 13. Jahrhundert als Symbole in Gebrauch. Gelb und Weiß stehen eigentlich für Gold und Silber wie bei den beiden Schlüsseln; Zeichen der himmlischen wie der irdischen Macht Petri (nach Matthäus 16,19).

dass sich in der Welt eine Politik des Friedens und der Solidarität entwickelt. Mit seiner Enzyklika *Mater et magistra* (1961) nimmt er die Soziallehre Leos XIII., auf die sich bereits Pius XI. bezogen hat, auf und erneuert sie. Die reichen Nationen der Welt fordert er auf, Solidarität zu üben und für die ärmeren Länder Verantwortung zu übernehmen. Das Dokument nimmt klar zu sozialen, wirtschaftlichen und politischen Fragen der Zeit Stellung; das Arbeiterproblem wird erstmals global behandelt.

Auch in der Enzyklika *Pacem in terris* (1963) fordert er zum Friedensdialog auf; er will die Menschen überzeugen, dass nur die Anerkennung der Rechte und Pflichten aller Menschen zum allgemeinen Frieden führen kann. Besonders aber verpflichtet er Katholiken, die Grundlagen des Friedens zu verteidigen und zu fördern: Wahrheit, Gerechtigkeit, Liebe und Freiheit. Er wendet sich jedoch nicht nur an die Katholiken: »Auf alle Menschen guten Willens wartet eine riesige Aufgabe: das Zusammenleben der einzelnen Menschen zu fördern, zwischen Bürgern und Ortsgemeinde, zwischen Individuen und Familien, zwischen der Staatsgemeinschaft und der Weltgemeinschaft. Eine besonders ehrenwerte Aufgabe besteht darin, in der von Gott gegebenen Ordnung wahren Frieden zu schaffen.«

Papst Johannes unterscheidet die marxistische Ideologie von den legitimen Anliegen kommunistischer Regierungen und bekräftigt die Notwendigkeit einer friedlichen Koexistenz zwischen Ost und West. Die Enzyklika *Pacem in terris* richtet er an die ganze Menschheit. Er stellt die Anerkennung der Menschenrechte und -pflichten als Grundlage des Weltfriedens dar und drängt auf friedliche Koexistenz zwischen Ost und West. Dies hinterlässt Eindruck, auch im Ostblock. Im Frühjahr 1963 empfängt er den Schwiegersohn Nikita Chruschtschows, des Präsidenten der kommunistischen Sowjetunion, in einer Audienz, ohne sich um den Widerstand der Kurie oder frühere Exkommunizierungen zu kümmern. Er korrespondiert mit John F. Kennedy und Chruschtschow, als sowjetische Raketen auf Kuba stationiert werden (1962).

Am 25. Januar 1959 schlägt der Papst drei bedeutende Projekte vor: eine römische Diözesansynode, ein ökumenisches Konzil und eine Überarbeitung des Kirchenrechts. Die Synode hält er Ende Januar 1960 in der Lateranbasilika, mit dem pastoralen Ziel, das kirchliche Leben Roms neu zu beleben.

Am 25. Dezember 1961 beruft er das Zweite Vatikanische Konzil ein. Dieses soll ein Instrument zur Erneuerung der Kirche sein, zur Modernisierung ihrer Lehre, Disziplin und Organisation und zur Wegbereitung einer Wiedervereinigung mit den getrennten Brüdern in Ost und West. Er selbst eröffnet das Konzil am 11. Oktober 1962 im Petersdom. Über 2500 Bischöfe aus aller Welt sind anwesend sowie offizielle Beobachter aus 18 nicht katholischen Kirchen – eine wahrhaft ökumenische Versammlung.

In der Eröffnungsrede erklärt Papst Johannes, er wolle eine neue Sprache finden, um die Kirche und ihre Botschaft den Menschen angesichts der veränderten gesellschaftlichen Bedingungen nahezubringen. Nicht um Irrtümer zu verurteilen, sei das Konzil da, sondern »um zu zeigen, welchen Wert die christliche Lehre besitzt«. Er will, dass die »Zeichen der Zeit« erkannt werden und das Konzil einen großen Schritt nach vorn tut. Seine Worte verraten auch seinen Willen, sich den anderen christlichen Kirchen zu öffnen. Bisher hat es ein derart universales Konzil nicht gegeben. Papst Johannes leitet allerdings nur zwei Sitzungen und überlässt die Fortsetzung des Konzils mit seinem Tod seinem Nachfolger Paul VI. als wichtiges Erbe.

Die geplante Neufassung des Kirchenrechts überantwortet er einer päpstlichen Kommission und setzt auch eine Kommission für Kino, Radio und Fernsehen ein.

In der Liturgie gestattet er in der Messe den Gebrauch der jeweiligen Landessprachen. In der Leitung der Kirche richtet er das Amt des Staatssekretärs wieder ein, das sein Vorgänger aufgegeben hatte, weil er es als früherer Staatssekretär in Personalunion miterfüllte. Auch übergeht er die Vorschrift, nach der es nur bis zu siebzig Kardinäle geben darf; der Papst ernennt neue Kardinäle in Afrika und Asien, wodurch das Kardinalskollegium mehr internationalen Charakter erhält und erstmal auf über achtzig Kardinäle anwächst (Paul VI. wird die Anzahl der Kardinäle auf hunderzwanzig erhöhen).

Die Sorge des Papstes um die Einheit des Christentums drückt sich in der Gründung des »Sekretariats für die Einheit der Christen« unter dem deutschen Kardinal Augustin Bea aus (1960). Bedeutende Gesten sind die Entsendung persönlicher Gesandter nach Istanbul 1961 an den Patriarchen Athenagoras I. sowie der Empfang von Geoffrey Fisher, des Erzbischofs von Canterbury. Es ist der erste Empfang eines anglikanischen Repräsentanten in Rom.

Am 3. Juni 1963 stirbt Papst Johannes nach schwerer Krankheit mit 81 Jahren. Es ist ihm nicht vergönnt, sein großes Reformwerk zu Ende zu führen. Im Bewusstsein der Menschen werden seine Schlichtheit und Warmherzigkeit und sein Humor aber erhalten bleiben. Der Volksmund nennt ihn »il Papa buono« – der gute Papst.

Papst Johannes Paul II. spricht ihn am 3. September 2000 selig. Festtag ist der 3. Juni. Nach der Seligsprechung wurden seine Gebeine von der Krypta von St. Peter in eine Seitenkapelle des Petersdoms gebracht.

geb. Concesio 1897; gest. Rom 1978

Paul VI. 1963–1978

Giovanni Battista Montini wird am 26. September 1897 in Concesio bei Brescia als Sohn einer lombardischen Großbürgerfamilie geboren. Sein Vater hat in Brescia die katholische Tageszeitung *Il Cittadino* gegründet und ist Abgeordneter der Volkspartei gewesen. Der eher schüchterne, gesundheitlich labile, aber lesehungrige Giovanni Battista studiert in Brescia bei den Jesuiten.

1920 wird er zum Priester geweiht und nach Rom geschickt, um dort Theologie und Kirchenrecht zu studieren. Er besucht die Universität Gregoriana und dann die Accademia dei Nobili, um im Vatikan eine diplomatische Laufbahn einzuschlagen. Seit 1922 arbeitet er im Staatssekretariat. Von 1937 an ist er dort Substitut für die Auswärtigen Angelegenheiten unter dem Staatssekretär Eugenio Pacelli, der 1939 Papst wird.

Auf diesem Posten hält er Verbindung zu den Bischöfen in aller Welt und zeichnet sich durch die Aktivitäten aus, die er während des Krieges zugunsten von Gefangenen, Juden, Exilierten und Obdachlosen entfaltet. Ab 1944 trägt er die Verantwortung für innere Kirchenangelegenheiten, 1952 wird er Unterstaatssekretär.

1954 wird er zum Erzbischof von Mailand, einer Diözese voller sozialer Probleme, berufen. Er stürzt sich mit großer Energie in die Aufgabe, die Masse unzufriedener Industriearbeiter zum aktiven Glauben zurückzuführen. Hier wird Montini zum »Bischof der Arbeiter«. 1958 ernennt ihn Johannes XXIII. zum Kardinal. Am 21. Juni 1963 wird er zum Papst gewählt und nimmt den Namen Paul VI. an.

Während seines Pontifikats muss er sich mit der unsicheren internationalen Lage und oft gravierenden Veränderungen auseinandersetzen: der Emanzipation der Frauen, der Protestbewegung von 1968, dem gewalttätigen Terrorismus, der großen Armut in der Dritten Welt, ethnischen Konflikten, den kommunistischen Diktaturen und der Konsumgesellschaft.

Seine erste Aufgabe sieht er in der Fortsetzung des Zweiten Vatikanischen Konzils mit den geplanten Zielsetzungen: »Darlegung der Lehre von der Beschaffenheit der Kirche, ihre Erneuerung sowie die Einheit der Christen und der Dialog mit der Welt von heute«.

Während der teils heftigen Diskussionen auf dem Konzil zeigen sich die ausgleichenden Fähigkeiten Pauls VI., durch die er zwischen den gegensätzlichen Argumenten der Progressiven, die die kirchliche Tradition eher zurückstellen wollen, und denen der Konservativen, die die Fortschrittlichkeit des Konzils fürchten, zu vermitteln oder auszugleichen sucht. So kann er als der eigentliche Architekt des von Johannes XXIII. einberufenen Konzils gelten.

In dem wegweisenden Konzilsdokument *Gaudium et spes* über die »Kirche in der Welt von heute« vom 7. Dezember 1965 heißt es im Vorwort: »Freude und Hoffnung, Trauer und Angst der Menschen von heute, besonders der Armen und Bedrängten aller Art, sind auch Freude und Hoffnung, Trauer und Angst der Jünger Christi.« Und er führt später aus: »Die gesellschaftliche Ordnung und ihre Entwicklung müssen sich dauernd

WISSENSWERTES

Die Mitra

Paul VI. ersetzt die Tiara, die dreifache Papstkrone, die die Päpste zu festlichen Anlässen getragen haben, durch die einfache Mitra. Benedikt XIV. hat auch in seinem Wappen die Tiara durch die Mitra ersetzt.

Die Mitra wird bei liturgischen Handlungen von Bischöfen oder Äbten als Zeichen ihrer Amtswürde getragen. Seit dem 13. Jahrhundert besteht die Mitra aus zwei konisch nach oben verlaufenden Spitzen, deren Vorder- und Rückseite durch ein Futter miteinander verbunden und verstärkt sind. Am hinteren Teil fallen zwei Zierbänder auf den Nacken herab. Früher oft kostbar verziert, besteht die Mitra heute meist aus einfacher Seide in liturgischen Farben oder aus weißem Leinen.

Paul VI. 1963–1978

Paul VI.

am Wohl der Personen orientieren; denn die Ordnung der Dinge muss der Ordnung der Personen diestbar werden und nicht umgekehrt« (Art. 26). »Allzu große wirtschaftliche und gesellschaftliche Ungleichheiten zwischen den Gliedern oder Völkern in der einen Menschheitsfamilie erregen Ärgernis; sie wiedersprechen der sozialen Gerechtigkeit, der Billigkeit, der menschlichen Personwürde und dem gesellschaftlichen und internationalen Frieden« (Art. 29).

Das Zweite Vatikanische Konzil endet am 8. Dezember 1965 mit Abschluss der vierten Sitzung mit einer positiven Bilanz, und es ist, so der Kirchenhistoriker Hubert Jedin, kaum zu bestreiten, »dass es einen Wendepunkt in der Geschichte der Kirche darstellt. Vieles ist in ihr in Bewegung geraten, ihr inneres Gefüge ist aufgelockert, sie hat sich ökumenisch und zur Welt hin geöffnet«.

Manche protestieren aber auch gegen die Beschlüsse des Konzils, fordern mehr Freiheiten oder finden, dass es zu weit gegangen ist, zweifeln an der Unfehlbarkeit des Papstes und geben sich als Abweichler zu erkennen. So leidet der Papst darunter, dass der französische Erzbischof Lefèbvre die Bestimmungen des Konzils bezüglich einer erneuerten Liturgie nicht hinnehmen will.

In verschiedenen Dokumenten nimmt Paul VI. sein Lehramt wahr. 1967 veröffentlicht er zur Verteidigung sozialer Gerechtigkeit die Enzyklika *Populorum progressio*, in der er betont, dass die Entwicklung der Völker eine der Hauptaufgaben der Kirche sein muss: »Entwicklung ist der neue Name für Frieden«, und: »Die Wirtschaft steht im Dienst des Menschen, das tägliche Brot muss für alle da sein als Quelle der Brüderlichkeit und Zeichen der Vorsehung.«

In seiner Enzyklika *Humanae vitae* (1968) verteidigt er das Leben des Menschen, das für ihn bei der Zeugung anfängt. Kategorisch lehnt Paul VI. künstliche Methoden der Empfängnisverhütung ab und tritt für eine verantwortungsvolle Elternschaft ein. Viele, auch Katholiken, protestieren oder polemisieren gegen seine unbeugsame Haltung in dieser Frage. Er spricht sich auch klar gegen Scheidung und Abtreibung aus.

Der apostolische Brief *Octogesima adveniens* (1971) verurteilt nochmals Marxismus und Kapitalismus und offenbart starkes Interesse am Gewerkschaftswesen und den Problemen der Frau in der Lebenswelt von heute, wobei Pauls Gespür für soziale Fragen deutlich wird.

Der Schwierigkeiten bewusst und mit Mut beginnt der Papst mit der Durchführung der Konzilsbeschlüsse. Geschickt setzt er mehrere »Nachkonzilskommissionen« ein (etwa für die Neufassung der liturgischen Leseordnung, Vereinfachung des Messritus, der Sakralmusik, des Kirchenrechts) und führt die Verwendung der jeweiligen Volkssprache in der Liturgie entschlossen durch. Er reorganisiert die Kurie und die Finanzen des Vatikans, erhöht die Zahl der Kardinäle auf 120 und beruft auch viele nicht europäische Kardinäle; er legt die Pensionsgrenze für Bischöfe und Kardinäle auf 75 und 80 Jahre fest. Der Index verbotener Bücher wird abgeschafft.

WISSENSWERTES

Die Papstkrönung

Papst Paul VI. war der letzte Papst, der sich bei der Papstweihe traditionell mit der Tiara krönen ließ. Als im November 1964 während des Zweiten Vatikanischen Konzils das Thema »Armut in der Welt« behandelt wird, legt er seine Tiara feierlich auf den Altar des Petersdoms und schenkt sie später den amerikanischen Katholiken, als Dank für ihre großherzigen Spenden. Die Nachfolger Pauls VI. haben seither ebenfalls auf eine Krönungsfeier mit Tiara verzichtet. Bei der feierlichen Amtseinführung wird ihnen als Würdezeichen das Pallium, eine Art Schal aus Lammwolle, überreicht.

Paul VI. bemüht sich um die Ökumene. So trifft er 1967 Athenagoras I., den Patriarchen von Konstantinopel. Ihre ergreifende Umarmung führt zur Zurücknahme der gegenseitigen Exkommunizierung aus dem Jahr 1054. Mit dem anglikanischen Erzbischof Michael Ramsay steht er im Gespräch (1966) wie auch mit dem Patriarchen der Armenischen Kirche, Koren I. Für Paul VI. ist die Verbreitung des Evangeliums gleichbedeutend mit Kultur und einem Fortschritt für die Menschheit. Seine häufigen Reisen bezeugen sein Engagement für die Mission: Er besucht Indien (1965), Bogotà und Medellin (1968), Uganda (1969), den Fernen Osten (1970) und das Heilige Land. Sein Engagement für den Frieden und die Entwicklung eines neuen Bewusstseins gegen den Krieg führen ihn 1967 nach New York zur UNO, wo er eine viel beachtete Rede hält.
Er führt den Tag des Friedens ein, der an jedem 1. Januar gefeiert werden soll.
Mit der sowjetischen Regierung spricht er über die schwierige Situation der Kirche in den Ländern des Ostens, jedoch leider ohne großen Erfolg.
1975 feiert die Kirche ein Heiliges Jahr mit ebenso großer internationaler Beteiligung wie schon 1950. Es werden neun Millionen Pilger gezählt.
Bedeutsam ist auch: Theresa von Avila und Katharina von Siena erklärt der Papst zu Kirchenlehrern – sie sind die ersten Frauen, die den Titel erhalten.
Im Wissen um die Bedeutung der Kultur für die Bildung des Einzelnen und den Fortschritt der Menschheit will der Papst die Beziehung zwischen Kirche und gegenwärtiger Kultur verstärken. Er fördert Schriftsteller und Wissenschaftler und wendet sich mit diesen Worten an die Künstler: »Wir brauchen euch. Euer Beruf, eure Kunst besteht darin, vom Himmel des Geistes die Schätze herunterzuholen und sie in Worte, Farben, Formen zu kleiden und zugänglich zu machen.« Er fördert die päpstliche Akademie der Wissenschaften und gründet im Vatikan das Museum für christliche und moderne Kunst.
In seinem letzten Lebensjahr ist er zutiefst erregt über die Entführung und Ermordung des italienischen Christdemokraten Aldo Moro, mit dem er seit vielen Jahren befreundet war. Bettlägerig geworden, erleidet er einen Herzinfarkt und stirbt am 6. August 1978 in Castel Gandolfo. Er wird in den Vatikanischen Grotten bestattet.

Albino Luciani
geb. Canale d'Agordo 1912; gest. Rom 1978

Johannes Paul I. 1978

Albino Luciani wird am 17. Oktober 1912 in Canale d'Agordo, einem Bergdorf bei Belluno, als Sohn einer armen, dem Sozialismus nahestehenden Arbeiterfamilie geboren. Der Vater verdient den Lebensunterhalt der Familie als Maurer in der Schweiz und in Deutschland. Nach seiner Priesterweihe und dem Abschluss seiner Promotion in Rom lehrt Albino Luciani Geschichte, Philosophie, Kanonisches Recht, Patristik und Katechetik am Priesterseminar in Belluno. 1958 ernennt ihn Johannes XXIII. zum Bischof von Vittorio Veneto. 1969 wird er Patriarch von Venedig, wo er sich vor allem als Seelsorger für arme Leute erweist, fünf ökumenische Konferenzen veranstaltet und die Begegnung zwischen Anglikanern und Katholiken fördert. Von 1972 bis 1975 ist er Vorsitzender der italienischen Bischofskonferenz und wird 1973 von Paul VI. zum Kardinal ernannt.

Politisch erklärt er Kommunismus und Katholizismus für unvereinbar. Auf theologischem Gebiet verteidigt er die Enzyklika *Humanae vitae* Pauls VI., betont aber die Gewissensfreiheit. Beherzt tritt er für Reformen ein. Er findet den Prunk mancher Priester übertrieben und fordert sie auf, geweihte Gefäße und kostbare Gegenstände zugunsten der Armen zu verkaufen. Mutig schlägt er den reichen Kirchen des Abendlandes vor, ein Prozent ihrer Einkünfte den mittellosen Kirchen der Dritten Welt abzutreten.

Obwohl außerhalb Italiens kaum bekannt, fällt die Wahl am 26. August 1978 auf den unverbildeten, freundlich lächelnden Luciano. Er nennt sich Johannes Paul I. Diese Namenswahl deutet an, dass er den mit seinen beiden Vorgängern Johannes XXIII. und Paul VI. mit dem Zweiten Vatikanischen Konzil eingeschlagenen Weg der Neuerung weitergehen will. Battista Mondin schreibt über ihn: »Johannes Paul I. brachte eine ganze Reihe menschlicher und christlicher Tugenden auf den Stuhl Petri mit. Unter den menschlichen Tugenden stechen seine Höflichkeit, Liebenswürdigkeit, Einfachheit, seine gute Laune und sein Humor hervor; dazu Fleiß und Bescheidenheit, Weisheit und Optimismus. Unter den christlichen Tugenden stechen außer den drei Glaubenstugenden Glaube, Hoffnung und Liebe besonders Demut und Mitleid hervor.«

Er hat die Absicht, sich und die Kirche »in den Dienst der Wahrheit, der Gerechtigkeit, des Friedens, der Eintracht, der Zusammenarbeit innerhalb der Nationen und der Völker untereinander zu stellen«. Er möchte den Geist des Konzils erneuern und dessen Beschlüsse umsetzen, unter Wahrung der kirchlichen Disziplin und mit vertiefender Verkündigung des Evangeliums. Seinem Freund Camillo Bassotto teilt er mit, er wolle im Vatikan »ein Zentrum einrichten, das nachts Ausgestoßene, die kein Asyl haben, unterbringt, und wo sie der Papst am Sonntag bedient«. Er teilt ihm auch die Absicht mit, die Kirche nicht allein zu regieren. Er ist ein einfacher Mann, der auf jedes thriumphale Gepränge verzichten möchte.

Doch sein Pontifikat, hoffnungsvoll begonnen, dauert nur 33 Tage. Am 28. September 1978, kurz nach 23 Uhr, stirbt er plötzlich an einem Herzanfall. Er wird in der Krypta des Petersdoms in einem einfachen Holzsarg beigesetzt.

WISSENSWERTES

Der Tod des Papstes

Nach dem Tod eines Papstes feiern die Kardinäle die Exequien neun Tage hintereinander, das Novendiale, so, wie das römische Rituale es vorsieht. An dem Leichnam des Verstorbenen wird eine Autopsie durchgeführt; danach wird er einbalsamiert. Üblicherweise wird die Bestattung eines Papstes im Petersdom im Vatikan vorgenommen. Wenn er außerhalb Roms stirbt, ist es Aufgabe des Kardinalskollegiums, alles Notwendige zu unternehmen, damit seine sterblichen Überreste in den Petersdom überführt werden.

Johannes Paul I. 1978

Karol Wojtyła
geb. Wadowice 1920; gest. Rom 2005

Johannes Paul II. 1978–2005

Der erste slawische Papst und der erste Nichtitaliener seit 455 Jahren, Karol Wojtyła, wird am 18. Mai 1920 in Wadowice, einer kleinen Industriestadt südwestlich von Krakau in Polen, als Sohn einer Familie in einfachen Verhältnissen geboren. Nach dem Abitur 1938 zieht Karol mit seinem Vater nach Krakau, wo er das Studium der polnischen Sprache und Literatur aufnimmt. 1939 wird Polen von der deutschen Wehrmacht besetzt; die Universität wird zwangsweise geschlossen. Um einer Deportation nach Deutschland zu entgehen, verdient er sich in einem Steinbruch und in einer Wasserkläranlage seinen Lebensunterhalt. Erschüttert von den Ereignissen der Zeit spürt er seine Berufung zum Priestertum und beginnt heimlich Theologie zu studieren. 1946 besteht er mit Auszeichnung das Examen, wird zum Priester geweiht und zu weiteren Studien nach Rom gesandt. Seit 1953 lehrt er in Krakau Sozialethik und wird 1956 zum Professor für Ethik an die Katholische Universität Lublin berufen.

1958 wird er zum Erzbischof von Krakau ernannt, ein Amt, in dem er sich als politisch gefährlicher Gegner der repressiven kommunistischen Regierung erweist. 1967 erhebt ihn Paul VI. zum Kardinal. Am 16. Oktober 1978 wird er zum Papst gewählt und nimmt den Namen Johannes Paul II. an.

Programmatisch versteht er sein Amt als »universaler Hirte der Kirche« – so bei seiner Einführung am 21. Oktober auf dem Petersplatz. Vorbehaltlos verpflichtet er sich, die getreue Erfüllung des Zweiten Vatikanischen Konzils »mit besonnener, aber ermutigender Tatkraft zu fördern« und »Zeuge universaler Liebe« zu sein. Er will »den Menschen die Tür zu Christus öffnen«.

Dynamisch und kraftvoll beginnt der sportliche Papst sein Pontifikat. Da geschieht Unerwartetes: Bei einer Fahrt um den Petersplatz wird der Papst am 13. März 1981 von dem jungen Türken Mehmet Ali Agça angeschossen und lebensgefährlich verletzt. Die Hintergründe des Attentats sind bis heute nicht restlos geklärt. Berühmt sind die Bilder, wie der Papst den Attentäter an Weihnachten 1983 im Gefängnis besucht und ihm verzeiht.

Johannes Paul II. gelingt es glänzend, sein gesamtes Ponifikat medienwirksam zu gestalten. Es ist sein Charisma, der Welt die Botschaft Christi glaubhaft zu verkünden durch spektakulär und geschickt organisierte apostolische Reisen, die in alle Kontinente der Erde und in fast 27 Jahren in über 120 Länder führen.

Diese Reisen sind missionarisch zur Stärkung des Glaubens außerordentlich fruchtbar. Sie haben den Fall des sowjetischen Kommunismus mit beeinflusst, Regierungen zu Veränderungen für mehr soziale Gerechtigkeit bewegt, der Wissenschaft, Technologie, Kultur und Moral neue Wege gewiesen.

Seine Arbeit als »universaler Hirte der Kirche« richtet sich an den Klerus und Laien, Arbeiter und Intellektuelle, Arbeitnehmer und Arbeitgeber, Arme und Reiche. Doch besondere Zuwendung gilt den Jugendlichen, den Familien und den Kranken, sowohl auf den apostolischen Reisen wie bei den wöchentlichen Audienzen im Vatikan. Er

WISSENSWERTES

Die Papstwahl

Die Kardinäle versammeln sich zum Konklave, bei dem sie miteinander um den Geist Gottes bitten, um den zu wählen, der nach Gottes Willen neuer Papst werden soll. Die Wahl fand früher *per acclamationem* (durch Zuruf oder Beifall) oder *per compromissum* (durch eine mehrheitsfähige Übereinkunft) statt. Die heutigen Regelungen haben jedoch diese beiden Möglichkeiten einer Wahl abgeschafft, da sie vom Verfahren her wenig transparent sind. Heute wird nur noch durch geheime Abstimmung gewählt; der Kandidat muss eine Zweidrittelmehrheit aller Stimmen des Kollegiums auf sich vereinen. Ab Beginn der Wahlhandlungen ist jede Kommunikation nach außen untersagt.

Johannes Paul II. 1978–2005

Johannes Paul II.

WISSENSWERTES

Das Konklave

Das Konklave (lat. *cum clave* – mit dem Schlüssel, also an einem abgeschlossenen Ort) findet traditionellerweise in der Sixtinischen Kapelle statt. Seit dem 13. Jahrhundert ist es üblich, den Papst in einem Konklave zu wählen, um Einflussnahmen von außen zu unterbinden. Die zum Konklave versammelten Kardinäle wählen in geheimer Abstimmung schriftlich bis zu vier Mal am Tag. Das Ergebnis der Wahlgänge wird den Gläubigen draußen durch Rauch signalisiert, der durch die verbrannten Wahlkarten erzeugt wird. Schwarz ist der Rauch, wenn es kein Ergebnis gibt, und weiß, wenn die Wahl erfolgreich war.

richtet 1985 den Weltjugendtag ein, der seitdem jedes Jahr mit wachsendem Erfolg und großer Freude gefeiert wird.

Im Heiligen Jahr 2000, das dem Gedenken an die Geburt Christi gewidmet ist, legt der Papst den Akzent auf die Wiedererstarkung des Glaubens und des christlichen Zeugnisses, damit »die Intoleranz, die Untätigkeit gegen die Übel unserer Welt, die Ungerechtigkeit und soziale Ausgrenzung« besiegt werden. In diesem bedeutenden Jahr 2000 bereist er u.a. Israel, nachdem er zuvor zum ersten Mal in der Kirchengeschichte ein umfassendes Schuldeingeständnis der katholischen Kirche für die von Christen und im Namen Christi begangenen Fehler und Sünden ausspricht. Die Israelpolitik des Heiligen Stuhls ist eine große Herausforderung; seit 1994 bestehen offiziell diplomatische Beziehungen mit Israel. Der Dialog mit den Juden entspricht nicht nur dem Willen des Zweiten Vatikanischen Konzils, sondern ist auch ein tiefes Anliegen des Papstes. Er besucht die römische Synagoge – ein Ereignis von historischer Bedeutung, dem weltweit hohe Aufmerksamkeit zuteil wird.

Zu den großen, symbolträchtigen Handlungen des Papstes gehören auch das Treffen mit bedeutenden Vertretern verschiedener Weltreligionen zu einem gemeinsamen Gebet für den Frieden in Assisi am 27. Oktober 1986 sowie die Rehabilitierung des einst von der päpstlichen Inquisition verurteilten Astronomen Galileo Galilei (1992). Beide Ereignisse werden als eine Versöhnung mit der Moderne verstanden.

Konsequent verfolgt der Papst die ökumenische Arbeit, die für ihn hohe Priorität hat. Ein Meilenstein ist dabei die gemeinsame Erklärung zur Rechtfertigungslehre durch Repräsentanten der Katholischen Kirche und des Luthrischen Weltbundes 1995 in Augsburg. Aber es kommt auch immer wieder zu Irritationen, vor allem durch die ungeschickte Erklärung *Dominus Iesus* von 2000.

In Erfüllung seines Regierungsprogramms, wesentliche Aufgaben und Impulse des Zweiten Vatikanischen Konzils umzusetzen, führt er gezielt durch: die 1988 eingeleitete Reform der römischen Kurie, die Edition des revidierten »Kodex des Kanonischen Rechts« und seine Verbreitung sowie die 1992 erschienene und heftig umstrittene Herausgabe eines neuen »Katholischen Katechismus«, der den Kern der Glaubens- und Sittenlehre allgemeingültig darlegt und in viele Sprachen übersetzt wird. Dieser »Weltkatechismus« geht auf eine Anregung der Weltbischofssynode von 1985 zurück und wird unter Federführung der von Kardinal Joseph Ratzinger geführten Glaubenskongregation in sechs Jahren erarbeitet.

Seine Haltung auf politischem, theologischem und ethischem Gebiet ist traditionsorientiert. Es liegt nahe, dass es mit progressiv denkenden Theologen zu Konflikten kommt. Dem Tübinger Dogmatikprofessor Hans Küng wird 1980 ebenso die Lehrbefugnis entzogen wie dem Brasilianer Leonardo Boff, der eine »Befreiungstheologie« vertritt, die aus vatikanischer Sicht die Kirche allzu sehr in politisches Handeln zwingt. Der Blick des Papstes richtet sich auch gegen jene Kreise, welche die Neuansätze des Zweiten Vatikanischen Konzils nicht mitvollziehen. Als der französische Erzbischof Marcel Lefèbvre im Juni 1988 gegen den Willen des Heiligen Stuhls vier Bischöfe weiht, setzt er damit ein Schisma in Gang. Gespräche und Vereinbarungen mit der Glaubenskongregation führen zu keiner Umkehr. Nach bestehendem Kirchenrecht zieht Lefèbvre sich damit automatisch die Exkommunikation zu.

Johannes Paul II. spricht während seines Pontifikats eine übergroße Anzahl von Männern und Frauen selig oder heilig. Dazu gehört die Seligsprechung der weltweit verehrten Mutter Teresa (2003). Manche seiner Heiligsprechungen werden aber auch mit Verwunderung und Kritik aufgenommen.

In seinen Predigten, Ansprachen und Enzykliken warnt der Papst vor gefährlichen Strömungen in der Theologie; er mahnt, an die reale Existenz von Himmel und Hölle zu glauben, und stellt den zentralen Stellenwert heraus, den die Eucharistie und die Jungfrau Maria im katholischen Glaubensleben einnehmen sollen. Er betont die traditionelle Lehre der Kirche über Ehe, Empfängnisverhütung, Abtreibung und Homosexualität und unterstreicht die Gültigkeit der Enzyklika *Humanae vitae* von Papst Paul VI. Angesichts der Priesternot bleiben aktuelle Fragen wie zum Beispiel Ehelosigkeit der Priester (Zölibat) und Frauenordination vorläufig ungelöst.

Andererseits: Der Beitrag von Johannes Paul II. zur Auflösung der Sowjetunion und damit der Beendigung des Ost-West-Konflikts ist groß. Ein Politiker wie Michail Gorbatschow stellt ihm 1992 das politisch-historische Zeugnis aus, dass alles, was in jenen Jahren an Umwälzungen im Ostblock geschah, ohne diesen Papst unmöglich gewesen wäre.

Während seines gesamten Pontifikats setzt sich der Papst für den Frieden ein. Doch in den letzten Jahren werden seine Appelle dringlicher. Er verurteilt Kriege und fordert Versöhnung im Konflikt zwischen England und Argentinien. Er ruft dazu auf, dass der Westen im Konflikt zwischen dem Irak und Kuwait nicht eingreift; er betet für Frieden im früheren Jugoslawien, für eine gesicherte Einigung zwischen Israel und Palästina. Nach den Terroranschlägen in den USA vom 11. September 2001 und im Verlauf des Afghanistan-Krieges fordert er die Katholiken zu einem »Tag des Fastens für den Frieden« auf, um so ein spürbares Zeichen für den Frieden zwischen allen Kriegsbeteiligten im Irak zu setzen. Johannes Paul II. weckt bei den »Menschen guten Willens« eine neue Sensibilität für Frieden und Achtung der Menschenrechte.

Der Papst leidet seit Jahren an der Parkinsonschen Krankheit. Immer häufiger muss er sich in ärztliche Behandlung begeben. Am 2. April 2005 stirbt er, betrauert von Millionen Menschen in der ganzen Welt. Viele wünschen, dass er heiliggesprochen wird – »subito«, sofort. Zu seiner Beisetzung im Petersdom am 8. April sind über zweihundert Staatsoberhäupter, Regierungschefs und Außenminister, Tausende Journalisten aus aller Welt und etwa drei Millionen betende Menschen anwesend, um ihm in einer ergreifenden Zeremonie die letzte Ehre zu erweisen. Nach 26 Jahren ist das zweitlängste Pontifikat in der Papstgeschichte zu Ende gegangen.

Joseph Ratzinger
geb. Marktl am Inn 1927

Benedikt XVI. seit 2005 bis 2013

Joseph Ratzinger ist (nach Gregor V., Clemens II., Damasus II., Leo IX., Viktor II., Stephan IX., Hadrian VI.) der achte Deutsche, der zum Papst gewählt wird. Geboren wird er am 16. April 1927 in Marktl am Inn in Bayern und wächst in einer tiefreligiösen Familie auf. Sein Vater ist Gendarmeriemeister, der innerlich den Nazistaat ablehnt und ihn für zutiefst verwerflich hält. Joseph wird während des Zweiten Weltkrieges mit sechzehn Jahren Flakhelfer und tritt nach Kriegsende 1946 in die Philosophisch-Theologische Hochschule von Freising ein. Gemeinsam mit seinem Bruder Georg wird er 1951 zum Priester geweiht. 1953 promoviert er an der Universität München mit einer Studie über die Lehre von der Kirche bei Augustinus. Mit dreißig Jahren habilitiert er sich mit der Schrift »Geschichtstheologie des heiligen Bonaventura« und wird 1959 Professor für Dogmatik; er lehrt an den Universitäten Bonn (1959–1963), Münster (1963–1966), Tübingen (1966–1969) und Regensburg (1969–1977).

Von 1962 bis 1965 ist Ratzinger theologischer Berater des Kölner Kardinals Joseph Frings und nimmt am Zweiten Vatikanischen Konzil teil. Er wird zum offiziellen Konzilstheologen berufen. Seine brillanten Beiträge bringen dem jungen Ratzinger den Ruf der Fortschrittlichkeit ein.

1977 beruft ihn Paul VI. zum Erzbischof von München und Freising und erhebt ihn zum Kardinal. Auf Wunsch Johannes Paul II. wird er 1981 Präfekt der Glaubenskongregation. Verdienste erwirbt sich der strenge Glaubenshüter mit seinem Engagement für die »Gemeinsame Erklärung zur Rechtfertigungslehre« zwischen der Katholischen Kirche und dem Lutherischen Weltbund (1999). In mehr als zwanzig Jahren Zusammenarbeit mit Johannes Paul II. ist die Beziehung der beiden sehr eng geworden. Sie haben theologisch in Fragen der Glaubens- und Sittenlehre die gleiche Blickrichtung.

Am 19. April 2005 wird Joseph Ratzinger zum Papst gewählt und nimmt den Namen Benedikt XVI. an: »Nach dem großen Papst Johannes Paul II. haben die Kardinäle mich gewählt, mich, einen einfachen und demütigen Arbeiter im Weinberg des Herrn.« In seiner ersten programmatischen Predigt als Papst drückt Benedikt XVI. seinen »entschiedenen Willen« aus, mit der Aktualisierung des Zweiten Vatikanischen Konzils fortzufahren, und erklärt entschlossen, jede Initiative aufzugreifen, die eine Möglichkeit eröffnet, die Kontakte mit Vertretern anderer Kirchen und Kirchengemeinschaften vorwärtszubringen.

Seine programmatische Antrittsenzyklika vom 25. Januar 2006 trägt den Titel *Deus caritas est* (Gott ist die Liebe). Dort schreibt er: »In einer Welt, in der mit dem Namen Gottes bisweilen die Rache oder gar die Pflicht zu Hass und Gewalt verbunden wird (...), möchte ich in meiner ersten Enzyklika von der Liebe sprechen, mit der Gott uns beschenkt und die von uns weitergegeben werden soll.«

WISSENSWERTES

Die Glaubenskongregation

Sie beschäftigt sich mit Fragen, die die Glaubenslehre betreffen, und urteilt vor allem über Verstöße gegen den katholischen Glauben, wobei sie eine Verfahrensordnung hat wie ein Gericht. Die Beschlüsse über die besprochenen Fälle werden dem Papst zur Bestätigung vorgelegt. Die Entstehung dieser ältesten der neun Kongregationen geht zurück bis auf Paul III., der 1542 vier Kardinalinquisitoren ernennt, um die Kirche gegen Irrlehren (Häresien) zu verteidigen. Paul VI. ändert gegen Ende des Zweiten Vatikanischen Konzils die Kompetenzen und die Struktur der auch als *Hl. Offizium* bezeichneten Kongregation und nennt sie »Kongregation für die Glaubenslehre«.

Seit 2013 Franziskus

Benedikt XVI., seit 2005

Die Gegenpäpste

Als Gegenpäpste gelten jene, die – im Gegensatz zu den legitim gewählten Päpsten – auf nicht kanonische Weise auf den Papstthron gelangt sind, also Macht usurpiert haben, die ihnen nicht zukommt. Der erste Gegenpapst ist Hippolyt im Jahr 217, der letzte ist Felix V., den das Konzil zu Basel 1439 wählt und der 1449 abgesetzt wird. Die Historiker sind sich über die Zahl der Gegenpäpste uneins. Manche zählen 25, andere 40 Persönlichkeiten. Die Schwierigkeit, einen gewählten Papst von einem Gegenpapst zu unterscheiden, hängt von der Qualität der historischen Dokumente ab, die Aufklärung über die Legitimität einer Papstwahl geben können. Die Wahlen fanden in vielen Fällen unter großem Tumult statt.

Hippolyt (217–235)

Der hochgebildete Priester stammt aus dem griechischsprachigen Osten. Er lässt sich gegen Calixtus I., den er moralisch nicht für sattelfest hält, von einer Minderheit wählen. Dieses erste Schisma überdauert drei Päpste: Calixtus I., Urban I. und Pontianus. Er wird mit Papst Pontianus auf die »Todesinsel« Sardinien verbracht, wo er unter den grausamen Lebensbedingungen im Jahr 235 stirbt. Vor dem Exil hat er sich mit der Kirche versöhnt, die ihn als Heiligen verehrt. Sein Festtag ist der 13. August.

Novatian (251–um 258)

Er stellt sich gegen den gewählten Papst Cornelius, ernennt sich selbst zum Papst und lässt sich dann von drei Bischöfen wählen. Während der Abwesenheit des Papstes hat er die Wortführerschaft des Presbyterkollegiums übernommen. Novatian ist von extremer Strenge und tritt für den endgültigen Ausschluss derer aus der Kirche ein, die während der Verfolgungen dem Glauben abgeschworen haben, während Cornelius eine Wiederaufnahme unter Bußauflagen unterstützt. Ferner will Novatian, dass einem Getauften Sünden nicht mehr verziehen werden. Papst Cornelius lässt ihn im Herbst 251 durch das Votum einer Synode von 60 Bischöfen exkommunizieren.

Felix (II.) (355–365)

Als Papst Liberius 355 von Kaiser Konstantius II. wegen seiner Weigerung, das Credo von Nicäa abzulehnen, nach Thrakien verbannt wird, sieht sich der römische Klerus gezwungen, den Erzdiakon Felix zum Gegenpapst zu ernennen. Felix (II.) wird von drei Presbytern gewählt, die dem Arianismus nahestehen; später wird er aufgefordert, sich die Leitung der Kirche mit Liberius zu teilen. Das Volk von Rom erkennt dieses Vorhaben nicht an und zwingt Felix, mit wenigen Getreuen außerhalb der Stadt zu wohnen, und ruft Liberius als Papst zurück. Später kommt es zu Verwechslungen dieses Gegenpapstes mit einem Märtyrer gleichen Namens.

Ursinus (366–367)

Nach dem Tod des Liberius kommt es zu einer Doppelwahl: Die Anhänger des verstorbenen Papstes wählen den Diakon Ursinus, während sich die Partei des früheren Gegenpapstes Felix (II.) für Damasus I. entscheidet. Nach massiven handgreiflichen Auseinandersetzungen zwischen beiden Gruppen entscheidet sich Kaiser Gratian, der gegenseitigen Anschuldigungen überdrüssig, für Damasus und schickt Ursinus und seine Anhänger ins Exil. Nach dem Tod des Damasus meldet Ursinus abermals Ansprüche an, jedoch erfolglos.

Eulalius
(418–419)

Chaotisch wie das Pontifikat des Zosimus verläuft nach dessen Tod auch die Wahl des Nachfolgers: Kaum ist der Papst begraben, wählen die Diakone einen der Ihren, den Erzdiakon Eulalius. Am nächsten Tag präsentieren die Presbyter einen eigenen Kandidaten, den populären Bonifatius. Da die Parteien sich nicht einigen können, wird die Entscheidung Kaiser Honorius überlassen, der beide Kandidaten auffordert, sich eine Weile aus Rom zu entfernen, um die Entscheidung zu erleichtern. Doch um seine Position zu stärken, dringt Eulalius in Rom ein und besetzt die Lateranbasilika. Die kaiserliche Synode spricht sich daraufhin gegen ihn und für Bonifatius aus. Um künftig Proteste und Streitigkeiten zu vermeiden, beschließt der Kaiser, dass Wahlen nur bei Einstimmigkeit gültig sind.

Laurentius
(498–499/
501–506)

Während Symmachus von einer Mehrheit des Klerus zum Papst gekrönt wird, wählt eine Minderheit zusammen mit einem Teil der römischen Aristokratie und des Senats den Archipresbyter Laurentius. Nach heftigen Kämpfen zwischen den beiden Parteien wendet man sich an den Ostgotenkönig Theoderich als Schiedsrichter, der sich für Symmachus entscheidet. Laurentius wird aufgefordert, Rom zu verlassen und nach Ravenna zu gehen. Dieser setzt jedoch seinen Kampf mit Waffengewalt und Verleumdungen vier Jahre fort, bis ein Consilium von Bischöfen den Streit beendet und Symmachus im Amt bestätigt.

Dioskur
(530)

Felix IV. hat im Sterben den Erzdiakon Bonifatius als seinen Nachfolger empfohlen. Eine Mehrheit der Wähler, die den Willen des Papstes respektiert, hat vor, Bonifatius auf den päpstlichen Thron zu erheben. Die Mehrheit der Priester und Senatoren jedoch, die eine der Verfassung nicht entsprechende Vorgehensweise ablehnt, versammelt sich in der Lateranbasilika und wählt den Diakon Dioskur zum Papst. So kommt es zu einem Schisma, das aber nach 22 Tagen durch den plötzlichen Tod Dioskurs am 14. Oktober beendet wird.

Theodor
(687–687)

Theodor ist ein römischer Presbyter und beim Tod Johannes' V. der Kandidat der römischen Miliz. Ihm steht der Erzpriester Peter gegenüber, vom Klerus favorisiert. Um Schwierigkeiten auszuweichen, wird der hochbetagte Konon zum Papst gewählt, der bis September 687 regiert. Als er stirbt, beginnen die Auseinandersetzungen um die Nachfolge erneut. Diesmal sind Theodor und Erzdiakon Paschalis die Thronanwärter. Um seine Wahl zu sichern, okkupiert Theodor den päpstlichen Palast, während Paschalis die nähere Umgebung besetzt. Erneut entscheiden sich die Wähler mit Sergius I. für einen Kompromisskandidaten. Offenbar nimmt Theodor dessen Wahl gelassen an.

Paschalis (687)

Er ist Erzdiakon von Rom und möchte Nachfolger von Papst Konon werden. Offenbar gründet sich seine Hoffnung auch darauf, sich durch rechtzeitige Bestechung des Exarchen von Ravenna entscheidende Vorteile zu sichern. Doch die 100 Pfund Gold reichen dem Statthalter nicht aus, um die in zwei Gruppen gespaltenen Wähler zugunsten Paschalis' zu überzeugen. Als Papst Sergius I. gewählt ist, will Paschalis dies nicht akzeptieren und schreibt an den Exarchen, um die Absetzung des neuen Papstes zu erreichen, jedoch ohne Erfolg.

Konstantin (II.) (767–768)

Als Paul I. stirbt, ist das Papsttum, inzwischen schon eine politisch einflussreiche Territorialmacht, zu einem begehrten Amt geworden. Der Herzog Toto von Nepi erzwingt mit Waffengewalt die Wahl seines Bruders Konstantin, eines Laien. Die Partei der römischen Kleriker folgt diesem Wunsch nicht und ruft die Langobarden zur Hilfe. Während der Auseinandersetzungen wird Toto getötet und Konstantin gefangen. Da versuchen die Langobarden, den Presbyter Philipp wählen zu lassen. Konstantin wird durch Rom geschleift und geblendet. Auf einer Synode wird er endgültig für abgesetzt erklärt.

Philipp (768)

Sein »Pontifikat« dauert nur wenige Stunden: Während der Tumulte auf der Jagd nach dem Usurpator Konstantin führt ein Priester namens Waldipietro in dem Glauben, er tue damit dem Langobardenkönig Desiderius einen Gefallen, den Priester Philipp in die Lateransbasilika und ruft: »Der hl. Petrus hat Philipp zum Papst auserkoren!« Christophorus, päpstlicher Kanzler und Anführer der Kleruspartei, kann eine solche Verletzung der Vorrechte der Wähler nicht hinnehmen und verlangt, Philipp hinauszuführen, und lässt ihn in ein Kloster sperren.

Johannes (844)

Beim Tod Gregors IV. kommt es in Rom zum Aufruhr. Gewalttätige Demonstranten besetzen den Lateran und proklamieren den Diakon Johannes zum Nachfolger des Verstorbenen. Inzwischen hat die Laienaristokratie den Erzpriester Sergius zum Papst gewählt und ihn auch gleich geweiht. Dieser verfügt, Johannes in ein Kloster einzusperren.

Anastasius (855)

Nach der Wahl Benedikts III. beschließt die fränkische Partei, statt seiner Anastasius (mit Beinamen »Bibliothecarius«) zum Papst küren zu lassen. Benedikts Wahl, wird, noch ehe er geweiht ist, für ungültig erklärt. Anastasius besetzt gewaltsam den Lateran und lässt Benedikt ins Gefängnis werfen. Als Anastasius jedoch Bilder des Heilands und der Jungfrau Maria und einige Tafeln in der Peterskirche herunterreißen lässt, kommt es zu Tumulten. Die Bischöfe, die an der Papstweihe teilnehmen sollen, weigern sich, die Zeremonie zu vollziehen. Anastasius wird aus dem Lateran entfernt und in ein Kloster gesperrt, während Benedikt III. die Weihe erhält. In den Jahren danach beschäftigen dennoch drei Päpste den fähigen, gebildeten Theologen Anastasius als Bibliothekar und Archivar der römischen Kirche und holen sich bei ihm Rat.

Christophorus
(903–904)

Im Monat nach der Wahl Leos V. zettelt Kardinal Christophorus einen Staatsstreich an. Er setzt Leo mit Waffengewalt ab, sperrt ihn in ein Kloster und lässt sich zum Papst wählen und weihen. Er regiert die Kirche nur kurz, dann wird auch er abgesetzt und hingerichtet.

Leo VIII.
(963–965)

Er ist Sekretär Kaiser Ottos I. und Laie, als er im November 963 von einer durch den Kaiser einberufenen Synode anstelle des abgesetzten Johannes XII. zum Papst gewählt wird. Noch am Tag seiner Wahl erhält er die Weihen. Am 26. Februar 964 tritt eine neue Synode zusammen, die der nach Rom zurückgekehrte Johannes XII. einberufen hat, setzt Leo ab und erklärt seine Wahl für ungültig. Die drohende Rückkehr des Kaisers, aber vor allem der plötzliche Tod Johannes' XII. bringen Leo auf den Thron zurück. Doch das Volk von Rom widersetzt sich seiner Wahl und ernennt im März 964 Benedikt V. zu Johannes' Nachfolger. Durch militärisches Eingreifen des Kaisers wird Leo VIII. erneut Papst und treibt Benedikt V. ins Exil. Nachträglich werden ihm einige Dokumente zugeschrieben, die dem Kaiser bestimmte Privilegien zusichern. Hier handelt es sich aber um Fälschungen des 11. Jahrhunderts; sie spiegeln indessen den allgemeinen Eindruck, dass Leo als Papst von Otto I. abhängig war. Er stirbt Anfang März 965.

Bonifatius VII.
(974–974/
984–985)

Ursprünglich heißt er Franco. Beim Tod Johannes' XIII. kommt es zu Auseinandersetzungen zwischen der Partei, die Otto II. unterstützt, und der Partei der Römer, die Johann Crescentius anführt. Hierbei ist die kaiserliche Partei überlegen, die Benedikt VI. eingesetzt hat. Während aber Otto II. in Deutschland ist, lässt Crescentius den Papst in der Engelsburg einsperren und überträgt das Pontifikat dem Kardinaldiakon Franco, der den Namen Bonifatius VII. annimmt. Als der Vertreter des Papstes eintrifft, lässt Bonifatius Papst Benedikt VI. erdrosseln und flieht. Daraufhin wird Benedikt VII. zum Papst gewählt, exkommuniziert auf einer Synode Bonifatius und verbannt ihn. Vier Jahre später, als in Rom infolge des Todes von Otto II. das Chaos herrscht, weil Johannes XIV., der Nachfolger Benedikts VII., unfähig und beim Volk unbeliebt ist, kehrt 984 Bonifatius VII. nach Rom zurück, lässt Papst Johannes XIV. in der Engelsburg einsperren und verhungern und bemächtigt sich des Papstthrons. Seine Regierung dauert elf Monate, doch man weiß nichts über seine Amtshandlungen. Im Juli 985 stirbt er plötzlich, wahrscheinlich als Opfer einer Palastrevolution. Bonifatius VII. ist nach den Quellen beim Volk so verhasst, dass sein Leichnam geschmäht, mit Lanzen durchbohrt und er statt Bonifatius »Malefacius« (Übeltäter) genannt wird. Umstritten ist, ob er als Papst oder Gegenpapst bezeichnet werden soll.

Johannes XVI.
(997–998)

Papst Gregor V. ist auf Verlangen Kaiser Ottos III. gewählt worden; doch das römische Volk will keinen »deutschen« Papst und zwingt ihn unter Führung des Patriziers Crescentius, nach Pavia zu fliehen. Dann schlägt Crescentius Johann Filigato aus Rossano

Calabro vor, der sich aus purem Ehrgeiz wählen lässt und sich Johannes XVI. nennt. Doch nur wenige Monate später wird er exkommuniziert. Die Rückkehr Ottos nach Italien veranlasst ihn, aus Rom zu fliehen. Gregor V. kehrt nach Rom zurück. Die Chroniken berichten, dass Johannes, auf der Flucht gefasst, schrecklich misshandelt und geblendet und in einem Spottumzug durch Rom geführt wird, rittlings auf einem Esel sitzend.

Gregor (VI.)
(1012)

Als Sergius IV. stirbt, gelingt es den Markgrafen von Tusculum, einer bedeutenden römischen Familie, Theophylakt zum Papst wählen zu lassen, der sich Benedikt VIII. nennt. Zugleich ernennen die Crescentier Gregor (VI.) und lassen ihn wählen. Gregor wird jedoch aus Rom vertrieben und bittet Kaiser Heinrich II. um Hilfe, der ihm verspricht zu intervenieren. In Wirklichkeit hat der Kaiser schon Verbindung zu Benedikt VIII. aufgenommen und ihn als Papst anerkannt. Gregors Spuren verlieren sich im Dunkel der Geschichte.

Silvester III.
(1045)

Am 10. Januar 1045 zettelt die Familie der Crescentier einen Aufstand an, vertreibt Papst Benedikt IX. und lässt statt seiner Johannes, den Bischof der Sabina, wählen, der eher widerwillig unter dem Namen Silvester III. das Amt annimmt. Seine Amtszeit dauert nur fünfzig Tage, weil im März auf Intervention der Markgrafen von Tusculum, der Rivalen der Crescentier, Benedikt IX. den päpstlichen Thron besteigt und Silvester fliehen muss. Er wird offiziell am 20. Dezember 1045 auf der Synode von Sutri als »Eindringling« für abgesetzt erklärt; er stirbt vermutlich 1063. Es heißt, dass Benedikt nach wenigen Wochen in dem Wissen, dass die Lage für ihn untragbar geworden war, seinen Posten gegen Geld räumte. Ihm folgt Johannes Gratianus, der am 1. Mai 1045 Papst wird und sich Gregor VI. nennt. Die Situation ist unerträglich. Nun sind zugleich drei Päpste auf dem Thron.

Benedikt X.
(1058–1059)

Stephan IX. hat vor seinem Tod seinem Klerus wie dem römischen Volk das Versprechen abgenommen, nicht eher einen Nachfolger zu wählen, bis Hildebrand von Soana, der sich auf einer Mission in Deutschland befindet, zurückgekehrt ist. Doch Gregor von Tusculum, der wieder Einfluss auf das Papsttum nehmen will, gelingt es durch Korruption, sich die Unterstützung des Volkes für die Wahl von Bischof Johannes Mincius von Velletri, einem Mitglied seiner Familie, zu sichern. Die Weihe wird allerdings regelwidrig vorgenommen, weil der dafür zuständige Bischof von Ostia sich weigert. Der neue Papst nennt sich Benedikt X. Die nach Siena geflohenen Kardinäle der Reformpartei wählen indessen Nikolaus II. zum Papst, der Benedikt sogleich wegen Usurpation und Meineids exkommuniziert, da er seinen Stephan IX. gegebenen Eid gebrochen habe. 1060 wird Benedikt X. der Prozess gemacht, er wird förmlich abgesetzt und degradiert.

Clemens VII.
(1378–1394)

Nach dem Tod Gregors XI. wählt das Heilige Kollegium Bartholomeo Prignano zum Papst, der sich Urban VI. nennt. Doch wegen seines Starrsinns, seiner Selbstherrlichkeit und Zornesausbrüche beschließen die Kardinäle, einen neuen Papst zu wählen: Robert von Genf, Sohn des Grafen Amadeus III. und der Marie von Boulogne, der Cousine des französischen Königs. Robert nennt sich Clemens VII. Mit seiner Wahl beginnt das große Abendländische Schisma, das bis 1417 dauert. Der Gegenpapst wird mit Waffengewalt gezwungen, nach Avignon zu gehen. Während die Gläubigen voll Staunen sehen, dass ihre Hirten um eine immer weltlicher werdende Macht kämpfen, spaltet sich die politische Welt in zwei Lager auf. Als sich ein Sieg von Clemens abzeichnet, stirbt Urban 1389. Sein Nachfolger Bonifatius IX. versucht, eine Lösung für die schwierige Lage zu finden und zu einem Einvernehmen mit Clemens zu kommen. Dieser lehnt jedoch ab. 1394 stirbt Clemens an einem Schlaganfall.

Benedikt XIII.
(1394–1423)

Als Nachfolger des Gegenpapstes Clemens VII. wird der spanische Kardinal Pietro de Luna gewählt, der sich Benedikt XIII. nennt und jegliche Hoffnung, das Schisma zu beenden, zunichte macht. Der Neugewählte ist entschlossener und willensstärker als sein Vorgänger und hält sich für den legitimen Papst. 1396 versucht er durch Ausweichmanöver zu einem Kompromiss mit Papst Bonifatius IX. zu kommen, hat aber keinen Erfolg. 1404 unternimmt er einen neuen Versuch, Frieden zu stiften, aber auch der scheitert an Bonifatius' Unnachgiebigkeit. Auch mit Papst Innozenz VII., der nach dem Tod des Bonifatius 1404 den Stuhl Petri besteigt, gibt es keine Fortschritte, doch mit Gregor XII. erscheint erstes Licht am Horizont. Er ist bereit, sein Amt aufzugeben, wenn Benedikt ebenfalls diesen Schritt tut. Auch der Gegenpapst gibt dieses Versprechen, aber keiner der beiden hält es. Das Kardinalskollegium versammelt sich 1409 in Pisa und beschließt, beide abzusetzen und einen neuen Papst zu wählen, Pietro Filargo di Candia, der den Namen Alexander V. annimmt. Doch er stirbt sehr bald und wird durch Balthasar Cossa ersetzt, der sich Johannes XXIII. nennt. Das Konzil zu Konstanz (1414–1417) beschließt, um das große Abendländische Schisma endlich zu beenden, die Absetzung der drei Päpste und schlägt Martin V. vor. Gregor XII. nimmt die Entscheidung an, Benedikt XIII. jedoch bleibt halsstarrig und zieht sich mit einigen Anhängern nach Kastilien zurück. Dort stirbt er 1423 hochbetagt mit neunzig Jahren.

Alexander V.
(1409–1410)

Um das Schisma zu beenden, beschließt die Synode von Pisa 1409, Papst Gregor XII. und den Gegenpapst Benedikt XIII. abzusetzen und Pietro Filargo zu wählen. Auf einem Konklave wird diese Entscheidung bestätigt, und Pietro nimmt den Namen Alexander V. an. Doch keiner der beiden Gegenspieler zieht sich zurück, und so gibt es fortan nicht nur zwei, sondern drei Päpste. Alexander verurteilt den Reformator Wyclif, kurz bevor er stirbt. Gewöhnlich gilt er als Gegenpapst, doch über die Rechtmäßigkeit seines Anspruchs, als Papst angesehen zu werden, wird bis heute diskutiert.

Gregor (VIII.) (1118–1121)

Nach Clemens III. ist Gregor VIII. der fünfte Gegenpapst, der direkt oder indirekt von den deutschen Kaisern bestimmt wird. Heinrich V. bittet Papst Gelasius II., während er in Rom weilt, den Streit um kirchliche Ernennungen freundschaftlich zu regeln, doch der Papst weigert sich. Daraufhin zwingt ihn der Kaiser zur Flucht und ernennt einen neuen Gegenpapst, Mauritius von Braga, einen Cluniazenser (mit dem Spitznamen *Burdinus* = Esel) aus Limoges, der sich Gregor (VIII.) nennt. Nach dem Tod von Gelasius beendet Calixtus II. den Investiturstreit, indem er in Worms mit dem Kaiser einen Vertrag unterzeichnet. Damit endet auch die Karriere Gregors (VIII.), der von Heinrich im Stich gelassen, dem Papst überstellt wird und in Klosterhaft verschwindet.

Coelestin (II.) (1124)

Als Honorius II. gewählt wird, unterstützt von der Adelsfamilie Frangipani, wird als Gegenpapst der von den Pierleoni geförderte Kardinal Teobaldo Boccapecora gewählt, der sich Coelestin II. nennt. Aber kaum ist das Te Deum angestimmt, da bricht Roberto Frangipani mit einer Schar Bewaffneter ein, um die Einsetzung Honorius' II. durchzusetzen. Es kommt zu einem heftigen Handgemenge, bei dem Coelestin verletzt wird. Danach verzichtet er auf den Titel und das Amt. Hinter dem Konflikt der beiden Familien verbirgt sich zugleich ein Richtungsstreit um den zukünftigen Weg der Kirche: Soll es um weltliche Macht gehen oder um eine Erneuerung der Kirche? Coelestin ist eigentlich rechtmäßiger Papst, wird aber nicht gezählt, da es nicht zur Weihe kam.

Anaklet II. (1130–1138)

Die bei der heimlichen Wahl Innozenz' II. düpierte Adelspartei der Pierleoni installiert noch am selben Tag, am 14. Februar 1130, einen eigenen Kandidaten auf dem Papstthron, den Kardinalpriester Petrus Pierleoni, der den Namen Anaklet II. annimmt. Diese Doppelwahl ist nicht nur ein Zeichen für die tiefe Spaltung der Stadt, sondern auch für einen Bruch innerhalb des Kardinalskollegiums, zwischen dem Flügel der Konservativen und dem der Reformer. Anaklet, hochgebildet und untadelig, wird sogleich dank seines Reichtums und seiner bewaffneten Milizen Herrscher Roms; Innozenz muss die Stadt verlassen und nach Frankreich fliehen. Mit Hilfe Bernhards von Clairvaux kann Innozenz nach Italien zurückkehren und eine Synode gegen Anaklet einberufen. Es gelingt ihm auch, die Unterstützung Kaiser Lothars zu gewinnen, dem er dafür die Kaiserkrönung verspricht. Doch es gelingt nicht, Anaklets Stellung in Rom zu seinen Lebzeiten zu erschüttern. Erst nach seinem Tod wird er vom 2. Laterankonzil 1139 zum Schismatiker erklärt. Anaklet stirbt 1138 in Rom und seine Anhänger wählen den Gegenpapst Viktor IV.

Viktor (IV.) (1138)

Der aus Ceccano gebürtige Kardinal Gregorio Conti wird von den Anhängern Anaklets gewählt und nennt sicht Viktor IV. Seine Regierung dauert kaum zwei Monate; unter gutem Zureden Bernhards von Clairvaux entschließt er sich zur Abdankung. Über Gregorios weiteres Leben ist nichts bekannt.

Viktor IV. (1159–1164)

Als Hadrian IV. stirbt, kommt es zu einer Doppelwahl. Die Mehrheit der Wähler entscheidet sich für Kardinal Bandinelli, einen Gegner Kaiser Friedrichs I. Barbarossa, der als Papstnamen Alexander III. wählt. Die kaisertreue Minderheit stellt als Gegenpapst Ottaviano di Monticelli auf, der sich Viktor IV. nennt (der kurzlebige Gegenpapst Viktor IV. von 1138 wird ignoriert). Barbarossa will den Konflikt lösen und lädt sie beide ein. Da Alexander nicht erscheint, lässt sich Viktor in Rom nieder. Daraus entsteht ein achtzehnjähriges Schisma. Papst Alexander sucht in Italien und Frankreich Verbündete. 1160 versammeln sich Bischöfe und Äbte in Toulouse in Anwesenheit Heinrichs II. von England und Ludwigs VII. von Frankreich. Sie stellen sich auf die Seite Alexanders und unterstützen dessen Verurteilung Viktors. Viktor IV. stirbt 1164 in Lucca; die Stadt verweigert dem Exkommunizierten ein Begräbnis. Ein neuer Gegenpapst nimmt seinen Platz ein, Paschalis III.

Paschalis III. (1164–1168)

Als Gegenpapst Viktor stirbt, wird auf Wunsch des Stellvertreters des Kaisers Barbarossa in Italien Kardinal Guido da Crema als Nachfolger gewählt. Er nennt sich Paschalis III. Die Wahl ist nicht rechtsgültig, da sie von schismatischen Kardinälen vorgenommen wird; doch der Kaiser bestätigt sie. Paschalis stirbt 1168, und Calixtus (III.) wird sein Nachfolger.

Calixtus (III.) (1168–1178)

Er ist der dritte Gegenpapst, den Friedrich Barbarossa gegen Alexander III. einsetzt. Die kaisertreue Partei wählt ihn anstelle Paschalis' III., doch er hat nur wenige Anhänger. Er lebt vorwiegend in Viterbo. Als Barbarossa bei Legnano von der Lombardischen Liga besiegt wird, sucht er eine Annäherung an Alexander. Calixtus unterwirft sich schließlich.

Innozenz (III.) (1179–1180)

Barbarossa ist zwar besiegt, gibt aber den Kampf gegen Alexander III. nicht auf und fördert die Ernennung eines vierten Gegenpapstes. Der Kardinaldiakon Lando aus Sezze (Latium) wird gewählt und gibt sich den Namen Innozenz III. Wir wissen nur, dass der Papst ihn nach wenigen Wochen in die Abtei von Cava bei Salerno verbannt.

Nikolaus V. (1328–1330)

Nikolaus V. heißt mit bürgerlichem Namen Pietro Ronalducci und entstammt einer einfachen Familie aus Corbara in den Abruzzen. Nach der Absetzung Johannes' XXII. wird er von Ludwig IV. von Bayern ernannt. Der Einfluss dieses Gegenpapstes beschränkt sich auf nur wenige Gebiete Italiens. Als ihn auch Wilhelm von Ockham und der Franziskaner Michael von Cesena, die ihn unterstützt haben, im Stich lassen, flieht er zum Grafen Bonifacio da Donoratico. Der Papst verspricht, ihn am Leben zu lassen, und mit der Aussicht auf eine Pension von 3000 Florin legt Nikolaus vor dem Bischof von Pisa die Papstwürde ab. Papst Johannes XXII. hält seine Versprechen und stellt ihn in seiner Residenz von Avignon unter Hausarrest.

Clemens VII. (1378–1394)

Nach dem Tod Gregors XI. wählt das Heilige Kollegium Bartholomeo Prignano zum Papst, der sich Urban VI. nennt. Doch wegen seines Starrsinns, seiner Selbstherrlichkeit und Zornesausbrüche beschließen die Kardinäle, einen neuen Papst zu wählen: Robert von Genf, Sohn des Grafen Amadeus III. und der Marie von Boulogne, der Cousine des französischen Königs. Robert nennt sich Clemens VII. Mit seiner Wahl beginnt das große Abendländische Schisma, das bis 1417 dauert. Der Gegenpapst wird mit Waffengewalt gezwungen, nach Avignon zu gehen. Während die Gläubigen voll Staunen sehen, dass ihre Hirten um eine immer weltlicher werdende Macht kämpfen, spaltet sich die politische Welt in zwei Lager auf. Als sich ein Sieg von Clemens abzeichnet, stirbt Urban 1389. Sein Nachfolger Bonifatius IX. versucht, eine Lösung für die schwierige Lage zu finden und zu einem Einvernehmen mit Clemens zu kommen. Dieser lehnt jedoch ab. 1394 stirbt Clemens an einem Schlaganfall.

Benedikt XIII. (1394–1423)

Als Nachfolger des Gegenpapstes Clemens VII. wird der spanische Kardinal Pietro de Luna gewählt, der sich Benedikt XIII. nennt und jegliche Hoffnung, das Schisma zu beenden, zunichte macht. Der Neugewählte ist entschlossener und willensstärker als sein Vorgänger und hält sich für den legitimen Papst. 1396 versucht er durch Ausweichmanöver zu einem Kompromiss mit Papst Bonifatius IX. zu kommen, hat aber keinen Erfolg. 1404 unternimmt er einen neuen Versuch, Frieden zu stiften, aber auch der scheitert an Bonifatius' Unnachgiebigkeit. Auch mit Papst Innozenz VII., der nach dem Tod des Bonifatius 1404 den Stuhl Petri besteigt, gibt es keine Fortschritte, doch mit Gregor XII. erscheint erstes Licht am Horizont. Er ist bereit, sein Amt aufzugeben, wenn Benedikt ebenfalls diesen Schritt tut. Auch der Gegenpapst gibt dieses Versprechen, aber keiner der beiden hält es. Das Kardinalskollegium versammelt sich 1409 in Pisa und beschließt, beide abzusetzen und einen neuen Papst zu wählen, Pietro Filargo di Candia, der den Namen Alexander V. annimmt. Doch er stirbt sehr bald und wird durch Balthasar Cossa ersetzt, der sich Johannes XXIII. nennt. Das Konzil zu Konstanz (1414–1417) beschließt, um das große Abendländische Schisma endlich zu beenden, die Absetzung der drei Päpste und schlägt Martin V. vor. Gregor XII. nimmt die Entscheidung an, Benedikt XIII. jedoch bleibt halsstarrig und zieht sich mit einigen Anhängern nach Kastilien zurück. Dort stirbt er 1423 hochbetagt mit neunzig Jahren.

Alexander V. (1409–1410)

Um das Schisma zu beenden, beschließt die Synode von Pisa 1409, Papst Gregor XII. und den Gegenpapst Benedikt XIII. abzusetzen und Pietro Filargo zu wählen. Auf einem Konklave wird diese Entscheidung bestätigt, und Pietro nimmt den Namen Alexander V. an. Doch keiner der beiden Gegenspieler zieht sich zurück, und so gibt es fortan nicht nur zwei, sondern drei Päpste. Alexander verurteilt den Reformator Wyclif, kurz bevor er stirbt. Gewöhnlich gilt er als Gegenpapst, doch über die Rechtmäßigkeit seines Anspruchs, als Papst angesehen zu werden, wird bis heute diskutiert.

Johannes XXIII. (1410–1415)

Als Alexander V. 1410 stirbt, wird Balthasar Cossa gewählt, Johannes XXIII. Nun gibt es drei Päpste. Es gelingt Johannes, sich in Rom niederzulassen, wo er 1411 über den böhmischen Reformator Jan Hus einen Bann ausspricht und 1413 auch sämtliche Schriften des englischen Reformers John Wyclif verurteilt. 1414 tritt er vor dem Konzil zu Konstanz auf und verlangt die Anerkennung der Beschlüsse des Konzils zu Pisa, nach denen Gregor XII. und Benedikt XIII. abdanken sollen. Doch hier wird gefordert, dass alle drei zurücktreten. Johannes XXIII. unternimmt verkleidet eine abenteuerliche Flucht, doch er wird gefangen und abgesetzt. »Wegen Förderung der Kirchenspaltung, wegen Simonie und eines verabscheuungswürdigen Lebenswandels« wird ihm der Prozess gemacht. Johannes XXIII. gibt seine Schuld zu, akzeptiert seine Absetzung und unterwirft sich 1419 Martin V.

Clemens VIII. (1423–1429)

Der Gegenpapst Benedikt XIII. hatte vor seinem Tod in der Bergfeste Peniscola an der spanischen Mittelmeerküste im Jahr 1423 vier seiner Kardinäle, abtrünnig wie er selbst, schwören lassen, einen Nachfolger für ihn zu wählen. 1423 entscheiden sich drei Kardinäle für Gil Sanchez Munos, der sich Clemens VIII. nennt. In Peniscola baut Clemens einen kleinen päpstlichen Hof auf. Zunächst exkommuniziert er den vierten »seiner« Kardinäle, Carrier, der die Wahl von Clemens für ungültig erklärt und einen anderen Gegenpapst, Benedikt XIV., nominiert hat. Im Juli 1429 rät Alfons von Aragon Clemens zur Abdankung. Er gehorcht und unterwirft sich Papst Martin V.

Benedikt (XIV.) (1425)

Während der Hof von Peniscola Clemens VIII. zum neuen (Gegen-)Papst wählt, ist Kardinal Jean Carrier, Generalvikar Benedikts XIII., unterwegs in der Grafschaft Armagnac. Er erklärt, dass die Wahl Clemens' durch Simonie zustande gekommen sei und ernennt kraft eigener Machtvollkommenheit einen anderen Papst, Bernard Garnier, Domkustos aus Rodez, und weiht ihn. Garnier nennt sich Benedikt XIV. Mehr ist über diesen Gegenpapst nicht bekannt.

Felix V. (1439–1449)

Während des Konzils zu Basel beschließen viele Konzilsväter, die mit der Auffassung Eugens IV., der Papst habe Vorrang vor dem Konzil, nicht einverstanden sind, statt der Verlegung des Konzils nach Bologna zuzustimmen, in der Schweiz zu bleiben und sich zu einem Konklave zu versammeln. Sie nehmen bewusst eine antirömische Haltung ein, setzen Papst Eugen ab und wählen den frommen Amadeus VIII. von Savoyen, genannt der Friedliche, zum Papst, der den Namen Felix V. annimmt. Doch seine Beziehungen zu den Kardinälen, die ihn gewählt haben, sind stets spannungsgeladen, und mehr als einmal versucht er, einen ehrenhaften Ausweg aus der Situation zu finden. Schließlich kommt es durch Vermittlung des französischen Königs Karl VII. zu einem Einvernehmen mit Papst Nikolaus V. Gegenpast Felix dankt ab und Nikolaus V. ernennt ihn zum Kardinal und päpstlichen Gesandten in Savoyen. Er ist der letzte Gegenpapst der Geschichte.

Glossar

Akephaloi In der Kirchengeschichte werden Monophysiten, die das *Henotikon* Kaiser Zenons (482) nicht anerkennen, als Akephaloi, als die »ohne Kopf«, bezeichnet (→ Monophysitismus).

Adamiten Sammelname für verschiedene nicht sicher bezeugte christliche Sondergemeinschaften (Sekten), die ihre Gottesdienste (angeblich) zur Darstellung paradiesischer Unschuld völlig nackt feierten.

Adoptianismus Nach dieser auf Paul von Samosata († nach 273) zurückgehenden Lehre ist Jesus nur ein gewöhnlicher Mensch gewesen, der aber von göttlicher Kraft erfüllt war und schließlich von Gott Vater »adoptiert« worden ist. Paul von Samosata wird wegen dieser Irrlehre von einer Synode 269 als Bischof abgesetzt. Später lässt Karl der Große den Adoptianismus auf Synoden (792–799) noch einmal als häretisch verurteilen.

Albigenser Eine Gruppe von Ketzern, die zu den → Katharern gehören und die gegen Ende des 12. Jahrhunderts in Südfrankreich vor allem in der Gegend von Albi leben. Ihre Lehre basiert auf einem radikalen Dualismus: Die Welt wird von zwei Prinzipien geleitet, einem guten (das die geistliche Wirklichkeit und das Licht schafft) und einem bösen (das die Materie und die Finsternis schafft). Aus diesem theologischen Dualismus leitet sich eine Ablehnung der Ehe, des Reichtums und Vergnügens ab und eine starke Neigung zu einem moralisch rigiden Leben. Die Albigenser kämpfen gegen die Verderbtheit der Welt, besonders die des Klerus, fordern ein strenges und beispielhaftes Leben, predigen gegen Laster und Verweichlichung und fordern die Rückkehr zum ursprünglichen Geist des Evangeliums. Sie lehnen auch jegliche Autorität ab und halten Steuern, Militärdienst und Justizverwaltung für illegitim. Die Kirche wehrt sich erfolglos gegen ihre Predigt, bis Papst Innozenz III. einen Kreuzzug gegen sie unternimmt, bei dem er 1209 in Südfrankreich einmarschiert und Carcassonne und Narbonne erobert. Die Albigenser werden besiegt und die Inquisition verfolgt sie. Um 1250 sind die Albigenser vernichtet. Es ist eines der dunkelsten Kapitel der Kirchengeschichte.

Apollinaristen Anhänger des Apollinaris von Laodicäa († um 390), nach dem Jesus nur eine Natur besitzt, die göttliche. Nach ihnen nimmt Gott in Christus nur menschliche Gestalt an, aber nicht die menschliche Vernunft, womit die menschliche Natur Christi geleugnet wird. Unter Papst Damasus I. wird diese Lehre sowohl auf einer römischen Synode als auch auf dem zweiten allgemeinen Konzil in Konstantinopel 381 als häretisch verurteilt.

Apostoliker Hauptmerkmal dieser Sekte ist das Verlangen, zur Reinheit und Sittlichkeit des Glaubens wie zur Zeit der Apostel zurückzukehren. Eine erste Gruppierung aus dem 4. Jahrhundert verkündet absolute Armut, verurteilt die Ehe als unrein und verzichtet auf Fleisch und Wein. Sie verbreitet sich in Kleinasien und wird von Augustinus und Johannes von

Damaskus bekämpft. Im 12. Jahrhundert entsteht eine weitere Sekte, die den Sittenverfall des begüterten Klerus und den Kampf um Ämter anprangert. Wahrscheinlich stammt sie von häretischen Gruppen aus der Zeit der Jahrtausendwende im östlichen Südfrankreich ab. Ihre Mitglieder führen ein asketisches Leben und essen nur selbst gezogene Feldfrüchte. Sie verdammen die Korruption der kirchlichen Hierarchie. Im 13./14. Jahrhundert entwickelt sich in Italien eine bekanntere Bewegung, die sich *Apostoli Christi* oder *Fratres apostolorum* nennt und auf größere Resonanz stößt. Sie propagiert den bewaffneten Widerstand gegen die herrschenden Verhältnisse und wird von dem Franziskaner Gerardo Segarelli angeführt, der 1300 auf dem Scheiterhaufen verbrannt wird.

Arianismus

Eine nach Arius (um 256–336), einem Theologen aus Alexandria, benannte Irrlehre, die die Gleichheit des Sohnes, also Jesu Christi, mit Gott leugnet und nur von seiner gottähnlichen, nicht gottgleichen Natur spricht. Der Sohn ist, so Arius, nicht gleich ewig wie der Vater, jedoch die erste und höchste Kreatur, die Gott aus dem Nichts erschaffen hat; dieser Sohn ist leidensfähig und aus freiem Willen gut; er wird Gott genannt, ist es aber nicht. – Auf dem allgemeinen Konzil von Nicäa (325) wird das Glaubensbekenntnis durch antiarianische Aussagen über den Sohn präzisiert: »wahrer Gott vom wahren Gott, gezeugt, nicht geschaffen« und »eines Wesens mit dem Vater«. Auf diesem Konzil werden Arius und seine Anhänger verurteilt. Der Arianismus verbreitet sich dennoch im 4./5. Jahrhundert stark und wird auch bei den Westgoten, Wandalen, Burgundern, Sueben und Ostgoten lange Zeit herrschende Glaubenslehre.

Arnoldisten

Anhänger der Lehre des Arnold von Brescia (1100–1155) sind im 12. Jahrhundert besonders in der Lombardei anzutreffen. Sie vertreten die Auffassung, dass Grundlage für den Klerus die Tugenden des Evangeliums sein müssen und dass die kirchliche Hierarchie verwerflich sei. Ein asketisches Leben berechtigt auch Laien zu predigen, ohne ein Amt zu bekleiden. Von unwürdigen Priestern erteilte Sakramente halten sie für unwirksam; die Beichte soll nicht nur vor einem Priester, sondern vor anderen Gläubigen erfolgen. Man dürfe sich vom Papst nicht unterjochen lassen und brauche ihm keinen Gehorsam zu leisten. Papst Lucius III. verurteilt die Arnoldisten, wodurch ihre Predigt an Schärfe aber nur zunimmt. Arnold von Brescia wird 1155 wegen seiner sozialrevolutionären Ideen, die in Rom ihre Wirkung zeigen, hingerichtet.

Beginen und Begarden

Bei den Beginen handelt es sich um an sog. Beginenhöfen lebende fromme Frauen. Sie legen kein Ordensgelübde ab, verpflichten sich aber zu Armut, Keuschheit, Gebet und Askese und sind caritativ tätig. Nach ihrem Vorbild entstehen im 13. Jahrhundert die männlichen Begaren, die in Frankreich, Flandern und Deutschland verbreitet sind. Weil manche zu extremen Ansichten neigen und das Fehlen einer Ordensregel diese Laienbewegung suspekt macht, kommt es zu Verfolgungen durch die Inquisition.

Dolcinianer Anhänger Fra Dolcinos (1260–1307), der heftig gegen die Machenschaften der Kirche polemisiert und ein dem Evangelium gemäßes Leben fordert. Er hat ein apokalyptisches Bild von der Geschichte der Christenheit, das sich an Joachim von Fiore orientiert. Die Dolcinianer lehnen jede Hierarchie ab und treten für den gemeinsamen Besitz aller Dinge ein. Fra Dolcino ist im Trentino, der Lombardei und in Val Sesia aktiv, wo er geboren ist. Er wird mit seinen Anhängern auf einem Berg bei Vercelli, auf den er sich zurückgezogen hat, vom Bischof der Stadt belagert, gefangen genommen und auf dem Scheiterhaufen verbrannt.

Donatismus Benannt nach seinem bedeutendsten Führer Donatus (seit 316 Bischof von Karthago) ist der Donatismus eine schismatische Bewegung der Kirche Nordafrikas, deren ethischer Rigorismus auf Martyrium und strenge Kirchenzucht drängt. Ihre Anhänger machen die Gültigkeit der Sakramente von der persönlichen Würde derer abhängig, die sie spenden. Darum sind Sakramente, die von Sündern oder Häretikern gespendet worden sind, ungültig, da diese außerhalb der Kirche stehen. Wer also schwer gesündigt hat, muss, um in die »Gemeinschaft der Heiligen« zurückzukehren, durch eine Wiedertaufe geläutert werden. Gegner des Donatismus ist Augustinus, für den die Gültigkeit des Sakraments nicht von der Würde des Priesters abhängt, sondern von Christus, der im Sakrament wirksam ist. Die Kirche verurteilt den Donatismus 405, doch sein Einfluss hält bis zur Eroberung durch die Araber an, die das Christentum in Nordafrika auslöschen.

Ekthesis Mit diesem Dekret des Kaisers Herakleios (638), wird die Lehre des →Monotheletismus bekräftigt. Damit soll der theologische Streit der Kirche des Ostens über den einfachen oder zweifachen Willen Christi beendet werden. Aber das Dekret erweist sich als das falsche Mittel: Papst Severin verdammt die *Ekthesis* im Jahr 640 und Papst Johannes IV. im folgenden Jahr.

Eutychianer Die Anhänger der verurteilten Lehre des Mönchs Eutyches (378 – um 454), der behauptet, Christus besitze nur eine Natur (→Monophysitismus). Eutyches wird vom Konzil in Chalcedon 451 verurteilt und verbannt.

Fraticelli Diese Bruderschaften halten dem ursprünglichen Geist der Armut nach der Regel des Franz von Assisi unnachgiebig die Treue und trennen sich deshalb in der ersten Hälfte des 14. Jahrhunderts vom Franziskanerorden. Ubertino da Casale gibt den Anstoß dazu, Angelo Clareno ist ihre Leitfigur. Sie werden von Papst Innozenz IV. verurteilt und von der Inquisition verfolgt. Im Lauf des 15. Jahrhunderts verschwindet die Bewegung.

Gnosis Gnosis bedeutet wörtlich »Erkenntnis«. Es ist eine Strömung, die ab dem 1. Jahrhundert im Osten des Römischen Reiches in vielen verschiedenen Facetten auftritt. Dabei mischen sich Gedanken aus der jüdisch-christlichen Religion mit griechisch-orientalischen Ideen. Die Gnostiker gehen davon aus, dass es eine besondere Heilserkenntnis gibt, die nur ihnen zugänglich ist. Sie vertreten einen radikalen Dualismus von Gut und Böse, wobei das Böse mit der Materie gleichzusetzen ist und das Gute nur im Geistigen wirken kann. Die christlich durchdrungene Gnosis (→Markioniten; Valentinianer) wird für die junge Kirche zu einer gefährlichen Irrlehre, die sie heftig bekämpft.

Hugenotten

Als Hugenotten werden etwa seit 1560 die französischen Protestanten bezeichnet. Nachdem in Frankreich die Schriften Martin Luthers und der Reformatoren verbreitet worden sind, wird das ganze Land von einigen evangelischen Gruppen aus allen sozialen Schichten beeinflusst. Mitte des 16. Jahrhunderts werden durch das Wirken Calvins zahlreiche Gemeinden gegründet. 1559 wird für alle reformierten Kirchen Frankreichs eine Verfassung beschlossen, und die erste Synode in Paris veröffentlicht eine stark calvinistisch geprägte *Disciplina generalis* und ein von Calvin verfasstes Glaubensbekenntnis. So entsteht die reformierte Kirche Frankreichs. Die Hugenotten bilden im französischen Staat eine Minderheit; deshalb schließen sie sich zu ihrem eigenen Schutz zusammen. Oft sind sie harten Verfolgungen ausgesetzt, deren Höhepunkt die »Bartholomäusnacht« (23./24. August 1572) ist, in der Tausende von Hugenotten ermordet werden. Katharina von Medici, die Mutter Karls IX., dürfte die Finger mit im Spiel gehabt haben. Den Hugenotten wird die freie Religionsausübung erst unter König Heinrich IV. im Edikt von Nantes von 1589 garantiert. Doch die politisch-militärische Macht der Hugenotten wird 1628 mit der Einnahme ihrer Festung La Rochelle durch Kardinal Richelieu gebrochen. Mit der Aufhebung des Edikts von Nantes durch Ludwig XIV. 1685 nimmt die Hugenottenverfolgung weiter zu, sodass viele Hugenotten zur Emigration gezwungen sind.

Hus, Jan

Der tschechische Kirchenreformator (um 1370–1415) stammt aus einer armen Bauernfamilie. Er studiert in Prag Theologie und wird 1400 zum Priester geweiht. Er ist ein Anhänger der Schriften von →John Wyclif. Er verurteilt scharf den Ablassverkauf und greift die Laster des Klerus und des Volkes an. Er betont, dass jemand, der die Gesetze Gottes verletzt, ein Sünder sei und nicht mehr das Recht habe, kirchliche oder zivile Aufgaben zu übernehmen. Hus rechnet zu den Sünden auch die Erhöhung der Abgaben von Leibeigenen, die Kirchensteuern und die Anhäufung von Reichtümern durch die Kirche. Er fordert in seinen Predigten zum Kampf gegen diese Sünden auf. Hus erkennt den Papst als Oberhaupt der Kirche nicht an, sondern nur Christus. Höchste Autorität in Glaubensfragen sei allein die Bibel. Der Papst könne sich nur Stellvertreter Christi nennen, wenn er die wahren Tugenden des Apostels besitze; sonst sei er der Vertreter des Antichristen. Der Kaiser habe das Recht, unwürdigen Klerikern ihren Besitz zu nehmen. 1411 wird Hus exkommuniziert. Wegen seiner Schrift *De ecclesia* (über die Kirche; 1413) wird er unter Zusicherung freien Geleits auf das Konzil von Konstanz zitiert. Dort wird er aber dennoch nach der Weigerung, seiner Lehre abzuschwören, 1415 auf dem Scheiterhaufen verbrannt. Hus nimmt durch seine Schriften bedeutenden Einfluss auf die Entwicklung der tschechischen Nationalsprache.

Ikonoklasmus Der Ikonoklasmus (von griech. *eikón* = Bild, *kláo* = zerbrechen) verlangt die Zerstörung sakraler Bilder. Er ist ein Begriff aus dem »Bilderstreit«, den die Kirche vor allem im Oströmischen Reich (Byzanz) im 8. und 9. Jahrhundert ausficht. Kaiser Leo III. ordnet 730 die Zerstörung sakraler Bilder an, um den übertriebenen Kult einzuschränken, aber auch, um den Einfluss der Mönche auf das Volk einzudämmen. Das führt unausweichlich zum Konflikt mit der römischen Kirche, zur Absetzung des Patriarchen von Konstantinopel und zu gewaltsamen Volksaufständen, auf die heftige Repressalien folgen. Die Päpste Gregor II. und Gregor III. wehren sich gegen die Bilderstürmerei. Das Konzil von Nicäa 787 gestattet den Bilderkult wieder. Seither gelten sakrale Bilder nicht nur als Mittel zur Förderung religiöser Unterweisung, sondern auch als sichtbare Zeichen und Symbole der Gottesverehrung. Die Auseinandersetzungen gehen mit Kaiser Leo V. aber weiter, bis Kaiserin Theodora 843 die Dekrete des Konzils anerkennt und dem Bildersturm ein Ende setzt.

Jansenismus Diese religiöse, vor allem in gebildeten Laienkreisen verbreitete Bewegung ist nach dem holländischen Theologen Cornelius Jansen (1585–1638), Bischof von Ypern, benannt. Er tritt in seinem Werk *Augustinus* für eine Rückkehr zur einfachen christlichen Lebensweise der ersten Jahrhunderte ein. Nach der Verurteilung Jansens 1642 unter Urban VIII. beugen sich seine Anhänger in den Niederlanden, während die »Jansenisten« in Frankreich sich heftig zur Wehr setzen. Nach jansenistischer Lehre ist der Mensch ganz von Gottes Heilswillen und seiner Gnade abhängig, er kann selbst nichts zur Erlösung beitragen. Daraus entwickelt sich eine breite Frömmigkeitsbewegung, die ihr Zentrum in Frankreich im Zisterzienserinnenkloster Port Royal hat. Gegner der Jansenisten sind vor allem die Jesuiten.

Katharer Der Name leitet sich vom griechischen *katharoi* = die Reinen ab. Sie gehören zur größten häretischen Bewegung des Mittelalters, die sich durch eine radikale religiöse Haltung auszeichnet. Sie wollen eine »Kirche der Heiligen« sein; Sünder haben bei ihnen keinen Platz. Von der Balkanhalbinsel stammend, haben sie sich in verschiedene Richtungen aufgespalten und in Westeuropa verbreitet, vor allem in Frankreich (→ Albigenser) und Osteuropa. Sie vertreten einen strengen Dualismus, nach dem die Geschichte der Welt und der Kirche ein ständiger Konflikt zwischen Satan und Gott ist. Daraus ergibt sich eine Abwertung der materiellen Welt; die Gültigkeit von Sakramenten wird geleugnet, auf Heirat und den Verzehr von Fleisch verzichtet. Macht und Reichtum werden verachtet, Gewalt abgelehnt. Die Katharer achten weder kirchliche noch weltliche Autorität und werden deshalb heftig verfolgt und unterdrückt. Die Inquisition macht ihnen schließlich ein Ende. (Von den »Katharern« stammt das deutsche Wort »Ketzer« her.)

Manichäismus

Eine von dem Perser Mani (um 216–273) entwickelte religiöse Lehre (in inhaltlicher Verbindung mit dem Gedankengut der → Gnosis), die für das Christentum sehr gefährlich ist durch ihren Dualismus: Auf zwei absoluten, zueinander in unversöhnlichem Kontrast stehenden Prinzipien beruht das Gute und das Böse. Den zwei Urelementen Licht und Finsternis entspricht eine Ethik von rigoroser Strenge (völlige Enthaltsamkeit, Fasten) für die *electi* (»Vollkommenen«); die anderen Anhänger (*auditores* = Hörer) sollen so asketisch wie möglich leben.

Markioniten

Die Kirche der Markioniten, die teilweise bis ins 5. Jahrhundert besteht, geht zurück auf den in Pontos geborenen Markion († um 160). Gegen 140 kommt er nach Rom, wird dort aber bald aus der römischen Gemeinde ausgeschlossen und gründet seine eigene Kirche. Er ist stark von der → Gnosis mit ihrem dualistischen Weltbild beeinflusst. Der Gesetzes- und Schöpfergott des Alten Testaments ist für ihn negativ; Christus befreit von diesem Gott mit der Lehre vom wahren und guten Gott. Nur Paulus hätte das Evangelium wirklich verstanden; auch die meisten anderen neutestamentlichen Schriften außer dem Lukasevangelium klammert Markion aus. Weil die Welt und die Materie für ihn schlecht sind, ist Christus nicht wirklich, sondern nur scheinbar Mensch geworden. Er vertritt eine strenge und rigorose Ethik der Askese und Weltabgewandtheit.

Modernismus

Eine theologische Reformbewegung zu Beginn des 20. Jahrhunderts, die sich in Frankreich (A. Loisy), Deutschland (H. Denifle, S. Merkle, F. X. Kraus), Großbritannien (G. Tyrrel) und Italien (R. Murri) verbreitet. Entstanden ist sie innerhalb katholischer Gruppierungen, die eine Erneuerung der Kirche fordern, um den Katholizismus mit der modernen Kultur und Gesellschaft zu versöhnen, auch im Licht neuer, vom Positivismus beeinflusster Forschungsmethoden und unter Berücksichtigung der Ergebnisse historisch-kritischer Bibelforschung. Der Modernismus betont auch auf religiösem Gebiet die Bedeutung des Gewissens des Einzelnen. Diese Erneuerungsbewegung nimmt verschiedene Formen an, von allgemeinen Reformbestrebungen des religiösen Lebens bis zur Modernisierung theologisch-wissenschaftlicher Studien, um den Katholizismus auf eine neue Grundlage zu stellen – unter Ablehnung der Dogmen und mit der Überzeugung, dass die Glaubenserfahrungen subjektiv sind. Pius X. verurteilt den Modernismus mit dem Dekret *Lamentabili* einschließlich eines ausführlichen Verzeichnisses von 65 Irrtümern und in der Enzyklika *Pascendi Domini gregis* (beides 1907).

Monarchianismus

Eine häretische Strömung in den christologischen Streitigkeiten des 2.–4. Jahrhunderts, die die Einheit Gottes betont und die Lehre von der Dreifaltigkeit (Trinität) ablehnt.

Es gibt zwei Richtungen des Monarchianismus: Begründer des sog. »dynamischen Monarchianismus« ist Theodot von Byzanz, Paul von Samosata († nach 273) sein wichtigster Vertreter. Sie behaupten, dass einzig der Vater Gott ist, während Sohn und Heiliger Geist nicht von göttlicher Natur sind. Die zweite Richtung, der »modalistische Monarchianismus«, hebt den Unterschied zwischen Vater und Sohn auf, sieht sie nur als zwei Weisen der Offenbarung an und schreibt damit dem Vater die Inkarnation und den Tod am Kreuz zu. Wichtigster Exponent des modalistischen Monarchianismus ist Sabellius (→ Sabellianismus).

Monophysitismus Eine theologische Lehrmeinung, nach der Jesus nur *eine* Natur besitzt, nämlich die göttliche. Sie verbreitet sich im 5. und 6. Jahrhundert durch die Werke des Eutyches (→ Eutychianer). Zusammen mit dem → Nestorianismus wird der Monophysitismus von den Konzilien zu Konstantinopel (448) und Chalcedon (451) als Irrlehre verdammt.

Monotheletismus Eine Fortsetzung des → Monophysitismus. Nach dieser Lehre über die Natur Christi, die seit dem 7. Jahrhundert in der byzantinischen Kirche durch Sergius, den Patriarchen von Konstantinopel (610–638), und Kaiser Herakleios (610–641) favorisiert wird, besitzt Christus zwei Naturen, eine menschliche und eine göttliche, aber nur *einen* Willen. Das 3. Konzil zu Konstantinopel (680–681) verdammt den Monotheletismus.

Montanismus Eine christliche Bewegung mit apokalyptischen Zügen, die im 2. Jahrhundert in Kleinasien entsteht und nach einem ihrer Begründer, dem aus Phrygien stammenden Propheten Montanus († vor 179), benannt ist. Montanus erklärt, das Ende der Welt stehe kurz bevor; der Heilige Geist fordere deshalb von der Kirche äußerste Reinheit und höchste Erwartung. So predigt er die Notwendigkeit größerer Strenge und Sittenreinheit. Die Montanisten verbreiten sich in Kleinasien, Syrien und besonders im römischen Afrika, wo der christliche Schriftsteller Tertullian sich ihnen anschließt. Es wird bald auch Kritik an dieser prophetisch inspirierten Bewegung laut und mit der Zeit verliert sie sich.

Nestorianismus Eine im 5. Jahrhundert entstandene christologische Lehrmeinung. Nestorius († um 450), Patriarch von Konstantinopel, vertritt die Ansicht, die menschliche und göttliche Natur Christi seien nicht miteinander verschmolzen. Christus ist demnach nicht Gott und Mensch zugleich. Die Konzilien zu Ephesus (431), zu Chalcedon (451) und Konstantinopel (553) verdammen den Nestorianismus.

Nikolaiten Sie sind Mitglieder einer Sekte innerhalb des Christentums zur Zeit der Apostel, von der nur wenig bekannt ist. Ihre Spuren verlieren sich Ende des 2. Jahrhunderts. Clemens von Alexandrien bezeichnet sie als Sekte der Freizügigen und bemerkt, dass Nikolaus von Antiochien, einer der sieben von den Aposteln eingesetzten Diakone, jeglicher Art

Laster frönte. Im Mittelalter wird dieser Begriff wiederbelebt: Als Nikolaiten beschimpft man nicht zölibatär lebende Kleriker.

Novatianismus

Eine von Novatian, einem römischen Priester und Gegenpapst (251–258), verbreitete Lehre. Die Novatianer predigen eine geistliche Erneuerung, gepaart mit doktrinärer Strenge. Im Gegensatz zur Auffassung von Papst Cornelius betonen sie, dass Christen, die unter der Folter ihren Glauben verleugnet haben (*lapsi* genannt), nicht mehr in die Kirche aufgenommen werden sollen.

Pataria

Eine religiöse und politische Volksbewegung zur Reformierung der Kirche, entstanden Mitte des 11. Jahrhunderts in der Lombardei, besonders in Mailand. Sie stellt sich gegen den höheren Klerus und den reichen Adel und gehen – auch mit Gewalt – gegen Simonie, Sittenlosigkeit und Konkubinat vor. Ihre radikale Opposition gegen die Einsetzung eines Mailänder Bischofs durch Kaiser Heinrich IV. führte unter Papst Gregor VII. zum Investiturstreit.

Pelagianismus

Eine von Pelagius, einem aus Britannien stammenden, um 400 in Rom lebenden Mönch, vertretene theologische Lehre, die behauptet, der Mensch sei auch durch seinen eigenen Willen fähig, das ewige Heil zu erwirken; die Erbsünde hätte den Menschen nicht grundsätzlich verdorben. Diese Lehre – vom Kirchenvater Augustinus hart bekämpft – wird bald von der Kirche wegen der Leugnung der Erbsünde und der zu geringen Berücksichtigung von Gottes Gnade auf einer Synode zu Karthago 416 verurteilt. Die Einordnung als Irrlehre wird abschließend noch einmal auf dem Konzil von Ephesus (431) vorgenommen.

Photinianer

Anhänger der Irrlehre des Bischofs Photinus von Sirmium († 376), der in Jesus Christus nur einen Mensch sieht, den Gott aber aufgrund seiner besonderen Fähigkeiten zu seinem Sohn erklärt hat. Verschiedene Konzilien und Papst Damasus I. verurteilen diese Lehre.

Priscillianismus

Eine von dem spanischen Laien Priscillian im 4. Jahrhundert in Spanien gegründete asketische Bewegung. Sie ist gnostisch-manichäisch eingefärbt und will die verweltlichte Kirche erneuern. Priscillian betont stark das Wirken des Hl. Geistes, der nicht an das kirchliche Amt gebunden sei. Priscillian wird von den spanischen Bischöfen teils unterstützt, teils bekämpft und 385 von Kaiser Maximus mit einigen Gefährten zum Tod verurteilt. Es ist das erste (bekannte) Todesurteil wegen Häresie.

Quietismus

Eine mystische Strömung des 17. Jahrhunderts, die eine kontemplative, individuell geprägte Frömmigkeit mit passiver Grundhaltung anstrebt. Die Seele nimmt göttliche

Züge an und verbindet sich mit Gott dergestalt, dass sie selbst darin aufgeht und Ruhe findet. Die geistlichen Wege, um diese Ruhe (*quies*) zu erreichen, sind stilles Gebet, Aufgeben des eigenen Willens, Kontemplation und völlige Hingabe an Gott. Zu den Vertretern des Quietismus gehört der spanische Priester Miguel de Molinos (1628–1696), dessen Schriften 1687 von Innozenz XI. verurteilt werden.

Sabellianismus Im Streit um das Wesen Gottes und die Dreifaltigkeit ist der Sabellianismus eine bestimmte Richtung des modalistischen →Monarchianismus. Nach dieser Irrlehre ist Gott eine einzige, unteilbare Person, die aber verschiedene Naturen hat, je nach dem Aspekt, aus dem man ihn betrachtet: Im Alten Testament ist er Vater und Gesetzgeber, im Neuen Testament Sohn und Erlöser. Bei der Heiligung der Menschen ist er der Heilige Geist. Gott hört auf, Vater zu sein, wenn er die Aktivität des Sohnes übernimmt, und hört auf, Sohn zu sein, wenn er Heiliger Geist wird. Der Sabellianismus, benannt nach seinem Gründer Sabellius (3. Jahrhundert) findet zahlreiche Anhänger in Syrien; doch diese Lehre wird verworfen und von den Kirchenvätern heftig angegriffen.

Spiritualen Im Unterschied zu gemäßigten Strömungen der Franziskaner, die das strenge Armutsgelübde mildern und den Orden hierarchisch neu ordnen wollen, verteidigen die Spiritualen (oder Eiferer) den strengeren Geist des Gründers und kämpfen für die genaue Befolgung der Regel und des Testaments des Franz von Assisi. Es bricht ein teilweise erbittert geführter Kampf um die rechte Auslegung aus, der sog. Armutsstreit. Die Spiritualen sind außerdem stark von den endzeitlichen Schriften Joachims von Fiore († 1203) beeinflusst. Nachdem einige Spiritualen als Häretiker auf dem Scheiterhaufen verbrannt worden sind (1318), verlangt Papst Johannes XXII. von ihnen unter Androhung der Exkommunikation, sich zu unterwerfen. Die Mehrheit unterwirft sich. Später entstehen die Observanten, ein strenger Flügel des Franziskanerordens, der päpstlich anerkannt wird.

Valentinianer Sie sind die Anhänger des Valentinus, eines Häretikers des 2. Jahrhunderts. Er ist mit Markion einer der wichtigsten Vertreter der christlichen →Gnosis und geistiger Kopf einer Schule, die sich in Italien, Gallien, Ägypten und Syrien ausbreitet und von den Kirchenvätern energisch bekämpft wird. Das Denken des Valentinus ist mystisch-spekulativ und beschäftigt sich vor allem mit der Frage der Erlösung des Menschen.

Waldenser Diese religiöse Neuerungsbewegung wird von dem Kaufmann Petrus Waldus in Lyon gegründet, der um 1180 das Ideal einer Rückkehr zur urchristlichen Armut predigt. Die erste Gruppe sind die »Armen von Lyon«, die sich einem Leben in Armut und Buße und der Verkündigung des Evangeliums widmen. Im Gegensatz zu den →Katharern bilden sie kein eigenes Gedankengebäude aus, sondern wollen die Kirche vor allem an ihren

Sendungsauftrag erinnern. Sie sagen der Welt und allem Besitz ab und leben schlicht von ihrer Hände Arbeit. Nach ihrem Erfolg in Südfrankreich werden die Waldenser von Papst Lucius III. als Häretiker exkommuniziert (1184). Da die Waldenser für eine Gleichheit aller Gläubigen in der Kirche eintreten, beruht das Priesteramt für sie auf Verdienst und nicht auf einer Weihe. Laien haben ein Recht zu predigen. Sie leugnen das Fegefeuer, lehnen Ablass und Totenmessen ab und erkennen als Sakramente nur die Taufe, die Eucharistie und die Buße an. Die Waldenser breiten sich in der Schweiz, Süddeutschland (1231 grausam von der Inquisition verfolgt), Österreich, Ungarn und Böhmen aus, wo sie im 15. Jahrhundert die Reformen von → Jan Hus unterstützen. Gegen sie werden zwei Kreuzzüge geführt, die sie zwingen, sich in die Alpentäler des Piemont zurückzuziehen. 1532 schließen sie sich der Reformation an. 1853 entsteht in Turin eine große Waldenser-Kirche. Seit 1922 gibt es in Rom eine Waldenser-Hochschule.

Wyclif, John

Er ist ein religiöser Reformer in England (1320–1384), Professor der Theologie in Oxford, der jegliche Form weltlicher Macht des Papstes kritisiert. Die Bibel ist für ihn einzige Quelle göttlicher Gesetze und damit alleiniger Maßstab für ein religiöses und sittliches Leben. Er verurteilt den Reichtum der Kleriker und kämpft gegen Ablasshandel. Seine Lehren, die → Jan Hus stark beeinflusst haben, werden von der Kirche auf dem Konzil zu Konstanz 1415 verdammt.

Literatur

Andresen, Carl / Denzler, Georg: Wörterbuch der Kirchengeschichte. München 1982
Barth, Reinhart / Bedürftig, Friedemann: Taschenlexikon Päpste. München 2000
Denzler, Georg: Das Papsttum. Geschichte und Gegenwart. München 1997
Fichtinger, Christian: Lexikon der Heiligen und Päpste. Frankfurt/Berlin 1995
Fischer-Wollpert, Rudolf: Lexikon der Päpste. Wiesbaden 2004
Fuhrmann, Horst: Die Päpste. Von Petrus zu Benedikt XVI. München 2005
Gregorovius, Ferdinand: Geschichte der Stadt Rom im Mittelalter. 4 Bde. München 1978
Haller, Johannes: Das Papsttum. Idee und Wirklichkeit. Hamburg 1965
Hergemöller, Bernd-Ulrich: Die Geschichte der Papstnamen. Münster 1980
Hergenröther, Joseph: Album dei Papi. Barcelona 1885
Jedin, Hubert (Hrsg.): Handbuch der Kirchengeschichte. 10 Bde. Freiburg / Basel / Wien 1962–1979
Kelly, John Norman Davidson: Reclams Lexikon der Päpste. Stuttgart 1988 (2., aktualisierte Auflage 2005)
Lill, Rudolf: Die Macht der Päpste. Mainz 2006
Lopes, Antonino: I Papi. Roma 1997
Mondin, Battista: Dizionario enciclopedico dei Papi. Storia e insegnamenti. Roma 1995
Pastor, Ludwig Freiherr von: Geschichte der Päpste seit dem Ausgang des Mittelalters. 16 Bde. Freiburg i. Br. 1926–1933
Ranke, Leopold von: Die Geschichte der Päpste. Die römischen Päpste in den letzten vier Jahrhunderten. Wiesbaden 1962 (erstmals 1834–1836)
Reese, Thomas J.: Im Inneren des Vatikan. Politik und Organisation der katholischen Kirche. Frankfurt 2000
Reuter, Amand P.: Summa Pontifica. Lehren und Weisungen der Päpste durch zwei Jahrtausende. 2 Bde. Abensberg 1978
Saba, Agostino / Castiglione, Carlo: Storia dei Papi. 2 Bde. Turin 1996
Schauber, Vera / Schindler, Michael: Heilige und Patrone im Jahreslauf. Augsburg 1992
Schimmelpfennig, Bernhard: Das Papsttum. Grundzüge seiner Geschichte von der Antike bis zur Renaissance. Darmstadt 1984
Seppelt, Franz Xaver: Geschichte der Päpste. 5 Bde. München 1954–1959
Seppelt, Franz Xaver/Schwaiger, Georg: Geschichte der Päpste. Von den Anfängen bis zur Gegenwart. München 1964
Schwaiger, Georg: Papsttum und Päpste im 20. Jahrhundert. Von Leo XIII. bis zu Johannes Paul II. München 1999
Walter Kasper (Hrsg.): Lexikon für Theologie und Kirche. 11 Bde. Freiburg / Basel / Wien 1993–2001

Verzeichnis der Päpste

Alphabetisches Verzeichnis der Päpste

Verzeichnis der Gegenpäpste

Zur Päpstin Johanna: siehe S. 218